**Kohlhammer
Urban-
Taschenbücher**

8.-

Band 444

Abb. 1 Römische Provinzen seit Diokletian

Ernst Dassmann

Die Anfänge der Kirche in Deutschland

Von der Spätantike bis zur frühfränkischen Zeit

Verlag W. Kohlhammer
Stuttgart Berlin Köln

Die Deutsche Bibliothek – CIP-Einheitsaufnahme

Dassmann, Ernst:
Die Anfänge der Kirche in Deutschland :
von der Spätantike bis zur frühfränkischen Zeit /
Ernst Dassmann. –
Stuttgart ; Berlin ; Köln : Kohlhammer, 1993
   (Urban-Taschenbücher ; Bd. 444)
   ISBN 3-17-011734-3
NE: GT

Umschlagbild: Grabstein aus Niederdollendorf bei Bonn. Ende 7. Jh.
Vorder- und Rückseite (rechts). – Rheinisches Landesmuseum Bonn

Inhalt

Vorwort

Die Erforschung der literarischen und archäologischen Quellen, die über die Anfänge der Kirche in Deutschland berichten, hat in den letzten Jahrzehnten große Fortschritte gemacht. Die Ergebnisse haben sich in einigen neueren Bistums- und Stadtgeschichten, vor allem aber in einer Flut von Spezialliteratur niedergeschlagen. Hier soll versucht werden, diesen beeindruckenden Zuwachs an Erkenntnissen zusammenzufassen und in den Rahmen der allgemeinen Kirchengeschichte zu stellen.

Die Nachrichten über Mission, religiöses Leben, kirchliche Organisation und Martyrien fließen für unser Gebiet zwar spärlicher als in den mittelmeerischen Ländern. Aber mancher Leser wird wahrscheinlich doch erstaunt sein, wie viel man über die einzelnen kirchlichen Zentren in den ehemaligen römischen Provinzen bei uns zu Lande wissen und an Ort und Stelle sogar noch sehen kann. Als Besonderheit kommt hinzu, daß sich nirgendwo sonst in frühchristlicher Zeit die Inkulturation des Glaubens in „Barbarenvölker" so eindrucksvoll verfolgen läßt wie in den Ländern an Donau, Rhein, Mosel und Maas beim Übergang von der römischen zur germanischen Herrschaft.

Für wertvolle Hilfe bei der Arbeit an diesem Buch habe ich vielen zu danken: Frau Annette Becker für die sorgfältige Herstellung des Manuskripts und der Register, Herrn Dr. Clemens Scholten für anregende Hinweise, allen, die bei der Beschaffung der Bücher und beim Lesen der Korrekturen geholfen haben, nicht zuletzt Herrn Jürgen Schneider für die Betreuung der Veröffentlichung beim Kohlhammer-Verlag.

Ernst Dassmann, Bonn

Zeittafel

um 90	Errichtung der germanischen Provinzen
um 180	Irenäus erwähnt Kirchen in Germanien
259/60	Aufgabe des Dekumatenlandes
275	erste Germaneneinfälle auf linksrheinisches Gebiet bis Trier
283/305	Neuordnung der germanischen Provinzgrenzen unter Diokletian
314	Konzil von Arles
335/7	Athanasius in Trier
342	Konzil von Serdika
346	angebliche Synode in Köln
357	Julians Sieg bei Straßburg über die Alemannen
368	Randolf erobert Mainz
386	Hinrichtung der Priszillianisten in Trier
391	Theodosius' Edikt gegen Tempel und heidnische Kulte
nach 400	Abzug römischer Truppen von Rhein und Donau
406/7	Neujahr. Wandalen, Sueben und Alanen überschreiten den Rhein bei Bingen
456/75	Mainz, Köln und Trier endgültig durch die Franken besetzt
486	Ende des römischen Restreiches in Gallien unter Syagrius
498 (499)	Taufe Chlodwigs
604	Synode in Paris unter Teilnahme der Bischöfe von Worms, Speyer und Straßburg

I. GRENZEN

1. Die germanischen Provinzen unter Diokletian

Die Anfänge der Kirche und die Verbreitung des christlichen Glaubens in Deutschland ereigneten sich in einem Gebiet, das damals zum Territorium bzw. zum Einflußgebiet des *Imperium Romanum* gehörte. Da sich die heutigen Landesgrenzen in keiner Weise mit den damaligen römischen Provinzgrenzen decken, wie sie um 90 n.Chr. eingerichtet und unter Diokletian (283/305) neu festgelegt worden waren, muß zunächst der geographische Raum abgesteckt werden, der im Folgenden behandelt werden soll.

Legt man die diokletianische Neugliederung zugrunde, reicht die heutige Bundesrepublik Deutschland im Süden in die Provinz *Raetia secunda* mit der Hauptstadt *Augusta Vindelicorum* (Augsburg) hinein. Im Westen umfaßt sie zu erheblichen Teilen die Provinzen *Germania superior* mit der Hauptstadt *Moguntiacum* (Mainz) und *Germania inferior* mit dem Verwaltungszentrum *Colonia* (Köln). Unter Diokletian wurde die *Germania superior* noch einmal geteilt in die nördliche Provinz *Germania prima* (I) mit der beibehaltenen Hauptstadt *Moguntiacum* sowie die südliche Provinz *Maxima Sequanorum* mit *Vesontio* (Besançon) als neuem Zentrum. Da die *Maxima Sequanorum* auf dem heutigen Territorium der Schweiz und Frankreichs liegt, scheidet sie hier aus den weiteren Überlegungen aus. Wenn im folgenden von der *Germania superior* oder *prima* (I) gesprochen wird, ist damit Mainz, mit *Germania inferior* bzw. *secunda* (II) entsprechend Köln gemeint. Schließlich gehören noch größere Teile der Provinz *Belgica prima* mit *Augusta Treverorum* (Trier) zum Gebiet der heutigen Bundesrepublik.

Umgekehrt gehen die hier genannten römischen Provinzen nicht unerheblich über die aktuellen deutschen Landesgrenzen hinaus. Wenn der Verlauf in vielen Details auch umstritten ist, so dürften die Provinzen annähernd folgende Grenzen aufgewiesen haben: Die Ostgrenze der *Germania secunda* bildete der Rhein. Ihre schmale Südgrenze markiert noch heute der Vinxtbach, in dem das Wort *finis* = Grenze steckt. Seine Einmündung in den Rhein zwischen Ahrtal und Brohltal bezeichnet die Stelle, an der auf dem gegenüberliegenden Ostufer des Rheins der Limes begann[1].

Schwieriger gestaltet sich die Bestimmung der Westgrenze. Am sichersten wird es sein, auf die Festlegung von Grenzlinien zu verzichten und auf die *civitates* zurückzugreifen, die zur Provinz gehörten. Was bedeutet dabei *civitas?* Im Unterschied zu den mit allen Rechten versehenen Städten *(coloniae* oder *municipia),* die in dem ihnen zugehörigen Territorium lagen, bildeten die *civitates* so etwas wie Stammesgemeinden auf Stammesgebieten mit Selbstverwaltung. Man könnte sie als Gebietskörperschaften mit den heutigen Landkreisen vergleichen. Sie stellten ein vorzügliches Mittel zur Romanisierung und friedlichen Verwaltung der Bevölkerung dar, die auf diese Weise die Möglichkeit erhielt, sich nach dem Muster römischer Städte selbst zu organisieren. Alle im Gebiet der *civitas* dauernd ansässigen Freien waren Bürger der Stammesgemeinde, aus denen "eine Ratsversammlung *(ordo decurionum)* gewählt wurde, die über die öffentlichen Angelegenheiten der Gemeinde beriet und entschied. Als Geschäftsführer der *civitas* waren ähnlich wie bei den römischen Städten zwei gewählte, jährlich wechselnde Bürgermeister *(duoviri)* tätig. Ihnen konnten weitere Magistrate *(aediles, quaestores)* zur Seite stehen. Jede *civitas* hatte einen Hauptort, in dem die Verwaltung untergebracht war"[2]. Dieser Hauptort mußte nicht unbedingt eine städtische Ansiedlung sein.

Welche *civitates* bildeten nun die Westgrenze der Niedergermanischen Provinz? Im Norden waren es die *Cananefates* in dem Land westlich des Ijesselmeeres, die *Batavi* im Mündungsgebiet von Maas und Schelde, die *Cugerni* zwischen Maas und Rhein sowie die *Ubii* südlich davon. Die Zugehörigkeit bzw. die Verwaltungsform anderer Stämme *(civitates)*, z.B. der *Frisiavones*, ist strittig. H. von Petrikovits vermutet, daß der Grenzverlauf während der Prinzipatszeit seit der Regelung ab etwa 90 n. Chr. wahrscheinlich parallel der Maas verlief, "indem ein wechselnd schmaler Streifen links der Maas noch zur Provinz Niedergermanien gehörte. Ungefähr bei Maastricht dürfte die Grenze nach Südosten abgebogen sein"[3]. Unter Diokletian wurde die Westgrenze weiter ausgedehnt und die *civitas Tungrorum* der *Germania inferior* zugeschlagen.

Für die *Germania superior* bildete die Ostgrenze im oberen Teil nach zeitweiligen Vorstößen bis über den Neckar hinaus am Ende wiederum der Rhein. Die schmale Nordgrenze zu Niedergermanien war der Vinxtbach. Die Westgrenze fiel im nördlichen Teil mit der Ostgrenze der *Belgica prima* zusammen. Sie traf hier auf die *civitates* der Treverer, Mediomatriker und Leuker, die an der mittleren und oberen Mosel ihren Sitz hatten. Weiter südlich ist der Verlauf unklar. Von Petrikovits nimmt ein weites Ausschwingen nach Westen an, das später unter Diokletian zurückgenommen bzw. begradigt worden sein soll, indem die *civitas Lingonum* zur Provinz *Lugdunensis* (Lyon) geschlagen wurde. Im Süden jedenfalls dürfte sie unterhalb von Genf die Rhone erreicht haben. Die Südgrenze ging durch heutiges Schweizer Gebiet und stieß bei Pfyn *(ad fines)* im Thurgau an die Westecke des Untersees am Bodensee. Nach der Aufteilung der Provinz *Germania superior* in *Germania I* und *Maxima Sequanorum* verlief sie etwa auf der Linie Horburg (bei Colmar) - St. Pilt[4].

Die Grenzen der *Belgica I* brauchen hier nicht genau angegeben zu werden. Im Westen erstreckte sich die Provinz weit nach Frankreich (bzw. Belgien) hinein, im Norden und Osten grenzte sie an die germanischen

Provinzen. Hier interessiert besonders die Geschichte Triers und seines Umlandes.

Ein kurzer Blick auf Rätien beschließt den Überblick. Die Eroberung der Provinz geht auf Augustus zurück, der 15 v. Chr. seine Stiefsöhne Drusus und Tiberius beauftragte, die Völkerschaften im Alpenland, die Oberitalien bedrohten, zu unterwerfen, wobei man einen alten Grundsatz römischer Militärpolitik befolgte, ein Bergland nicht auf dessen Kammlinie, sondern hinter dem am nächsten vorgelagerten Fluß zu sichern[5]. Das Unternehmen gelang. Unter Claudius (41/54) wurden Rätien (das Alpenland) und Vindelikien zur Provinz *Raetia* zusammengefaßt. Im Zuge der diokletianischen Neugliederung wurde die Provinz geteilt; die *Raetia prima* umfaßte nunmehr den südlichen Teil, der an die italischen Provinzen *Liguria* und *Venetia* stieß, die *Raetia secunda* den nördlichen Teil mit der Donau als Grenze. Bei *Batava* (Passau) verlief die Grenze zur Provinz *Noricum*[6].

2. Verzicht auf die Eroberung Gesamtgermaniens

Aufs Ganze gesehen ist es gebietsmäßig nicht viel, was vom heutigen deutschen Staatsgebiet bis zum Ende der Römerherrschaft zum *Imperium Romanum* gehörte. Es handelt sich im wesentlichen um die Gebiete links des Rheins und rechts der Donau. Beabsichtigt war diese Beschränkung seitens der Römer nicht. Nach der siegreichen Unterwerfung Galliens durch Caesar bestanden lange Zeit Pläne, auch Germanien wenigstens bis zur Elbe dem Imperium einzuverleiben. Bereits 39/38 v. Chr. überschritt Agrippa, ein Jugendfreund des Augustus und Statthalter von Gallien, den Rhein. Umgekehrt sind bereits aus den letzten 50 Jahren vor Christi Geburt eine ganze Reihe von Überfällen rechtsrheinischer Germanenstämme nach Gallien hinein bekannt. 17 (oder 16) v. Chr. konnten Sugambrer, Usipeten und Tenkterer dem Statthalter Galliens M. Lollius und seiner 5. Legion auf linksrheinischem Gebiet eine empfindliche Niederlage zufügen und dem römischen Heer sogar den Legionsadler entreißen.

Nachdem das Alpenvorland durch Drusus und Tiberius gesichert worden war, wurden am Rhein militärische Bereitstellungsräume eingerichtet, von denen aus der Feldzug nach Innergermanien vorbereitet werden sollte. *Castra Vetera* (Xanten) und *Moguntiacum* (Mainz) dürften solche Bereitstellungsräume gewesen sein; Garnisonen bestanden zur gleichen Zeit in *Noviomagus* (Nijmegen), *Nivisium* (Neuss) und *Bonna* (Bonn), vielleicht auch in *Fectio* (Vechten) und *Asciburgium* (Moers-Asberg).

Dank glänzender Vorbereitung scheint zwischen 12 und 6 v. Chr. alles planmäßig verlaufen zu sein. Drusus erreichte zunächst die Ems, dann die Weser, schließlich die Elbe. Nach dem frühen Tod des Drusus, der 9 v. Chr. erst 30jährig starb, führte sein älterer Bruder Tiberius das Unternehmen fort. Schließlich konnte das "gesamte Gebiet zwischen Rhein und Elbe, Nordsee und Erzgebirge sowie den Sudeten als Provinz Germanien im Okkupationsstadium angesehen" werden[7].

Die Missionierung Germaniens und die Anfänge der deutschen Kirchengeschichte hätten gewiß einen anderen Verlauf genommen, wenn das eroberte Gebiet gesichert und verwaltungsmäßig als germanische Provinz dem *Imperium* einverleibt worden wäre. Es kam anders. Im Jahre 9 n.Chr. erlitt eine römische Armee eine der größten Niederlagen in der römischen Geschichte. Drei Legionen und sechs Kohorten, insgesamt etwa 20000 Mann, wurden im Bergland der Cherusker vernichtet. Der als Schwiegersohn des Agrippa Postumus mit dem Kaiserhaus verwandte Statthalter Quinctilius Varus hatte sich in Nordafrika und Syrien zwar in der Verwaltung bewährt, war der militärischen Aufgabe im landschaftlich und klimatisch ganz anders gearteten Germanien jedoch nicht gewachsen. Seine Niederlage gefährdete die gesamte Provinz Germanien. Tiberius sicherte zunächst die Rheingrenze; sein Neffe, der Sohn des Drusus, Prinz Germanicus, übernahm das germanische Oberkommando und wollte die Erfolge seines Vaters wiederholen. Aber die Zeit hatte sich geändert. Durch die Feldzüge des Drusus waren die Germanen überrumpelt worden; nach dem Sieg im Teutoburgerwald dagegen galten die Römer nicht mehr als unbesiegbar; der Cherusker Arminius hatte sich als gleichwertiger Heerführer erwiesen. Kaiser und Senat ließen den ehrgeizigen Prinzen Germanicus 17 n. Chr. zwar einen Triumph über Cherusker, Chatten, Angrivarier und andere Stämme feiern und taten auf diese Weise so, als ob ganz Germanien bis zur Elbe sich noch in römischer Hand befinde. In Wirklichkeit wurde Germanicus von Tiberius (14/37), der inzwischen Kaiser geworden war, aus Germanien abberufen. Der nüchtern realistisch denkende Tiberius scheint der Meinung gewesen zu sein, daß die Kosten einer ständigen Okkupation Germaniens den Gewinn einer solchen Maßnahme überwogen. Nicht als ob Rom nicht mehr in der Lage gewesen wäre, die Eroberung Germaniens militärisch zu erzwingen; aber Tiberius vermochte den politischen Nutzen der dafür notwendigen Kraftanstrengung nicht einzusehen[8].

3. Der Limes und das Dekumatenland

Die wenigen nachfolgenden Versuche der Römer, rechtsrheinisch Fuß zu fassen, und die ständigen Übergriffe germanischer Stämme auf römisch-gallisches Gebiet brauchen hier im einzelnen nicht aufgeführt zu werden. Für lange Zeit bildete der Rhein die Grenze, an der das *Imperium* gesichert wurde, wobei die Entwicklung so verlief, daß nicht die Römer ihre Einflußsphäre nach Osten voranzutreiben versuchten, sondern die germa-

nischen Völker gegen die Rheingrenze anrannten, bis sie in der Völkerwanderungszeit endgültig zusammenbrach.

Rhein und Donau stellten eine natürliche und sinnvoll zu verteidigende
Grenze dar. Ein neuralgischer Punkt war im Südwesten nur die Lücke zwischen Rhein und Donau, die durch eine künstliche Befestigung geschlossen werden mußte. Wie ein Keil ragte zudem fremdes Land bis an das
Rheinknie bei Basel in römisches Reichsgebiet hinein und behinderte den
Verkehr zwischen den Rhein- und Donauprovinzen. Um Abhilfe zu schaffen, wurde in vielen einzelnen Schritten nicht nur die Lücke zwischen
Rhein und Donau durch eine Verteidigungslinie geschlossen, sondern der
durch Rhein und Donau gebildete Winkel durch eine immer mehr vorgeschobene Verbindungslinie, gleichsam die Hypothenuse eines Dreiecks,
abgesichert. Verschiedene Phasen und Stufen der Befestigung (einfache
Waldschneisen, Palisadenzäune, Gräben, Wehrtürme und Lager) folgten
einander[9]. Am Ende der Entwicklung begann der sogenannte Limes bei
Rheinbrohl gegenüber dem Vinxtbach, lief über die Kämme des Taunus,
folgte ein Stück weit dem Main, stieß dann südlich vor bis Lorch, um sich
schließlich ostwärts zu wenden und bei *Abusinia* (Eining) zwischen Regensburg und Ingolstadt die Donau zu erreichen. *Limites* bedeutet übrigens soviel wie "(durch Wälder geschlagene) Schneisen". Bei Tacitus wird
das Wort zum ersten Mal als Reichsgrenze benutzt: "Bald zog man den
Limes und schob Kastelle vor, so daß das Land als Vorsprung des Reichs
und Teil der Provinz betrachtet wird"[10]

Da das Land hinter dem Limes, das sogenannte Dekumatenland *(agri de-
cumates)*, während der ganzen Zeit seiner römischen Besetzung nicht den
angrenzenden Provinzen einverleibt wurde, sondern unter Militärverwal-
tung blieb, konnten keine selbständigen *municipia* bzw. *coloniae* entstehen,
was auch die Entstehung selbständiger christlicher Gemeinden verhinderte.

II. CHRISTEN VOR KONSTANTIN

1. Der Hinweis des Irenäus

Die früheste Nachricht über Christen in Germanien findet sich um 180 in
der Schrift des Bischofs Irenäus von Lyon, *Adv. haer.* 1,10,2. Irenäus geht
es an dieser Stelle um den Nachweis, daß die Christen überall auf der Welt
ein und denselben Glauben bekennen und nur in den mit der römischen
Kirche verbundenen Gemeinden der Glaube unverfälscht tradiert worden
ist, nicht aber in häretischen Splitterkirchen und gnostischen Konventi-
keln.

"Nun wohl, diese Botschaft und diesen Glauben bewahrt die Kirche, wie sie ihn empfangen hat, obwohl sie, wie gesagt, über die ganze Welt zerstreut ist, sorgfältig, als ob sie in einem Hause wohnte; sie glaubt so daran, als ob sie nur eine Seele und ein Herz hätte, und verkündet und überliefert ihre Lehre so einstimmig, als ob sie nur einen Mund besäße. Und wenngleich es auf der Welt verschiedene Sprachen gibt, so ist doch die Kraft der Überlieferung ein und dieselbe. Die in den Germanien gegründeten Gemeinden glauben weder anders noch überliefern anders als die in Spanien, bei den Kelten, im Orient, in Ägypten, in Libyen und die in der Mitte [im Zentrum] der Welt gegründeten [Gemeinden]. So wie Gottes Sonne in der ganzen Welt ein und dieselbe ist, so dringt auch die Botschaft der Wahrheit überall hin und erleuchtet alle Menschen, die zur Erkenntnis der Wahrheit gelangen wollen. Der größte Redner unter den Vorstehern der Kirche kann nichts anderes verkünden, denn niemand geht über den Meister; und auch der Schwachbegabte wird nichts von der Überlieferung weglassen. Es ist nur ein und derselbe Glaube; ihn kann nicht vermehren, wer viel versteht zu reden, nicht vermindern, wer wenig spricht".

Der für die Anfänge der deutschen Kirchengeschichte wichtigste Punkt ist Irenäus' Bemerkung über *hai en Germaniais hidrymenai ekklēsiai*. Im wesentlichen stellen sich zwei Fragen:
a) Wie zuverlässig und vertrauenswürdig ist die Erwähnung Germaniens?
b) Was hat Irenäus mit Gemeinden *(ekklēsiai)* gemeint?

Was die erste Frage angeht, so ist zu beachten, daß nicht jede Ortsangabe bei einem antiken Schriftsteller wortwörtlich genommen werden darf. Länder-, Städte- und Völkeraufzählungen können mehr rhetorisch als topographisch gemeint sein; oft genug sollen sie nur die Belesenheit, die Reiseerfahrungen oder die geographischen Kenntnisse des Autors belegen. U. Maiburg hat die vielfältige Verwendung von solchen Namenslisten und Aufzählungen aufgezeigt, die schon in der Periploiliteratur im 6. Jh. v. Chr. beginnt, bei etlichen antiken Schriftstellern anzutreffen ist, im Alten und Neuen Testament vorkommt und auch von den Kirchenschriftstellern aufgegriffen wird[11].

Aus dem Neuen Testament ist die Völkeraufzählung bei Lukas im Rahmen des Pfingstberichts Apg 2,9/11 bekannt. Als Petrus das Wort ergreift, verstehen ihn alle, auch die von weither herbeigeeilten Zuhörer:

"Parther, Meder und Elamiter, Bewohner von Mesopotamien, Judäa und Kappadozien, von Pontus und der Provinz Asien, von Phrygien und Pamphylien, von Ägypten und dem Gebiet Libyens nach Zyrene hin, auch die Römer, die sich hier aufhalten, wir Juden und Proselyten, Kreter und Araber: wir hören sie in unseren Sprachen Gottes große Taten verkünden".

Ist das eine exakte Aufzählung all der Leute, die dem Petrus zugehört haben? Einige Unebenheiten im Text zeigen, daß es sich nicht in erster Linie um eine historisch-geographische Liste handelt. Die Juden und Proselyten, Kreter und Araber am Schluß bilden wohl nur eine Zusammenfassung, wobei Kreter und Araber stellvertretend für alle Insel- und Festlandbewohner stehen; die Römer könnten eingefügt worden sein, um den Schluß der Liste dem Schluß der Apostelgeschichte anzupassen; die Griechen fehlen, weil sie für Lukas keine fremde Sprache sprechen[12]. Häufig geht es in solchen Aufzählungen darum, Völkernamen anzuführen, welche die vier Himmelsrichtungen anzeigen und stellvertretend für alle stehen. Oft genug will die Aufzählung nichts anderes behaupten als: überall. "Ihr aber werdet die Kraft des Heiligen Geistes empfangen, der auf euch herabkommen wird", sagt Jesus den Aposteln kurz vor der Himmelfahrt, "und ihr werdet meine Zeugen sein in Jerusalem und in ganz Judäa und Samarien und bis an die Grenzen der Erde" (Apg 1,8).

Meint - um auf den Ausgangspunkt zurückzukommen - Irenäus vielleicht auch nichts anderes als: überall herrscht derselbe Glaube? Und dient die Aufzählung nur der Illustration dieses "Überall", ohne daß in den Ländernamen wirkliche geographische Informationen stecken? Zumal Irenäus in *Adv. haer.* 1,10,1 seine Ausführungen mit einem Kollektivbegriff von der Kirche beginnt, die sich bis an die Grenzen der Erde erstreckt. Ebenso führt er als Veranschaulichung für die Bewahrung desselben Glaubens nach der Aufzählung der verschiedenen Länder einen Hinweis auf die Sonne an, die in der ganzen Welt die eine ist und überallhin dieselben Strahlen sendet. Handelt es sich dementsprechend bei der so umrahmten Länderliste auch um nichts anderes als um eine bildhafte Veranschaulichung der Einheit?

Gegen diese Möglichkeit kann auf einige Merkmale hingewiesen werden, die dafür sprechen, daß die Aufzählung bei Irenäus konkrete und wahrheitsgetreue Angaben enthält. Irenäus nennt nicht beliebige Provinzen und Völker, sondern beschreibt, mit seiner näheren, ihm bekannten Umgebung beginnend, fortschreitend, halbkreisförmig die äußersten Punkte der Ökumene, bis zu denen die Christen schon vorgedrungen sind. Mit der "Mitte der Welt" meint er wahrscheinlich Italien und/oder Griechenland. Keines der erwähnten Länder wird mit einem wertenden Beiwort belegt, das auf ein typisches Verständnis einzelner Namen hinweisen würde, auch nicht das an exponierter Stelle, am Beginn der Aufzählung stehende Germanien, das sonst neben Skythien häufiger als Beispiel für Länder herhalten muß, die von den Barbaren bewohnt werden[13].

Und dann fällt natürlich auf, daß Irenäus - falls das diese Stelle griechisch wiedergebende Fragment korrekt ist - von den Germanien im Plural spricht, entsprechend der Teilung der Provinzen in die *Germania inferior* und *superior* um 90 unter Domitian[14]. Werden aber korrekt die beiden Provinzen genannt, dann kann Irenäus sehr wohl von Gemeinden dort gewußt haben, denn die *Germania superior* erstreckte sich im Süden fast bis zu seiner Bischofsstadt Lyon. An welche Gemeinden Irenäus gedacht haben mag, bleibt ungewiß. Manche nennen Besançon, Langres oder Dijon, andere nehmen Gemeinden zwischen Lyon und Augst an, die meisten denken an solche im Rheinland, in Mainz oder Köln[15].

Die zweite Frage richtet sich auf die Bedeutung der *ekklēsiai*, von denen Irenäus spricht. Die beiden Extreme in der Beurteilung lauten: Entweder denkt Irenäus an irgendwelche versprengten Christen irgendwo in den germanischen Provinzen, oder er meint mit den wiederum im Plural genannten *ekklēsiai* bischöflich verfaßte Gemeinden, denn nur sie waren kompetent in der unverfälschten Weitergabe des Glaubens. Letzteres ist durchaus möglich, wenngleich nicht zu beweisen und von vielen Kirchenhistorikern bezweifelt, allerdings ohne Argumente. U. Maiburg vermutet, es handele sich in dieser frühen Zeit nicht um eine durchorganisierte Kirchenverfassung, sondern höchstens um mehrere locker organisierte und selbständige Einzelgemeinden[16]. W. Neuß geht noch weiter: "Soviel läßt sich wegen des Wortlautes *(hidrymenai)* und des Zusammenhanges des Textes, der die germanischen und keltischen Gemeinden mit den alten Bischofsgemeinden der Mittelmeer-Länder als Zeugen für den Glauben auf eine Stufe stellt, der Stelle entnehmen: Irenäus spricht von regelrecht eingerichteten Gemeinden, d.h. nach altchristlicher Übung von Gemeinden mit einem Bischof"[17].

Hinweisen kann man noch darauf, daß Irenäus im Fortgang seiner Argumentation von den Vorstehern der Kirchen *(tōn en tais ekklēsiais proestōtōn)* als denjenigen spricht, welche den immer gleichen Inhalt der Überlieferung weiterzugeben haben. Die Bewahrung und Tradierung des Glaubens ist aber eine typisch bischöfliche Aufgabe, unabhängig vom Bildungsstand oder der rednerischen Begabung des Bischofs. Daß es sich tatsächlich um Gemeinden und nicht einfach um einzelne Christen handelt, legt ebenfalls der Ausdruck *ekklēsiai* nahe; Irenäus spricht nicht etwa von Christen, Brüdern *(adelphoi)* oder Gläubigen *(pistoi)* in Germanien.

Wie die Gemeinden entstanden sind und wie sie zusammengesetzt waren, bleibt natürlich ungewiß. Waren es griechisch sprechende Christen - wie Irenäus in Lyon selbst, der aus Kleinasien stammte -, die sich bereits früh in Marseille und im Rhônetal angesiedelt hatten? Lyon wiederum war der Ausgangspunkt des römischen Handels, der die Rhône und Saône aufwärts und die Mosel und Maas abwärts nach Belgien und Germanien zielte. Bildeten römische Christen die Gemeinden, oder gab es schon christliche Germanen? A. Hauck rechnet mit eingewanderten Christen: orientalische Sklaven, Kaufleute und Handwerker aus Italien, Griechenland oder Syrien. Die Gemeinden waren zunächst wohl nur Konventikel Fremder. Eine Aufnahme von Germanen war am Anfang schon wegen der Verständigungsschwierigkeiten nur schwer möglich. Über Predigt und Missionierung in der heimischen Sprache, entsprechend den Bemühungen um die Glaubensverkündigung auf keltisch, von der Irenäus in Gallien spricht, ist für Germanien nichts bekannt[18]. Bleiben noch die Soldaten, die neben den Kaufleuten und Handwerkern häufig zu den ersten Glaubensboten gerechnet werden. Allerdings gibt es bis Marc Aurel (um 180) über christliche Soldaten im römischen Heer keine sicheren Nachrichten[19]. Da im unruhigen Grenzgebiet die Befehlshaber auf unbedingten Gehorsam und politische Loyalität dringen mußten, hätten christliche Soldaten, selbst wenn es sie vereinzelt gegeben hat, keine große missionarische Wirksamkeit entfalten können. Es muß dabei bleiben: über die Gemeinden, die Irenäus erwähnt hat, lassen sich mehr oder weniger begründete Vermutungen anstellen, nachprüfbare Angaben jedoch gibt es nicht.

2. Weitere Nachrichten

Wenig später als Irenäus datiert eine Stelle, die der Schrift des Tertullian, *Adv. Jud.* 7,4 entstammt. Der nordafrikanische Schriftsteller (gest. um 220) stellt darin die Behauptung auf:

"An wen anders haben die Heidenvölker geglaubt, als an Christus, der bereits gekommen ist? An wen haben denn die Völker geglaubt, die Parther, Meder und Elamiter, die Bewohner von Mesopotamien, Armenien, Phrygien, Kappadozien, die Ansiedler von Pontus, Asien und Pamphylien, die, welche in Ägypten weilen und den Teil Afrikas jenseits von Zyrene bewohnen, die Römer und die Umwohnenden, damals auch die Juden in Jerusalem und sonstige Völker wie die bunt gearteten Stämme der Gätuler, die vielen Gebiete der Mauren, alle Grenzmarken Spaniens, die verschiedenen Völkerschaften Galliens, die von den Römern unbetretenen, Christus aber unterworfenen Landstriche der Britannier, der Sarmaten, Daker, Germanen, Skyten, der vielen abgelegenen Völker, Provinzen und zahlreichen Inseln, die uns unbekannt sind und die wir aufzuzählen nicht vermögen"[20]?

Diese lange Liste klingt rhetorischer als die Nachricht bei Irenäus. Am Beginn steht die umfassende Behauptung, Christus sei bei allen Heidenvölkern bekannt, die dann durch eine Aufzählung von Völkern - nicht Provinzen wie bei Irenäus - als zutreffend erwiesen wird. Den Anfang bildet deutlich die Liste aus Apg 2,9/11; die Aufzählung der Barbaren setzt bei den spanischen Gebieten ein und geht über die gallischen hin zu denen der Britannier, Germanen und Skyten. Die Christus unterworfenen Landstriche in Britannien und Germanien nennt Tertullian "von den Römern unbetreten", was historisch nicht zutrifft. Doch auf historische Genauigkeit kommt es ihm nicht an. Dann muß man aber fragen, ob Tertullian mit den Germanen, die er zwischen Sarmaten und Daker auf der einen und Skyten auf der anderen Seite einordnet, nur an Germanen im östlichen Donaugebiet denkt oder ob er schon darüber unterrichtet ist, daß bereits Marc Aurel versucht hat, Sarmaten und andere Donauvölker an den Rhein zu verpflanzen[21]. Vielleicht bringt er aber auch nur eine geographisch sinnvolle Reihenfolge aus Unkenntnis oder Desinteresse in Unordnung.

Über den geschichtlichen Wert der Stelle urteilt U. Maiburg daher sehr vorsichtig: "Man muß vermuten, daß Tertullian sich mit unklaren Angaben begnügt, weil es ihm in erster Linie um die rhetorische Wirkung geht. Der Kontext der Aufzählung erfordert, daß sie eine geographische ist. So ist die Liste im ganzen als rhetorische Figur anzusehen, wobei der Aussagewert der Angaben eine untergeordnete Rolle spielt und wegen eines unkorrekt angeführten Aufzählungsgliedes (Germanen zwischen Sarmaten und Skythen) die übrigen Angaben nicht unbedingt als unzuverlässig angesehen werden dürfen"[22]. Natürlich kann auch eine rhetorisch aufgeputzte Aussage inhaltlich korrekt sein, wenn erkennbar wird, daß es dem Autor darum geht, der nüchternen Aufzählung geographischer Fakten Glanz zu verleihen. Bei Tertullian erwecken aber bereits die sachlichen Angaben an sich Zweifel.

Ähnliches gilt für eine Passage über die Verbreitung des christlichen Glaubens, die Tertullian wenig später in *Adv. Jud.* 7,7/9 bringt:

"Wenn Salomon ein König war, so war er es doch nur innerhalb der Grenzen Judäas. Wenn Darius über die Babylonier und Parther als König regierte, so hatte er doch nicht bei allen Völkern Gewalt. Wenn Pharao über die Ägypter regierte und wer immer ihm im Erbrecht der Regierung nachfolgte, so besaß er doch immer nur dort [in Ägypten] seine so gewaltige Herrschermacht. Wenn Nabuchodonosor auch mit seinen Unterkönigen herrschte, so hatte sein Reich an Indien und Äthiopien seine Grenzen. Alexander von Mazedonien besaß auch nicht mehr als ganz Asien und die übrigen Gebiete, nachdem er sie sich unterworfen hatte. Die Germanen dürfen bis jetzt ihre Grenzen nicht überschreiten, die Britannier sind rundum von ihrem Ozean eingeschlossen, die maurischen Völker und die barbarischen Gätuler werden von den Römern beobachtet, damit sie nicht die Grenzen ihrer Gebiete überschreiten. Was soll ich endlich von den Römern selbst sagen, welche ihr Reich durch Besatzungen, die aus ihren Legionen genommen sind, zu schützen suchen und ihre Macht nicht über die genannten Völker auszudehnen imstande sind? Christi Name aber ist überallhin verbreitet, an ihn wird überall geglaubt; er wird von allen oben aufgezählten Völkern verehrt; er herrscht überall, wird überall angebetet und allen in gleicher Weise verkündet"[23].

Hier spricht Tertullian deutlich aus, was er mit seiner Aufzählung beweisen will: überallhin ist Christi Botschaft gedrungen, überall wird Christus angebetet. Dabei ist bemerkenswert, wie Tertullian die häufiger in der Literatur anzutreffende Liste von den Weltreichen (Babylonien, Ägypten, Reich Alexanders) und ihren Königen durch eine Aufzählung der viel unbedeutenderen Völker des Nordens ergänzt. Es spricht nichts dagegen, daß Tertullian in Karthago tatsächlich von Missionserfolgen in den Barbarenländern gehört hat. Insgesamt sind seine Nachrichten jedoch vager als der Hinweis des Irenäus auf "Gemeinden in den germanischen Provinzen".

Ähnliche Völkerlisten finden sich bei einem Landsmann Tertullians, dem christlichen Rhetor Arnobius aus Sicca, der um 304 in *Adv. nationes* 1,16 von den seitens der Römer gefürchteten Grenzvölkern der Alemannen, Perser und Skyten behauptet, daß in ihren Ländern bereits Christen wohnten[24]. Die Erwähnung der Alemannen führt in das Gebiet des Oberrheins oder des Rätischen Limes. Falls man sich wundert, daß ein Rhetor aus Sicca in Nordafrika ausgerechnet über die weit enfernten Alemannen etwas wissen soll, ist der Hinweis aufschlußreich, daß in Benningen bei Ludwigsburg ein kleiner Weihealtar aus der Mitte des 2. Jhs. gefunden wurde, der von einem Kohortentribun aus eben diesem Sicca gestiftet worden ist[25]. Wer diese Christen bei den Alemannen gewesen sein sollen, Soldaten, zugereiste Händler oder Alemannen selbst, sagt Arnobius nicht.

Insgesamt ist es nur wenig, was von frühchristlichen Schriftstellern über die Anfänge der Kirche in Deutschland mitgeteilt wird. Ihr verbreitetes Schweigen braucht nicht einmal zu verwundern. Denn abgesehen von der Tatsache, daß es wahrscheinlich wirklich nicht viel zu berichten gab, dürfte das Interesse mittelmeerischer Autoren an den Ereignissen im hohen Norden nicht sehr groß gewesen sein. Die bisher erwähnten Schriftsteller stammen aus Gallien und Nordafrika. Einheimische Berichterstatter fehlen. Noch geringer werden die Kenntnisse christlicher Orientalen gewesen sein. Eusebius von Caesarea (gest. 339) z.B. vermerkt in seiner Kirchengeschichte nichts über eine Mission bei den Germanen. Um so wertvoller sind einige Bemerkungen bei Sozomenus, einem Advokaten aus Konstantinopel, der vor der Mitte des 5. Jhs. schreibt und die Kirchengeschichte des Eusebius ergänzt. Sozomenus ist zwar eine nachkonstantinische Quelle, aber er berichtet über die germanische Entwicklung schon vor Konstantin, weil die Bedeutung der Germanen inzwischen gesamtkirchlich stärker bewußt geworden ist und Sozomenus einige Nachträge zu dem, was bei Eusebius fehlt, notwendig erscheinen.

In seiner Kirchengeschichte 1,6 erwähnt er zunächst, die tolerante Haltung des Constantius Chlorus, des Vaters Konstantins, habe schon früh dafür gesorgt, daß die Bewohner Galliens, Britanniens und der iberischen Halbinsel "es nicht für ungesetzlich zu erachten brauchten, das Christentum zu bekennen", während im Herrschaftsgebiet der anderen römischen Machthaber noch die Verfolgungen wüteten. Seitdem Konstantin die Nachfolge seines Vaters angetreten habe, sei die Kirche in diesen Ländern noch mehr hervorgetreten. Daß Constantius in seinem Herrschaftsgebiet, d.h. in der Gallischen Präfektur, zu der auch die germanischen Provinzen gehörten, die diokletianischen Verfolgungsdekrete nur sehr lax wenn überhaupt durchgeführt hat, ist allgemein bekannt. Sozomenus nennt nicht ausdrücklich die Bewohner Germaniens, will die linksrheinischen Gebiete aber gewiß nicht aus seiner Betrachtung ausschließen[26].

Noch wertvoller ist seine Schilderung in Kirchengeschichte 2,6. Nachdem er die Fortschritte der Kirche unter Konstantin geschildert hat, fährt Sozomenus fort:

"Indem die Kirche sich auf diesem Weg durch das ganze Reich der Römer verbreitete, gelangte die Verehrung Gottes auch zu den Barbaren. Denn schon bekannten die Stämme zu beiden Seiten des Rheins das Christentum. Ebenso hatten die Kelten und die an den äußersten Grenzen, am Ozean, wohnenden Gallier, auch die Goten und ihre früheren Nachbarn an der Donau, die seit langem am christlichen Glauben Anteil hatten, sich zu milderer und verständiger Lebensauffassung gewandt. Übrigens hatten fast alle Barbaren Gelegenheit, zum Christentum überzutreten durch die Kriege, die die Römer mit fremden Völkern führten, zur Zeit des Gallienus [260/8] und seiner Nachfolger. Denn da zu jener Zeit eine unzählbare Menge von Barbaren aus den verschiedensten Stämmen von Thrazien nach Kleinasien herüber gekommen war und dieses ganz verheert hatte und andere Barbaren anderswo auf gleiche Weise die ihnen benachbarten Römer angegriffen hatten, haben viele Priester als Gefangene der Barbaren bei ihnen geweilt. Indem diese ihre Krankheiten heilten, die Besessenen von den bösen Geistern reinigten nur durch den Namen Christi als des Sohnes Gottes, führten sie ein heiliges und über allen Tadel erhabenes Leben und besiegten so durch ihre Tugenden jede Anklage. Die Barbaren bewunderten das Leben und die wunderbaren Werke dieser Männer und sagten sich, daß es klug sei und daß Gott gnädig sein werde, wenn sie jene Besseren nachahmten und gleich ihnen den vollkommeneren Gottesdienst übten. So nahmen sie diese zu Führern ihres Wandels, ließen sich unterrichten und taufen und wurden der Kirche einverleibt"[27].

Sozomenus spricht von Stämmen zu beiden Seiten des Rheins. Das ist vorsichtig ausgedrückt. Er nennt keine Namen, was auch angesichts der schnellen Veränderung der Wohnsitze in den anhebenden Wirren der Völkerwanderung nur schwer möglich gewesen wäre. Anschließend zählt er nicht nur einige nördliche Barbarenvölker auf entsprechend den Verschiebungen, die inzwischen im Rhein-Donau-Gebiet eingetreten waren, sondern er bestimmt auch die Kontaktstelle zwischen den Barbaren und der christlichen Religion. Gefangene christliche Priester haben seit der Mitte des 3. Jhs. weniger durch Worte als durch ihr vorbildliches Leben und ihre Wunderkraft die barbarischen Völker missioniert. Leider gilt Sozomenus als ein nicht sehr kritischer und stark legendäre Erzählungen benützender Historiker. Man wird darum darauf verzichten müssen, seinen Bericht über die allgemeine Behauptung christlichen Bekenntnisses bei den erwähnten Völkern hinaus topographisch und zahlenmäßig genauer auszuwerten.

3. Archäologische Zeugnisse

Angesichts der wenig ergiebigen literarischen Quellen stellt sich die Frage, ob von archäologischen und epigraphischen Zeugnissen genauere Auskünfte zu erwarten sind, die auch die Namen von Orten und Personen einschließen. Die Antwort ist leider negativ. Hinweise, die mit Sicherheit noch der Verfolgungszeit vor Konstantin zugerechnet werden können, bleiben unsicher. Die meisten Funde, die gelegentlich angeführt werden, lassen sich bei kritischer Prüfung nicht halten; sie sind entweder nichtchristlicher Herkunft oder stammen aus einer späteren Zeit. H. von Petrikovits hat die wichtigsten diskutierten Stücke aufgeführt und die für die Abweisung des christlichen Charakters angeführten Argumente vorgebracht[28].

a) Dazu gehören Gegenstände, die mit Fischen, Hirschen, Hasen oder Hirten geschmückt sind. Auch Kreuze müssen nicht in jedem Fall christlicher Herkunft sein, sondern können eine neutrale ornamentale Bedeutung haben. Für den Hirten hat Th. Klauser nachgewiesen, daß das Motiv bereits vorchristlich ist und in christlicher Zeit auf profanen bzw. neutralen Denkmälern vorkommen und dort eine nicht nur dekorative, sondern auch symbolische Bedeutung haben kann. Klauser dachte beim Hirten vor allem an die Vergegenwärtigung der *humanitas* als einer Herrschertugend, andere interpretieren ihn wohl zutreffender als Hinweis auf *pax, felicitas* und Paradies[29]. Jedenfalls muß nicht jedes Schaftträgerbild ein Bild des Guten Hirten Jesus sein. Zum christlichen Bild wird der Hirte erst durch den ikonographischen Kontext oder durch andere Umstände, die den christlichen Charakter des Monuments sicherstellen.

Diskutiert werden - was den Hirten angeht - zunächst drei beinerne Klappmessergriffe, die einen Schaftträger darstellen, der ein Schaf auf den Schultern trägt. Das erste wurde in Bonn um 1893 in der Nähe des heutigen Sterntores, d.h. auf römischem Friedhofsgebiet unweit des frühchristlichen Heiligtums der Märtyrer Cassius und Florentius, gefunden[30]. W. Neuß meinte, der profane Gebrauch als Messer spreche gegen die Deutung der Figur als Christus-Hirt, die Gestaltung des Griffes jedoch ziemlich eindeutig dafür; Christen seien froh gewesen, die sonst verwendeten mythologischen Figuren durch ein christliches Motiv ersetzen zu können[31].

Klauser konnte neben dem Bonner Exemplar auf einen ähnlich geschnitzten 7,3 cm langen Messergriff aus dem Museum in Zug/Schweiz hinweisen[32], der zwar nicht von gleicher Qualität, dem Bonner Exemplar aber so ähnlich ist, daß beide Griffe entweder auf dieselbe Werkstatt oder auf das gleiche Vorbild zurückgeführt werden müssen.

Abb. 2 Schaftträger als Klappmessergriff

21

Das Zuger Messer ist zusammen mit antikem Abfallmaterial gefunden worden, das eindeutig ins 2. Jh. datiert wird. Das spricht ganz entschieden gegen die christliche Deutung des Klappmessergriffes, oder man müßte ihn als das früheste christliche Kunsterzeugnis überhaupt ansehen. Alle anderen, einschließlich der Katakombenbilder, entstehen erst ab der Mitte des 3. Jhs.

Das dritte Exemplar eines Schaftträger-Messergriffes wurde in einer *villa rustica* bei Bondorf (Kreis Böblingen) gefunden. Es scheint der Zeit vor den Alemanneneinfällen anzugehören und paßt gut in den Hausrat bzw. zu den Gegenständen, die in einer Villa erwartet werden können[33]. Eine christliche Bedeutung muß der in der Spätantike weitverbreitete Bildtypus des Schaftträgers auch hier nicht haben.

Diskutiert wird noch ein Relief mit der Darstellung eines Hirten und seiner Herde, das aus der spätrömischen Befestigungsmauer auf dem Lorenzberg bei Epfach (im Landkreis Schongau) stammt. Es war ursprünglich am Sockel eines Grabpfeilers angebracht. Links steht ein Hirt mit einem Lamm auf den Armen; rechts sind neben einem Baum vier Schafe dargestellt. Das Relief ist wahrscheinlich um die Mitte des 2. Jhs. gearbeitet worden. Es muß keine christliche Aussage enthalten. Die Hirtenszenerie am Grabe dürfte einen bukolischen Sinn haben und auf die Elysiumshoffnung des Verstorbenen hinweisen[34].

Auch unter den anderen in der Forschung diskutierten Stücken, die mit Fischen, Hasen, Kreuzen oder Orpheusdarstellungen geschmückt sind, befindet sich keins, bei dem die christliche Herkunft sicher oder auch nur wahrscheinlich wäre[35].

Abb. 3 Epfach. Hirtenrelief

b) Einen Hinweis auf Christen im Rheinland vor Ende der Verfolgungszeit glaubte man einigen Gräbern entnehmen zu können. F. Fremersdorf
hat in diesem Zusammenhang auf einige Bestattungen unter St. Severin in
Köln aufmerksam gemacht. Rechts und links der Straße, die von Köln
nach Süden führte, befanden sich Gräberfelder, auf denen seit der 2.
Hälfte des 1. Jhs. Brandbestattungen stattgefunden haben. Bereits in der 2.
Hälfte des 2. Jhs. finden sich aber auch Körperbestattungen, nachweisbar
zuerst in einem Sarkophag (Nr. 19), der durch einen prägefrischen Denar
aus der Zeit der jüngeren Antonine um 160 datiert werden konnte[36]. Dieser Sarkophag und ein weiteres Körpergrab (Nr. 26) scheinen dabei älter
zu sein als einige Urnenbestattungen; die Erdbestattung begann also etwas
früher, als die Urnenbestattung aufhörte. Wenn nun Körpergräber inmitten von Urnenbestattungen in Ost-West-Richtung angelegt sind und keine
Beigaben mit heidnisch-mythologischem Charakter besitzen, dann - so hat
Fremersdorf vermutet - handelt es sich um christliche Beisetzungen.

Inzwischen steht jedoch fest, daß ab Mitte des 2. Jhs. an verschiedenen
Stellen des Imperiums Erdbestattungen auch bei Heiden üblich werden,
daß umgekehrt christliche Gräber von einer bestimmten Richtung abweichen und daß ebenfalls nichtchristliche Gräber ohne Grabbeigaben aus-
kommen können[37]. Was die Bestattungen in St. Severin konkret betrifft, so
dürfte schon die heidnische Bauplastik, die einem über dem Sarkophag
Nr. 19 liegenden Rechteckfundament zugehört, die Annahme ausschließen, daß es sich um eine christliche Bestattung handelt[38].

c) Nur hingewiesen sei an dieser Stelle auf die Totengedächtniskapelle unter dem Bonner Münster, die in den Grabungsveröffentlichungen von H.
Lehner und W. Bader in die Jahre zwischen 260 und 300 datiert worden
war[39]. Damit wäre die Bonner Totenmemoria das älteste christliche Monument nördlich der Alpen überhaupt. Die von den Ausgräbern vorgeschlagene Datierung wurde zunächst allgemein akzeptiert und erst in
einem Aufsatz von H. von Petrikovits in Frage gestellt. Von Petrikovits
will die Frühdatierung zwar nicht ausschließen, nimmt jedoch an, daß die
Anlage erst in der 1. Hälfte oder um die Mitte des 4. Jhs. entstanden ist[40].

d) Ähnliches gilt für die Martyrien, die im ganzen hier zu behandelnden
Territorium überliefert werden, angefangen von Afra in Augsburg über
Gereon und Ursula in Köln bis zu Viktor in Xanten. Die literarischen
Nachrichten und archäologischen Zeugnisse, die darüber Auskunft geben,
stammen jedoch alle aus der Friedenszeit und sind z.T. mehrere Jahrhunderte von den Ereignissen entfernt. Das schließt selbstverständlich nicht
aus, daß in der Verfolgungszeit Martyrien stattgefunden haben - gerade
auch im Heer, in dem vermutlich stärker Loyalität und Kaisertreue gefordert wurden als von der Zivilbevölkerung. Sonstige Nachrichten über Soldaten im römischen Heer vor Konstantin fehlen. Insbesondere die Diskus-

sion um ein sogenanntes "Lagerchristentum" hat keine Ergebnisse gebracht. Auch die beiden von E. Diehl genannten Centurionen aus Besançon und Mainz können nicht sicher als Christen erwiesen werden[41].

Die wenigen und meist unsicheren literarischen und archäologischen Zeugnisse schließen das Vorhandensein von Christen und christlichen Gemeinden in den Gebieten südlich und westlich von Donau und Rhein im 3. Jh. nicht aus. Sie brauchen sogar im Dekumatenland zwischen Limes und Rhein nicht vollständig gefehlt zu haben, selbst wenn man die Nachrichten des Arnobius über Christen im Stamm der Alemannen und des Sozomenus über die das Christentum bekennenden Stämme zu beiden Seiten des Rheins nicht auf das Dekumatenland bezieht oder den historischen Wert der beiden Nachrichten überhaupt bezweifelt. Wohl wird die Präsenz von Christen in diesen Landstrichen noch spärlicher gewesen sein als linksrheinisch und rechts der Donau. Im Dekumatenland fehlten die Städte, in denen am ehesten mit der Bildung von christlichen Gemeinden gerechnet werden kann. Die Tatsache, daß die Bistümer Straßburg, Speyer, Worms, Mainz, Trier und Köln im frühen Mittelalter nach Osten über die Rheingrenze hinausgreifen, ist ein deutlicher Beweis dafür, daß es in römischer Zeit im rechtsrheinischen Dekumatenland keine bischöflich organisierten Gemeinden gegeben hat, an die frühmittelalterliche Entwicklungen anknüpfen konnten, weil bis zur Aufgabe dieses Gebietes durch die Römer - wenn überhaupt - nur vereinzelt Christen hier gelebt haben werden.

Spricht das Fehlen klarer Zeugnisse auch nicht notwendig gegen die Möglichkeit christlicher Gemeinden vor 313, so doch für die geringe Zahl der Christen sowie ihre untergeordnete Bedeutung in der römischen und erst recht in der einheimischen Gesellschaft. Erst nach dem Konstantinischen Frieden, als das christliche Bekenntnis nicht mehr verboten war, als die Kirche im Zuge zunehmend prochristlicher Gesetzgebung ihre Organisation aufbauen und auch in ländlichen Gebieten missionieren und Fuß fassen konnte, tauchen vermehrt christliche Zeugnisse auf. Solange die Grenzen sicher waren, darf im 4. und anfangs des 5. Jhs. mit einem Aufblühen des Christentums gerechnet werden. Von den arianischen Wirren, die vor allem den Osten erschütterten, blieben die Gemeinden Germaniens weithin verschont. Widerstand leisteten, nachdem die politischen Obrigkeiten ihre Feindschaft aufgegeben hatten, nur noch die heidnischen Religionen. Heidnische Tempel, Mithras- und Isisheiligtümer, vor allem Kultstätten der z.T. romanisierten einheimischen Götter dürften vielerorts noch längere Zeit weiterbestanden haben.

III. CHRISTLICHE ZENTREN UND IHR UMLAND

1. Augsburg und die Provinz Raetia secunda

1.1 Stadtgeschichte

Im Rahmen der Germanenfeldzüge von Drusus und Tiberius im Jahre 15 v.Chr. geriet das Voralpenland endgültig unter römischen Einfluß. Damals entstand im jetzigen Augsburger Stadtteil Oberhausen ein Militär- oder auch nur ein Warennachschublager auf einem nach Norden abfallenden und durch Wertach und Lech begrenzten, zugleich hochwassergeschützten Terrain. Wann nach der Verlegung des Legionskommandos von Oberhausen nach Windisch dieses Lager aufgegeben wurde, ist umstritten. Nahm man bisher eine Siedlungsunterbrechung von etwa 25 Jahren bis zur Entstehung der zivilen Siedlung *Augusta Vindelicorum*[42] in spättiberisch-frühclaudinischer Zeit an, geht man heute von einer ununterbrochenen Besiedlung aus, ohne allerdings den militärischen oder zivilen Anteil genau angeben zu können.

Die Siedlung, die an der Kreuzung der *Via Claudia* von Italien über den Reschenpass ins Inntal mit der großen Ost-West-Verbindung von Gallien bis zum Schwarzen Meer lag, blühte bald auf. Tacitus, *Germania 41,* nennt Augsburg die *splendissima Raetiae provinciae colonia.* Volle Stadtrechte erhielt Augsburg allerdings erst unter Hadrian, möglicherweise 120/1 anläßlich der Reise des Kaisers durch die Provinz. Als unter Diokletian Rätien in die beiden Provinzen *prima* und *secunda* geteilt wurde, wird *Curia* (Chur) die Hauptstadt von *Raetia I,* Augsburg bleibt es für *Raetia II.* Bis zum Ende der römischen Herrschaft gehören beide Provinzen zur übergreifenden Präfektur *Italia* mit der Hauptstadt Mailand. Später ergeben sich in kirchlicher Hinsicht andere Konstellationen.

Die im 2. und 3. Jh. prosperierende Stadt wurde schon früh durch die germanische Bedrohung der Provinz in Mitleidenschaft gezogen. Konnten die ersten Angriffe der Alemannen 213 und 233 noch abgewehrt werden, ging bereits bei einem dritten Ansturm 259/60 das Dekumatenland nördlich der Donau verloren. Nach verschiedenen Vorstößen und Rückschlägen bedrohten die Alemannen später die Rheingrenze. Als dann nach 400 die römischen Truppen von der Donaugrenze zurückgezogen wurden, rückten die von Vandalen und Alanen bedrängten Alemannen nach und besetzen z.T. das Gebiet zwischen Donau und Alpen, Iller und Lech. Die einheimische kelto-romanische Bevölkerung wurde vertrieben und zog sich in das Alpengebiet zurück; zu kleineren Teilen kann sie sich auch mit den Alemannen vermischt haben. Augsburg selbst und Gebiete südlich der Stadt scheinen erst nach dem Tod des Hunnenbezwingers Aëtius 454 fest in alemannische Hand gefallen zu sein. Dem Namen nach blieb Rätien bis

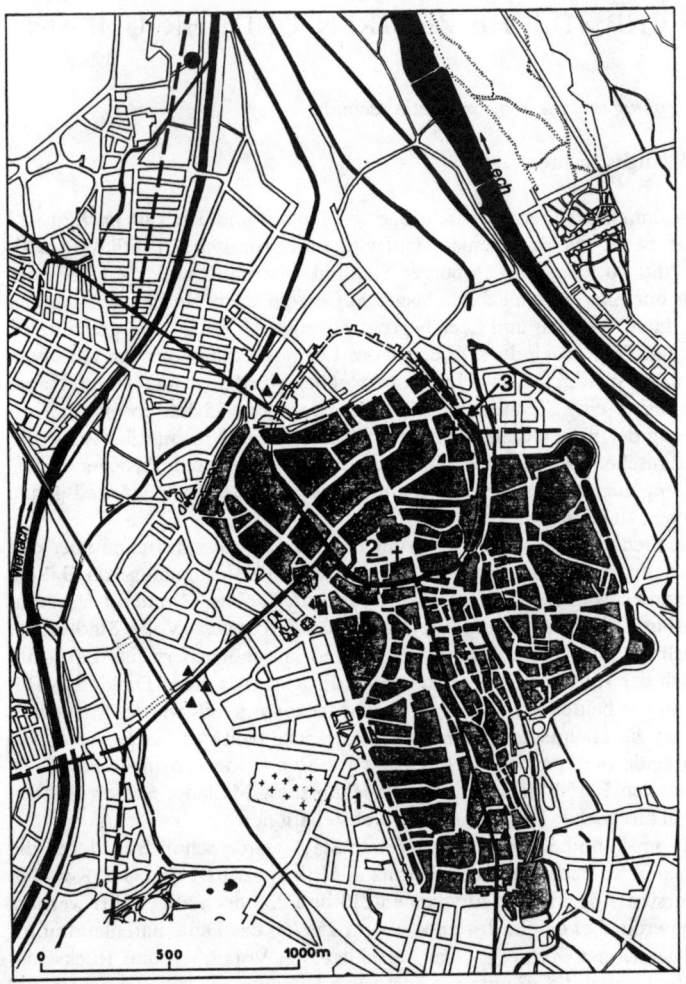

Abb. 4 Augsburg in der Spätantike

●	Fundstelle Augsburg-Oberhausen	⊐⊏ Römische Stadtmauer vermutet
▲	Begräbnisplatz	▬ Römische Stadtmauer nachgewiesen
▬ ▬	Römerstraße	† Stätten möglicher frühchristlicher Tradition 1 Afra-Kirche 2 Dombereich 3 Gallus-Kirche

536 Teil des Römischen Reiches. Der römische Einfluß hat also ungefähr ein halbes Jahrtausend wirken können[43].

1.2 Die heilige Afra

- Literarische Nachrichten

Der römische Götterhimmel Rätiens wird von annähernd fünfzig Gottheiten besetzt, die durch Kultanlagen, Inschriften, Statuetten und Weihesteine bezeugt sind[44]. Wie das Christentum nach Augsburg kam, läßt sich nur vermuten. Kaufleute, Soldaten, italische Siedler können die ersten Glaubensboten gewesen sein. Schon im 3. Jh. dürfte eine Gemeinde bestanden haben, auf die das Martyrium der heiligen Afra in der diokletianischen Christenverfolgung um 303/4 und ihre nachfolgende Verehrung hindeuten. Bei dem Rang Augsburgs als Provinzhauptstadt wird man sogar von einer bischöflich verfaßten Gemeinde ausgehen dürfen.

Die ersten nachprüfbaren Angaben heften sich an Afra. Von ihr berichtet Venantius Fortunatus, der um 530 bei Treviso in Venetien geboren wurde und bald nach 600 als Bischof von Poitiers starb, in seiner *Vita sancti Martini* 4, 640/3:

Si tibi barbaricos conceditur ire per amnes, ut placide Rhenum transcendere possis et Histrum, pergis ad Augustam, qua Virdo et Licca fluentant, illic ossa sacrae venerabere martyris Afrae. ("Wenn dir erlaubt wird, über die Flüsse der Barbaren zu gehen, so daß du friedlich den Rhein und die Donau überqueren kannst, gelangst du nach Augsburg, wo Wertach und Lech fließen, dort wirst du die Gebeine der hl. Märtyrin Afra verehren".)

Venantius Fortunatus war um 565 von Ravenna aus über Oberitalien nach Tours zum heiligen Martin gewallfahrtet in Erfüllung eines Gelübdes nach überstandenem Augenleiden. Etwa zehn Jahre später hat er diese Pilgerreise literarisch bearbeitet und in der Art eines Itinerars seinen Weg in umgekehrter Richtung nachgezeichnet. Über Afra selbst sagt der christliche Dichter weiter nichts, wohl bezeugt er ihre Verehrung über mehr als zwei Jahrhunderte hinweg in einer Zeit, da die römische Herrschaft längst zu Ende gegangen war und Augsburg in dem unruhigen Gebiet zwischen Alemannen und Bayern lag, die zu Beginn des 6. Jhs. ihren Einfluß wahrscheinlich schon bis zum Lech und an Augsburg heran hatten ausdehnen können[45].

Mehr über Afra berichtet das *Martyrologium Hieronymianum*. Es handelt sich um eine Mitte des 5. Jhs. in Oberitalien entstandene Zusammenstellung von fast 6000 Märtyrer- und Heiligennamen, die älteren Verzeichnissen aus Rom, Karthago, Nikomedien, Mailand und anderen norditalienischen Städten entnommen wurden. Das *Martyrologium Hieronymianum* hat eine schwierige Überlieferungsgeschichte aufzuweisen. Erhalten ist nur die Fassung, die es um 592/600 in Auxerre oder um 627/8 in Luxeuil erhalten hat[46]. Die handschriftliche Überlieferung der Luxeuiler Fassung wiederum geht auf drei Codices zurück, die noch einmal unter sich einige Verschiedenheiten aufweisen. Es handelt sich um den *Codex Epternacensis* (Echternach) aus dem Anfang des 8. Jhs. in Paris, den *Codex Bernensis* aus Metz vom Ende des 8. Jhs. in Bern und den *Codex Wissenburgensis* aus dem Jahr 772 in Wolfenbüttel.

Alle drei Rezensionen bringen am 5.-7. August das Gedächtnis der Passio der heiligen Afra in Augsburg, wobei der *Codex Bernensis* noch ergänzt *in provincia Raetia*. Am 8./9. Oktober erwähnen ebenfalls alle drei Handschriften eine Afra aus Augsburg in Kreta. Wie die Notiz zustande gekommen ist und ob durch eine Verschreibung aus *Raetia Kreta* und aus *AG (Augustum) OC (Octobris)* wurde, bleibt Spekulation. Leichter läßt sich erklären, wie die Augsburger Afra in das *Martyrologium Hieronymianum* gelangen konnte: wahrscheinlich über die Zugehörigkeit Augsburgs zur Präfektur *Italia* mit der Metropole Mailand. Aus einem Mailänder Martyriologium aber stammt nach Rom die größte Anzahl von Heiligennamen, die in das *Martyrologium Hieronymianum* aufgenommen wurden. Man braucht also nicht anzunehmen, daß Afra erst durch die gallischen Zusätze anfangs des 7. Jhs. in das Verzeichnis gekommen ist. Dagegen spricht auch, daß der *Codex Bernensis* die Ortsangabe Augsburg mit dem Zusatz *in provincia Raetia* versieht. Eine solche Hinzufügung ergibt im 7./8. Jh. wenig Sinn; sie wird übernommen und nicht erst in der gallischen Bearbeitung erfunden worden sein. Stimmen diese Überlegungen, dann stammt die früheste Afra-Bezeugung, die noch älter ist als die Nachricht bei Venantius Fortunatus, aus der frühesten Fassung des *Martyrium Hieronymianum*, also aus der Zeit 450/500[47].

Was sonst noch an literarischen Bezeugungen vorliegt, ist jüngeren Datums und legendären Inhalts. Das gilt bereits für die frühesten Handschriften der *Passio* der Heiligen, die Ende des 7. oder Anfang des 8. Jhs. datieren. Die ältere *Passio* wird durch die *Conversio* und eine erweiterte Form der *Passio* ergänzt, um das etwas anrüchige Vorleben der Afra verständlich zu machen[48]. Die *Conversio* berichtet, daß Afra, die Tochter eines zyprischen Königs, mit ihrer Mutter Hilaria nach Rom und schließlich nach Augsburg kam. Von ihrer Mutter in den Kult der Venus eingeführt, betrachtete es Afra als Dienst an der Göttin, ihr Haus lüsternen Männern zu öffnen und ihre Schönheit preiszugeben. Mit anderen Worten: Afra war eine öffentliche Dirne.

Während der diokletianischen Verfolgung gelangte eines Tages der Bischof Narcissus mit seinem Diakon Felix nach Augsburg und suchte nichtsahnend im Haus der Afra Unterkunft. Als Afra sah, wie die beiden

28

Männer vor dem Nachtmahl ein andächtiges Gebet sprachen, überkam sie der ganze Jammer ihres sündigen Lebens, und sie offenbarte sich dem Bischof. Der tröstete sie und verhieß ihr Vergebung aller Sünden durch die Taufe.

Da die Häscher schon Verdacht geschöpft hatten, konnte Afra Narcissus und Felix nur eine Nacht bei sich verstecken. Am nächsten Tag brachte sie sie in das Haus ihrer Mutter. Dort sollten Afra, die Mutter und die Mägde des Hauses die Taufe empfangen. Zuvor mußte noch ein Bote des Teufels überlistet werden, der auf die Seelen der Täuflinge Anspruch erhob. Der Bischof stellte dem Teufelsboten eine andere Seele in Aussicht, deren Leib dieser freilich erst noch töten müsse. In Wirklichkeit handelte es sich um einen Drachen bei Füssen, der dort eine Quelle versperrte. Der Dämon ging auf den Vorschlag ein und tötete den Drachen, so daß Afra und ihre Leute am 26. Oktober die Taufe empfangen konnten. Narcissus blieb noch neun Monate als Bischof in Augsburg, weihte dann Afras Onkel Zosimus (oder Dionysius) zum Bischof und zog anschließend weiter nach Spanien, wo er das Martyrium erlitt.

Soweit die *Conversio*. Die jüngere und erweiterte *Passio* berichtet noch, daß den römischen Behörden bald die Bekehrung Afras zu Ohren kam. Sie wurde vor Gericht gestellt und weil sie sich weigerte, den Glauben zu verleugnen und ihr altes Gewerbe wieder aufzunehmen, zur Geißelung und zum Feuertod verurteilt. Auf einer Lechinsel wurde das Urteil vollstreckt. Von Rauchschwaden erstickt, starb Afra; ihr Leib jedoch blieb unversehrt erhalten. Ihre Mutter ließ ihn am zweiten Meilenstein vor der Stadt bestatten. Als der Richter die Beisetzung verbot, Mutter und Mägde sich ihrerseits weigerten, ihren Glauben aufzugeben, wurden sie in Afras Grabkammer eingeschlossen und ebenfalls verbrannt. Spätere Erweiterungen und Zusätze zur *Conversio* und *Passio* schmücken die Vorgeschichte Afras weiter aus und erklären, wie Afra ausgerechnet nach Augsburg gekommen ist. Demnach soll ihr Vater als König von Zypern einem Verrat zum Opfer gefallen sein. Mittellos geworden, floh die Familie nach Rom, wo Afras Onkel Zosimus (oder Dionysius) in einem Traumgesicht die Weisung erhielt, nach Augsburg weiterzuziehen.

Stecken irgendwelche historischen Nachrichten in dieser etwas wüsten Geschichte? Mit einiger Sicherheit läßt sich klären, wie das Dirnenmotiv in die Afralegende hineingekommen ist. Grundlage war höchstwahrscheinlich der *Codex Bernensis* des *Martyrologium Hieronymianum*, in dem auf Afra eine heilige Venerea aus Antiochien folgt. Indem Venerea im Sinn eines *nomen apellativum* als Standesbezeichnung an Afra angehängt und Venerea mit dem Venusdienst assoziiert wird, wurde Afra zur Dirne[49]. Einige Handschriften der Martinsvita von Venantius Fortunatus und mittelalterliche Augsburger Kalendarien sprechen dagegen von der *virgo Afra*[50]. Die Afraüberlieferung enthält noch andere Ungereimtheiten. Abgesehen von dem ohne Zweifel legendarischen Zug mit dem Dämon und dem Drachen, ist die plötzliche Bekehrung der Afra psychologisch unglaubwürdig. Chronologische Schwierigkeiten macht auch der neunmonatige Aufenthalt des Bischofs Narcissus in Augsburg. Auf den Onkel und späteren Bischof Zosimus bzw. Dionysius muß im Zusammenhang mit den Bischofslisten noch eingegangen werden.

Nicht unmöglich dagegen erscheint der Feuertod Afras auf einer Lechinsel außerhalb der antiken Stadt. Eine kleine Afrakirche an Ort und Stelle bewahrt noch heute die Überlieferung. Beachtung verdient insbesondere der Hinweis auf die Beisetzung des unversehrt erhalten gebliebenen Leichnams der in Rauchschwaden erstickten Heiligen am zweiten Meilenstein vor der Stadt. Eine solche Angabe ist zu konkret, um erfunden zu sein; sie entspricht zudem der Genauigkeit, die vor allem die topographischen Angaben in legendarischen Berichten auszeichnet. Der Verfasser der *Passio* kann von einer Grabanlage in Verbindung mit einem römischen Meilenstein gewußt haben.

- Die Grabungen bei St. Ulrich und Afra

Bestätigen die archäologischen Funde seine Angabe? Die Frage führt zur Prüfung der archäologischen Evidenz der Augsburger Afra-Verehrung insgesamt. Was die Zwei-Meilen-Angabe angeht, so scheint sie auf den ersten Blick unzutreffend zu sein. Die Entfernung zwischen dem antiken Mittelpunkt Augsburgs und dem Afragrab im Bereich der heutigen St. Ulrich- und Afrakirche bzw. dem römischen Gräberfeld, auf dem diese Kirchenanlage an der alten *Via Claudia* errichtet wurde, beträgt weit weniger als zwei Meilen. Anders wird die Sache, wenn man die Entfernung von dem ersten römischen Stützpunkt im jetzigen Stadtteil Oberhausen aus rechnet. Dann liegt der zweite Meilenstein am Milchberg inmitten des fraglichen Gräberfeldes. Daß die Messung ab Oberhausen gerechtfertigt ist, ergibt die Gegenprobe mit einem Zwanzigmeilenstein im Lager *Summontorio* am Ende der *Via Claudia,* dessen Entfernungsangabe sich ebenfalls auf das Lager Oberhausen bezieht[51]. Afra wurde somit auf einem antiken Gräberfeld an der Ausfallstraße nach Süden beigesetzt, was genau den damaligen Verhältnissen entspricht.

Ausgrabungen unter der St. Ulrich- und Afrakirche haben nach P. Stockmeier eine Kapelle aufgedeckt, "die in ihrer ursprünglichen Form als *cella trichora* noch dem 4. Jahrhundert angehört und unter baulichen Veränderungen in der Folgezeit fortbestand"[52]. Diese Auskunft geht wohl zu weit, denn in der Kryptagrabung von 1961/2 konnte als frühester Bau lediglich eine 15 m breite Kirche aus dem 7. Jh. erschlossen werden, die von der Ausrichtung der heutigen Kirche um 16° abweicht und mit der Anordnung römerzeitlicher Gräber übereinstimmt. Größe und Lage der Kirche

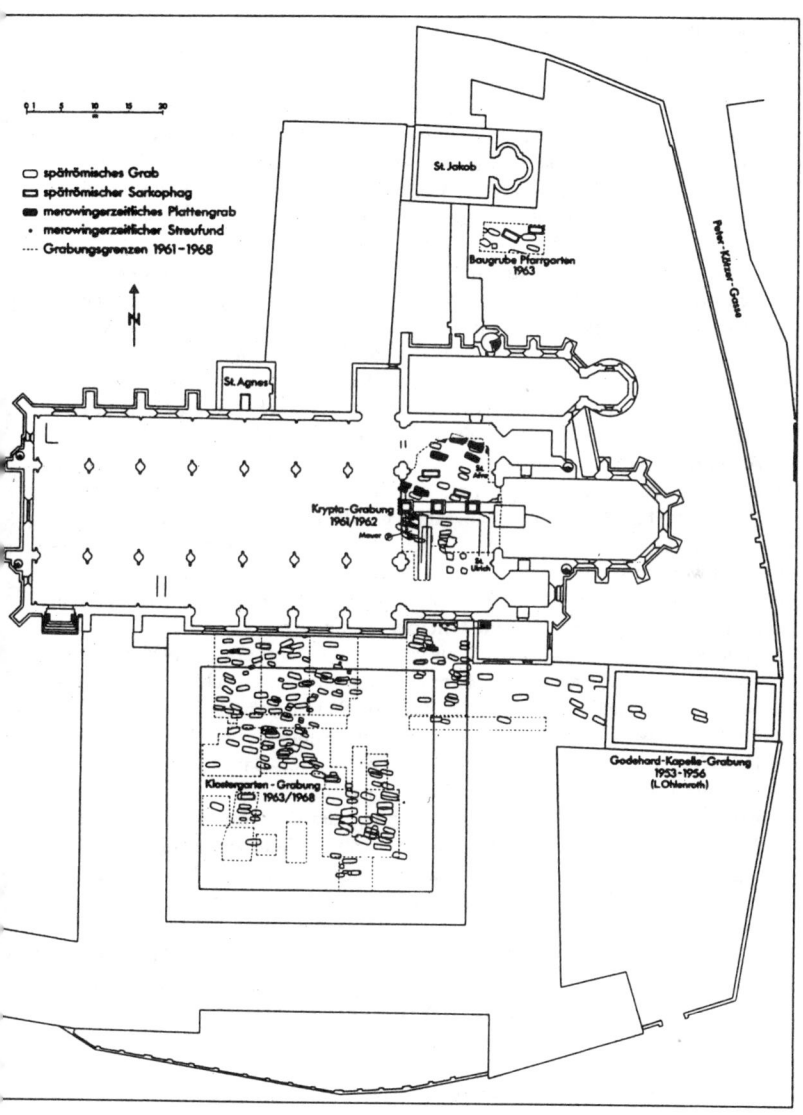

Abb. 5 Augsburg. Grabungen bei St. Ulrich und Afra

ergeben sich aus der südlichen Begrenzungsmauer, von der ein 2,50 m langes Stück ergraben werden konnte, sowie durch merowingische Gräber, die im Kirchenraum angelegt wurden. In welchem räumlichen Verhältnis die Gräberkirche des 7. Jhs. zum Afragrab gestanden hat, läßt sich nicht sagen. Im Verlauf der Kryptagrabung konnten 22 Gräber eines spätrömischen Gräberfeldes aus dem 4. Jh. freigelegt werden. Es erstreckte sich - wie weitere Grabungen von 1963 bis 1968 ergaben - vom heute nördlich der St. Ulrich- und Afrakirche gelegenen Pfarrhof bis hinein in den südlich gelegenen Klostergarten[53].

In diesem Bereich dürfte Afra bestattet worden sein und sich der kleine Grabbau befunden haben, den Venantius Fortunatus gesehen hat, gleich ob dies die allererste Gedächtnisstätte oder bereits ein Um- oder Erweiterungsbau der ursprünglichen *memoria* gewesen ist. Gefunden wurde von möglichen Vorgängerbauten der Kirche des 7. Jhs. bisher nichts. Ob geringe Spuren der ersten Gedächtniskirche, die noch sehr klein und nicht einmal aus Stein errichtet gewesen sein muß[54], bei den späteren Bau- oder Ausgrabungsarbeiten zerstört worden sind oder das Afragrab doch an einer anderen Stelle gelegen hat, vielleicht unter dem Turm der heutigen Kirche, wo bisher noch nicht gegraben wurde, bleiben Vermutungen[55]. Aus alledem ergibt sich, daß die Stelle des Afragrabes bisher noch nicht aufgedeckt werden konnte.

Nach dem merowingischen Bau des 7. Jhs. folgen weitere Kirchen in schneller Folge. Um 800 entsteht der archäologisch nicht identifizierte, aber literarisch nachweisbare Bau von Bischof Sintpert; es folgt der Wiederaufbau der 955 zerstörten Kirche durch Bischof Ulrich sowie ein Umbau unter Bischof Liuthold in der Zeit von 993 bis 996. Zwischen 1064 und 1071 errichtet Bischof Embriko dann einen Neubau, um dem heiligen Ulrich eine würdige Grabstätte zu bereiten. Bei den Bauarbeiten sollen neben den Leibern vieler Heiliger auch die Reliquien der heiligen Afra aufgefunden worden sein in einem Sarkophag, der die Reste eines weiblichen Leichnams mit Brandspuren enthielt[56]. Da der Fund zu gut mit der Afralegende übereinstimmt, Afrareliquien schon vor 1064 bekannt sind und der als Afra-Sarkophag geltende Sarkophag heute keine Überreste mehr enthält, wird man die Nachricht auf sich beruhen lassen müssen[57].

Die beiden unterschiedlich breiten Schiffe des Embriko-Baus wurden nach einem Brand durch eine Pfeilerarkade miteinander verbunden und 1187 nunmehr als St. Ulrich- und Afra-Kirche eingeweiht. Heute steht hier als letzter Bau die 1467 anstelle der romanischen erbaute spätgotische Kirche[58].

Auch wenn die erste über dem Grab errichtete Afra-*memoria* bisher nicht wiederentdeckt worden ist, so haben die Grabungen die Kontinuität der Afraverehrung an dieser Stelle doch eindrucksvoll bestätigt. Sie wird noch durch zwölf Gräber aus merowingischer Zeit - weitere wurden durch den Bau des Embriko vernichtet -, die als *retro-sanctos*-Bestattungen betrachtet werden müssen, unterstrichen: Man wollte in der Nähe eines verehrten Heiligengrabes bestattet sein, um bei der Auferstehung möglichst intensiv der Fürbitte der Heiligen teilhaftig zu werden. Bei den merowingischen Gräbern handelt es sich ausnahmslos um Bestattungen vornehmer Adeliger, z.T. aus entfernten Gegenden, Burgund und Südfrankreich, oder um Geistliche höheren Grades, darunter vielleicht Augsburger Bischöfe[59].

Einen Hinweis auf die Afraverehrung enthalten schließlich die Afra-Patrozinien in der Umgebung Augsburgs, die zumeist an alten Römerstraßen lagen, was auf ihr hohes Alter hinweist. Daß sie sich nicht gehalten haben und durch andere ersetzt wurden, hängt möglicherweise mit dem überlieferten anrüchigen Beruf der Afra zusammen. Auch in Augsburg selbst überdeckt ja die Verehrung des heiligen Ulrich, des ersten formell kanonisierten Heiligen, den Afrakult[60].

Durch die Grabungen unter St. Ulrich und Afra konnten einige Vermutungen entkräftet werden, die noch andere Stellen mit dem Afragrab verbinden wollten, wie z.B. die ebenfalls auf dem spätantiken Gräberfeld liegende Godehard-Kapelle, der ein bis ins 6. Jh. zurückreichendes Marienheiligtum vorausgegangen sein soll. Diesbezügliche Überlegungen von H. Ohlenroth hängen wohl damit zusammen, daß bei seinen Grabungen 1953/6 die Funde unter St. Ulrich und Afra noch nicht bekannt waren[61].

Auch der zu einer Jakob-Kapelle gehörende Trikonchos unter dem Pfarrhof markiert nicht die Stelle der ursprünglichen Afra-*memoria*. Es wurde zwar ein Sarkophag mit figürlich verziertem Deckel gefunden, auf den ausgerichtet und halb darübergebaut sich ein spätrömisches Grab befand. Möglicherweise erhob sich über dem Sarkophag und dem gemauerten Grab eine kleine Gedächtniskapelle, an die sich später der vorromanische Trikonchos anschließen konnte. Es dürfte sich bei dieser Anlage um eine weitere herausgehobene Stelle auf dem weitläufigen Friedhofsgelände handeln, an der vielleicht sogar weitere Märtyrer verehrt wurden, deren Namen aus der Afralegende bekannt waren, sich aber sonst im Zusammenhang mit anderen Baulichkeiten in Augsburg nicht erhalten haben[62].

1.3 Bischofslisten

Über Afra hinaus gibt es nur spärliche Nachrichten, was die spätantiken Anfänge der Augsburger Kirche angeht. Urkundliche Quellen setzen erst verhältnismäßig spät im 11. Jh. ein. Früheres scheint in den wirren Zeiten von den alemannischen Überfällen im 3. Jh. bis zur Eroberung durch die Ungarn 955 verlorengegangen zu sein. Auch Bischofslisten, die Namen aus der Frühzeit erwähnen, reichen nicht sehr weit zurück. Es handelt sich um einen Bischofskatalog, dessen älteste Handschrift ungefähr um 1060 verfaßt worden ist, sowie um die Vita des hl. Magnus von Füssen, die auf

Grund einer guten älteren Vorlage um 880 ein Mönch Ermenrich aus Ell-
wangen überarbeitet hat[63]. Die ältesten Namen der überlieferten Bischöfe
lauten: Zosimus (Dionysius), Perwelf, Tagobest, Manno, Wicho, Pricho,
Zeizzo und Marchmann. Hinzu kommt im 8. Jh. noch der aus einer anderen Quelle bekannte heilige Bischof Wikterp[64]. Frühchristlichen Ursprungs könnte allein der bereits erwähnte Zosimus bzw. Dionysius sein.
In der Afralegende war er der Onkel der Märtyrin, der von dem durchrei-
senden spanischen Bischof Narcissus zum Bischof (in der ältesten *Conversio* zum Presbyter) geweiht wird. Ist damit der einzige frühchristliche
Bischofsname als legendarische Erfindung erledigt, oder bewahrt gerade
der etwas mühsam in die Legende eingebaute Afra-Onkel mit seinem
griechischen oder römischen Namen die Erinnerung an einen frühen
Bischof?

Beides ist möglich. Wenn Zosimus echter Name eines Augsburger Bischofs ist, dann dürfte er in früheste Zeit zurückreichen und einen Hinweis auf die Entstehung einer bischöflich verfaßten Kirche in der Hauptstadt der *Raetia II* durch zugereiste Christen aus den östlichen Gebieten
des *Imperium Romanum* bieten. So hält es E. Klebel für am wahrschein-
lichsten, "in Zosimus einen spätantiken Bischof von Augsburg zu sehen,
der spätestens um 400 amtiert hätte"[65]. Daß die verschiedenen Handschriften der *Conversio* ihn mal Zosimus, mal Dionysius nennen, ist nicht
unerklärlich; vermutlich hat irgendein Schreiber den unverständlichen Namen Zosimus in Dionysius, den Namen des hochverehrten Bischofs von
Paris, umgewandelt, möglicherweise wegen eines gewissen Gleichklangs
der beiden Namen, der jedenfalls größer ist als die entsprechende Lati-
nisierung von Zosimus in Vitalis. F. Zoepfl lehnt dagegen die Datierung
des Zosimus in frühchristliche Zeit ab. Die Umwandlung des *presbiter* Zosimus in den ältesten Handschriften der *Conversio* zum *episcopus* in den
jüngeren spricht ihm zufolge nicht dafür, daß Zosimus/Dionysius aus den
Bischofskatalogen in die *Conversio* gekommen ist, sondern umgekehrt
dafür, daß der aus der *Conversio* bekannte frühchristliche Bischof der
Reihe der mit Perwelf beginnenden fränkisch-germanischen Bischofsnamen vorangestellt wurde[66]. In jedem Fall ist zuzugeben, daß es ein ein-
deutiges zeitgenössisches Zeugnis für einen Augsburger Bischof aus spätrömischer Zeit - wie es entsprechend für Chur durchaus vorliegt[67] - nicht
gibt.

In diesem Zusammenhang muß noch ein Bischofsname erwähnt werden,
der in den Augsburger Bischofslisten fehlt, in den Quellen, in denen er erscheint, jedoch einen Hinweis auf Augsburg enthält: Valentin. In der *Vita
sancti Severini* 41 von Eugippius, einem Schüler Severins, um 511 verfaßt,
will ein Priester Lucillus seines Abbas Valentinus gedenken, der ehemals
episcopus Raetiarum gewesen sei und um 450 als solcher gewirkt haben
muß. Schwierig ist die Übersetzung bzw. Interpretation von *episcopus Raetiarum*. Meint der Ausdruck wegen des Plurals "Bischof beider Rätien",

dann wird Augsburg seine Bischofsstadt gewesen sein, meint er nur "ein rätischer Bischof"[68], kommt eher Passau in Frage, weil ein Valentinus, der ursprünglich in der Kirche der Zenoburg von Mais bei Meran, dann um die Mitte des 8. Jhs. in Trient begraben war und um 764 durch den bayerischen Herzog Tassilo nach Passau zurückgebracht wurde und dort als Bistumspatron verehrt wird, mit dem Valentin aus der Severinsvita identisch sein dürfte.

Warum Valentin ursprünglich in Mais begraben worden ist, läßt sich in beiden Fällen erklären; es wäre in jedem Fall ein Zurückweichen vor der Alemannen- oder Hunnengefahr gewesen, die Valentin veranlaßt hätte, Augsburg oder Passau zu verlassen und seinen Bischofssitz in die geschützteren südlichen Teile seines Wirkungsbereiches zu verlegen. Mais bei Meran lag wahrscheinlich an der Grenze der beiden Provinzen *Raetia II* und *Noricum*.

Unabhängig von der unsicheren und weitgehend fehlenden Überlieferung frühchristlicher Bischofsnamen braucht das Vorhandensein einer bischöflich geführten Gemeinde Augsburgs im 4. und 5. Jh. nicht verneint zu werden. Der in den Bischofslisten bereits an zweiter Stelle genannte Perwelf läßt allerdings ähnlich wie schon Mais als anfänglicher Bestattungsort Valentins fragen, ob mit einer Unterbrechung, einem Erlöschen oder einer Verlegung des Bistums in der Zeit zwischen dem Ende der Römerherrschaft und der Neuordnung der Region in fränkischer Zeit gerechnet werden muß.

In Richtung einer Verlegung deuten einige nicht leicht zu interpretierende Hinweise, die Augsburg mit Säben *(Sabiona),* oberhalb der Stadt Klausen im Eisacktal, zusammenbringen. In einer Bittschrift von Bischöfen der Kirchenprovinz Aquileia unterschrieb 591 der als Gründerbischof von Brixen verehrte hl. Ingenuin als *episcopus secundae Raetiae*[69], als deren Hauptstadt noch um 410/20 in der *Notitia dignitatum*[70] Augsburg angegeben wird. Brixen wiederum gilt als das Nachfolgebistum von Säben, das somit die Fortsetzung des spätantiken Augsburger Bistums gewesen sein könnte, eine Art Fluchtbistum, das aus dem donauländischen Flachland wahrscheinlich von dem zuvor erwähnten Bischof Valentin in die Berge verlegt wurde, als mit dem Untergang der römischen Herrschaft auch die kirchliche Organisation in Augsburg zerfiel. Wann geschah die Verlegung? E. Klebel meint: Da der erste Bischof von Chur, Asinio, 451 mit ausdrücklichem Hinweis auf seine Provinz, die *Raetia I,* auf einer Mailänder Synode genannt werde, müsse die Teilung des Augsburger Bistums vorher geschehen sein. Kirchenpolitisch sei Chur dabei Mailand unterstellt geblieben, das verwaltungsmäßig zur Präfektur *Italia* gehörte, Augsburg-Säben sei dagegen kirchlich nach Aquileia gekommen, das verwaltungsmäßig der Präfektur *Illyria* unterstellt war. Anlaß für diese große Umorganisierung sieht Klebel in dem Verlust der Römerstadt Sirmium an die Hunnen im Jahre 441. Entsprechend müßten die Flucht des heiligen Valentin und der

Untergang des spätantiken Bistums Augsburg nicht um 450, sondern schon bald nach 440 anzusetzen sein[71].

Angesichts einer so präzis formulierten Hypothese darf aber nicht verschwiegen werden, daß die Vorgänge um Valentin und die Verlegung des Bistums Augsburg nach Säben auch anders interpretiert und anders datiert werden können. Vor allem bleibt offen, ob Valentin trotz seiner Bezeichnung als *episcopus Raetiarum* wirklich Augsburger Bischof gewesen ist. Es fällt auf, daß sich in Augsburg selbst keine wie auch immer gearteten Erinnerungen an ihn erhalten haben, die weisen alle nach Passau.

Was das Aufhören bischöflicher Präsenz in Augsburg angeht, sei noch einmal an Venantius Fortunatus erinnert, der auf seiner Reise zum heiligen Martin um 565 in Augsburg wohl Afra verehrt, von einer Gemeinde und einem Bischof aber nichts berichtet. Ein solches Schweigen ist natürlich kein Beweis, immerhin auffällig, weil Venantius bei Besuchen in anderen Städten durchaus deren Bischöfe und ihre kirchenbaulichen Aktivitäten erwähnt[72]. Von einem Bischof Marcianus, der aufgrund sehr unsicherer Nachrichten bis 574 in Augsburg tätig gewesen sein soll, weiß er jedenfalls nichts[73]. Es ist durchaus denkbar, daß nur am Afragrab, vielleicht verbunden mit einem Kloster oder Klerikerhaus in der Nähe der verehrten Stätte, christliche Kontinuität im 6. Jh. erhalten geblieben ist[74]. Aber auch im Fall eines Erlöschens bischöflicher Autorität bleibt die Verlegung des Bistums Augsburg als Fluchtbistum nach Säben eine Hypothese. Säben kann genausogut wie ein zurückverlegtes Fluchtbistum von Augsburg ein vorgeschobenes Missionsbistum von Aquileia gewesen sein. Die in Säben inzwischen ausgegrabenen Kirchen lassen durchgehend kirchliches Leben seit dem 4. Jh. erkennen; bis in die 2. Hälfte des 7. Jhs. wird ein Gräberfeld genutzt. Zu welcher Zeit das in der 2. Hälfte des 6. Jhs. auch literarisch als Bistum bezeugte Säben Bischofssitz geworden ist, läßt sich vielleicht durch die noch ausstehende liturgiegeschichtliche Auswertung der bisherigen Ausgrabungen weiter eingrenzen[75].

Insgesamt gesehen wirft die Stellung Augsburgs innerhalb der spätantiken Kirchenorganisation noch etliche ungeklärte Fragen auf: Gab es neben Säben noch andere Bischofssitze auf Augsburger Gebiet - etwa in Kempten (Cambodunum), Epfach (Abodiacum) oder in Neuburg/Staffelsee[76]? Wie war oder veränderte sich die Verbindung Augsburgs zu Mailand und Aquileia? Präzise Nachrichten über ein Bistum Augsburg enthält erst eine Urkunde Friedrichs I. Barbarossa vom 27.11.1155, in der die Grenzen zwischen den Bistümern Konstanz und Augsburg bestätigt werden. Natürlich bestand das Bistum schon vorher; die Liste der Augsburger Bischöfe nennt nach Wikterp fortlaufend Bischofsnamen, unter denen Witgar, 858/60 zudem Kanzler Ludwigs des Deutschen, auch inschriftlich bezeugt ist. Möglich erscheint eine Neugründung bereits unter König Dagobert I. (623/38)[77].

1.4 Kirchen

- Dom und Johanniskirche

Lassen sich über die spärlichen literarischen Nachrichten hinaus archäologische Zeugnisse für das kirchliche Leben im spätantiken Augsburg gewinnen? Das Hauptaugenmerk richtet sich naturgemäß neben St. Ulrich und Afra auf den Dom und seine Umgebung, denn die *memoria* bzw. die nachfolgenden Bauten am Afragrab können nicht die Bischofs- und Gemeindekirche der Stadt gewesen sein. Auch wenn es ein Afrakloster gegeben hat und Vorsteher dieses Klosters vielleicht Augsburger Bischöfe gewesen sind, das Afraheiligtum war eine Zömeterialkirche weit draußen vor den Mauern der spätantiken Stadt. Wo lag die Bischofskirche? Der heutige Dom mit seinem Marienpatrozinium wird erst 815 in einer Freisinger Notiz erwähnt, ein weiterer Beleg stammt aus dem Jahr 822[78]. Ein zeitlich früheres Datum läßt sich erreichen, wenn man auf die südlich des Doms gelegene und erst anfangs des 19. Jhs. abgerissene Johanniskirche achtet. Bei Grabungen wurde unter ihr ein Perystilhaus aus der mittleren Kaiserzeit entdeckt[79]. Aus dem viereckigen Brunnenschacht des Hauses, der später zugeschüttet wurde, soll im 4. Jh. ein frühchristliches Taufbecken geworden sein und die Brunnenanlage als erste Taufstätte der Augsburger Christen gedient haben. Da ein Baptisterium dieser Zeit im Regelfall einer Bischofskirche zugeordnet werden kann, ließe sich auf eine solche Anlage des 4. Jhs. in der Nähe des heutigen Domes schließen. Nach J. von Elbe wurde noch vor 536 über der Taufanlage ein kleiner geosteter Kirchenbau mit Altar und halbrunder Priesterbank errichtet. Im 10. Jahrhundert baute Bischof Ulrich von Augsburg dann die Johanniskirche an dieser Stelle[80].

Doch die Frühdatierung ins 4. Jh. läßt sich nicht halten. Der von L. Ohlenroth um 1930 ergrabene viereckige Brunnenschacht befand sich vor der kleineren Kirche, die von Ohlenroth ins 5. Jh. datiert wird, aber noch innerhalb der von Ulrich erbauten Johanniskirche[81]. Der Schacht war 14 m tief. Ohlenroth hat mehrere Überbauten an der Öffnung entfernt, von denen er nicht weniger als sieben Schichten feststellen zu können glaubte.

Abb. 6 Augsburg. Johanniskirche mit Vorgängerbauten und Brunnenschacht

Auf dem Grund des Brunnens wurden Scherben gefunden, deren Untersuchung ergab, daß wenigstens eine von ihnen zu einem Gefäß gehörte, das in die Zeit von frühestens Mitte des 6. bis spätestens Beginn des 9. Jhs. datiert werden muß[82]. Als die Scherben in den Schacht des Brunnens gerieten, d.h. frühestens kurz nach 600, muß der Schacht also noch offen gewesen sein. Damit scheidet er aber als frühchristliche Anlage aus, denn in einem 14 m tiefen Taufbrunnen wären Täufer und Täuflinge ertrunken. Besser erklärt sich der archäologische Befund, wenn man annimmt, daß Ulrich beim Bau der Johanniskirche den Brunnen zuschütten ließ und ihn vielleicht als Abfluß für das von Ohlenroth am oberen Rand gefundene Taufbecken benützt hat[83].

Nachdem der Brunnen für eine frühchristlich-spätrömische Taufanlage ausscheidet, bleibt der Vorgängerbau der Johanniskirche als frühestes archäologisches Zeugnis für einen kirchlichen Kultbau an dieser Stelle innerhalb des spätantiken Stadtgebietes übrig. Leider schwankt die Datierung beträchtlich. Von Elbe hatte gesagt: vor 536; W. Hübner erklärt sich einverstanden, falls das "halbkreisförmige Gebilde mit den eingezogenen Winkeln wirklich eine Priesterbank darstellt und nicht auf einen Apsisbau zurückzuführen ist"[84]; Ohlenroth setzte die Kirche ins 5. Jh.; für Klebel scheint sie der Zeit um 400 anzugehören. Er beruft sich dafür auf die zwei an den Apsisenden nach innen gerichteten Apsisriegel, die auch in anderen Kirchen dieser Zeit vorkommen sollen[85].

Ob das bescheidene Kirchlein aus dem 5./6. Jahrhundert die Augsburger Bischofskirche gewesen sein kann, ist damit natürlich immer noch nicht entschieden und eher unwahrscheinlich. Die dürfte viel eher unter dem heutigen Dom gelegen haben, wie Grabungen nahelegen, die 1979/80 unter der Westkrypta durchgeführt werden konnten. Dabei kamen Flechtbandornamente, Stuckteile und Fußbodenreste zum Vorschein, die auf einen vorromanischen Dom unter Bischof Sintpert (778/807) hinzuweisen scheinen. Noch tiefer lagen heizbare Räume aus dem 3. Jh., die bis in die 2. Hälfte des 4. Jhs. benutzt worden sind. Anschließend wurde das ganze Areal großflächig überbaut, wobei die Bauflüchten sich änderten und die noch vom heutigen Dom beibehaltene Richtung annahmen. Ein nordöstlicher Mauerzug und einige westöstliche, in der heutigen Domachse ausgerichtete Fundamentsockel könnten zu einer Kirche am Ausgang der römischen Zeit gehören, deren Umrisse beim heutigen Stand der Forschung allerdings nicht angegeben werden können. Immerhin sprechen die geänderten Bauflüchten und die Baukontinuität für die Annahme einer frühchristlichen Gemeinde- bzw. Bischofskirche an dieser Stelle[86]. W. Sage hat noch auf ein römisches Kaltwasserbecken unter der Westapsis aufmerksam gemacht, das die *piscina* eines dazugehörigen Baptisteriums gewesen sein könnte. Bei der Vergrößerung des mittelalterlichen Domes wäre diese Taufanlage dann überbaut und an die Südseite in den Bereich der St. Johanniskirche verlegt worden[87].

- St. Stephan und Galluskapelle

Für den Standort der frühchristlichen Bischofskirche ist auch das Gelände um die Kirche St. Stephan und die ehemalige Galluskapelle im Nordosten der antiken Stadt reklamiert worden. Bereits L. Ohlenroth konnte unter St. Stephan die Reste einer dreischiffigen Saalkirche aus dem 5./6. Jh. ausmachen und nördlich davon unter der Galluskapelle die Fundamente einer breiten Apsis. A. Radnoti setzte dann die Grabungen fort. Er fand südlich der Galluskapelle ein Langhaus mit querliegender Vorhalle, das zu der genannten Apsis gehörte und zusammen mit einem nördlich gelegenen Seitenschiff eine zweite dreischiffige Basilika ergibt, die durch Münzfunde im Terrazoboden des Mittelschiffs um die Wende vom 4. zum 5. Jh. datiert werden kann. Die gesamte Anlage mit den parallel gelagerten und geosteten Kirchen weist auf eine Doppelkirche hin, in der Radnoti die *basilica urbana* des Bischofs im 5. Jh. mit dem Marienpatrozinium sowie eine Diakoniekirche mit dem Stephanuspatrozinium sehen möchte. Daß die Kirchenanlage am Rand der Stadt, aber noch innerhalb der Mauer in einem Areal mit aufwendiger Bebauung lag[88], soll der Situation der Gemeinde entsprechen, die in dieser frühen Zeit noch keinen zentraler gelegenen Bauplatz erwerben konnte[89]. Ein Baptisterium ist bisher vielleicht wegen der geringen Ausdehnung der Grabung noch nicht gefunden worden. Als die Bischofskirche später an den heutigen Standort verlegt wurde, nahm sie das Marienpatrozinium mit, das Stephanuspatrozinium blieb an der alten Stelle erhalten[90].

Doppelkirchenanlagen sind in frühchristlicher Zeit häufiger anzutreffen[91]. Obwohl sie gut erforscht sind, bleibt eine eindeutige liturgische Bestimmung der der Bischofskirche angegliederten Nebenkirchen trotzdem unsicher. Das Patrozinium des Protomärtyrers und Armenpflegers Stephanus aus Apg 6,1/7 führte Radnoti auf die Spur, in ihnen Zentren der Gemeindekaritas zu sehen: "Sie weisen Einzelheiten auf, die sie mit antiken Krankenhäusern gemeinsam haben. So besteht die Möglichkeit, daß an den Bischofssitzen die Doppelkirche am Stadtrand den Mittelpunkt für Krankenpflege und Fürsorge darstellte"[92].

Noch bemerkenswerter als die Doppelkirchenanlage mutet die Nachricht über Fresken mit fortlaufenden Evangelienillustrationen an, die ebenfalls der Wende vom 4. zum 5. Jh. angehören sollen. M. Radnoti-Alföldi hat eine Rekonstruktion der von ihr auf 12 m geschätzten Bildfläche versucht. Vergleicht man noch erkennbare Details der von einer Mauer herabgefallenen und stark zerstückelten Malereien mit zeitgleichen biblischen Zyklen, könnte eine Blindenheilung, der Hauptmann von Kapharnaum, eine Gichtbrüchigenheilung oder die Hochzeit von Kana dargestellt gewesen sein[93]. Solange eine umfassende Dokumentation der Grabungen noch aussteht und weitere Untersuchungen an Ort und Stelle fehlen, fällt eine zutreffende Beurteilung der bisherigen sowohl baulichen als auch ikonographischen Ergebnisse samt den daraus abgeleiteten Interpretationen schwer[94].

- Inschriften und Kleinkunst

Im Gegensatz zu den rheinischen Städten gibt es in Augsburg über christliche Inschriften kaum etwas zu berichten. Bisher wurde eine einzige christliche Grabinschrift im Bereich der Johanniskirche gefunden, falls neben den auf ihr erwähnten *Pannoniciani* und *Angrivarii* die Abkürzung HO in *Honoriani* aufgelöst werden darf. Militäreinheiten mit dem Beinamen des Kaisers Honorius sind im Westen ab 395 bezeugt. Die Grabinschrift würde somit auf die Präsenz christlicher Soldaten in Augsburg Anfang des 5. Jhs. hinweisen, die im übrigen von der *Notitia Dignitatum* bestätigt wird[95].

Auch Kleinkunstfunde, die sicher aus Augsburg oder Umgebung stammen, sind selten und entstammen ohne Ausnahme erst der Zeit ab dem 6./7. Jh.[96]. Fast alle Stücke sind Importware, die den sozialen Status ihres Besitzers unterstreichen. Über den Zustand der Augsburger Gemeinde besagen sie nur wenig. Da läßt die Menge der beigabearmen, geosteten Gräber auf dem Friedhof um St. Ulrich und Afra, die sich von den reicher ausgestatteten spätantiken Gräbern auf anderen Friedhöfen unterscheiden, schon eher Rückschlüsse auf Zahl und Stand der Augsburger Christen zu[97].

1.5 Christentum in der Provinz

- Passau

Über die Dichte der christlichen Besiedlung Rätiens außerhalb der Provinzhauptstadt Augsburg läßt sich nur wenig sagen. Daß es neben Augsburg noch andere Städte mit einem Bischof gegeben hat, darf angenommen werden, auch wenn diese Annahme sich nicht exakt nachweisen läßt[98]. Passau *(Batavis)* wurde schon als Wirkungs- und endgültige Bestattungsstätte Valentins erwähnt[99]. Die *Vita Severini* des Eugippius 22,3.5 spricht in Passau von einem Baptisterium, zu dem dann wohl auch eine Kirche gehört haben muß. In der Stadt konnte unter der Klosterkirche Hl. Kreuz in Niedernburg ein einschiffiges Langhaus mit Apsis von 21 m Länge freigelegt werden, das als eine frühchristliche Kirchenanlage angesehen werden darf[100]. Ein Anfang des 5. Jhs. entstandener peristylartiger Bau mit einem Pfeilerhof scheint zur Urzelle des Klosters geworden zu sein[101]. Noch deutlichere Hinweise gibt es in dem Passau gegenüberliegenden und damit bereits zur römischen Provinz *Noricum* gehörenden Stadtteil Innstadt, dem Gebiet des spätantiken Kastells *Boiotro*

(Beiderwies). Die *Vita Severini* 22,1 bezeugt hier neben einem von Severin gegründeten kleinen Kloster, das vielleicht in dem halbzerstörten Kastell Platz fand, eine Kirche, für die Märtyrerreliquien gesucht wurden:

"Für eine Basilika, die außerhalb der Stadtmauern von *Batavis* in einem Orte namens *Boiotro* jenseits des Inn lag, wo er selbst eine kleine Zelle für ein paar Mönche erbaut hatte, benötigte man Märtyrerreliquien. Als sich infolgedessen die Presbyter erbötig machten, zur Herbeischaffung von Reliquien auf Reisen zu gehen, sprach der selige Severin zu ihnen die mahnenden Worte: 'Obgleich alles Menschenwerk vergeht, werden doch diese Gebäude vor allen anderen schleunigst verlassen werden müssen', und deshalb brauche man sich wegen der Reliquien der Heiligen keine Mühe zu machen, zumal sich ihnen von selbst der Segen des heiligen Johannes darbieten werde"[102].

Westlich des spätrömischen Kastells wurde im Bereich des heutigen Friedhofs unter der Kirche St. Severin eine kleine Saalkirche mit Vorhalle und Apsis ergraben, in deren Mitte sich ein spätantiker Reliquienbehälter aus Kalkstein befand[103].

Donauaufwärts zwischen Passau und Regensburg lag das Kastell *Quintanis* (Künzing), in dem im 5. Jh. reges christliches Leben geherrscht haben muß. Eugippius zählt in der *Vita Severini* 16 u. 24 mehrere Priester und Diakone, einen Subdiakon, Kirchen- und Klosterdiener *(ostiarii, ianitores)* sowie eine Nonne *(virgo consecrata)* auf. Außerhalb der Kastellmauern in der hochwassergefährdeten Niederung hatten die Bewohner des Ortes eine auf Pfählen errichtete Kirche gebaut. Ihr Bretterboden wurde immer wieder überflutet, bis Severin mit einem Beil das heilige Zeichen des Kreuzes in die Pfähle schlug und über die Dielen einen Estrich *(pavimentum)* legen ließ *(Vita Severini* 15, 1/4). Auch die heutige Pfarrkirche St. Laurenz dürfte auf einen frühchristlichen Kultbau zurückgehen[104]. *Quintanis* ist ein wertvolles Beispiel für christliches Gemeindeleben auch außerhalb der städtischen Zentren.

- Regensburg

Über die christlichen Anfänge von Regensburg *(Castra Regina)* ist wenig Sicheres bekannt. Nachrichten über frühchristliche Martyrien wie das der Afra in Augsburg oder das Blutzeugnis des heiligen Florian und seiner Gefährten im donauabwärts gelegenen *Lauriacum* an der Enns haben sich in Regensburg nicht erhalten, obwohl ein um die Wende vom 4. zum 5. Jh. zu datierender und mit einem Christusmonogramm verzierter Grabstein von einer in Frieden ruhenden Sarmann(i)na spricht, *martiribus sociatae*[105]. Die Wendung scheint wie in anderen Fällen[106] auf eine Bestattung *retro sanctos* in der Nähe von Märtyrergräbern hinzuweisen. Natürlich braucht es sich dabei nicht um ortseigene Regensburger Märtyrer zu handeln; es können auch von auswärts übertragene Reliquien gewesen sein. Andererseits sind in dem vom Militär geprägten Regensburg Martyrien nicht unwahrscheinlich, da Soldaten durch die von ihnen geforderte und durch Kaiseropfer leicht auf die Probe zu stellende Loyalität besonders gefährdet waren.

Bischofsnamen aus römischer Zeit haben sich nicht erhalten, wenn man von der wenig glaubwürdigen Notiz des Regensburger Domherrn Laurentius Hochwart (gest. 1570) absieht, die besagt, daß um 490 ein Regensburger Bischof namens Lupus von den Bayern erschlagen worden sein soll. Die Nachricht läßt sich weder literarisch verifizieren noch entspricht sie den Zeitverhältnissen am Ausgang des 5. Jhs.[107] Auch über Kirchenanlagen aus frühchristlicher Zeit gibt es keine sicheren Erkenntnisse. Um 685 wurde Bischof Emmeran in der Friedhofskirche St. Georg bestattet, die an Stelle der heutigen Emmeranskirche stand[108]. 1949 sind zwei Pfeiler aufgedeckt worden, die wegen ihrer Mauertechnik noch in die Mitte des 5. Jhs. gehören sollen. Allerdings sind Herkunft und ursprüngliche Verwendung dieser Fragmente unbekannt. Weitere Kirchbauten aus spätrömisch-fränkischer Zeit sind durchaus möglich, denn daß *Castra Regina* als das bedeutendste Römerkastell Rätiens lediglich eine Friedhofskirche gehabt haben soll, ist wenig wahrscheinlich[109]. Nur sichere Spuren haben sich von kirchlichen Gebäuden ebensowenig wie von Martyrien und Bischofsnamen erhalten.

- Weitere Nachrichten

Noch in anderen römischen Siedlungen kann mit frühchristlichen Gemeinden gerechnet werden. In Kempten im Allgäu *(Cambodunum)* hat L. Ohlenroth dicht hinter der römischen Stadtmauer die Fundamente einer 18,40 mal 11,40 m großen geosteten Kirche ergraben, die neben einer Ostapsis ebenfalls an der Südseite eine Apsis sowie einen im Norden anschließenden Nebenraum besaß[110]. Auch in dem für die Schiefer- und Erzgewinnung bedeutenden Solnhofen lassen sich an der Stelle der heutigen Sola-Basilika sechs Vorgängerbauten nachweisen, von denen der älteste in die Zeit um 650 zurückreicht[111]. Besonders erwähnenswert ist schließlich noch eine Kirche auf dem Lorenzberg bei Epfach *(Abodiacum)* im Landkreis Schongau. Es handelt sich um einen rechteckigen Steinbau von 15,50 mal 9,50 m mit einem Altarraum und zwei nach Osten gelegenen Nebenräumen, der nach Ausweis dort gefundener Münzen zwischen 364/92 zu datieren wäre[112]. Auch eine Tonlampe mit Christogramm aus dem 4. Jh., gefunden auf dem Lorenzberg, spricht für eine frühchristliche Gemeinde an diesem Ort[113]. Daß die Fundamente noch heute von einer kleinen Wallfahrtskapelle überdeckt werden, die das Patrozinium des hl. Laurentius trägt, bietet ein eindrucksvolles Beispiel christlicher Kultkontinuität.

2. *Mainz und die Provinz* Germania prima

2.1 Stadtgeschichte

Die Geschichte der Stadt Mainz beginnt zwischen 18 und 13 v.Chr., als Augustus die Eroberung Germaniens bis zur Elbe plante und vor der Lippemündung bei Birten *(Castra Vetera)* im Norden und Mainz im Süden militärische Basen für den Feldzug anlegen ließ. Der Name *Mogontiacum* für Mainz ist keltisch und von einer kleinen, nicht mehr auffindbaren Ortschaft in der Nähe entlehnt. Das Gebiet war also schon in vorrömischer Zeit besiedelt. Der Name weist auf den keltischen Gott Mogon hin, den die Römer mit Apollo gleichsetzten. *Mogontiacum* bedeutet also soviel wie "Siedlung des Mogon(tius)"[114].

Die älteste Anlage war ein befestigtes Lager für zwei Legionen, das etwa 700 bis 800 m vom Rhein entfernt der Mainmündung gegenüber auf einem

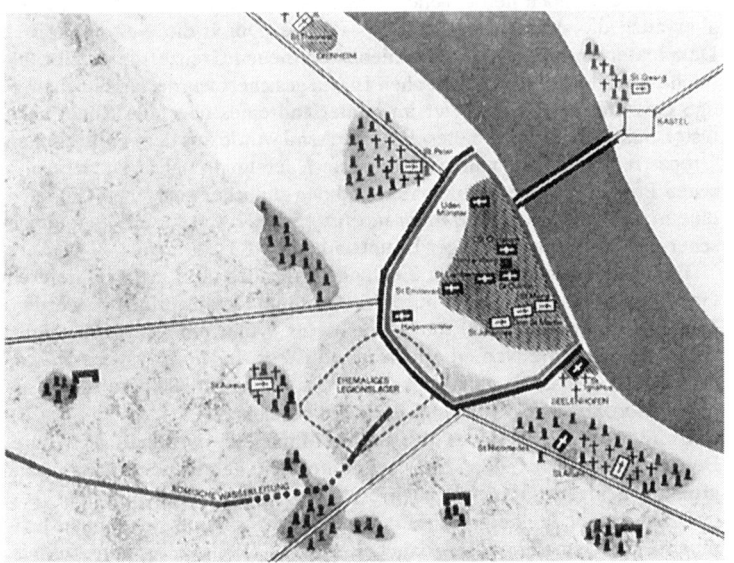

Abb. 7 Mainz in römischer und fränkischer Zeit

⚲ Römische Gräberfelder	**⊡** Fränkische Kirchen
† Fränkische Gräberfelder	**▮** Römische Steinbauten, von Franken weiterbenutzt
Ⴀ Römische Höfe (villae) außerhalb der Stadt	**▬** Spätrömisches Siedlungsgebiet, von Mauern umschlossen
⊞ Römische Kirchen, von Franken weiterbenutzt	**▬** Mittelalterliche Stadtmauern
	▨ Siedlungsgebiet der fränkischen Zeit

kleinen Plateau errichtet wurde. Weil das Terrain, auf dem das Legionslager stand, nicht sehr groß war, mußten weitere Hilfstruppen in der näheren Umgebung einquartiert werden. Neben dem Lager gab es einen Hafen. In tiberischer Zeit wurde noch vor dem Jahre 27 n.Chr. auch eine Brücke gebaut, die rechtsrheinisch durch das *Castellum Mattiacorum* gesichert wurde und - mehrfach ausgebessert - bis zum Beginn des 5. Jhs. gebrauchsfähig gewesen zu sein scheint. Südlich des Legionslagers entstand - wie üblich - die *canabae* (Lagervorstadt) mit allen den für mehrere tausend Soldaten notwendigen Handwerks- und Gewerbebetrieben. Hier wurde nicht schlecht Geld verdient, wie die um 60 n.Chr. entstandene aufwendige Jupitersäule beweist.

Grundlegende Veränderungen ereigneten sich gegen Ende des 1. Jhs. Nach den Wirren des Bataveraufstandes (69/70) wurde das Legionslager, das zunächst nur in Holz errichtet worden war, in Stein erneuert; außerdem wurde eine Stadtmauer gebaut. Wahrscheinlich entstand ein Aquaedukt, von dem noch heute Teile zu sehen sind. Entscheidend änderte sich aber auch die strategische Lage des Platzes. Durch die Gewinnung des Dekumatenlandes und das Vorschieben der neuen Grenze, die durch zahlreiche Kastelle am oberrheinischen Limes gesichert wurde, lag die ehemalige Grenzfestung Mainz jetzt im Hinterland eines über den Rhein nach Osten ausgreifenden Gebietes. Entsprechend wurde aus dem militärischen Grenzstreifen auf dem linken Rheinufer, der ursprünglich zu der gallischen Provinz *Belgica* gehört hatte, und den südlicher gelegenen Gebieten eine neue Provinz, die *Germania superior*, gebildet mit Mainz als militärischer und verwaltungsmäßiger Hauptstadt.

Die weitere Entwicklung der Siedlung nordöstlich des Lagers im tieferen Gelände der heutigen City braucht hier nicht im Detail verfolgt zu werden. Die Einwohner *(canabarii)* waren in einzelne Wohnviertel *(vici)* eingeteilt, von denen einzelne Namen erhalten sind *(vicus Apollinensis, vicus Salutarii)*, ohne daß man sie genau lokalisieren könnte. Um 300 wird Mainz als *civitas Mogontiacensis*, 355 als *municipium* bezeichnet[115].

Bis in das 1. Drittel des 3. Jhs. erlebte Mainz eine wirtschaftliche Blüte. Bei St. Stephan entstanden Thermen, unter dem heutigen Südbahnhof ein großes Theater[116]. Es muß auch mehrere Tempel gegeben haben, wie aus zahlreichen Weiheinschriften und Altären für Jupiter Optimus Maximus, seine Gemahlin Juno, daneben Apollo, Diana, Hercules, Mercur, Minerva u.a.m entnommen werden kann. Im 2. Jh. drangen die Mysterienkulte ein, allen voran Mithras und Attis. Manchmal verbergen sich unter den römischen Götternamen einheimische Gottheiten. Keltische Gottheiten sind z.B. die Pferdegöttin Epona, die Heilgöttinen Sirona und Rosmerta. Germanischem Kult entstammen vor allem die Muttergottheiten (Matronen), auf die besonders im Köln-Bonner Raum hinzuweisen sein wird[117]. Irgendwann in dieser Zeit dürfte auch das Christentum in Mainz durch Soldaten, Kaufleute oder Handwerker Fuß gefaßt haben. Nachrichten, die über die kurze Notiz bei Irenäus hinausgehen, gibt es allerdings nicht.

Um die Mitte des 3. Jhs. endete die Periode friedlicher Entwicklung. Unter den Angriffen der Alemannen und Franken brach der oberrheinische Limes zusammen. Das Dekumatenland ging verloren; Mainz war wieder Grenzstadt. Das Legionslager blieb zwar weiter in Benutzung - wohl bis in die Konstantinische Zeit hinein -, wurde aber nicht, wie z.b. in Straßburg oder Regensburg durch Wehrmauern verstärkt, zum Zentrum einer festungsartig ausgebauten Stadt. Dazu war die Lage des Lagers zu ungünstig; das kleine Plateau reichte für eine städtische Entwicklung nicht aus. Um die Mitte des 3. Jhs. wurde die Stadtmauer vielmehr um den Kern der am Rhein gelegenen zivilen Siedlungen gebaut. Sie folgte im Osten mit ihrer geraden Seite dem Rheinufer und bezog später nach Auflassung des Legionslagers in der dem Fluß gegenüberliegenden Seite den oberen Rand der Hochterrasse und damit einen schmalen Streifen des Lagers mit ein. Der Name "Kästrich" hält an dieser Stelle noch heute die Erinnerung an die Lage des römischen *castra* wach. In die Mauer wurden viele Steine aus älteren, vielleicht ausgebrannten Gebäuden eingemauert, ein Zeichen für den Druck und die Eile, unter denen sie gebaut werden mußte[118].

Unter Constantius II. konnten die Germanen Mainz und das linksrheinische Gebiet bis ins Elsaß besetzen. Julian Apostata gelang es zwar nach seinem Sieg über die Alemannen bei Straßburg im Jahre 357, Mainz wieder einzunehmen, aber die Lage blieb gefährlich. Als Valentinian I. Truppen von Mainz abzog, konnte der Alemannenfürst Rando im Jahre 368 die Stadt überfallen und plündern. Ammianus Marcellinus, ein zeitgenössischer römischer Historiker, schreibt in seinen *Rerum gestarum libri* 27,10,1f.:

"Zur selben Zeit etwa war Valentinian, unter Einhaltung aller Vorsichtsmaßnahmen wie er selbst glaubte, zu einem Feldzug aufgebrochen. Da führte ein alemannischer Königssohn namens Rando einen lange gehegten Plan aus und fiel heimlich mit einer leichtbewaffneten Plündererbande in Mainz ein, das damals keine Besatzung hatte. Zufällig geriet er in die Feier eines alljährlich stattfindenden Festes der christlichen Gemeinde und konnte ungehindert die schutzlose Menge von Männern und Frauen aller Stände samt wertvollem Hausrat mit sich fortführen"[119].

Diese Katastrophenmeldung enthält die erste sichere literarische Bezeugung von Christen in Mainz. Der Alemanne hatte seinen Überfall an einem christlichen Feiertag durchgeführt - manche denken an Ostern -, als sich alle in der Kirche versammelt hatten und die Stadt unbewacht war. So konnte er Männer und Frauen und reiche Beute fortschleppen. Ammianus Marcellinus ist ein Heide, der den Christen eher reserviert gegenübersteht. Seine Nachricht über die vielen Christen in Mainz ist daher unverdächtig. Ein leiser polemischer Nebensinn könnte darin liegen, daß die mangelnde Wachsamkeit und Verteidigungsbereitschaft der Stadt auf den christlichen Feiertag zurückgeführt wird. Wenn zutrifft - was vielfach angenommen wird -, daß die Jupitersäule im Mainzer Hafengebiet von Christen zerstört und in tausend Stücke zerschlagen wurde, muß die Gemeinde im Verlauf des 4. Jhs. eine ansehnliche Größe gewonnen und schon einige Zeit bestanden haben[120]. Wann sie gegründet wurde und wie sie gewachsen ist, läßt sich jedoch literarisch nicht weiter erhellen. Es gibt zwar noch eine kurze Bemerkung des Mailänder Bischofs Ambrosius, er habe auf der Rückreise von Trier nach Mailand in der Nähe von Mainz *(iuxta urbem Mogontiacum)* den Comes Victor getroffen[121]; Schlüsse über die christlichen Verhältnisse in Mainz lassen sich aus dieser Nachricht aber nicht ziehen. Man ist daher auf Vermutungen angewiesen, die zu sehr unterschiedlichen Folgerungen führen, je nachdem wie man die Chancen einer christlichen Gemeindebildung in einer stark vom Militär beherrschten Siedlung einschätzt, die zudem seit der Mitte des 3. Jhs. wieder an einer gefährdeten Grenze lag.

Bezeichnend für Mainz ist, daß auch die weiteren Nachrichten mit Katastrophen zusammenhängen. Nur behutsam läßt sich aus den Beschreibungen über das Ausmaß der Verwüstungen einiges über Größe und Einfluß der christlichen Gemeinde herauslesen. Am 31.12.406 strömten Wandalen, Sueben und Alanen zwischen Selz und Nahe bei Bingen in breiter Front über den Rhein. Hieronymus hat das Verhängnis in *epistula* 123,15 an die junge gallische Witwe Geruchia kommentiert:

"Noch einiges möchte ich sagen über das Elend unserer Tage. Daß unser wenige noch übrig geblieben sind, ist nicht unser Verdienst, sondern das verdanken wir nur der Barmherzigkeit Gottes. Zahllose wilde Völker haben Besitz ergriffen von ganz Gallien. Das gesamte Gebiet zwischen den Alpen und Pyrenäen, zwischen dem Ozean und dem Rhein haben Quaden und Wandalen, Sarmaten und Alanen, Gepiden und Heruler, Sachsen, Burgunder und Alemannen und - o du unglückliches Reich - die Feinde aus Pannonien zerstört. Denn Assur kam mit ihnen.
Mainz, einst eine hochberühmte Stadt, haben sie eingenommen und völlig zerstört. In der Kirche wurden viele tausend Menschen niedergemacht. Worms mußte eine lange Belagerung aushalten, bis es dem Untergang anheimfiel ... Speyer, Straßburg, alle diese Städte sind in den Besitz der Germanen übergegangen"[122].

Ob die "vielen tausend Menschen" wörtlich zu nehmen sind, ist fraglich. Es gab damals im ganzen Westen wohl keine Kirche, die eine solche Menschenmenge fassen konnte. Alle bekannten Grundrisse und Maße kirchlicher Gebäude in dieser Zeit sprechen dagegen. Man kann der Nachricht auch nicht entnehmen, daß es in Mainz damals nur eine einzige Kirche gegeben hätte, in der sich alle Christen versammelten. Es dürften neben der Bischofskirche zumindest einige Zömeterialkirchen bestanden haben. Wohl ist denkbar, daß nicht nur Christen, sondern auch Heiden in die Kirchen geflohen waren in der Hoffnung, dort Asyl zu finden. Neben Hieronymus beschreibt Salvian von Marseille in seiner kurz vor 440 entstandenen Schrift *De gubernatione Dei* 6,8 Mainz als eine Stadt *excisa atque deleta,* zerstört und vernichtet. Das ist nach Salvian zugleich der Grund dafür, daß in ihr keine verwerflichen Schauspiele mehr stattfinden, nicht etwa die Frömmigkeit der Bewohner[123].

Trotz aller Verheerungen wird das Leben weitergegangen sein. Im Jahre 411 erfolgte die Erhebung des Kaisers Jovinus in Mainz[124]; und als sich wenig später - um 415 - die Burgunder im linksrheinischen Gebiet niederließen und zum katholischen Glauben bekehrten, trafen sie dort auf organisierte christliche Gemeinden mit kirchlicher Hierarchie, wie Orosius bezeugt[125]. Daß es trotzdem in der zweiten Hälfte des 5. Jhs. im Verlauf der Ablösung der römischen durch die germanische Herrschaft nach der endgültigen Eroberung von Mainz durch die Franken im Jahre 456 Unterbrechungen in der Kontinuität einer christlichen Gemeinde unter bischöflicher Führung in Mainz gegeben hat, ist nicht auszuschließen.

2.2 Mainzer Bischöfe vor Bonifatius

Die älteste Mainzer Bischofsliste stammt vom Anfang des 10. Jhs. und nennt aus altchristlicher Zeit Aureus und Maximus vor dem bedeutenden und bekannten Bischof Sidonius (gest. nach 580), der schon in die merowingische Zeit gehört und mehrfach erwähnt wird. Auf Sidonius folgen bis zu Bonifatius dann noch Sigimundus, Leudegasius, Petilinus, Lauwaldus, Laboaldus, Rigibertus und Gewiliobus. Spätere Redaktionen, von denen die erste ebenfalls noch dem 10. Jh. angehört, ergänzen die Liste nach oben und führen noch die Bischöfe Marinus (oder Martinus), Sophronius, Bothardus und Riuthardus vor Aureus auf. Eine letzte Erweiterung erfuhr die Liste im 12. Jh., als noch ein Crescens auftaucht und sofort an die Spitze der Bischofsnamen gesetzt wird[126]. Gibt es irgendwelche Hinweise, welche die in der ursprünglichen oder einer der erweiterten Listen aufgeführten Bischöfe als historisch erweisen oder doch wenigstens ihre Aufzählung verständlich machen?

Einleuchtend läßt sich das späte Erscheinen des Crescens erklären. Es handelt sich um den in 2 Tim 4,10 erwähnten Paulusschüler, von dem gesagt wird, er sei zur Glaubensverkündigung nach Galatien gegangen. Einige spätere griechische und lateinische Bibelhandschriften lesen statt *in Galatiam* bezeichnenderweise *in Galliam.* Mit Crescens wollte die Mainzer Kirche im Zusammenhang kirchenpolitischer Bestrebungen den Anschluß an die Zeit der Apostel finden[127].

Die älteste Redaktion nennt als erste Namen Aureus und Maximus. Über letzteren ist nichts weiter bekannt. Aureus dagegen wird von Hrabanus Maurus in seinem Martyrologium am 16. Juni erwähnt. Er gilt als Märtyrer, weil er zusammen mit seiner Schwester von den Hunnen um die

Mitte des 5. Jhs. in einer Kirche erschlagen worden sein soll[128]. Was den Bischof Marinus - in einer der Redaktionen wird er Martinus genannt - angeht, so ist er vielleicht identisch mit einem Bischof, der 342 die Beschlüsse der Synode von Serdica unterschrieb[129]. Die Unterschrift wird allerdings erst in einer Handschrift des 10. Jhs., die das Protokoll einer angeblichen Kölner Synode aus dem Jahr 346 enthält, mit der Ortszuweisung Mainz gekoppelt. Da diese Synode nicht nur für die Beurteilung des Kölner Bischofs Euphrates, sondern auch für die Chronologie anderer oberrheinischer Bistümer von Bedeutung ist, wird auf sie an anderer Stelle ausführlicher einzugehen sein[130]. Die Echtheit der Unterschriftenliste, die Zuverlässigkeit der Ortsangaben in den Akten über die Kölner Synode und die Identität von Marinus/Martinus vorausgesetzt, wäre Martinus der erste historisch faßbare Mainzer Bischof um die Mitte des 4. Jhs.

Auffällig ist, daß kein Mainzer Bischof die Akten des Konzils von Arles 314 unterschrieben hat. War er nicht anwesend, oder gab es ihn noch nicht, weil in der Mainzer Siedlung die Vorherrschaft des Militärs lange dauerte und der offizielle Kaiserkult, der im Lager natürlich eine gewichtigere Rolle spielte als in zivilen Siedlungen, der Einrichtung einer kirchlichen Hierarchie nicht günstig war? Eine Rolle gespielt haben kann auch der Umstand, daß die zivile Siedlung beim Lager wahrscheinlich erst unter Diokletian zur Stadt erhoben wurde, normalerweise die Voraussetzung für die Errichtung eines Bischofssitzes.

Über Sophronius ist nichts Sicheres bekannt. Sein Name könnte auf den griechisch-hellenistischen Einfluß hinweisen, der auch in anderen gallischen Bistümern festgestellt werden kann. Bothardus und Riuthardus gehören sicher schon in die merowingische Zeit, wobei ersterer von E. Ewig aufgrund scharfsinniger Überlegungen mit Petilinus gleichgesetzt wird[131].

Mit den notwendigen Vorbehalten lassen sich also Martinus (342), Sophronius, Aureus (451/3) und Maximus als Mainzer Bischöfe aus spätrömischer Zeit annehmen. Daß es ab der ersten Hälfte des 4. Jhs. Bischöfe in der *Germania prima* und damit auch in Mainz gegeben hat, braucht trotz der Unsicherheit aller Nachrichten nicht bezweifelt zu werden. Hilarius von Poitiers, der große Verteidiger des nizänischen Glaubens im Abendland, hat sein im Jahre 358 kurz vor der Doppelsynode von Seleucia und Rimini entstandenes Sendschreiben *De synodis* den *dilectissimis ... coepiscopis provinciae Germaniae primae et Germaniae secundae et primae Belgicae et Belgicae secundae et Lugdunensi ...* gewidmet[132]. Wer so genau die Provinzen aufzählt, dürfte auch von tatsächlich dort vorhandenen "Mitbischöfen" gewußt haben. Aber außer einigen Namen und späteren legendären Nachrichten bleiben sie in Mainz ohne Gesicht, auf eindringliche Weise eine Bestätigung für die wechselvolle und gefährdete Lage der Stadt im 4./5. Jh.

Der erste wirklich bekannte Bischof ist - wie bereits erwähnt - Sidonius, der zur Zeit Theudeberts I. (534/48) wirkte und zwischen 580/8 starb[133].

Von ihm berichtet wiederum der reise- und schreibfreudige Venantius Fortunatus[134]. Er beglückwünscht Mainz, weil es nicht mehr verwaist ist und in Sidonius wieder einen Vater und Hirten gefunden hat. Sidonius gehörte ähnlich wie der etwa gleichzeitige Nicetius in Trier zu den Bischöfen, die den geistig-religiösen wie auch verwaltungsmäßigen Aufbau des Merowingerreiches maßgeblich mitgestaltet haben. Selbst noch in der gallo-römischen Kultur der Spätantike verwurzelt, vermitteln sie deren Erbe an die Führungsschicht der neu entstehenden Staatsgebilde. Sidonius besaß am merowingischen Königshof hohes Ansehen; Theudeberts Tochter Berthoara lebte zeitweilig in Mainz und sorgte zusammen mit dem Bischof, der die wirtschaftlichen und technischen Maßnahmen leitete, für den Wiederaufbau der Stadt. Die Ruinen verschwanden, und neue Gebäude wurden errichtet. Die alten Gotteshäuser - die *vetusta templa* - wurden wiederhergestellt, rühmt Venantius. Berthoara half ebenfalls beim Bau eines neuen Baptisteriums. Ebenso wichtig waren Baumaßnahmen, um die Stadt vor den Rheinüberschwemmungen zu bewahren. Auch solche Aufgaben mußte jetzt die Kirche unter der Leitung ihres Bischofs übernehmen, der in die Rolle eines "Quasi-Stadtherren" hineinwuchs[135].

Die Bischofslisten nennen nach Sidonius eine Reihe weiterer Bischöfe, samt und sonders nun mit germanischen Namen, ehe dann 746 Bonifatius den Mainzer Bischofsstuhl übernahm, nachdem sich seine Pläne in Köln zerschlagen hatten.

Als Fazit ergibt sich: Für die frühe Zeit ist die Mainzer Bischofsliste sehr lückenhaft. Besonders nach Aureus und vor Sidonius klafft ein Zeitraum von gut einhundert Jahren, in denen es zeitweise vielleicht gar keine bischöfliche Führung und Verwaltung in Mainz gegeben hat, weil die *vetusta templa* zerstört waren. Daß die Kontinuität einer christlichen Gemeinde ebenfalls unterbrochen wurde, weil die städtische Bevölkerung geflohen oder umgekommen war, muß damit nicht unbedingt verbunden sein. Auch ohne bischöfliche Führung können Christen in Mainz gelebt haben. Gibt es dafür Hinweise?

2.3 Grabsteine

Eine Möglichkeit, die Kontinuitätsfrage genauer zu beantworten, bieten christliche Grabinschriften, von denen gerade in Mainz eine größere Zahl von etwa 25 erhalten geblieben ist. Dabei ist zu beobachten, wie die römischen Namen, welche die Inschriften des 4. Jhs. beherrschen, im 5. und 6. Jh. zugunsten fränkischer Namen zurücktreten, die im 7. Jh. dann fast ausschließlich übrigbleiben. Zwar lassen sich nicht alle Jahrzehnte belegen; dafür ist die Zahl der Grabsteine immer noch zu gering, und auch die Datierungsmöglichkeiten erlauben keine auf Dezennien genaue Chronologie. Die Inschriften zeigen aber doch, daß ohne größere Unterbrechungen christliche Begräbnisse in Mainz stattgefunden haben.

Die meisten fanden auf dem Gräberfeld bei St. Alban statt. Von dort stammt z.B. der mit einem Christogramm verzierte Bonosus-Stein, der übereinstimmend ins späte 4., höchstens Anfang des 5. Jhs. datiert wird. Die Inschrift lautet: *Bonosus dulcis(s)imus adque amantissimus filius qui vixit* ... Das Formular ist typisch und bietet keine außergewöhnlichen Formulierungen. *Dulcissimus* und *amantissimus* sind Prädikationen, die in heidnischen wie christlichen Inschriften häufig auf die nächsten Anverwandten bezogen werden. Bonosus selbst ist als christlicher Name mehrfach bezeugt[136].

Ebenfalls vom Ende des 4./Anfang des 5. Jhs. stammt ein Grabstein, der bei einem Hausbau gefunden wurde. Die Inschrift lautet: *H(ic) iacet Florent(ius) / milix vixit / an(n)os vigint(i) et VI mensis III. Milix* bedeutet - auch wenn sonst nicht belegt - ohne Zweifel *miles* (Soldat). *Hic iacet* ist eine Formel, die fast ausnahmslos auf christlichen Grabsteinen vorkommt. Es handelt sich hier um einen der wenigen Grabsteine - man kennt insgesamt keine zwei Dutzend -, die einem christlichen Soldaten gesetzt wurden. Daß sich in Mainz einer von ihnen erhalten hat, paßt gut mit der militärischen Bedeutung der Stadt zusammen[137].

Nach W. Boppert bezeugen die christlichen Grabinschriften des Mittelrheingebietes mit Fundorten neben Mainz in Bingen, Boppard, Wiesbaden und Worms folgende Namen, die den Übergang von der römischen zur germanischen Namensgebung deutlich erkennen lassen:

Im 4./5. Jh.: Ancaratus, Bonosus, Florentius, Forand, Gennarius, Leoncia, Maura, Mauricia, Rusticus, Saturnus.

Im 5./6. Jahrhundert: Aetherius, Aiberga, Armentarius, Eppoqu, Grutilo, Ingildo, Ludino, Municerna, Paulinus, Pauta, Qalaqit, Remico, Runaquiu, Unfachlas, Ursus, Victor, Votrilo.

Ab 6./7. Jahrhundert überwiegen dann die germanischen Namen: Audolendis, Bertisindis, Randoald, Bilefridus, Chrodebertus, Finolf, Landulf, Leutegund, Munetrudis, Nonnus.

Im 7. Jahrhundert: Adalharius, Bertichildis, Druxtachar, Panto, Radelindis, Roteldis. Vielleicht schon ins 8. Jh. gehören Namen wie Badegisel, Gaerehold, Pertram[138]. Es hat also kontinuierlich Christen im Mittelrheingebiet gegeben.

Leider lassen sich die Inschriften über die Kontinuitätsfrage hinaus für die Dichte, die gesellschaftliche Stellung der christlichen Bevölkerung und andere soziologische Fragen nicht auswerten. Einmal ist dafür die Zahl der Inschriften zu gering; auch fehlen die Maßstäbe, nach denen prozentuale Anteile errechnet werden könnten. Des weiteren sind die vorhandenen Formulare zu knapp; Herkunft, Beruf und ähnliches werden selten angegeben; der *milix* bei Florentius ist eher eine Ausnahme. Auch aus der teilweise verwilderten Sprache lassen sich nur allgemeine Schlüsse ziehen. Ein Verfall der literarischen Bildung kennzeichnet die ganze merowingische Epoche[139].

2.4 Kirchen

Was kann die Archäologie über die Grabsteine hinaus zur Kenntnis des
frühchristlichen Lebens in Mainz beitragen? Haben sich Spuren von Kirchen erhalten, die es gegeben haben muß, wenn Sidonius im 6. Jh. - wie
Venantius Fortunatus vermerkt - *vetusta templa* aufbauen konnte? Auch
die Nachricht, daß Sidonius ein Baptisterium neu errichtete, setzt eine Bischofskirche voraus.

- St. Alban

Bereits erwähnt wurde ein römischer Friedhof bei St. Alban, von dem die
meisten frühchristlichen Grabinschriften in Mainz stammen. Ausgrabungen von L. Lindenschmidt und E. Neeb in den Jahren 1907/11 haben ergeben, daß sich auf dem vom heutigen Südbahnhof den Albansberg hochzie-
henden Gelände ein ausgedehntes römisches Gräberfeld befand, das bereits im 1. Jh. angelegt worden war. Die Tradition dieses Platzes wurde
durch christliche Bestattungen seit dem 4. Jh. fortgesetzt. Auf dem Gräberfeld entstand Anfang des 5. Jhs. eine relativ große Saalkirche von 50
mal 100 römischen Fuß (14,6 mal 29,6 m) in bester römischer Mauertechnik. Sie war nördlich orientiert entsprechend der Richtung des römischen
Gräberfeldes. Auf der Südostseite besaß der Bau noch einen schmalen
korridorartigen Anbau[140]. Ähnliche Memorialbauten auf spätrömischen
Friedhöfen bei Cassius und Florentius in Bonn, Severin in Köln oder Vik-

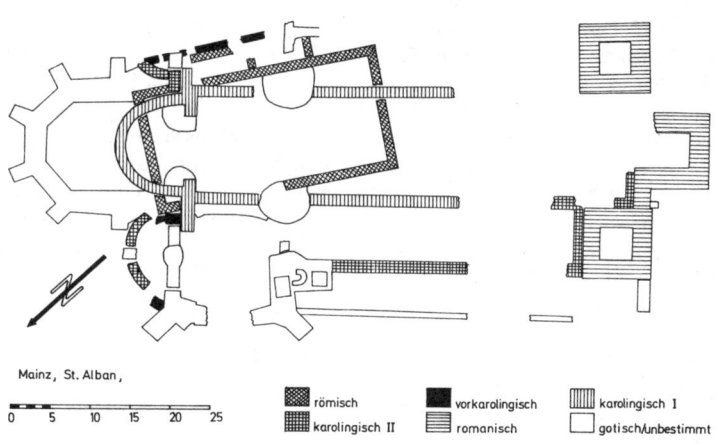

Mainz, St. Alban,

| 0 | 5 | 10 | 15 | 20 | 25 |

■ römisch   ■ vorkarolingisch   ▥ karolingisch I
▦ karolingisch II   ▤ romanisch   □ gotisch/unbestimmt

Abb. 8 Mainz, St. Alban

tor in Xanten sind erheblich kleiner. Schon dieser Unterschied unterstreicht die Bedeutung des Ortes, der nach allem, was von frühchristlichen Gebräuchen bekannt ist, auf die Stelle eines verehrten Märtyrergrabes hinweist.

Tatsächlich ist mit dieser Stätte stets die Erinnerung an den Märtyrer Alban verknüpft gewesen. Die älteste schriftliche Nachricht datiert aus dem Jahre 756. Ausführlicher berichtet dann Rhabanus Maurus, wie Alban dem Bischof Theonestus bei der Verkündigung des christlichen Glaubens geholfen und bald nach 400 einen gewaltsamen Tod gefunden haben soll[141]. Aufgrund welcher historischen oder legendarischen Verkettungen Theonestus oder Theomastus, der am Anfang des 4. Jhs. bei Venedig das Martyrium erlitt, nach Mainz gekommen ist und eine Zeitlang dort gewirkt hat, kann hier nicht weiter verfolgt werden[142]. Wie und durch wen Alban den Tod gefunden hat, bleibt ungewiß. In einer Theonestuslegende aus dem 11. Jh. sind es arianische Goten, die Alban umgebracht haben sollen. Davon weiß die nüchternere Fassung eines Martyrologiums aus dem 10. Jh. noch nichts[143]. Irgendwelche Nachrichten, daß es in Mainz wegen des Arianismus zu Auseinandersetzungen gekommen wäre, sind nicht bekannt. Man weiß nur von Trier und vielleicht auch von Köln, daß arianische Wirren in den germanischen Raum hineingewirkt haben[144].

Insgesamt paßt, was über die Umstände des Todes Albans berichtet wird, in die Zeit zu Beginn des 5. Jhs. Sie spiegeln die Erschütterungen wider, die mit dem Abzug der Römer die Stadt heimsuchten, bis sich die Frankenherrschaft etabliert hatte. Die Kontinuität der Albanverehrung, gesichert durch die christlichen Grabinschriften und archäologischen Zeugnisse über Kirchbauten am Grab des Märtyrers, beweist aber auch, daß Mainz das 5. Jh. hindurch besiedelt geblieben ist und sich eine wahrscheinlich bunt zusammengewürfelte christliche Bevölkerung dort gehalten hat. Möglicherweise hat sie im 5. Jh. weniger im verwüsteten Stadtkern als vielmehr in der Umgebung, näher zu den Feldern und zum Hafenbereich hin, gewohnt, obwohl natürlich auch das Land von den Verheerungen nicht verschont geblieben war. Ehemals blühende römische Siedlungen bei den jetzigen Dörfern Mainz-Weisenau und Nierstein müssen damals so zerstört worden sein, daß sich nicht einmal ihr römischer Name erhalten hat[145]. Wie mehrere Grabinschriften vom Gräberfeld bei St. Alban beweist auch eine Steinplatte mit Fensterchen in Kreuzform vom Kopfende eines Plattengrabes aus dem 5. Jh., die in der Mainzer Greiffenklaustraße gefunden wurde, daß unter den durchziehenden Germanen bereits Christen gewesen sein müssen[146].

Was Alban betrifft, so hatten H. Delehaye und W. Levison wegen der unmittelbar aufeinanderfolgenden Festtage geglaubt, den Mainzer Presbyter Alban (21. Juni) mit dem englischen Märtyrer Alban von Verulam (22. Juni) identifizieren zu sollen[147]. Die Ausgrabungen auf dem römischen Friedhof und die Aufdeckung einer Grablage in der Kirche des 5. Jhs. haben aber gezeigt, daß an der Verehrung eines Mainzer Heiligen nicht zu zweifeln ist. Auch in archäologischer Hinsicht besteht eine Kontinuität. Nachdem der römische Bau untergegangen war, entstand nördlich unmittelbar neben ihm in merowingischer Zeit eine sehr viel kleinere Kirche. Sie war mehr nach Osten gerichtet entsprechend der Anlage eines fränkischen Gräberfeldes. Als im 7. Jh. die römischen Friedhöfe aufgegeben wurden, blieb der Friedhof um die Grabkirche des heiligen Alban bevorzugter Bestattungsort. Grabsteine eines Abtes Pertram und eines Presbyters Badegisel aus der Mitte des 7. Jhs. oder später könnten darauf hinweisen, daß schon zu dieser frühen Zeit am Albansberg eine klösterliche Gemeinschaft bestand[148].

Aus nicht erklärbaren Gründen entstand der kleine merowingische Kirchbau neben der spätrömischen Memorialkirche und damit natürlich auch neben dem Märtyrergrab. 787 baute dann Erzbischof Richulf eine neue, große Kirche neben die kleine Vorgängerin, deren Richtung sie allerdings aufnahm, wieder über dem Albans-Grab. Dabei wurden die Fundamente des ersten Baus mehrmals geschnitten und stark angegriffen. In die Mauern des karolingischen Baus Richulfs wurden nicht nur heidnische, sondern auch christliche Grabsteine verbaut. Dazu müssen zahlreiche noch intakte und aufrecht stehende Grabmonumente abgeräumt worden sein. W. Selzer interpretiert den Vorgang als ein deutliches Abklingen der antiken Tradition, zu der die Errichtung von Grabmonumenten gehörte, zum anderen aber wohl auch als die reformerische Ablehnung eines Brauchs, der als unchristlich empfunden wurde. "Denn im Unterschied zu der häufigen Vermauerung heidnisch-römischer Monumente kann eine derart betonte Beseitigung der noch der eigenen christlichen Gegenwart angehörenden Denkmäler nur in diesem Sinn interpretiert werden, ... die andererseits noch in der Tatsache begründet ist, daß Richulf selbst einer der bedeutendsten Vertreter der karolingischen Reformbewegung war, die von Gorze ausging. Sie fand somit in St. Alban einen neuen bedeutenden Kristallisationspunkt"[149].

Die weiteren Bauereignisse können hier nur noch angedeutet werden. Zunächst wurde der Richulf-Bau, in dem Fastrada, die 794 verstorbene Gattin Karls des Großen, 796 bestattet wurde und auch die Mainzer Bischöfe des 9. und 10. Jhs. ihr Grab fanden[150], durch Seitenschiffe erweitert; im 12. Jh. wurde eine monumentale romanische Doppelturmfront hinzugefügt. Eine noch größer geplante gotische Kirche ist nie ganz vollendet worden. Ab Mitte des 17. Jhs. bildete die schon vorher stark beschädigte Kirche einen Steinbruch für Festungsarbeiten. Sie wurde dabei so gründlich abgetragen, daß über der Erde keine Spuren erhalten blieben und erst die Ausgrabungen von 1907/11 ein einigermaßen zutreffendes Bild dieser für Mainz so wichtigen christlichen Traditionsstätte ermöglichten[151].

Von besonderem Interesse ist ebenfalls die Frage, wo sich in Mainz die Bischofskirche befand. Darüber ist wenig bekannt. Archäologisch dürfte bewiesen sein, daß sie nicht im Bereich des jetzigen Domes stand. Spärliche Reste römischen Mauerwerks, die man unter dem Dom ergraben hat, enthalten keinerlei Hinweis auf eine Zugehörigkeit zu kirchlichen Gebäuden. Bischof Willigis (um 940 bis 1011) scheint seine Kirche auf neues, bisher unbebautes Gelände gesetzt zu haben[152]. Ort der ältesten Mainzer Bischofskirche dürfte dagegen die evangelische Pfarrkirche St. Johannis, eine ehemalige Kollegiatsstiftskirche westlich des heutigen Domes, gewesen sein. Sie darf als die Nachfolgerin der alten Martinskirche gelten, bei der auch die im Gedicht des Venantius Fortunatus erwähnte von Bischof Sidonius erbaute Taufkirche St. Johannis gestanden hat[153]. Aufgrund des Martinspatroziniums kann man davon ausgehen, daß auch die Bischofskirche erst kurz vor dem Beginn des 6. Jhs. entstanden ist, als der von den Franken aufgenommene Martinskult sich auszubreiten begann. So bleibt die Frage, was vor dem 6. Jh. an dieser Stelle stand. Vielleicht einer der *vetusta templa* im Inneren des Stadtgebietes, die Sidonius wieder aufgebaut hatte, nachdem im 5. Jh. der Mittelpunkt der Mainzer Kirchengemeinde möglicherweise nach draußen, in eine Kirche vor der Stadt, verlagert worden war - wie man es z.B. von Metz weiß? Nachrichten darüber sind nicht bekannt, ebensowenig über das Patrozinium dieser Vorgängerkirche. Da der Martinskult erst nach der Erhebung der Gebeine des heiligen Bischofs von Tours und der Erbauung der großen Basilika durch Bischof Perpetuus (460/61 - 90/91) eine weitere Verbreitung fand, kann das Martinspatrozinium nicht in die Römerzeit hineinreichen. Martin konnte wohl nur Patron in Mainz werden, wenn die kultische Tradition an dieser Stelle mit der Zerstörung der Kirche abgerissen war. E. Ewig hält es daher für wahrscheinlich, daß Sidonius seine Kathedrale an der Stelle der spätrömischen errichtet hat, daß also eine topographische Kontinuität der Bischofskirche bestehen blieb, die kultische dagegen aufgehört zu haben scheint[154].

Ausgrabungen 1950 unter dem nordöstlich gelegenen Vorplatz der heutigen Johanniskirche haben die "Fundamente eines spätrömischen Baues in einer Tiefe von 4 m ausgegraben, die wohl zu der frühen Bischofskirche gehörten"[155]. Heute noch erhalten ist aufgehendes Mauerwerk aus dem von Erzbischof Hatto um 900 errichteten Bau. Willigis hätte dann gut 80 Jahre später diesen intakten Bau stehen lassen und westlich davon mit der Errichtung seiner gewaltigen Bischofskirche begonnen, durch die noch Lage und Ausmaß des heutigen Domes bestimmt werden.

Ein weiterer Sidoniusbau ist die auf der gegenüberliegenden Rheinseite erbaute St. Georgskirche in Mainz-Kastel an der Straße nach Wiesbaden, die in fränkischer Zeit weiterbenutzt wurde. An dieser Stelle befand sich ein spätrömisches Gräberfeld, auf dem die Gebeine des hl. Ferrutius beigesetzt gewesen sein sollen, bevor sie nach Bleidenstadt kamen und Ferrutius zum Patron des von Lullus gegründeten Klosters wurde. H. Büttner hält es für noch ungeklärt, ob Ferrutius ein originaler Mainzer Märtyrer gewesen ist oder Teile seiner Gebeine von Besançon nach Mainz übertragen worden sind[156]. Im übrigen belegen christliche Grabsteine im benachbarten Wiesbaden, daß sich auch rechtsrheinisch eine christliche Bevölkerung durch die Stürme des 5. Jhs. hindurch gerettet und Anschluß an die Konsolidierung im 6. Jh. gewonnen haben muß. Im Verhältnis zu Mainz fällt auf, daß die germanischen Namen in den Inschriften in Wiesbaden eher und stärker auftreten als dort. Die rechtsrheinische Bevölkerung war eben anders zusammengesetzt als die noch längere Zeit gallo-römisch geprägte Einwohnerschaft von Mainz[157].

Ebenfalls von Sidonius erbaut, wenigstens aber erneuert, wurde eine dem hl. Hilarius von Poitiers geweihte Friedhofskirche im Zahlbachtal südwestlich des ehemaligen Legionslagers. Hilarius war nach Martin der meistverehrte Heilige im Frankenreich, seitdem Chlodwig diesem Kirchenvater seinen Sieg über die Westgoten bei Vouillé (507) zugeschrieben hatte. Auf dem Friedhofsgelände um die Hilarius-Kirche waren die spätrömischen Bischöfe, unter ihnen Aureus, begraben worden. St. Hilarius blieb dann die Grablege der Mainzer Bischöfe bis ins 8. Jh. Ob die Kirche eine Vorgängerin gehabt hat, ist unbekannt und eher unwahrscheinlich. E. Ewig scheint das in der Nähe gelegene Kloster Maria Dalem auf eine mögliche zömeteriale Marienkirche des 4. Jhs. hinzuweisen. Erst im 17. Jh. bekommt St. Hilarius den Märtyrerbischof Aureus als neuen Patron[158].

Die übrigen Kirchen, die die kirchliche Bedeutung und Lebendigkeit von Mainz im Frühmittelalter sowie kultische Beziehungen nach Maastricht-Lüttich, Burgund und natürlich Rom bezeugen, weisen mit ihren Patrozinien alle schon in die fränkische oder noch spätere Zeit: neben dem Martinsdom z.B. St. Quintin, als älteste Pfarrkirche bereits 774 genannt, St. Lambert in der Nähe von St. Quintin, 799 erstmalig erwähnt, St. Emmeran, dem Hauptheiligen von Regensburg geweiht, ebenfalls eine Gründung wahrscheinlich bereits des 8. Jhs. Noch älter und bereits im 7. Jh. entstanden ist St. Ignatz, benannt nach dem Antiochener Bischof und Märtyrer Ignatius (gest. um 110). Die Kirche lag wahrscheinlich außerhalb der römischen Stadtmauer im mittelalterlichen Vorort Selenhofen. Das Patrozinium weist nach Rom wie das der ebenfalls im 7. Jh. entstandenen Nicomedes-Kirche in der Nähe von St. Alban. Bereits in spätrömischer Zeit

dürfte es auch auf dem nordöstlichen Gräberfeld in der Nähe des Rhein-
hafens eine Zömeterialkirche gegeben haben. Gegen Ende des 8. Jhs. sind
in diesem Gebiet drei Kirchen bezeugt: St. Peter, St. Clemens und St.
Theomast[159].

Überschaut man die literarischen, epigraphischen und archäologischen
Nachrichten, so sind sie für die frühchristliche Zeit nicht gerade üppig.
Das wesentlich von dem Legionslager bestimmte Siedlungsgebiet war im 3.
und frühen 4. Jh. der Ausbreitung einer christlichen Gemeinde nicht günstig. Als dann nach der Konstantinischen Wende der christliche Aufschwung hätte einsetzen können, geriet Mainz schon früh und als Grenzort
besonders heftig in den Sog der kriegerischen und politischen Wirren der
Völkerwanderungszeit. Das Zurückweichen bzw. die Störung der kirchlichen Organisation, die für Rätien im 6. Jh. zu beobachten ist - ähnliches
wird im Norden im Scheldegebiet festzustellen sein -, ereignete sich in
Mainz bereits im 5. Jh. Im 6. Jh. - bezeugt vor allem durch die Tätigkeit
des Bischofs Sidonius - kommt es zur Beruhigung und zum Wiederaufbau.
Von jetzt an geben die Bistümer an Rhein und Mosel die spätrömisch-
christlichen Traditionen an die zur Herrschaft gelangenden germanischen
Reiche weiter.

2.5 Bischofs- und Seelsorgskirchen in der Provinz

Am Mittelrhein ist nicht nur Mainz an diesem Vorgang beteiligt. Zeugnisse christlichen Lebens reichen auch an anderen Orten bis in die römische Zeit zurück; die Bischofssitze Worms, Speyer und Straßburg sind zu
nennen, aber auch Kastelle und andere befestigte Orte wie Alzey, Kreuznach, Altrip, Eisenberg, Koblenz, Andernach und vor allem Bingen und
Boppard, wo neben Inschriften und anderen Überresten auch Spuren
frühchristlicher Kirchen gefunden worden sind.

- Bischofssitze

In Worms scheint der Übergang zur germanischen Herrschaft trotz langer
Belagerung der spätrömischen Stadt am Anfang des 5. Jhs. glimpflicher
vonstatten gegangen zu sein als in Mainz. Das römische Straßennetz innerhalb des Mauerrings blieb deutlich erhalten; das Stadtgebiet scheint nie
- wie zeitweise in Mainz - ganz verödet gewesen zu sein. Trotzdem gibt es
aus der Frühzeit des Christentums nur wenige Nachrichten. Als erster Bischof aus dem 4. Jh. unterschreibt ein Victor als *(episcopus) Vangionum*
auf der umstrittenen Synode von Köln 346. Stellt sich diese Synode und
ihre Unterschriftenliste als unzuverlässig heraus[160], ist der nächste Bischof

bereits Berthulfus *ex civitate Vuornacio,* der an der Synode von 614 in Paris teilgenommen hat[161]. Damit bleibt die Frage, wann Worms Bischofsstadt geworden ist, offen.

Die Bischofskirche mit dem Patrozinium St. Peter kann in sehr frühe Zeit zurückgehen. Ausgrabungen im Inneren des jetzigen Domes haben römische Überreste und Teile eines alten Kirchenbodens unter dem wiederhergestellten Domboden zutage gefördert[162].

An den Wormser Grabsteinen, von denen einige noch ins 5. und um die Wende vom 5. zum 6. Jh. zu datieren sind, fallen einerseits eine korrekte Ausführung und gutes handwerkliches Können auf; auf der anderen Seite ist bemerkenswert, daß römische Namen ganz fehlen. In dieser Hinsicht ähneln die Wormser Funde denen in Wiesbaden. Ob sich bei der geringen Zahl der Fundstücke daraus aber Schlüsse ziehen lassen, bleibt fraglich, weil der Zufall nicht ausgeschlossen werden kann[163].

Trotz unsicherer Bischofsbezeugungen und spärlicher archäologischer Reste läßt sich dennoch mit ziemlicher Sicherheit sagen, daß es am Anfang des 5. Jh. in Worms eine gut funktionierende kirchliche Organisation gegeben haben muß. Um 415 wurden die Burgunder in und um Worms angesiedelt, um mit den letzten römischen Truppen die Rheinfront zu sichern. Bereits 443 ließ Aëtius sie vom Mittelrhein abziehen und im abgelegenen *Sabaudia* (Savoyen) ansiedeln, nachdem sie den Römern bei der Verteidigung der Grenze nicht mehr nützlich waren. In dieser kurzen Zeit, d.h. zwischen 415 und 443, traten die Burgunder zum katholischen Glauben über, was eine intakte, lebendige und doch wohl bischöflich geführte Gemeinde in Worms zur Voraussetzung hatte. Auch rechtsrheinische Burgunder sollen um 428/9 von einem gallischen Bischof die Taufe erbeten haben[164]. Eine andere Frage ist es, wie tief die Burgunder in der kurzen Zeit in den Geist des neuen Glaubens eingedrungen sind; es ist ja damit zu rechnen, daß der Übertritt der führenden Persönlichkeiten zum Christentum auch politische Aspekte hatte und die Menge der Burgunder einfach dem Vorbild ihrer Anführer gefolgt sein wird. Poetisch-literarisch verarbeitet findet man die Geschichte der Burgunder, die hier nicht weiter nachgezeichnet werden kann, im Nibelungenlied wieder.

Um die Mitte des 5. Jhs. stand Worms unter alemannischer Herrschaft; nach dem Sieg Chlodwigs (496) wurden dann die Franken die Herren des Gebietes. Die politische Trennung von Mainz war damit wieder aufgehoben. Allem Anschein nach konnte Worms in fränkischer Zeit die Bedeutung von Mainz zeitweise sogar übertreffen. In Worms endete die wichtige Straße von Metz zum Mittelrhein. Die Stadt wurde daher Hauptsitz des fränkischen Wormsgaues; Mainz dagegen war kein Grafschaftsmittelpunkt[165].

Zu Speyer genügen einige Worte. Als ältester Bischof gilt Jesse, der aber wiederum nur durch die zweifelhafte Synode von Köln 346 belegt ist. Der nächste sicher nachweisbare Bischof ist der Franke Hildericus, der als *episcopus ex civitate Spira* ebenfalls auf der Pariser Synode von 614 zugegen war[166]. Von den Speyrer Kirchen dürfte die älteste die Friedhofskirche St. German sein, die aber bereits merowingerzeitlich, wenngleich auf spätrömischen Fundamenten aufruhend, datiert werden muß[167]. Die Geschichte des später so bedeutsamen Bistums Speyer braucht daher hier nicht weiter verfolgt zu werden.

Ebenso kurz sei auf Straßburg *(Argentorate)* hingewiesen, das heute nicht mehr auf deutschem Staatsgebiet liegt. Als ältester Bischof gilt Amandus, der zunächst auch auf der unsicheren Synode in Köln 346 als Amandus *Argentinensium* unterschrieb, daneben aber vielleicht derselbe ist, der das Dekret über die Rechtgläubigkeit des Athanasius in Serdika 342 mitunterzeichnet hat. In diesem Fall wäre das Vorhandensein eines Bischofs bald nach Konstantin in Straßburg gesicherter als in Worms und Speyer. Nach Amandus nennen die Straßburger Bischofslisten die Bischöfe Justus, Maximinus, Valentinus, Solarius und dann mit Arbogastus den ersten Bischof mit einem nicht gallo-römischen Namen um 550. Arbogast ist auch durch Ziegel bekannt, die in Straßburg gefunden worden sind und den Stempel ARBOASTIS EPS FICET tragen[168]. Auf Arbogast folgte Florentius, dann Ansvaldus, der wiederum 614 in Paris unterzeichnet hat. Für die Zeit von 346/614, d.h. für 260 Jahre, wären das immerhin acht Namen. Ohne auf die Zuverlässigkeit der Listen einzugehen, darf man vermuten, daß diese Zahl auf eine stärkere Kontinuität der kirchlichen Organisation hinweist. Damit paßt zusammen, daß Straßburg vielleicht wie Mainz, Worms und Speyer vom Germaneneinfall 406 überrollt, aber allem Anschein nach nicht zerstört wurde. Jedenfalls berichtet Hieronymus *epistula* 123,15 nicht von der Verheerung der Stadt, sondern nur davon, daß sie in die Hände der Germanen gefallen sei.

Unter Saint-Étienne hat J.-J. Hatt die Apsis eines Saalbaus gefunden, der in das frühe 5. Jh. datiert wird. Verschiedene Böden zeigen, daß die Kirche von merowingischer Zeit an weiter benutzt worden ist[169]. Die Franken bauten eine Martinskirche vor dem Kastell und der bereits bekannte Arbogast eine Marienkirche als Bischofskirche innerhalb des ehemaligen Lagers[170].

- Kastellkirchen

Gute Voraussetzungen für die Entstehung einer christlichen Gemeinde boten die Kastelle, die unter dem weströmischen Kaiser Valentinian I.

(364/75) ausgebaut und neu eingerichtet wurden, um noch einmal den Versuch zu machen, die Rheingrenze durch Befestigungen am Strom selbst wie auch im Hinterland und durch rechtsrheinische Vorposten zu sichern. Da sich Valentinian der Kirche gegenüber wohlwollend neutral verhielt, konnten in den Kastellen auch Räumlichkeiten für den christlichen Kult eingerichtet werden.

Südlich von Mainz an der Kreuzung der Straßen Bingen-Worms und Mainz-Metz liegt Alzey. Valentinian ist selbst mehrere Male in diesem Kastell gewesen, das er hatte wiederherstellen lassen. 406 wurde es von den Römern aufgegeben und von den Burgundern besetzt; anschließend kam es in alemannische und schließlich in fränkische Hände. Da sich der Name Alzey durch alle Herrschaften hindurch erhalten hat, ist mit einer kontinuierlichen Besiedlung des Ortes zu rechnen. Innerhalb des Kastells befand sich ein kirchlicher Saalbau, der nach 353, wahrscheinlich zwischen 357 und 370, entstanden ist[171]. Später stand auf diesem Gelände die heute untergegangene Georgskirche. Wenn sich auch ein direkter Übergang in der Benutzung nicht nachweisen läßt, so scheint die Tatsache, daß die Fußböden des Saalbaus aus dem 4. Jh. und der späteren Georgskirche auf gleichem Niveau liegen, darauf hinzuweisen, daß keine große Zeitspanne zwischen der Zerstörung des Saalbaus und der Errichtung von St. Georg liegt. Damit wäre ein archäologisches Zeugnis für die Kontinuität der Besiedlung und auch christlichen Lebens in Alzey erbracht.

Ebenfalls im Hinterland liegt Kreuznach. Die Gründung des Kastells geht wohl schon auf Konstantin zurück. Spätere Umbauten und Verstärkungen erfolgten im Verlauf des 4. Jhs. sicher nicht unbeeinflußt von den Germaneneinfällen 355/6. Erst 822 wird der Ort zum ersten Mal *Villa Cruciniacus* genannt. In dieser langen Zwischenzeit wird man mit erheblichen Störungen und Unterbrechungen der Besiedlung in der Völkerwanderungszeit rechnen müssen. Innerhalb des Kastells sind auch hier Reste einer Saalkirche, diesmal mit Apsis und Annexbau, gefunden worden, die wahrscheinlich wiederum aus valentinianischer oder etwas späterer Zeit stammen[172]. Für diese Zeit können Christen auch in dem Burgus Eisenberg an der Straße Worms-Metz nachgewiesen werden[173].

Noch stärker als das Hinterland war die Rheingrenze selbst durch Kastelle gesichert. Zwischen Speyer und Worms lag Altrip, in dem H. Büttner wegen der in valentinianischem Mauerwerk verbauten Weiheinschriften und Votivsteine für heidnische Götter eine christliche Bevölkerung vermutet[174]. Deutlicher haben sich in Koblenz *(Confluentes)* und Andernach Spuren frühchristlichen Lebens erhalten. In Koblenz ist ein nach 369 errichteter Profanbau unter Liebfrauen vielleicht schon im 5. Jh. zu einem gottesdienstlichen Raum umgebaut worden. An der Ostseite des Saales wurde durch Auffüllung und ein Stützmäuerchen ein Podium errichtet; ein runder Kleinsockel von 1,60 m Durchmesser ist als Unterbau eines Altars gedeutet worden. Möglicherweise sind auch noch Reste eines Ambos vorhanden. Keramikfunde aus dem 5. Jh. und Gräber des 7. Jhs. begrenzen die Zeit der frühchristlichen Benutzung[175].

In Andernach wurde von einer ausgedehnten römischen Villa des 2./3. Jahrhunderts ein Apsidenraum benutzt und durch das Einziehen einer Schranke in einen Chor- und einen Gemeinderaum geteilt. Da sich unter dem Fußboden ungestörte Bestattungen des 6./7. Jhs. erhalten haben, muß die Umwandlung in einen Kirchenraum allerdings relativ spät stattgefunden haben. Die Grabinschrift eines Godvine aus fränkischer Zeit, die als Bestattungsort des Verstorbenen die Basilika des heiligen Gervasius nennt, könnte auf eine Zömeterialkirche mit diesem Patrozinium hinweisen, die zwar erst im Jahre 1297 bezeugt ist, aber vielleicht in spätrömische Zeit zurückreicht[176].

- Bingen

Ein besonderes Wort verdient Bingen *(Bingium)* vor allem wegen der Grabinschriften, die hier auf Friedhöfen bei der Kirche und am Hang des Rochusberges zum Vorschein gekommen sind. Heute befindet sich der Grabstein des Priesters Aetherius eingemauert in die Nordwand im Inneren der Barbarakapelle. Im unteren Teil ist der Stein mit einem großen Christogramm samt Alpha und Omega geschmückt. Das Christogramm wird aus breiten Balken gebildet, der Rho-Bogen verläuft falsch nach links. Den Kreis um das Kreuz herum füllt ein Zickzack-Band aus; unten in den Ecken befinden sich sechsstrahlige Rosetten. Die Inschrift lautet: *[A]etherius pres[b]iter tegitur hoc tomulo. carus omnibus moribus et gratia sed ma[xime] Chr[ist]o fede et religione probatus.* Die Übersetzung könnte

lauten: "Der Priester Aetherius wird von diesem Grabhügel bedeckt, allen wert wegen seines Charakters und seiner Freundlichkeit, am meisten Christus genehm wegen seines Glaubens und seiner Frömmigkeit"[177]. Von vielen wird der Stein in das 4./5. Jh. datiert; W. Boppert hält ihn für etwas jünger und setzt ihn in die 2. Hälfte des 5. Jhs.[178]. Leider läßt sich die geäußerte Vermutung, der Stein, der die älteste der mittelrheinischen Presbyterinschriften aufweist, sei

Abb. 9 Grabinschrift des Presbyters Aetherius. Bingen, Kath. Pfarrkirche

dem Aetherius von seiner dankbaren Gemeinde gesetzt worden, nicht erhärten; er kann auch von der Familie des Toten gestiftet worden sein.
Trotzdem wird man wohl auf das Vorhandensein einer christlichen Gemeinde um die Mitte des 5. Jhs. in Bingen schließen dürfen.
Römisch mutet noch der Grabstein einer *Mauricia, femina honesta,* an,
der ebenfalls ins 5. Jh. datiert wird[179]. Dann aber vollzieht sich auch in
Bingen die Hinwendung zum fränkischen Namensgut mit Aiberga[180] und
vor allem der Bertichildis aus dem 7. Jh.[181]. Der Text lautet in einem
ziemlich barbarischen Latein:

In hunc t(it)olo requiis
cit filia inlu(stri)(s p)atroni Macti
childi cuius (n)omen vokatur
Bertichild(is) difuncti qui
vixit in pace par
vo tempus a
nus XX me(n)se I vixit
cum viro suo Ebregisi
lo annus V diae (Sa)mbato ura octa
va erepta (e)st a divina po
testate (a)mata in po
pulo viduis o(rpha)nis vel pauperebus
elemosin(a) a se pro pec
cat(o) (...) invidia mors tollit quod redd
ere nescit.

Bertichildis wird als Adelige und Tochter des *patronus* Mactichildus bezeichnet. Genau werden Lebenszeit, eine fünfjährige Ehe mit Ebregisilus
und Todesstunde angegeben. Gerühmt wird dann besonders ihr karitatives
Tun. "Den Witwen, Waisen und Armen sind Almosen von ihr für die
Sünde gespendet worden. Aus Mißgunst nahm der Tod, was er nicht zu-
rückgeben kann".

Nach H. Büttner spiegelt sich in der Bertichildis-Inschrift der Übergang
von der gallo-romanischen zur fränkischen Kultur besonders deutlich wider. Merowingische Adelige und Grundherren übernehmen jetzt den
Schutz der Rechtlosen und Bedürftigen, wie er seit urchristlichen Zeiten
von allen Christen gefordert wurde, die dazu imstande waren. Büttner
sieht darüberhinaus in der Inschrift einen Auftakt zu den Schenkungen an
Kirchen und Klöster, wie sie im 8. Jh. in großer Zahl erfolgen. "Bertichildis
gibt uns sozusagen das andere lichtvollere Bild dieser fränkischen Grund-
herrenschicht, nicht jenes von ungezügelter Leidenschaft und kaum be-
herrschter Rachgier, das so oft aus den Chroniken Fredegars und seiner
Nachfolger hervortritt"[182].
  Leider gibt es keine zuverlässigen Nachrichten und archäologischen
Zeugnisse für eine Kirche aus frühchristlicher Zeit, obwohl mit der Existenz einer solchen mit Sicherheit gerechnet werden kann. Die heutige

Martinskirche steht auf einem Gelände, das dem spätrömischen Sakralbezirk von Bingen entspricht. Hier gab es z.B. ein Mithräum. Ob weitergehende Vermutungen stimmen, die besagen, daß sich an der süd-westlichen Seite der Kirche ein Tempel befunden habe, dessen Fundamente von dem Kirchbau benutzt worden seien, so daß mit einer direkten Ablösung eines heidnischen Kultes durch den christlichen Gottesdienst gerechnet werden kann, muß dahingestellt bleiben[183].

- Boppard

Noch reichhaltiger sind die frühchristlichen Funde in Boppard *(Boudobriga)*. Als Kastell zur Sicherung der Rheingrenze hat es einen vergleichbaren Ursprung und eine ähnliche Geschichte wie die anderen Befestigungen am Fluß selbst und im Hinterland. Wahrscheinlich wurde auch Boppard unter Kaiser Valentinian I. gegründet. Innen, an die rheinseitige Kastellmauer angelehnt, befand sich ein Badegebäude, in das noch im 5. Jh. eine christliche Kirche eingebaut wurde, die bis in karolingische Zeit in Benutzung war. Der Grundriß zeigt ein langgestrecktes Schiff von 33 m Länge und 9 m Breite, das verschiedene Baderäume zusammenfaßte. An der Südseite befanden sich vier rechteckige Nebenräume, die ebenfalls aus der Badeanlage übernommen wurden. Im Ostteil der Kirche ragte eine *solea* mit

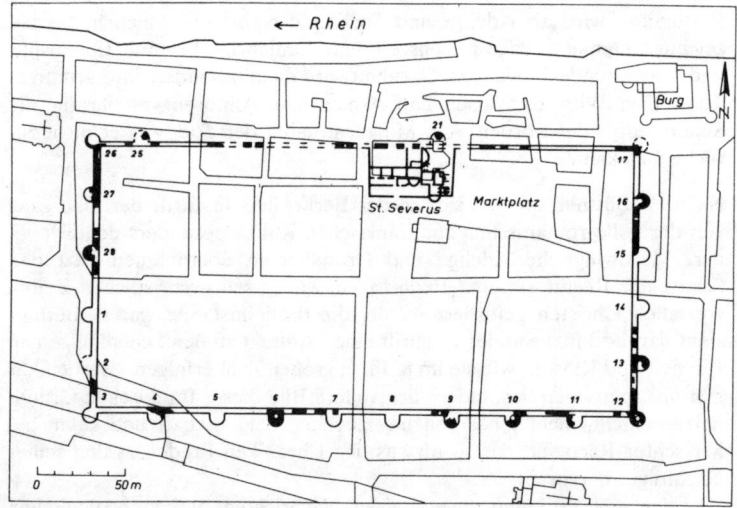

Abb. 10 Boppard. Grundriß des Kastells und Lage der frühchristlichen Kirche

Abb. 11 Boppard. Rekonstruktion des frühchristlichen Innenraums

Ambo aus wiederverwendeten Tuffsteinquadern weit in den Kirchenraum hinein. Die Konstruktion hatte einen schlüssellochartigen Grundriß mit einer lichten Weite von 1,40 m und einer Länge von 6 m. Ein solches Gebilde, das in östlichen Kirchen häufig anzutreffen ist, besaßen im Westen frühchristliche Kirchen in Köln und Trier[184]. Es diente wahrscheinlich der Sängerschola als Standplatz. Allerdings ist die Bopparder Ausführung sehr klein. Auf dem kreisrunden Ende finden gerade vier Personen Platz. So könnte man auch an die Funktion als Platz für die Lesungen denken. Wahrscheinlich war nur der Sockel aus Steinen aufgemauert, über dem sich eine Holzschranke und ein Aufbau aus Holz erhoben. Zugang bestand nur vom Sanktuarium aus.

Die Kirche, seit 1225 dem heiligen Severus, früher Petrus und Johannes dem Täufer geweiht, war als Gemeindekirche auch Taufkirche. Im westlichen Teil des Langhauses diente ein abgetrennter Raum vom 9 m mal 6 m als Baptisterium. Das Taufbecken ist ein massiv gemauerter Block, der ursprünglich 0,50 m über das Fußbodenniveau ragte. Der äußere Rand gliedert sich in sieben Mauerzungen. Im Mörtel befinden sich Vertiefungen, wahrscheinlich für Holzpfosten, die einen Baldachin trugen. Bei der Taufe stand der Täufling etwa bis zu den Knien im Wasser und wurde mit Wasser übergossen[185].

Die Bedeutung der Bopparder St. Severus-Kirche sieht H. Eiden zum einen darin, daß hier in der Grenzzone der Nordwestprovinzen des Römerreiches ein frühchristlicher Kultbau nicht nur grundrißmäßig auf seine bauliche Form hin, sondern zugleich auch hinsichtlich seiner kultischen Inneneinrichtungen nahezu vollständig erforscht werden konnte, zum anderen in der nicht minder wichtigen Tatsache, daß in Boppard - an einem verhältnismäßig unbedeutenden Ort fernab von einem Bischofssitz gelegen - offensichtlich keine Zömeterialkirche, sondern von Anfang an eine Gemeinde- und Taufkirche bestanden hat[186].

Aus den Befunden ergibt sich, daß die christliche Bevölkerung nach Aufgabe des Kastells und Abzug der Truppen in den intakten Festungsmauern verblieben ist. Sie erhielt nach der Landnahme der Franken laufend Zuwachs, weil die Garnison, die dem römischen Staat gehört hatte, nunmehr Königsgut geworden war. Für die religiösen Bedürfnisse wurde eine Kirche gebaut, die auch Taufrecht besaß. Es beginnt so etwas wie Pfarrseelsorge außerhalb der Bischofsstädte. Von daher läßt sich fragen, ob Kirchen wie St. Severin oder St. Georg in Köln nicht ebenfalls Seelsorgstationen gewesen sind und ob nicht auch in *Ulpia Traiana*/Xanten eine Gemeindekirche angenommen werden darf, wie sie mit der sogenannten Dietkirche im Bonner Legionslager nachgewiesen werden konnte[187].

Auch in Boppard wurden auf einem 150 m südlich der Kirche unmittelbar vor dem Kastell gelegenen Friedhof Grabsteine mit christlichen Inschriften aus dem 5.-7. Jh. gefunden, die die Kontinuität der christlichen Gemeinde bestätigen. Die Inschriften bezeugen erneut den Übergang von der römischen zur germanischen Namensgebung im Laufe der Zeit[188]. Gefunden wurde ebenfalls der heute verschollene Grabstein eines Presbyters Nonnus sowie die erst 1974 entdeckte Inschriftenplatte eines Diakons und seiner Nichte, die heute in der Rückwand der Severuskirche vermauert ist[189]. Die Inschrift lautet:

"Hier ruhen in Frieden der selige
Diakon Besontio und seine Nichte,
das selige Mädchen Justiciola.
Das Mädchen Justiciola starb acht
und der Diakon Besontio sieben Tage
vor den Kalenden des April" (25./26. März).

Die frühchristliche Kirche Boppards hat in der beschriebenen Form mit Ambo und Taufraum bis in karolingische Zeit rund 300 Jahre lang dem Kult gedient. Sie bestätigt damit die wichtige Funktion der Gemeinde als Kontinuität stiftende Kraft in der Übergangszeit der Völkerwanderung. Eine ungebrochene Siedlungskonstanz spiegelt sich bis auf den heutigen Tag im Stadtbild. Der spätrömische Kastellbereich markiert noch heute den Stadtkern mit der Pfarrkirche am Ort des römischen Kastellbades und der darin eingebauten frühchristlichen Kirche.

3. Trier und die moselländische Kirche

Mit Trier erreicht die deutsche Kirchengeschichte den Anschluß an die kirchlichen Ereignisse in der Ökumene. Trier, das heute am Rande der Bundesrepublik liegt, war damals alles andere als Grenzstadt, vielmehr wirtschaftlicher und politischer Mittelpunkt und damit auch ein wichtiger kirchlicher Vorort im Zentrum des westlichen Teils des *Imperium Romanum*.

3.1 Stadtgeschichte

Die Stadt, die 1984 ihr 2000jähriges Bestehen gefeiert hat, soll um 16 v.Chr. als *Colonia Augusta Treverorum*, d.h. als Stadt des Kaisers Augustus im Lande der Treverer, gegründet worden sein. Archäologisch ist ein städtisches, rechtwinkliges Straßensystem erst für die Zeit des Kaisers Claudius (41/54) nachweisbar, unter dem die Siedlung den Rang einer *colonia* erhalten haben dürfte[190]. Bereits in der 1. Hälfte des 1. Jhs. n.Chr. nennt der Geograph Pomponius Mela, *De chorographia* 3,20, die schnell aufblühende Stadt *urbs opulentissima*. Um 41 wurde die erste feste Moselbrücke gebaut; wahrscheinlich zur Zeit Vespasians (69/79) besaß die Stadt ein Forum mit Basilika, Portiken und Ladenstraße von 275 m Länge und 135 m Breite. Als Basis für die Versorgung der am Rhein stationierten Truppen und Verwaltungszentrum des Treverergebietes zogen bald hohe Reichsbehörden nach Trier. Zahlreiche Tempel und kleinere Heiligtümer entstanden vor allem im Altbachtal im Süden der Stadt und am Herrenbrünnchen für viele - auch einheimische - Götter: darunter Apollo, Grannus, die Matres Treverae, Epona, Artio und Ritona. Um die Wende vom 1. zum 2. Jh. wurde ein Amphitheater für 18000 Zuschauer gebaut, ebenfalls ein Zircus für Wagenrennen. Zahlreiche größere Villen im Stadtgebiet, die im weiteren Verlauf des 2. Jhs. entstanden, machen die wirtschaftliche Prosperität Triers deutlich; wichtige Güter wurden produziert. Zeugnis für Wohlstand und Repräsentationsbedürfnis geben die Barbarathermen am Moselufer, die allein die Fläche von vier *insulae* in Anspruch nahmen[191].

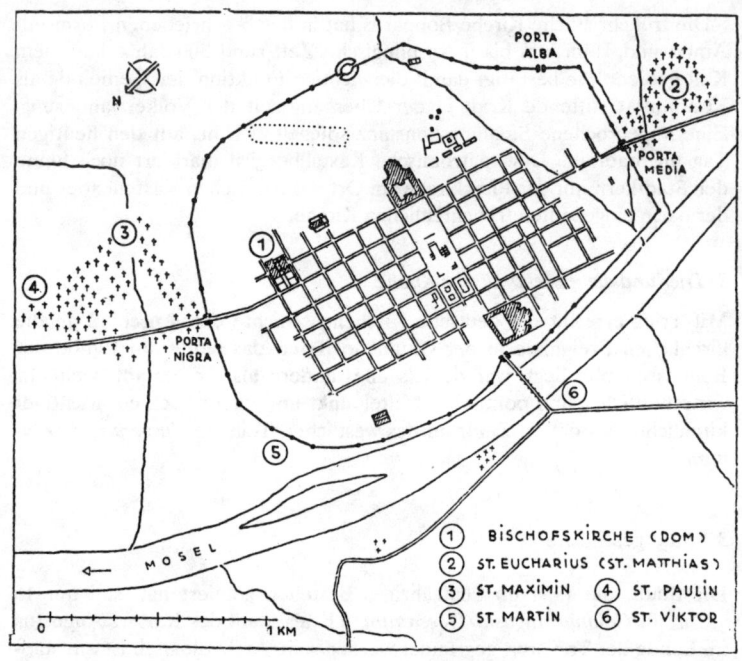

Abb. 12 Trier. Lage der frühchristlichen Kultanlagen

Nach dem Verlust der rechtsrheinischen Gebiete im 3. Jh. rückte Trier zwar näher in den Bereich germanischer Gefährdung, gewann als Sitz hoher Reichs- und Provinzialbeamter jedoch eine nur noch mehr gesteigerte Bedeutung. Es lag nahe genug an der Grenze, um auf feindliche Bewegungen reagieren und notfalls Einbrüche abriegeln zu können, andererseits befand es sich weit genug im Hinterland, um vor überraschenden Angriffen sicher zu sein. So entsprach es der neuen politischen und militärischen Situation, wenn nach Postumus, der noch von Köln aus agierte, die übrigen gallischen Sonderkaiser Victorinus (268/70), Tetricus (270/73) und Faustinus (273) in Trier residierten. Nach der Vertreibung der Germanen, die 275 Teile Galliens verheerten und auch Trier niederbrennen konnten, durch Probus (276/81) stabilisierten sich die Verhältnisse sehr schnell. Im Rahmen der diokletianischen Reform wurde Maximian (276/305) Augustus der westlichen Reichshälfte. Nach Niederwerfung der Bagauden (eines Bauernaufstandes) trat er in Trier am 1. Januar 287 sein Konsulat an. Noch bedeutsamer wurde bei der Erweiterung der Herrschaftsspitze zur Tetrarchie, daß Trier dem westlichen Caesar Constantius Chlorus im

Jahre 293 als Sitz zugewiesen wurde. In seiner kurzen Amtszeit entstanden die Pläne für den Ausbau der Stadt mit den Kaiserthermen, der Aula Palatina und weiteren Palastbauten. Durch die Erhebung Constantius' zum Augustus bekamen die Pläne nur noch mehr Dringlichkeit[192].
306 starb Constantius Chlorus auf einem Feldzug in York. Die Nachfolge trat sein Sohn Konstantin an. Er setzte den Ausbau der Residenz tatkräftig fort. Von den Bauten des kaiserlichen Palastes wurden Teile für die Errichtung einer Doppelkirchenanlage niedergelegt. Deckenmalereien aus diesen Palästen, deren Bildfelder abwechselnd Frauenportraits und Genien zeigen, sind bei Domgrabungen wiedergefunden und in mühsamer Arbeit zusammengesetzt worden[193]. Der Bau der noch heute das Stadtbild mitbestimmenden "Basilika" wurde im 1. Jahrzehnt des 4. Jhs. begonnen[194].

Die Stadt blühte in einem Maße auf, daß die Zerstörungen durch die Alemannenstürme von 275 bald vergessen waren. Trier behielt den Sonderstatus einer kaiserlichen Residenz auch, als Konstantin selbst wegzog und nach seinem Tod seine Söhne die Regierung übernahmen. Das ganze 4. Jh. hindurch blieb Trier Schauplatz wichtiger Ereignisse. Die Stadt war in die Erhebung des Usurpators Magnentius (350/3) gegen Konstans verwickelt und stellte sich auf die Seite des Kaisers; von Trier aus operierte der auf römischer Seite stehende Germane Charietto als *comes per utramque Germaniam* gegen fränkische Überfälle am Mittel- und Niederrhein.

Nach der konstantinischen hat auch die valentinianische Dynastie enge Verbindung mit Trier gehalten. Valentinian I. (364/75) residierte hier ab 367; aus Anlaß der Quinquennalien befand sich 369 der berühmte Symmachus in der Stadt; als Erzieher des Prinzen Gratian kam der Dichter Ausonius aus Bordeaux nach Trier, so wie eine Generation zuvor bereits Laktanz zur Erziehung des Konstantinsohnes Crispus hierher berufen worden war. Gratian weilte nach seiner Erhebung zum Kaiser 375 überwiegend in Trier, ebenfalls der Usurpator Maximus, nachdem Gratian 383 in Lyon ermordet worden war. Als Maximus 387 gegen Arbogast nach Oberitalien ziehen mußte und in dem Feldzug umkam, hatte er seinen Sohn Augustus Flavius Victor in Trier zurückgelassen; der Knabe wurde im Herbst desselben Jahres in der Stadt ermordet. Es scheint, als hätten die Trierer gegenüber den konstantinischen und valentinianischen Herrschern, die so viel für sie getan hatten, mit besonderer Ergebenheit reagiert und alle Usurpatoren abgelehnt[195].

Tiefgreifende Änderungen traten ein, als die theodosianische Dynastie die Hauptstadt des westlichen Reiches 395 nach Mailand und noch später nach Ravenna verlegte[196]. Auch die Präfektur verließ Trier und siedelte nach Arles über. Die Verlagerung von Hof und Verwaltung hing natürlich mit der Veränderung der militärischen Lage zusammen. Nach der Entblößung der Rheingrenze von römischen Truppen mehrten sich die Überfälle verschiedener germanischer Stämme, die sich im Hinterland und bis nach

Trier auswirkten. Der Niedergang begann. Ein Teil der Bevölkerung aus der Stadt selbst, aber auch aus dem Umland zog fort in südlichere Provinzen, die größere Sicherheit boten. Der Rest, der nicht mehr in der Lage war, den ganzen Mauerring der Stadt zu besetzen, zog sich beim Alemanneneinfall 406/7 in das notdürftig als Festung eingerichtete Amphitheater zurück; später wurden in der Umgebung des Domes verteidigungsgeeignete Behausungen eingerichtet. In den Jahren 411/30 scheint die Stadt nicht weniger als viermal von den plündernden und brandschatzenden Franken heimgesucht worden zu sein. Salvian von Marseille führt in *De gubernatione Dei* 6,15 bewegt Klage, daß nach drei Brandschatzungen in der einstmals so blühenden Stadt die nackten Leichen beiderlei Geschlechts unbeerdigt in den Straßen liegen. Um so mehr ist er darüber empört, daß die Trierer von der Obrigkeit die Wiederherstellung des Theaters und die Wiederaufnahme der Zirkusspiele fordern. Weil drei Katastrophen die Stadt nicht gebessert haben, hat sie es nach ihm verdient, durch eine vierte endgültig unterzugehen. Zugleich ereignete sich in diesen Jahren des Verfalls der Übergang von der römischen zur fränkischen Herrschaft, "der um 475 vollzogen war, ohne daß uns die literarische Überlieferung davon Besonderes zu berichten wüßte"[197].

In diesen kurzen Abriß der Geschichte bis zum Ende der Römerzeit müssen nunmehr die wichtigsten kirchengeschichtlichen Ereignisse eingetragen werden, die zugleich über Entstehen und Wachstum der Trierer Kirche Auskunft geben. Am besten geschieht das anhand der Bischöfe, die für Trier vollständiger und besser bezeugt sind als für sonst eine andere deutsche Stadt mit frühchristlicher Vergangenheit.

3.2 Kirchengeschichtliche Ereignisse des 4. Jahrhunderts

- Früheste Nachrichten

Wann beginnt das Christentum? Die früheste Nachricht dürfte auch für Trier die Bemerkung des Irenäus von Lyon über den gleichen Glauben in Spanien, bei den Kelten und in den Gemeinden Germaniens sein[198]. Da eine wichtige Verkehrsstraße von Lyon an den Rhein über Trier führte, können schon früh Christen in die Stadt gekommen sein. Wahrscheinlich waren es wie im ganzen Rhônetal griechisch-orientalische Kaufleute, die von Marseille aus nach Norden vordrangen. Auch Irenäus war ja kleinasiatischer Herkunft gewesen und hatte sich als Schüler des Bischofs Polykarp von Smyrna bezeichnet[199]. E. Ewig rechnet damit, daß die Verkündigung des Evangeliums von Lyon ausging und der Bischof dieser kirchlichen Metropole von ganz Gallien zunächst auch die Aufsicht über die ersten Gemeinden an Mosel und Rhein geführt habe. Da in Trier und in der gesamten Provinz *Belgica* bis zum 3. Jh. kein Militär lag, dürfte sich die Bildung einer christlichen Gemeinde problemloser vollzogen haben als in anderen Städten, in denen die Soldaten es erforderlich machten, die staatliche Loyalität, die von den Christen in Frage gestellt schien, besonders zu schützen. Um 250 kann nicht nur mit Christen, sondern auch mit einer kirchlichen Organisation sicher gerechnet werden. 258 wurde einer Trierer Bürgerin in Bordeaux ein Gedenkstein gesetzt, dessen Inschrift einen christlichen Charakter trägt[200]. Um die Mitte des 3. Jhs. muß auch Bischof Eucharius gelebt haben, den die Trierer Bischofslisten als den ersten Leiter der moselländischen Kirche nennen. Sein Name klingt griechisch. Angesichts zahlreicher Belege dieses Namens aus dem Rhônegebiet liegt die Annahme nahe, daß Eucharius aus Lyon nach Trier gekommen ist[201].

- Die ersten Bischöfe: Eucharius, Valerius, Maternus und Agritius

Wichtige Hinweise auf die frühesten Trierer Bischöfe enthalten vor allem wiederum die Bischofslisten, die W. Neuss unter Verwertung der Forschungen von W. Levison untersucht hat, um die in ihnen enthaltenen historischen Erinnerungen von den legendären Ausmalungen zu scheiden.

Eine wahrscheinlich in der 1. Hälfte des 10. Jhs. verfaßte *Vita Eucharii, Valerii, Materni* berichtet, diese drei seien vom heiligen Petrus selbst geweiht - Eucharius zum Bischof, Valerius zum Diakon, Maternus zum Subdiakon - und zur Bekehrung von Gallien und Germanien ausgesandt worden. Nachdem sie in Gallien erfolgreich gepredigt hätten, sei Maternus im Kastell Eligia - wahrscheinlich Ehl im Elsaß - gestorben. Als Eucharius und Valerius die Todesnachricht nach Rom gebracht hätten, sei ihnen von Petrus ein Stab übergeben worden, durch dessen Berührung Maternus vierzig Tage nach seinem Tode wieder zum Leben erweckt worden sei[202]. Als endgültigen Ort ihrer Missionstätigkeit hätten die drei dann Trier erwählt. Dort sei Eucharius noch 23 Jahre Bischof gewesen; Valerius sei ihm dann für 15 Jahre als Leiter der Trierer Kirche gefolgt; schließlich habe Maternus 40 Jahre lang als Bischof gewirkt. Ihr missionarisches Wirken sei so erfolgreich gewesen, daß beim Tode des Valerius die Zahl der Christen in Gallien und Germanien die der Heiden übertroffen habe. In Trier sollen alle drei auch bestattet worden sein: Eucharius und Valerius zusammen in einem Sarkophag, Maternus nicht weit von ihnen entfernt[203].

Daß hier die ersten Bischöfe Triers als Apostelschüler bezeichnet werden, ist historisch betrachtet zwar völlig unmöglich, für die Legende dagegen nichts Besonderes. Viele andere Bistümer haben versucht, ihren Ursprung bis in apostolische Zeit zurückzuverlegen - erinnert sei an Crescenz in Mainz[204].

Spätere Bischofslisten, die dadurch entstanden sind, daß man die in den liturgischen Büchern aufgeführten Gedächtnistage listenmäßig ordnete, in eine Abfolge brachte und mit biographischen Zusätzen versah, beginnen alle mit Eucharius, Valerius und Maternus. Die meisten Listen - es sind neun bis zum 12. Jh.[205] - nennen als vierten Bischof Agritius; er ist derjenige, der zusammen mit dem Exorzisten Felix als Vertreter der Trierer Kirche an dem vom Kaiser Konstantin 314 nach Arles einberufenen Konzil aller Bischöfe des Westreiches zur Beurteilung der Donatistenfrage teilgenommen hat[206]. Zwei der Bischofslisten, die um die Wende vom 11. zum 12. Jh. entstanden sind, haben anscheinend die Schwierigkeit gesehen, mit vier Namen von der apostolischen bis in die konstantinische Zeit zu gelangen, auch wenn die ersten drei Apostelschüler relativ lange Regierungszeiten (23 + 15 + 40 Jahre) aufweisen können. Darum hat die eine acht Namen aus einer Tongerer Bischofsliste, die andere sogar fünfzehn Namen aus einer Liste aus Toul und einem Trierer Heiligenkalender zwischengeschaltet[207]. Daß Toul Verbindungen mit Trier besaß, ist schon aus der geographischen Nachbarschaft verständlich; später war Toul Suffraganbistum von Trier. Aber auch der aus Tongern stammende Zusatz ist nicht rätselhaft. Maternus fungiert nämlich nicht nur als Bischof von Trier, sondern auch als Bischof von Köln und als Gründerbischof von Tongern. Wie es zu diesen Wanderungen des Maternus gekommen ist, ob es - wie einige behaupten - zwei Materni gegeben hat, einen "Apostelschüler" in Trier und einen konstantinischen Maternus in Köln und Tongern, bzw. zwei Materni, die altersmäßig nur eine Generation auseinander waren, muß noch genauer erörtert werden, wenn die Anfänge der Kirche in Köln zu besprechen sind[208].

Ziemlich sicher ist, daß Maternus in Trier begraben wurde. Jedenfalls hat Köln nie einen Anspruch auf seine Gebeine erhoben. In Trier dagegen gab es eine Grabkapelle des Maternus neben der Kirche St. Eucharius, die später nach der vermeintlichen Auffindung der Gebeine des Apostels Matthias 1127 nach diesem benannt wurde. Die um 760 entstandene Vita S. Maximini bezeugt das Maternusgrab, wenn sie anläßlich der Überführung der Gebeine Maximins nach Trier den Dämon einer Besessenen ausrufen läßt: "Genügten euch nicht die Heiligen Gottes Eucharius, Valerius und Maternus und der selige Agritius, die uns beständig quälen?"[209].

Für das Begräbnis von Eucharius und Valerius gibt es ein noch älteres Zeugnis. Eine in einer zuverlässigen Abschrift erhaltene Inschrift des Trierer Bischofs Cyrillus, die am Grabe der beiden angebracht war, lautet:

Quam bene concordes divina potentia jungit
membra sacerdotum quae ornat locus iste duorum
Eucharium loquitur Valeriumque simul.
Sedem victuris gaudens componere membris
fratribus hoc sanctis ponens altare Cyrillus
corporis hospitium sanctus metator adornat.

W. Neuß übersetzt: "Wie schön vereint die göttliche Allmacht in Eintracht / die Glieder der beiden Bischöfe, die dieses Grab ehrenvoll hütet; / Eucharius nennt es und Valerius zugleich. / Froh, den zum Siege (der

Auferstehung) bestimmten Gebeinen die Stätte zu bereiten, / setzt seinen ehrwürdigen Mitbrüdern diesen Altar Cyrillus / und schmückt als ehrwürdiger Erbauer ihres Leibes Herberge"[210]. Vielleicht stammen von Cyrillus, der in der zweiten Hälfte des 5. Jhs. Bischof war, nur die ersten drei Zeilen, während die letzten zu seinem eigenen Ruhm später hinzugefügt wurden.

Valerius wird noch einmal im *Martyrologium Hieronymianum* in seiner Luxueiler Fassung (627/28) am 29. Januar erwähnt: *Treveris depositio beati Valerii episcopi*, des weiteren in einem Kalender des heiligen Willibrord vom Anfang des 8. Jhs.[211].

Nimmt man alle Nachrichten zusammen, dann spricht vieles dafür, daß die ältesten Bischofslisten (ohne die Zusätze aus Toul und Tongern) in ihrer Namensabfolge zuverlässig sind. Man käme dann, ausgehend von dem Fixpunkt Agritius in Arles 314, mit den drei Vorgängern ohne Schwierigkeit in die für Eucharius angenommene Zeit um die Mitte des 3. Jhs. Gregor von Tours, *Historia Francorum* 1,30, bezeugt eine alte Tradition, nach der zur Zeit des Decius (249/51) die gallischen Bistümer Tours, Arles, Narbonne, Toulouse, Paris, Clermont und Limoges gegründet worden seien. Nichts spricht dagegen, daß Trier bei seiner politisch-wirtschaftlichen Bedeutung ebenfalls um diese Zeit einen Bischof erhalten hat. Man darf sogar annehmen, daß schon vor 250 Christen in Trier gelebt haben, nur gibt es dafür keine historischen Zeugnisse.

Im 4. Jh. mehren sich die Nachrichten über die Trierer Bischöfe und ihre Tätigkeiten. Nach einer Tradition des 11. Jhs. soll Agritius aus Antiochien nach Trier gekommen sein. Gewiß ist sein Name griechischen Ursprungs; lateinisch müßte er Rusticius oder ähnlich heißen. Der griechische Name muß aber nicht auf eine griechisch/orientalische Herkunft hinweisen, sondern kann auch von seiner Abstammung aus einer griechisch-orientalischen Kolonie im Rhônetal herrühren. Des weiteren ist der Name des Agritius mit der Schenkung des kaiserlichen Palastes durch die Kaiserinmutter Helena an die Trierer Kirche verknüpft - eine ebenfalls mittelalterliche Überlieferung, die durch die jüngsten archäologischen Entdeckungen unter dem Dom glänzend bestätigt worden ist[212].

- Arianische Wirren: Maximinus, Paulinus und Bonosus

Nachfolger des Agritius war der aus Aquitanien stammende Maximin, der angesichts der Bedeutung Triers als Kaiserresidenz und der kirchenpolitischen Aktivitäten der Kaiser zwangsläufig in die Auseinandersetzungen um den Arianismus hineingezogen wurde. Bei Konstantin II. verwandte er sich nachdrücklich für die Freilassung des Bischofs Athanasius von Alexandrien, der auf der Synode von Tyrus im Jahre 335 verurteilt und dann von Konstantin dem Großen aufgrund von Verleumdungen nach Trier verbannt worden war. Für die gallische Kirche und Trier war das Verweilen des berühmten Verteidigers des Konzils von Nizäa von größtem Wert. Ebenso verfehlten die Nachrichten, die Athanasius vom ägyptischen Mönchtum mit in den Westen gebracht hatte, und die von ihm verfaßte *Vita Antonii* nicht ihre Wirkungen[213]. Kaum war die Kunde vom Tode Konstantins in Ankyrona bei Nikomedien am Pfingstsonntag des Jahres 337 in Trier angekommen, drang Maximin auf die Freilassung des Athanasius; bereits am 17. Juni konnte Athanasius heimreisen[214]. Bei Konstans, dem jüngsten Sohn Konstantins des Großen, der nach dem frühen Tod seines Bruders Konstantin II. im Jahre 340 den gesamten Westen des Reiches, einschließlich Italien, Afrika und Griechenland, regierte, verwandte er sich für die Rückkehr des aus Konstantinopel vertriebenen Patriarchen Paulus. Als eine vierköpfige Delegation orientalischer Bischöfe in Trier weilte, die zugunsten der Arianer beim Kaiser intervenieren wollten, verweigerte er ihnen die Kirchengemeinschaft. Seinerseits veranlaßte er zusammen mit Papst Julius I. und Bischof Ossius von Cordoba Konstans, sich mit seinem zweiten Bruder Constantius II. zusammenzutun und einen Einigungsversuch zwischen arianischem Osten und nizänischem Westen zu unternehmen. Auf der daraufhin in Serdika 342 zusammengetretenen Synode war Maximin vielleicht anwesend; jedenfalls hat er die Beschlüsse mitunterschrieben. Wegen seiner Treue zu Athanasius wurde er mit Julius und Ossius und anderen später ebenfalls verurteilt[215].

Maximin wird auch mit der schon häufiger erwähnten Synode von Köln 346 in Verbindung gebracht. Dort soll er den Vorsitz geführt und für die Absetzung des Kölner Bischofs Euphrates als angeblichem Arianer gesorgt haben. Was davon zu halten ist, wird noch ausführlicher zu besprechen sein[216].

Maximin starb 346. Nach der Vita ließ ihn sein Nachfolger Paulinus nach Trier überführen und in der Kirche des heiligen Johannes Evangelista, der jetzigen Maximinskirche, beisetzen. Hier entstand später die bedeutende Benediktinerabtei St. Maximin[217].

Paulinus, ebenfalls aus Aquitanien, vielleicht aus der Familie der Pontii in Bordeaux stammend, aus der möglicherweise auch Paulinus von Nola hervorging, setzte den kirchenpolitischen Kurs seines Vorgängers fort. Weil er als einziger der anwesenden Bischöfe auf einer Synode in Arles 353 sich weigerte, der erneuten Verurteilung des Athanasius zuzustimmen, wurde er von Kaiser Constantius nach Phrygien verbannt, wo er 358 starb[218]. Athanasius nennt Paulinus lobend den Bischof *metropoleōs tōn Galliōn*[219]; jurisdiktionelle Schlüsse wird man aus dieser ehrenvollen Bezeichnung wohl nicht ziehen dürfen. Bischof Felix soll die Gebeine des Paulinus in einem noch heute teilweise erhaltenen kostbaren Sarg aus Zedernholz zurückgeholt und in einer später nach dem Bekennerbischof benannten Kirche um die Wende vom 4./5. Jh. beigesetzt haben.

Während der Verbannung des Paulinus in den Jahren 353/8 dürfte Trier keinen Bischof gehabt haben. Die Erhebung des Usurpators Magnentius und die Selbständigkeitsbestrebungen des Franken Charietto fielen damit in eine Zeit, in der die Trierer Kirche ohne offizielle Führung war.

Nachfolger des Paulinus wurde Bonosus, der nach L. Duchesne und W. Neuß mit dem schon betagten Trierer Presbyter Bonosus identisch sein soll, der wegen seines Eintretens für Paulinus lange Zeit im Kerker gelegen hatte *propter observantiam intaminatae fidei illius, pro qua et inclytus Paulinus, eiusdem civitatis episcopus, in exilio martyr animam dedit*[220]. Andere dagegen möchten den inhaftierten Bonosus einer Gruppe von Luciferianern, die in extremer Weise das Nizänum verteidigten, zuweisen und von dem Bischof Bonosus abheben, der von 358/60 bis höchstens 374 Trierer Bischof war und niemals irgendeine Verehrung als Märtyrer oder Bekenner genossen hat[221].

- Priszillianische Affäre: Britto und Felix

Als nächsten nennen die Listen Britto als Bischof von Trier. Wann genau er sein Amt angetreten hat, läßt sich nicht mit Sicherheit sagen. Jedenfalls unterschrieb er auf einer Synode in Valence, die im Juli 374 stattfand, als Bischof von Trier. Die kirchliche Situation dürfte zu seiner Zeit nicht besonders schwierig gewesen sein. Valentinian I. war der Kirche bei aller konfessionellen Neutralität gegenüber Nizänern und Arianern positiv gesonnen; einen deutlich prochristlichen und nizänischen Kurs steuerte Gratian, Valentinians Sohn und Nachfolger seit 375. Als 382 orientalische Bischöfe sich an den Westen wandten, adressierten sie ihre Einladung an Damasus, Ambrosius, Britto, Valerianus und eine ganze Reihe weiterer Bischöfe. Britto ist der Drittgenannte nach Rom und Mailand[222]. Wenn trotzdem keine weiteren Aktivitäten von ihm bekannt sind, liegt es vielleicht daran, daß er keine sehr starke Persönlichkeit war.

Verwickelt worden ist er in die Affäre um Priszillian, in der er nicht sehr glücklich taktiert hat. Priszillian stammte aus einer vornehmen und reichbegüterten spanischen Familie in der Nähe von Cordoba[223]. Er verband eine ausgezeichnete weltliche Bildung mit tiefem religiösem Ernst und wurde der Prophet einer Erweckungsbewegung, die sich in einer Zeit der Verweltlichung der Kirche - die ersten opportunistischen Reaktionen auf die "Konstantinische Wende" machen sich bemerkbar - der urchristlichen Strenge und der Reinheit des Anfangs wieder zuwenden wollte. Priszillian erhielt bald zahlreiche Anhänger; mehrere Bischöfe schlossen sich ihm an; auch viele Frauen folgten seiner asketischen Bewegung. Priszillian war zunächst Laie, ließ sich dann aber von seinen Freunden Instantius und Salvian zum Bischof von Avila weihen. Das rief endgültig die Gegner auf den Plan. Bischof Ithacius von Ossonuba, über dessen Charakter Sulpicius Severus, der Biograph des heiligen Martin von Tours, ein vernichtendes Urteil fällt[224], klagte Priszillian des Sternenkultes, dämonischer Greuel und des Manichäismus an. Damit fiel Priszillian unter die Häretikergesetze, vor allem unter das noch von Kaiser Gratian erneuerte Manichäeredikt.

Inzwischen war der Usurpator Maximus von den Truppen in Britannien gegen Gratian zum Imperator ausgerufen worden. Er konnte Gratian ausschalten, der 383 in Lyon ermordet wurde, und in Trier seine Residenz nehmen. Sei es, weil er der gallisch-spanischen Aristokratie feindlich gesonnen war, sei es, weil er seinem Ortsbischof in Trier gefällig sein und seine Rechtgläubigkeit beweisen wollte: Er stellte sich sofort gegen die Priszillianisten. Bereits 384 wurde ihnen in Bordeaux der Prozeß gemacht und Bischof Instantius abgesetzt. Damit ihm nicht ähnliches widerführe, appellierte Priszillian an Maximus in Trier, der inzwischen von seinen Mitkaisern notgedrungen anerkannt worden war. Als Ankläger in Trier fungierte Priszillians erbitterter Feind Ithacius, den Bischof Martin von Tours, der gerade in Trier weilte, zu bewegen versuchte, die Anklage fallenzulassen; ebenso beschwor er Maximus, kein Blut in dieser Angelegenheit zu vergießen. Tatsächlich stockten die Verhandlungen, solange Martin in Trier weilte. Nach seiner Abreise beauftragte Maximus jedoch den Präfekten Evodius mit der Wiederaufnahme des Verfahrens. Der Folter unterworfen, gestand Priszillian die Verbreitung obzöner Lehren und schamloser Zusammenkünfte. Der Schuldspruch lautete vor allem auf Magie *(maleficum)*, ein für damaliges Verständnis todeswürdiges Verbrechen. Priszillian wurde zum Tode verurteilt und zusammen mit sechs Anhängern, darunter eine Frau, 386 mit dem Schwert hingerichtet.

Die kirchliche Reaktion auf dieses Urteil und seine Vollstreckung war einhellig. Martin hatte von Anfang an gewarnt; Ambrosius, der um diese Zeit in Trier weilte, um im Auftrag des jungen Kaisers Valentinian II., der in Mailand residierte, mit Maximus zu verhandeln, nahm mit den Bischöfen, die in Trier die Verurteilung des Priszillian forderten, keine Gemeinschaft auf[225]; Papst Siricius protestierte, und Maximus suchte sich in einem Brief an den Papst - nicht einmal zu Unrecht - mit dem Hinweis auf das ordnungsgemäß zustandegekommene Urteil zu rechtfertigen.

Die allgemeinkirchliche Bedeutung des Vorgangs ist beträchtlich: Zum ersten Mal betrieben Bischöfe - Ithacius und seine Anhänger - einen Ketzerprozeß, der dann durch den weltlichen Arm zum blutigen Ausgang geführt wurde. Empörung und Scham blieben in der Kirche noch lange wach; ein gefährlicher Präzedenzfall war gleichwohl geschaffen.

Leidtragender in Trier war, nachdem kurz vor oder nach der Hinrichtung der Priszillianisten Bischof Britto gestorben war, sein Nachfolger Felix (386). Er war nach Sulpicius Severus, *Dialog* 3,13, "ein wahrhaft heiliger Mann, der es verdient hätte, in besseren Zeiten Bischof zu werden". Rom und Mailand verweigerten ihm die Kirchengemeinschaft; der gallische Episkopat war gespalten. Nach J. R. Palanque soll Felix, um das Hindernis zu beseitigen, das einer Behebung des Schismas entgegenstand,

nach zwölfjähriger Amtszeit von der Leitung der Trierer Kirche zurückge-
treten und bald darauf (398/99) gestorben sein[226]. Ob die entsprechenden
Angaben aus der *Vita Felicis* stimmen oder nicht, es trifft zu, daß nach 399
von einem Schisma nichts mehr verlautet - wie auch der Priszillianismus
insgesamt rasch verschwindet.

3.3 Innerkirchliches Leben

- Christliche Bevölkerung

Mit Bischof Felix ist das Ende des 4. Jhs. erreicht. Bevor die kirchliche
Entwicklung Triers im turbulenten 5. und 6. Jh. weiterverfolgt wird, sollen
ein paar Nachrichten über das innerkirchliche Leben in dem bisher behandelten Zeitraum nachgetragen werden. Ohne Zweifel wird das kirchliche Leben nach Konstantin, insbesondere gegen Ende des Jahrhunderts,
stark zugenommen haben. Athanasius berichtet aus der Zeit seiner Verbannung in Trier (335/37), daß die kleine Bischofskirche die Menge der
Gläubigen nicht mehr zu fassen vermochte und man sich deshalb gezwungen sah, in einer neuen Basilika Gottesdienste abzuhalten, obwohl deren
Bau noch nicht vollendet war[227]. Was archäologisch hinter dieser Nachricht steckt, muß später noch untersucht werden. Etwa um dieselbe Zeit
wurde Ambrosius 334 oder 340 in Trier geboren[228]. Sein Vater war *Prae-
fectus praetorio* von Gallien und Christ wie die ganze Familie[229]. Diese
Tendenz, daß wichtige Ämter und Stellungen bei Hofe von Christen besetzt sind, nimmt gegen Ende des Jahrhunderts, vor allem nach Julian
Apostata (361/3), nachweislich zu[230]. Von einem Trierer Prokonsul Tetradius berichtet Sulpicius Severus, *Vita Martini* 17, daß der heilige Martin
dessen Knecht von einem bösen Dämon befreit habe.

"Als Tetradius das sah, glaubte er an den Herrn Jesus, ließ sich sogleich unter die
Katechumenen aufnehmen und wurde bald danach getauft. Er brachte von da an
Martinus, dem er sein Heil verdankte, grenzenlose Verehrung entgegen."

Weniger genau sind verständlicherweise der exakte Anteil der Christen an
der Stadtbevölkerung sowie das Maß der Christianisierung in den verschiedenen Bevölkerungsschichten bekannt. Sulpicius Severus, *Vita Martini*
16, berichtet von vielen Bischöfen und zahlreichem Volk in der Kirche sowie einer großen Menschenmenge vor dem Hause, als er von der Heilung
eines kranken Mädchens erzählt. In einem anderen Fall ist die ganze Stadt
von einem Wunder des Heiligen betroffen. Als das Gerücht umging, die
Barbaren wollten die Stadt stürmen, ließ Martin einen Besessenen vor sich
bringen.

"Er befahl ihm, zu bekennen, ob diese Nachricht auf Wahrheit beruhe. Da gestand dieser, zehn Dämonen seien bei ihm gewesen; sie hätten das Gerücht unter dem Volk ausgestreut, damit wenigstens auf solche Schreckenskunde hin Martin aus der Stadt flüchte. Die Barbaren dächten an nichts weniger als an einen Einfall. Da der unreine Geist mitten in der Kirche dieses Geständnis ablegte, wurde die Stadt von der beängstigenden Furcht befreit"[231].

So eindrucksvoll solche Erzählungen sind, zuverlässige Angaben über die Zahl der Christen in Trier wird man ihnen nicht entnehmen können; große Volksmengen als Zuschauer und Zeugen der Ereignisse sind gerade für Wundererzählungen typisch. Sicherlich gab es im 4. Jh. nicht zuletzt in den höheren Schichten weiterhin Heiden, wenngleich A. Hauck, der diese Tatsache besonders unterstreicht, speziell für Trier kaum konkrete Hinweise anführen kann[232]. Noch schwieriger ist die Frage zu beantworten, wie tief die Bekehrung zum Christentum bei gebildeten und einfachen Leuten reichte. Bei dem offiziell zum christlichen Glauben übergetretenen Ausonius (gest. nach 393) findet sich in seiner *Mosella*, einer dichterischen Beschreibung Triers und der Mosellandschaft, wohl der ganze antike Götterhimmel, aber kein christlicher Gedanke[233]. Im Volk blieben heidnische Lebensweise und Aberglauben weiter lebendig, wie vor allem Salvian klagt[234].

- Inschriften

Zusätzliche Auskünfte geben die Inschriften, vor allem Grabinschriften, von denen in Trier mehrere Hundert gefunden worden sind. Allerdings ist ihre Datierung bzw. Begrenzung auf das 4. Jh. und in die Zeit vor den großen Invasionen des 5. Jhs. schwierig und auch noch nicht abschließend versucht worden. N. Gauthier datiert etwa fünfzig in die frühe Zeit[235]. Nach Form und Inhalt sind sie nicht besonders auffällig, sondern entsprechen den üblichen Mustern. Etliche Ämter, Titel, Berufe und Stände werden angegeben. Verzichtet man auf eine präzise zeitliche Beschränkung, finden sich z.B. folgende, den kirchlichen Rang bzw. Stand betreffende Angaben: *vir venerabilis ... se clericum fecit, ustiarius (= ostiarius), presbiter atque monachus, subdiaconus, clericus, sacerdos, neofita, diaconus.* Unter den bürgerlichen bzw. militärischen Angaben tauchen auf: *militavit inter Jovinianos, numerarius* (Rechnungsbeamter), *a veste sacra* (kaiserlicher Bekleidungsbeamter), *negotiator, de nobile genere, extribunus* (ehemaliger Tribun), *in suo genere primus, clarissima femina, protector domesticus* (Leibgardist), *vicarius, cursor dominicus* (kaiserlicher Depeschenträger), *ex comite, trebunus, vir laudabilis, munerarius* (Munizipalbeamter; bzw. einer, der für die Spiele verantwortlich ist).

Auffälliger als alle diese Ämter und Titel wirkt der Umstand, daß es aus dem 4. Jh. so gut wie keine sicher nachweisbaren heidnischen Grabinschriften gibt. War die Zahl der Nichtchristen schon so gering, oder gehörten sie mehrheitlich bereits Schichten an, die sich keine aufwendigen Grabstätten zu leisten pflegen, oder ließen sie absichtlich den Zustand ihrer Nichtbekehrung in der Schwebe? Auch in den zahlreichen spätantiken Grabkammern Triers ist oft nicht sicher festzustellen, welchem Bekenntnis die Besitzer anhingen.

- Mönchtum

Nach Trier führen die frühesten Spuren des Mönchtums in Deutschland. Es wurde schon erwähnt, daß wahrscheinlich Athanasius bei seiner Verbannung in der Stadt (335/7) die Kunde von den ägyptischen Mönchen verbreitet hat. Aufschlußreich in dieser Hinsicht ist vor allem Augustinus. Kurz vor seiner Bekehrung 386 in Mailand, als er noch unschlüssig hin und her schwankt, ob er den Schritt wagen soll, kommt eines Tages ein Landsmann, Ponticianus, ein hoher Staatsbeamter, zu ihm zu Besuch. Ponticianus sieht die Paulusbriefe auf dem Tisch liegen und wundert sich. Ist der ehrgeizige Rhetor Augustinus Christ? So kommen sie ins Gespräch über religiöse Dinge. Augustinus berichtet in den *Confessiones* 8,6,15:

Er erzählte uns, "wie er mit drei Kameraden einmal - ich weiß nicht mehr wann, doch war's in Trier -, als der Kaiser des Nachmittags durch die Zirkusspiele in Anspruch genommen war, hinausmarschierte in die Gärten vor der Stadtmauer und wie sie dort, von ungefähr zu Paaren vereinigt, ... auf eine Hütte stießen, wo einige Deiner [Gott ist angesprochen] Diener wohnten, 'Arme im Geiste, derer das Himmelreich ist', und dort ein Buch vorfanden, in dem das Leben des Antonius beschrieben war. Der eine von ihnen begann zu lesen, zu staunen und Feuer zu fangen, ja über dem Lesen packte ihn schon der Gedanke, selber solch ein Leben zu ergreifen, den Hofdienst zu verlassen - sie gehörten zu der Klasse von Beamten, die man kaiserliche Agenten nennt" *(agentes in rebus)."*

Tatsächlich quittieren zwei der Freunde sogleich den Dienst und werden Eremiten vor den Toren Triers. Nach der Erzählung Ponticians ist Augustinus so erschüttert, daß er die große Wende in seinem Leben vollzieht und sich zur Taufe anmeldet, was für ihn zugleich die Entscheidung für ein mönchisches Leben in Armut und Enthaltsamkeit bedeutet.

P. Courcelle hat vermutet, daß die beiden, die in Trier ihre Berufung zum Mönchtum erfuhren, keine anderen gewesen seien als Hieronymus und sein Freund Bonosus[236]. Daß der junge Hieronymus in Trier war, um sich dort weiterzubilden, ist bezeugt. Leider kennt man nicht das genaue Jahr, in dem die Episode spielt, die Ponticianus berichtet. Augustinus sagt ausdrücklich: "ich weiß nicht mehr wann!" Doch muß der Kaiser in der Stadt gewesen sein. Ist - was angenommen werden darf - Gratian gemeint, kann es irgendwann zwischen 375 und 381 gewesen sein[237].

Nimmt man alle Zeugnisse zusammen, die literarischen und die archäologischen, die im einzelnen noch erläutert werden müssen, achtet man auf die Namen und Ereignisse, die mit Trier in Verbindung gebracht werden können, bedenkt man weiter die Bedeutung des Hofes für die Stadt und seine Einwohner, wird man sagen dürfen, daß das Christentum im Verlauf des 4. Jhs. zur prägenden Kraft in der Stadt heranwächst. Dabei sind es weniger einzelne überragende Persönlichkeiten, die den christlichen Rang Triers ausmachen - wie das durch Hilarius in Poitiers, durch Ambrosius in Mailand oder durch Augustinus in Hippo Regius geschah -, sondern es ist umgekehrt die Stellung der Stadt, die die Kirche in das Zentrum des Geschehens rückte, selbst wenn ihre Bischöfe eher durchschnittliche Persönlichkeiten waren.

3.4 Die Zeit des Umbruchs

- Die Zerstörungen im Urteil Salvians

Um vieles schwieriger wurde die Lage im 5. Jh. Die politischen Veränderungen - Abzug des Hofes, Abrücken der römischen Truppen von der Rheingrenze, Einfälle der Barbaren und Übergang zur fränkischen Herrschaft - wurden schon kurz gestreift. Ein düsteres Bild der äußeren und inneren Verhältnisse Triers zeichnet Salvian von Marseille, der um 400 vielleicht in Köln oder in Trier geboren wurde. Nach kurzer Ehe trat er in das Kloster Lerin ein, wurde Priester und siedelte vor 439 nach Marseille über, wo er kurz nach 480 starb[238]. Sein Hauptwerk, die acht Bücher *De gubernatione Dei*, soll widerlegen, daß sich Gott um die Drangsale der Menschen in der Gegenwart nicht kümmert. Salvian meint vielmehr, die gegenwärtigen Leiden seien Strafen Gottes für die Sünden der Menschen schon in dieser Welt. Darum zeichnet er ein abschreckendes Bild von den sittlichen Zuständen unter den gallischen, spanischen und nordafrikanischen Christen, ihrer privaten und öffentlichen Unsittlichkeit, ihrer Sucht nach Theater und Zirkus, ihrer Hartherzigkeit gegen Notleidende und vielfältigen Ungerechtigkeit gegenüber ihren Mitmenschen. Diese Tendenz muß man beachten, wenn man Salvians Schriften werten will. Sie sind trotz mancher Überzeichnung ein kulturgeschichtliches Quellenwerk ersten Ranges und lassen durch alle moralische Entrüstung noch genug von der bedrängten Situation des 5. Jhs. erkennen. Über Trier schreibt Salvian in *De gubernatione* Dei 6,13:

"Ich habe selbst Menschen gesehen, von Haus aus Adlige, mit hohen Würden bekleidet; sie waren zwar schon ausgeraubt und geplündert, aber doch war ihr Vermögen weniger zerstört als ihre Sitten. Obwohl sie ausgeraubt und entblößt waren, war doch vom Vermögen noch etwas übrig geblieben, nichts aber von der Zucht. Soviel schlimmere Feinde waren sie gegen sich selbst als die Feinde von außen, daß sie selbst sich noch mehr zerstörten, als sie von den Barbaren schon zerstört waren. Es ist traurig zu berichten, was wir gesehen haben, daß ehrenwerte Greise, altersschwache Christen, während der Untergang schon der Stadt drohte, der Gaumenlust und Ausschweifung sich hingaben ... Aber ich muß noch viel mehr sagen: nicht einmal der Untergang der Stadt machte dieser Verworfenheit ein Ende. Die reichste Stadt der Gallier ist ja viermal erobert worden. Es ist klar, von welcher ich rede. Die erste Einnahme hätte für die Besserung genügen können, so daß nicht die Wiederholung der Sünden zu einer Wiederholung der Zerstörung geführt hätte. Doch was geschah? Es ist unglaublich, was ich erzähle. Die Dauer der Heimsuchung brachte eine Vermehrung der Verbrechen mit sich. Wie sich nämlich jenes Schlangenungeheuer, von dem die Fabeln erzählen, nach jeder Erlegung vervielfachte, so wuchsen auch in der berühmtesten Stadt der Gallier die Verbrechen infolge eben der Schicksalsschläge, die sie eindämmen sollten, so daß man glauben könnte, die Strafe für die Sünden sei sozusagen die Mutter neuer Laster. Ferner: soweit ist es infolge der Vermehrung der täglich neu aufkeimenden Sünden gekommen, daß man leichter jene Stadt ohne Bewohner als fast auch nur einen ihrer Bewohner ohne schwere Schuld finden könnte".

Furchtbar muß das Ausmaß der Verheerungen nach der dritten Eroberung gewesen sein.

"Durch drei unmittelbar aufeinanderfolgende Zerstörungen ist die Hauptstadt der Gallier ausgetilgt worden; und obwohl die ganze Stadt verbrannt war, wuchsen die Leiden noch nach den Zerstörungen. Denn die, welche die Feinde bei der Einnahme nicht getötet hatten, wurden nachher vom Unglück erreicht; alles, was bei der Zerstörung dem Tod entronnen war, überlebte nachher das Unheil nicht. Die einen starben in lang dauernden Todesqualen an tieferen Wunden, die anderen, bereits angesengt durch das Feuer des Feindes, peinigte nach dem Brand die Qual. Die einen starben vor Hunger, die anderen infolge ihrer Blöße. Die einen siechten dahin, die anderen erfroren, und so fielen alle miteinander durch verschiedene Todesarten einem gemeinsamen Tod anheim. Und was weiter? Durch das Verderben einer Stadt wurden auch andere getroffen. Überall, was ich selbst gesehen und ausgehalten habe, lagen nackte und zerfleischte Leichen beiderlei Geschlechts, die den Anblick der Stadt schändeten, von Vögeln und Hunden zerrissen; Verderben für die Lebenden war der üble Geruch des Todes. Der Tod hauchte neuen Tod aus. Und so mußten auch die, die bei der Zerstörung in der genannten Stadt nicht dabeigewesen waren, die Leiden fremden Untergangs mit ertragen. Und was nach diesem, so frage ich, was nach diesem allem? Wer kann die Größe dieses Wahnsinns ermessen? Wenige Adlige, die das Verderben überlebt hatten, forderten von den Kaisern Zirkusspiele, sozusagen als höchstes Trostmittel für die zerstörte Stadt"[239].

Mit der letzten Bemerkung ist Salvian bei seinem eigentlichen Thema, der Klage über die Sittenlosigkeit der christlichen Einwohnerschaft angelangt. Dabei sind die Zustände und Reaktionen der Bevölkerung so unverständlich nicht. Im aufblühenden Trier und im Sog des christlich gewordenen Hofes waren viele Einwohner Christen geworden, ohne eine innere *conversio* zu vollziehen. Sie waren keine Christen wie Salvian, der ähnlich wie Augustinus eine wirkliche Bekehrung erfahren hatte. Die Konsequenz war gewesen, daß er sein normales Leben aufgegeben, seine Ehe nicht mehr weitergeführt und sich ganz dem kirchlichen Dienst gewidmet hatte. Die

Mehrzahl der Trierer Einwohner wird dagegen versucht haben, ihr gewohntes Leben mit dem neuen Glauben zu verbinden.

Was die Zirkusspiele angeht, so hat A. Mayer darauf aufmerksam gemacht, daß 419 der *magister militum* Constantius mit dem Westgotenkönig Wallia einen Vertrag geschlossen hatte und zu diesem Zweck nach Gallien gekommen war. Mayer hält es für möglich, daß die Trierer Constantius bei dieser Gelegenheit um die Abhaltung von Zirkusspielen gebeten haben, vielleicht sogar in der Absicht, dadurch ihrer daniederliegenden Stadt neuen Auftrieb zu geben[240]. Abgesehen von einer solchen Vermutung ist es auch möglich, daß die Trierer einfach Abwechslung und Betäubung nach der Katastrophe wollten. Auch Augustinus mußte Zügellosigkeit und Verwilderung der Sitten erleben, als Flüchtlinge nach der Zerstörung Roms durch Alarichs Goten im Jahre 410 in Nordafrika Zuflucht suchten[241].

Salvian schließt seinen bitteren Bericht über die Sucht der Trierer nach Zirkus- und Schauspielen mit den Worten: "Weil dich drei Katastrophen nicht gebessert haben, verdienst du, durch die vierte unterzugehen." An anderer Stelle bestätigt er, daß dieses letzte Verhängnis eingetreten ist. Wenn ihm jemand vorhält: "Nicht in allen römischen Städten wird es so getrieben", antwortet er:

"Es ist wahr; ich gehe sogar noch weiter und sage, es geschieht jetzt nicht einmal mehr dort, wo es früher immer geschehen ist. Es geschieht nicht mehr in der Stadt Mainz, aber nur weil sie zerstört und vernichtet ist. Es geschieht nicht mehr in Köln, aber nur weil es von Feinden voll ist. Nicht mehr geschieht es in der glänzenden Stadt Trier, aber nur weil sie durch viermalige Zerstörung am Boden liegt"[242].

Trotz rhetorischer Übertreibungen und tendenziöser Zuspitzungen können Salvians Berichte doch den dunklen Hintergrund veranschaulichen, auf dem das Wirken der Trierer Kirche und ihrer Bischöfe im 5. Jh. zu beurteilen ist, von dem jetzt das Wichtigste in Kürze nachgetragen werden muß. Viel ist es verständlicherweise nicht, was sich aus dieser Zeit an Nachrichten erhalten hat.

- Bischöfe des 5. Jahrhunderts

Von den beiden Nachfolgern des unglücklichen Felix, den Bischöfen Mauricius und Legontius, sind nur die Namen aus den Bischofslisten bekannt. E. Ewig versucht zwar, Legontius mit einem Leontius in Verbindung zu bringen, der in einem Brief Leos des Großen erwähnt und dem vom Papst die Metropolitenwürde zuerkannt wird; die außerordentlich scharfsinnigen Überlegungen bleiben aber notwendigerweise unsicher[243].

Von dem in den Listen folgenden Severus, der in der Zeit um 444/8 sein Amt innegehabt haben muß, ist immerhin überliefert, daß er ein eifriger

Missionar gewesen ist. Beda Venerabilis berichtet von ihm in der normalerweise gut fundierten *Historia ecclesiastica gentis Angelorum* 1,21, daß er ein Schüler des Lupus von Troyes gewesen sei, kurz nach seiner Ordination zum Bischof von Trier *gentibus primae Germaniae* gepredigt und später auch den Bischof Germanus von Auxerre auf dessen zweiter Missionsreise nach England begleitet habe.

Die Missionstätigkeit eines Trierer Bischofs in der *Germania I* am Oberrhein braucht nicht zu verwundern und setzt keine kirchenrechtliche Oberhoheit von Trier über Mainz voraus; es war wohl mehr eine nachbarliche Hilfeleistung für ein Gebiet, das durch die Stürme der Völkerwanderung noch eher und schwerer getroffen worden war als Trier[244]. Bereits 407 waren die Burgunder in die obergermanische Provinz eingedrungen, 436 die Hunnen, bald darauf die Franken. Die Mainzer Bischofsliste nennt ab Mitte des 5. Jhs. für gut einhundert Jahre keine Bischöfe mehr. Da war kirchliche Hilfe aus dem Hinterland willkommen. E. Ewig möchte jedoch die Beda-Notiz als Indiz werten "für eine Einbeziehung des Raumes Koblenz-Andernach in das Trierer Bistum"[245]. Auch die Missionsreise des Severus nach Britannien ist nicht unwahrscheinlich. Mit Germanus von Auxerre war er durch ihren gemeinsamen Lehrer, Lupus von Troyes, verbunden.

Von den restlichen Bischöfen der 2. Hälfte des 5. Jhs. sind ebenfalls meist nicht mehr als die Namen bekannt geblieben, die sich in den Bischofslisten des Frühmittelalters erhalten haben. Manchmal gelingt es, einen Namen noch in einer anderen Quelle aufzuspüren und wahrscheinlich zu machen, daß es sich dabei um den genannten Trierer Bischof handelt. Der Nachfolger des Severus, Bischof Cyrillus (Quirillus), wurde bereits im Zusammenhang mit dem Epigramm erwähnt, das die Beisetzung der ersten beiden Bischöfe Eucharius und Valerius festhält.

Der nächste Bischof, Jamlichus, muß sich eine starke Veränderung seines Namens in den verschiedenen Quellen gefallen lassen (Iamnecius, Lamnecius, Iamnerius, Iamnerus, Panerius)[246]. Daß er in Châlon-sur-Saône gestorben ist, kann mit seiner Vertreibung aus der Stadt durch die kriegerischen Ereignisse zusammenhängen. Aufschlußreich ist ein Brief des Bischofs Auspicius von Toul an den Comes Arbogast in Trier, in dem der Touler Bischof Jamlichus als *pater noster* anredet[247]. Das scheint ein deutlicher Hinweis auf die Metropolitanstellung Triers zu sein, die sich nach dem Turiner Konzil von 398 (oder 417) mit seinem Dekret über die Einführung der Metropolitanverfassung in Gallien bald durchgesetzt haben muß[248].

Die folgenden Bischöfe können alle nur kurz regiert haben. Acht Namen verzeichnen die Listen zwischen Jamlichus (gest. um 480) und Nicetius, der 525/6 Bischof wurde: Emerus, Marus, Volusianus, Miletus, Modestus, Maximianus, Fibicius und Abrunculus. Trier war damals isoliert; Aktivitäten über die Stadt hinaus waren kaum möglich. Trotz der schweren Zeiten war natürlich nicht alles Leben erloschen. Auch die Kirche hatte unter den allgemeinen Verhältnissen zu leiden, nicht aber des Glaubens wegen. Die schnelle Abfolge der Bischöfe zeigt beides: die Unsicherheit der Zeiten, aber auch eine kontinuierliche Abfolge der Bischofserhebungen. Sporadisch werden aus der 2. Hälfte des 5. Jhs. Baumaßnahmen an kirchlichen Gebäuden berichtet. An die 250 christliche Inschriften entstammen dem 5. Jh., alles Hinweise darauf, daß auch die kirchlichen Aktivitäten weitergegangen sind.

Weltlicher Herrscher in Trier und wahrscheinlich der ganzen Moselprovinz war in den siebziger Jahren der Comes Arbogast, wahrscheinlich ein Nachkomme des *Magister militum* Arbogast, der den Gegenkaiser Eugenius gegen Theodosius den Großen erhoben hatte[249]. Er gehörte einer romanisierten Familie an, die im Dienst des Imperiums groß geworden war und dem Senatorenadel nahestand. Arbogast war katholischer Christ und trug sich mit dem Gedanken, Priester zu werden; er scheint in der Tat als Bischof von Chartres gestorben zu sein. In dem schon erwähnten Brief des Bischofs Auspicius von Toul an Arbogast wird dieser ermahnt: *Sanctum et primum omnibus, nostrumque papam Iamblichum, honora, corde dilige. Ut diligaris postmodum*[250]. Sidonius von Clermont, ein christlicher Dichter, rühmt ebenfalls die Tugend des Arbogast und seine Beherrschung der römischen Sprache[251].

Als dann um 475 Trier und sein Umland endgültig dem fränkischen Herrschaftsgebiet einverleibt wurden - für 496 rechnet der Kosmograph von Ravenna (um 700) Trier zur *Francia Rinensis* (Rheinfranken) -, war es weithin die Kirche, die in den zunächst labilen politischen Gebilden und angesichts fließender staatlicher Grenzen Kontinuität wahrte und die Verbindungen zu den Kirchen in anderen weltlichen Herrschaftsgebieten aufrechterhielt. Als Bischof Maximian von Trier um 502 nach Arles reiste, um dort ein Augenleiden zu heilen, gab ihm Bischof Avitus von Vienne, den er auf seiner Durchreise besuchte, ein Empfehlungsschreiben an Caesarius von Arles mit. "Der Brief", meint E. Ewig, "greift ans Herz als das einzige unmittelbare Zeugnis über den Untergang der alten Kaiserstadt"[252]. Er zeigt aber auch das Verbundenheitsgefühl der Kirchen untereinander. In dem Brief steht nämlich der Satz, daß ein Priester nirgendwo fremd ist, wo er eine Kirche finden kann[253]. Welche Bedeutung der Kirche bei der Beseitigung der Zerstörungen und bei der Konsolidierung der sich neuformenden fränkisch-merowingischen Reiche zukommt, zeigen die folgenden Bischöfe.

- Nicetius und Magnerich

Nicetius (525/6 bis 566/9) gehört zu den großen Bischofsgestalten des 6. Jhs. und der Trierer Kirchengeschichte überhaupt[254]. Eine ganze Reihe von Dokumenten geben hinreichend Auskunft über sein Leben und Werk:

eine Briefsammlung, die mit ihm als Absender oder Empfänger zu tun hat, Gedichte des Venantius Fortunatus, Konzilsunterschriften und schließlich eine Vita, die bereits Gregor von Tours als 17. Kapitel in seine *Vitae patrum* aufnahm. Die Wunder, die an Nicetius' Grab geschehen sein sollen, hat Gregor ebenfalls in seinem *Liber in gloria confessorum* 92 verarbeitet. Nicetius' Herkunft ist unbekannt. Die Vita Magnerichs aus dem 11. Jh. berichtet, daß er vor seiner Erhebung zum Bischof von Trier Abt von Limoges gewesen sei. Sicher besaß er enge Beziehungen zum monastischen Leben; er hat mönchische Einfachheit und Armut in seiner Bischofszeit weiter gepflegt, nachdem er von Theuderich I. (511/33) nach Trier berufen worden war. Wo er konnte, schützte er die kleinen Leute vor den Großen und räumte mit Mißständen im Trierer Klerus energisch auf. Sein Verhältnis zu Theuderich, bei dem er zunächst in hohem Ansehen stand, blieb nicht ungetrübt, da er auch die Missetaten des Königs ohne Ansehen der Person rügte. Der Nachfolger Theuderichs, Chlotar I., schickte ihn sogar in die Verbannung, aus der ihn erst Sigibert I. (561/75) zurückrief.

Die Spannungen zwischen Bischof und Herrscher brauchen nicht zu überraschen, beide sind so verschieden nach Charakter und Lebensart. Viele Bischöfe im Frankenreich waren im 6. Jh. noch gallo-römischer Herkunft, seit Generationen verwurzelt in antiker Bildung und christlicher Religion. Anders die Franken - und das gilt für die übrigen germanischen Stämme entsprechend -, ein unstetes Volk, das bisher nur oberflächlich und in wenigen Vertretern mit der eingesessenen Bevölkerung in Verbindung getreten war.

Gregor vor Tours gibt in seiner sogenannten *Historia Francorum* ein eindrucksvolles Bild von den religiös-sittlichen Zuständen im Frankenreich. Der Christianisierungsprozeß hatte noch kaum begonnen. Das Volk war weniger durch christliche Predigten, Glaubensunterweisungen und Katechumenat aufgrund einer persönlichen Entscheidung zum Glauben gekommen als vielmehr durch das Beispiel König Chlodwigs und anderer Großer des Reiches, die sich hatten taufen lassen. Auch die Pracht der Gottesdienste scheint einen großen Einfluß auf die Hinwendung der Menge zum Glauben gehabt zu haben. Die sittlichen Forderungen des Christentums, die geistige Höhe seiner Gottesvorstellung mußten erst langsam vermittelt werden, ehe sie zum inneren Besitz der Menschen wurden.

Bischof und Frankenfürsten! Man kann sich die Schwierigkeiten dieses Verhältnisses gut vorstellen: Auf der einen Seite der Kirchenmann, gebildet, in mönchisch-christlicher Spiritualität verwurzelt, einer kulturell verfeinerten, aber politisch unterlegenen Klasse angehörend - auf der anderen Seite der fränkische Herrscher, vital, machtbewußt, mit einem Überlegenheitsgefühl, das aber instinktiv auch um die noch fehlende Bildung und Gesittung weiß. Königtum und Adel griffen zeitweise hemmungslos in kirchliche Belange ein, besetzten Bischofsstühle, beriefen Synoden ein und wußten doch - wenigstens in ihren besten Vertretern - um den religiös-humanitären Nachholbedarf auf ihrer Seite[255].

Daß Nicetius' Wirksamkeit nicht auf Trier beschränkt blieb, beweist sein Schriftwechsel mit der Langobardenkönigin Chlodoswind und dem oströmischen Kaiser Justinian. Der Brief an Justinian behandelt Glaubensfragen im Zusammenhang mit dem sogenannten Dreikapitelstreit, d.h. mit theologischen Auseinandersetzungen, die infolge des großen Konzils von Chalcedon und der Verurteilung des Monophysitismus entstanden waren[256]. Vergleicht man die subtilen Distinktionen byzantinischer Theologen, zu denen sich auch Kaiser Justinian zählte, mit der Antwort des Nicetius, wird allerdings ein erheblicher Unterschied sowohl im Niveau als auch in der Mentalität deutlich. Sollte der Kaiser jemals gelesen haben, was ihm Nicetius mitzuteilen hatte, wird er sich nicht schlecht gewundert haben. "Mein lieber Justinian", schreibt der Bischof, "wer hat dich so getäuscht, wer hat dich überredet, so etwas vorzutragen, wer hat dich gelehrt, Christus nur als Menschen zu bekennen"! Nach etlichen Ermahnungen endet die Philippika: "Beeile dich, beeile dich, und zwar unverzüglich. Denn sollte dich der jüngste Tag so antreffen, wie du heute erscheinst, wirst du in die Unterwelt hinabfahren"[257].

Weitab von aller byzantinischen Förmlichkeit und Höflichkeit, weitab auch von den geistreichen Formulierungskünsten eines Venantius Fortunatus wird hier sehr direkt und seelsorglich engagiert gesprochen. Man fragt sich, ist das mönchisch, oder kündigt sich hier schon ein mittelalterliches Weltgerichtsverständnis an[258]? Mit dem höllischen Feuer droht Nicetius auch im Brief an die Langobardenkönigin, falls sie sich nicht Mühe gibt, ihren Gatten vom arianischen zum katholischen Glauben zu bekehren[259].

Ähnlich wie Sidonius in Mainz hat sich Nicetius bemüht, neben dem inneren, geistigen Aufbau der Gemeinde auch die kirchlichen Gebäude wieder herzurichten bzw. zu ergänzen. Bevor von diesem Teil seiner Tätigkeit bei der Behandlung der archäologischen Zeugnisse Triers gesprochen wird, ist Magnerich (566/9, gest. nach 587) zu erwähnen, mit dem die Besprechung der Trierer Bischöfe beendet werden kann[260].

Magnerich ist Zeitgenosse Gregors des Großen, den er auch persönlich gekannt hat. Er ist der erste Trierer Bischof, der einen germanischen Namen trägt, ohne daß man über seine Herkunft ganz sicher sein könnte. Wahrscheinlich entstammt er einer moselländischen Familie mit reichem Besitztum bei Karden, was bedeuten würde, daß nunmehr nicht länger importierte Männer aus Aquitanien, von Auxerre oder anderswoher, sondern einheimische Kräfte die Leitung der Trierer Kirche übernehmen. Magnerich wurde Taufpate von König Childeberts ältestem Sohn, Theudebert II. (596/612). Er stand bei Hof in hohem Ansehen und konnte auf diese Weise viel Gutes tun, Gegensätze ausgleichen und Hilfesuchenden beistehen.

Das Christentum im römischen Einflußbereich war vorwiegend ein städtisches Christentum. Das gilt - wenigstens weithin - auch für Gallien und die *Belgica I*. Auf dem Land hielt sich das Heidentum, und zunehmend im 5. Jh. dürften mit den germanischen Eroberern, die die Städte eben nicht als Wohnsitze bevorzugten, neue religiöse Verwirrungen in den ländlichen Gebieten um sich gegriffen haben. Um Magnerich scharte sich ein Kreis von Einsiedlern, die sich vorgenommen hatten, den heidnischen Aberglauben in seinen Schlupfwinkeln aufzuspüren und auszurotten. Einer ist der langobardische Einsiedler Wulfilaich, der es dem berühmten Simeon Stylites in Syrien gleichtun und in den Ardennen ebenfalls auf einer Säule hausen wollte. Magnerich hat ihn mit List und leichtem Zwang von seinem Hochsitz heruntergeholt. Andere *viri magnae sanctitatis in parochia Treverorum*[261] sind nach der Vita Magnerichs und den *Gesta Treverorum:* Paulus, Ingobert, Disibod, Wendelin, Carilelf, Bantus und Beatus. Diese Einsiedler-Missionare, deren Namen noch heute in manchen Ortsbezeichnungen wie St. Ingbert, Disibodenberg usw. weiterleben, gehören zu einer Bewegung, die der sogenannten iroschottischen Mission noch vorausgeht. Mit ihnen greift die christliche Verkündigung nun wirklich und gewollt auf die ländlichen Gebiete über, mögen die Formen auch zunächst noch etwas skurril und absonderlich gewesen sein. E. Ewig vermutet, daß mit Wendelin, Ingobert, Disibod und anderen ein Kreis von Glaubensboten begegnet, "der von dem trierisch-aquitanischen der Abstammung und der geistigen Herkunft nach verschieden war ... Es ist vielleicht die erste, aktiv christliche Schicht von Germanen, die das im Mosel-Saône-Raum aufgenommene Christentum nach Osten weitertrug"[262].

3.5 Kirchen und Zömeterien

Die archäologischen Zeugnisse des Trierer Raumes sind im Vergleich mit den Überresten aus Augsburg und Mainz weitaus reichhaltiger und stehen den literarischen nicht nach.

- Doppelkirchenanlage

Wo die älteste Bischofskirche, die des Eucharius, gestanden hat, konnte bisher archäologisch nicht nachgewiesen werden; wahrscheinlich lag sie außerhalb der Stadt im Bereich von St. Matthias, wo der Legende nach in der Villa einer Matrone Albana Bischof Eucharius den ersten Gottsdienst abgehalten haben soll. Es wird ein nicht sehr aufwendiges Gebäude gewesen sein, eher eine Hauskirche als bereits ein Gebäude von sakraler Architektur. Auch bei weitgehender Tolerierung der Christen durch Constantius Chlorus sind auffällige gottesdienstliche Räume in der Zeit der diokletianischen Verfolgungsedikte nicht gut denkbar.

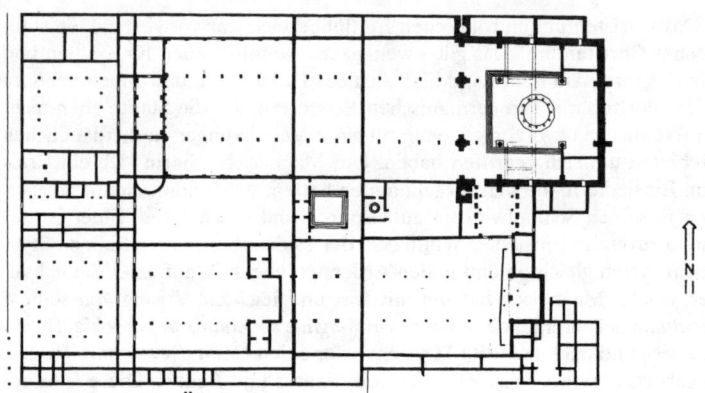

N
||

Abb. 13 Trier. Die Doppelkirchenanlage im 4. Jh.

Die archäologisch greifbare Geschichte der Trierer Bischofskirche beginnt auf dem Gelände der heutigen Doppelkirchenanlage von Dom und Liebfrauen im Nordostteil der antiken Stadt. Die Bautätigkeit an dieser Stelle ist inzwischen intensiv erforscht worden; leider sind die Berichte über die Grabungsergebnisse - eine endgültige Zusammenfassung steht noch aus - nicht widerspruchsfrei[263]. Nimmt man einige Vereinfachungen in Kauf, ergibt sich folgender Ablauf: Der östliche Teil des Areals war zunächst mit einer *villa urbana* überbaut, die noch ins 1. Jh. reichte. Nach ihrer Zerstörung im Jahre 275 wurden größere Planierungsarbeiten vorgenommen, das Gelände um die im Westen anschließende *insula* erweitert und die im fiskalischen Besitz befindliche Villa gegen Ende des 3. Jhs. wieder aufgebaut, zugleich um zwei nebeneinanderliegende und durch einen Mitteltrakt getrennte Hallen erweitert, die repräsentativen Zwecken dienten. Th. Kempf vermutet in der erneuerten und erweiterten Anlage den Wohnsitz des Constantinus Chlorus[264]. Das erste kirchliche Gebäude entstand auf dem südlichen Teil der westlichen *insula* - dem Gelände vor der heutigen Liebfrauenkirche. Es scheint in christlichem Besitz gewesen zu sein, wie die Spuren einer frühchristlichen Glasmacherwerkstatt aus dem 3. Jh. beweisen. Hier kann die christliche Gemeinde sich schon im 3. Jh. zum Gottesdienst versammelt haben. Für Kempf entstand bald nach 306[265] oder etwas später an dieser Stelle eine dreischiffige Anlage, bei der es sich um die erste nachweisliche Bischofskirche handeln dürfte. Östlich von der Bischofskirche, also auf dem Gebiet der jetzigen Liebfrauenkirche, wurde eine basilikale Halle mit zwölf Marmorsäulen, Malereien und Marmorinkrustationen errichtet, die im Mittelalter den Namen *aula beatae Mariae Virginis* trug und bis ins 13. Jh. gestanden hat. Kempf sieht in dieser prunkvollen Basilika auf kaiserlichem Gelände die Palastkirche Konstantins, die Eusebius, *Vita Constantini* 4,17, erwähnt[266].

Die weitere bauliche Entwicklung ist nach Kempf mit der Geschichte der konstantinischen Familie verbunden. 326 ereignete sich das Verhängnis mit der Kaiserin Fausta und dem Konstantinsohn Crispus, denen ein ehebrecherisches Verhältnis vorgeworfen worden war und die beide zu Tode gebracht wurden[267]. Wie in Rom, wo der kaiserliche Lateranpalast in den Besitz der römischen Kirche überging und die Lateranbasilika entstand, wurde auch in Trier das Andenken an Fausta und Crispus getilgt und die kaiserliche Wohnanlage niedergelegt, um Platz zu schaffen für den Bau einer großen basilikalen Anlage parallel zu der südlich gelegenen Palastbasilika. Das könnte der Grund für den nach 326 anzusetzenden Baubeginn gewesen sein, der außer dieser Vermutung durch Münzfunde gesichert ist. Ein anderes Motiv für den Beginn des Baus könnte in dem zwanzigjährigen Regierungsjubiläum Konstantins liegen, das auch andernorts zu Kirchengründungen geführt hat.

Im Zuge der Niederlegung der kaiserlichen Residenz wurde auch der ungefähr 7 mal 10 m große sogenannte Prunksaal zerstört, wobei die in Kassetten gegliederte, kunstvoll bemalte Decke eingeschlagen wurde. Bei

Abb. 14 Frauengestalt mit Schmuckkassette im Deckengemälde des sog. Prunksaales

Ausgrabungsarbeiten im Bereich der Domvierung und teilweise unter dem noch zu besprechenden Podium und der polygonalen Anlage wurden die Gemälde, in zahllose Stückchen zersplittert, wieder aufgefunden und in mühsamer vierzigjähriger Kleinarbeit zusammengesetzt und zu deuten versucht. Neben acht Bildern tanzender Eroten fanden sich sieben mit überlebensgroßen Brustbildern: vier Frauen und drei Männer. Im zentralen Deckenbild sieht Kempf Helena, die Kaiserinmutter, in den anderen Bildnissen eine weitere Helena, die Frau des Crispus, sodann Constantia, die Schwester Konstantins, und Maxima Fausta, seine Gemahlin. Unter den männlichen Philosophen- und Rhetorköpfen sind nach Kempf vielleicht Laktanz und andere bei Hof tätige Personen zu vermuten[268]. Andere sehen in den Brustbildern keine Porträts von Mitgliedern der konstantinischen Familie, sondern symbolische Darstellungen im Rahmen einer allgemeinen Glücks- und Wohlergehensthematik[269]. Welche Deutung auch immer zutreffen mag, die Entdeckung des Prunksaals hat die frühmittelalterliche Legende, welche berichtet, Helena habe ihren Palast dem Bischof Agritius für den Kirchenbau geschenkt, durchaus gestärkt, wenngleich zugegeben werden muß, daß aufgrund der bisherigen Grabungsbefunde der Charakter der kaiserlichen Wohnanlage des 4. Jhs. noch nicht mit letzter Sicherheit bestimmt werden kann[270].

Im östlichen Teil des Mittelschiffs der Nordbasilika befand sich eine polygonale Anlage, die man auch beibehielt, als der Ostabschluß, der anfangs ähnlich wie der der südlichen Basilika gestaltet gewesen sein dürfte, verändert wurde durch einen im Grundriß quadratischen Bau von 40 mal 40 m und 30 m Höhe. Diese zweite Bauphase begann um 340. Nach dem Alemannenüberfall 353 und seinen Zerstörungen wurde der mächtige Quadratbau von Valentinian I. wiederhergestellt und von seinem Sohn Gratian vollendet. Er steht noch heute und bestimmt weitgehend innen und außen den Raumeindruck des gegenwärtigen Domes. Außen noch deutlich zu erkennen ist die ursprüngliche großzügige Fensterordnung, die den Raum in helles Licht getaucht haben muß. Vier gewaltige, monolithische Säulen aus den Granitsteinbrüchen von Felsberg im Odenwald bildeten das innere Geviert. Der Rest einer dieser Säulen, der "Domstein", liegt heute vor dem Südwestportal.

Die bereits erwähnte polygonale Anlage selbst, unter der sich zum Teil der Prunksaal befand, war ein kleiner zwölfeckiger Zentralbau von etwa 10 m Durchmesser, eine Art "Tempel im Tempel". Über seine Bedeutung und Funktion gibt es verschiedene Auffassungen. Vielleicht diente er der Aufbewahrung des Heiligen Kreuzes, der Tunika Christi oder einer anderen Herrenreliquie; oder er war eine *memoria*, die architektonische Nachbildung des Heiligen Grabes in Jerusalem, vielleicht auch beides zugleich[271]. Kempf erinnert zu Recht immer wieder an die dem Trierer Kirchbau parallel laufenden Ereignisse der Pilgerreise Helenas ins Heilige Land, der Kreuzauffindung sowie der besonderen Beziehungen der Kaiserinmutter zu Trier[272]. Jedenfalls war die Nordkirche eine Memorialkirche im Gegensatz zu der bischöflichen Südkirche, die für den Gemeindegottesdienst bestimmt war.

In einem folgenden Bauabschnitt wurde die polygonale Anlage noch mehr herausgehoben. Der Boden zwischen den vier großen Säulen im Quadratbau wurde durch fünf Stufen zu einem Quadratpodest angehoben. Pilger konnten dieses innerste Heiligtum der Nordkirche umschreiten. Nach Westen wurde der Quadratbau um eine dreischiffige basilikale Anlage erweitert, vielleicht mit Emporen über den Seitenschiffen. Das ehemalige Atrium rückte dadurch noch weiter nach Westen vor bis an den städtischen Decumanus heran. Heute bezeichnen Wappen im Obergeschoß eines Hauses in der Sternstraße die ungefähre westliche Begrenzung der Doppelkirchenanlage.

Verschiedene Veränderungen in der Südkirche, vor allem eine wiederholte Verschiebung der Presbyteriumsschranken, bringt Th. Kempf mit äußeren kriegerischen Ereignissen in Verbindung. 353/6 verwüsteten Franken und Alemannen das Trierer Land. Dabei ging die Nordbasilika in Flammen auf. Die in der unterirdischen Kammer in der polygonalen Anlage aufbewahrten Heiligtümer könnten im Zusammenhang damit in die erhalten gebliebene Südkirche, die Palastkirche Konstantins, übertragen worden sein. In ihrem östlichen Teil baute man im ehemaligen Altarraum aus den kleinen Granitsäulen vom Polygon der zerstörten Memorialkirche eine neue Schranke auf, um für die geborgenen Heiligtümer eine neue Verehrungsstätte zu schaffen. In den feingeglätteten Verputz haben Pilger Anrufungen gekritzelt, von denen Reste bei den Grabungen im Chor der Liebfrauenkirche in den Jahren 1949/54 geborgen werden konnten. Die ausschließlich christologisch formulierten Akklamationen sind Kempf ein Beweis dafür, daß es sich um die Verehrung einer Christusreliquie gehandelt haben muß[273]. Von der Innenausstattung der Südkirche konnte eine flache, verputzte Decke nachgewiesen werden mit jeweils um ein Sechseck angeordneten quadratischen und dreieckigen Kassetten[274].

Ungefähr in der Mitte zwischen der südlichen und nördlichen Kirchenanlage wurde über älteren Bauteilen des Palastes ein Baptisterium mit einer 8 mal 8 m großen *piscina* angelegt. Auch hier wurden im Zerstörungsschutt Reste der Deckenmalerei gefunden, aus denen eine geometrisch angeordnete ockerfarbene Kassettenaufteilung auf weißem Grund rekonstruiert werden konnte, die der Deckenmalerei in der Südkirche ähnelt[275].

Die großartige Doppelkirchenanlage des 4. Jhs., die zwar nicht die einzige, wohl aber die größte Anlage dieser Art in damaliger Zeit darstellt[276], geriet dann - wie die ganze Stadt - im 5. Jh. in den Strudel der Völkerwanderungszeit mit seinen Zerstörungen. Bei einer der vielen Brandschatzungen muß auch der Dom völlig vernichtet worden sein. Die ungeheure

Hitze ließ Steinblöcke bersten; die großen konstantinischen Granitsäulen stürzten um und zerfielen, Mauerbögen brachen ein.

Der Wiederaufbau der Nordkirche, d.h. des heutigen Domes, dürfte wohl erst gut einhundert Jahre später unter Nicetius begonnen haben. Für den Gottesdienst könnte bis dahin die nicht so schwer beschädigte Südkirche benutzt worden sein. Nicetius gelang es, für den Wiederaufbau italienische Bauleute zu gewinnen, die die Technik des Steinbaus noch beherrschten. Allerdings, die Neubeschaffung von Granitsäulen vom Ausmaß der ursprünglichen konstantinischen war nicht mehr möglich. So verwandte man Spolien eines heidnischen Tempels aus dem 2. Jh. - vielleicht des Tempels vom Herrenbrünnchen - als Säulen, verband sie mit neuen Schwibbögen und errichtete im alten Quadratbau eine Art neuer Vierung. Die Kalksteinsäulen bekamen einen granitfarbenen Anstrich, vielleicht um an die alten Säulen zu erinnern; die Blatt- und Maskenkapitelle - eines kann man am nordöstlichen Vierungspfeiler noch durch eine Maueröffnung sehen - wurden pupurrot eingefärbt. Das Bodenniveau war durch den planierten Schutt so weit angestiegen, daß das Quadratpodest und der Kirchenfußboden jetzt bündig abschlossen. Die westlich an den Quadratbau anschließende Basilika wurde ebenfalls von Nicetius restauriert. Im Mittelschiff wurden am westlichen Ende des Quadratbaus die Fundamente eines ovalen Einbaus gefunden, welcher ebenfalls dem 6. Jh. zugerechnet werden kann. Wahrscheinlich handelt es sich um einen in dieser Zeit häufiger vorkommenden Ambo[277], der auch in Trier durch einen Laufgang mit dem Altarraum verbunden war, aber gleichfalls vom Kirchenschiff aus betreten werden konnte[278]. Venantius Fortunatus sah auf seiner Moselfahrt 565/6 den wiederhergestellten Dom und rühmte die Arbeit des Nicetius: "Die alten Tempel Gottes hast du in der Höhe von ehedem erneuert, und nun blüht durch deine Wiederherstellung das Haus"[279].

Die nachfolgende Geschichte der Doppelkirchenanlage, die immer mit dem Schicksal Triers verbunden war und ihre Bedeutung für das kirchliche und städtische Leben bis auf den heutigen Tag behalten hat, kann hier nicht weiter verfolgt werden. F. Ronig faßt zusammen: "Nicetius hatte den Dom und auch die anderen Kirchen Triers auf Dauer wiederhergestellt. So konnte der Engländer Alkuin (730 - 804), der Karl den Großen in dessen kulturellen Fragen beriet, die Stadt ca. 780 besingen: 'Alt ist sie, mächtig an Mauern und weit durch die Türme - die Stadt Trier - und von heiligen Klöstern umgeben'. Hundert Jahre später, in der Karwoche 882, brach dann der furchtbare Normannensturm über die Stadt herein, ein Schlag, von dem sich die Stadt und der Dom nur langsam und schwer erholten"[280]. Es begann nach einigen Erneuerungsarbeiten im 10. Jh. die romanische Periode der Trierer Kathedrale.

- Weitere Kirchen

Die archäologischen Denkmäler aus frühchristlicher Zeit in Trier sind so zahlreich, daß sie hier nicht alle ausführlich behandelt werden können. Zu ihnen gehören vor allem Kirchen, deren Ursprünge in wenigstens acht Fällen bis ins Ende der Römerherrschaft zurückreichen[281]. Das gilt z.B. für St. Marien, außerhalb der Mauern moselabwärts gelegen. Die alten Ruinen von St. Maria ad Martyres, vormals St. Maria in ripa, wurden eine Zeitlang als Reste des Trierer Kapitols gedeutet; sicher hat es auf dem Gelände eine suburbane Villa gegeben. Die ältere Überlieferung verlegt hierhin die bischöfliche Residenz seit konstantinischer Zeit. Erst im Verlauf der wachsenden Bedrohung im 5. Jh. und nach Abzug der kaiserlichen Reichsverwaltung soll der Bischof in den Bereich der Domkirche übergesiedelt sein[282].

Weiter stadteinwärts, unweit der antiken Stadtmauer, am Moselufer, lag die ehemalige Abteikirche St. Martin. Die Überlieferung des Klosters bringt den Ort mit dem römischen Prokonsul Tetradius zusammen, dessen Knecht vom heiligen Martin geheilt worden war[283]. Der Prokonsul soll daraufhin sein Haus in eine dem Heiligen Kreuz geweihte Kirche umgewandelt haben. Römische Mauern, eine Feuerstelle, Münzen und zahlreiche Sarkophaggräber mit Bestattungen des 4. Jhs. weisen auf die Existenz einer Villa hin, die frühzeitig in die Nutzung durch die Christengemeinde Triers übergegangen ist. Später (587) soll der Trierer Bischof Magnerich die zerfallene Kirche durch eine größere ersetzt haben und in ihr auch bestattet worden sein[284].

Erwähnung verdienen die frühmittelalterlichen Kirchen St. Paul und St. Irminen, die in das Areal der römischen Horrea am Moselufer einschneiden, sowie die Heilig-Kreuz-Kapelle in unmittelbarer Nähe der Porta Alba (Wissport) im Süden der Stadt. Wenn der Bau auch in salische Zeit gehört - er wurde im 11. Jh. von Dompropst Arnulf errichtet -, so ist er doch beachtenswert wegen seiner engen Verwandtschaft mit dem sogenannten Mausoleum der Galla Placidia in Ravenna (um 450) und als Glied einer ganzen Reihe von Heilig-Kreuz-Kirchen, deren Anfänge bei der Grabeskirche Konstantins in Konstantinopel liegen und zu denen auch die Kreuzkirche des Ambrosius in Mailand, heute S. Nazario, gehört[285].

Ebenfalls im Bereich und auf den Fundamenten römischer Bauten befinden sich die Kirchen St. Medard unweit von St. Eucharius/Matthias, St. Martin auf dem Berge, östlich der Stadt am Hang gelegen, St. Isidor und St. Viktor auf dem gegenüberliegenden Moselufer sowie die St. Helenakirche in Euren. Für alle diese und noch weitere Kirchen im antiken Stadtgebiet und der näheren Umgebung Triers ist eine Entstehung in spätrömischer-frühfränkischer Zeit zu erwägen. Auch wenn das hier nicht ausführlich geschehen kann, so sollte wenigstens die Erwähnung einiger Namen auf die Vielfalt kirchlichen Lebens und kirchlicher Bautätigkeit bereits in frühchristlicher Zeit aufmerksam machen[286].

Eine besondere Bedeutung besitzen die in spätrömische Zeit zurückreichenden Zömeterialkirchen als Begräbnisorte der frühesten Trierer Bischöfe, die sich später zu großen Abteien entwickelt haben.

- St. Maximin und St. Paulin

Im Norden der Stadt liegt im östlichen Teil eines Gräberfeldes die Kirche St. Maximin. Zunächst befand sich an dieser Stelle eine römische Villa, die der Überlieferung nach Konstantin gehört haben soll und auf dem Schenkungsweg der frühchristlichen Gemeinde zufiel. Grabungsuntersuchungen haben spätrömische Mauerreste einer Villa mit größerem Innenhof aufgedeckt. Sie wurde zusammen mit einem privaten Grabbau Kern eines frühchristlichen Friedhofs. Die *Vita Maximini* aus dem 8. Jh. berichtet, Bischof Agritius habe auf dieser Begräbnisstätte eine dem Evangelisten Johannes geweihte Kirche errichtet, in der 352 die Gebeine des heiligen Maximin beigesetzt worden seien; dann werden noch weitere kleinere Bauten erwähnt und eine Transferierung der Gebeine Maximins in eine neue Krypta im späten 7. Jh. Auch Agritius selbst sowie später Nicetius und einige andere Bischöfe sollen dort bestattet worden sein. Schon im 6. Jh. scheint ein Kloster bestanden zu haben, dessen Mönche auf Hilarius von Poitiers zurückgingen; für das 8. Jh. ist dann ein Benediktinerkloster bezeugt, dem große Schenkungen zuflossen, so daß St. Maximin zu einem der bedeutendsten Klöster im moselländischen Raum wurde[287].

Erst jüngst haben im Zuge der Sicherung der heutigen Bausubstanz umfangreiche Ausgrabungen stattgefunden, über deren Ergebnisse aber noch keine abschließenden Berichte vorliegen. Darum soll auf die verwickelte Baugeschichte der Kirche und insbesondere der verschiedenen Stufen ihrer Krypta nicht näher eingegangen werden[288]. Hingewiesen sei aber auf den figürlich geschmückten sogenannten Agritius-Sarkophag, der in der Innenkrypta von St. Maximin gefunden wurde. Er stand in der Mitte zwischen zwei anderen Steinsärgen, von denen keine skulpierten Teile erhalten sind. E. Förster meint, Fundsituation und figuraler Schmuck sprächen dafür, daß es sich hier um den Sarkophag des Bischofs Maximin handele[289]. Über die Fundsituation kann hier nicht geurteilt werden. Was den bildlichen Schmuck angeht, so deutet er auf die 1. Hälfte des 4. Jh. hin und könnte entsprechend auch für Agritius (gest. um 329) geschaffen worden sein, unter dessen Namen er bekannt ist. Nach der mittelalterlichen Überlieferung soll allerdings Maximin "in der Mitte zwischen den Särgen des Agricius und Nicetius ruhen"[290]. Dann wäre der Agritius-Sarkophag ein Maximin-Sarkophag.

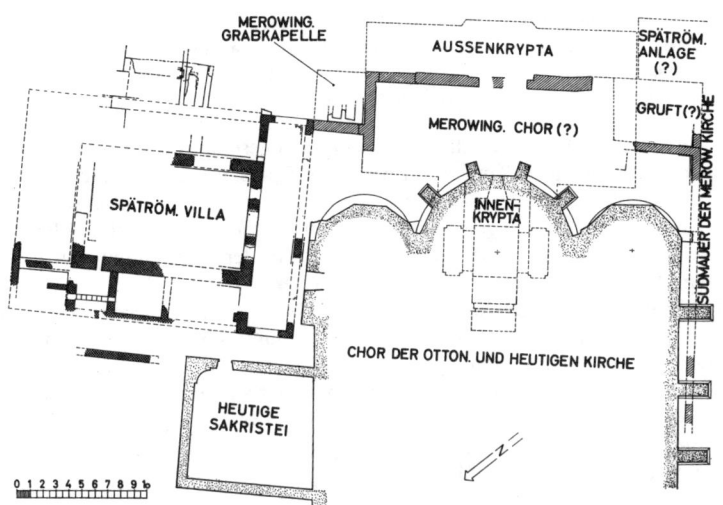

Abb. 15 Trier. Spätantike und mittelalterliche Baureste im Chorbereich von St. Maximin

Nur wenig weiter nördlich stadtauswärts, am östlichen Rand desselben Gräberfeldes wie bei St. Maximin, liegt St. Paulin. Wurden bei St. Maximin über 100 frühchristliche Grabinschriften gefunden, so waren es bei St. Paulin über 300. Nur ganz wenige gehören dem 3. Jh. an; der größte Teil datiert in die Mitte bis Ende des 4. Jhs. Geringer werden sie im 5. und 6. Jh., in dem sie überleiten zu den rein fränkischen Grabplatten, manchmal ohne Inschriften und nur mit Symbolen besetzt, von denen bei St. Paulin ebenfalls etliche gefunden wurden[291]. Eine Inschrift des 5. Jhs. ist für den Subdiakon Ursinianus bestimmt. Sie lautet in Übersetzung:

"Dem Subdiakon Ursinianus ruhen die Gebeine hier unter dem Grabhügel. Welcher verdient zugesellt zu sein den Gräbern der Heiligen. Den des Tartarus Wut und grausame Strafe nicht schädigt. Ludula, seine geliebte Gattin, hat diesen Stein ihm gesetzt. Er starb am 5. Tag vor den Kalenden des Dezember. Er lebte 33 Jahre"[292].

Bemerkenswert ist vor allem die Wendung: *qui meruit sanctorum sociari sepulcra*. Ähnliche Formulierungen sind aus Regensburg und Köln bekannt. Sie lassen den vielfach bezeugten Wunsch der Christen erkennen, in der Nähe von Märtyrergräbern beigesetzt zu werden, weil sie sich von der Fürsprache dieser besonderen Glaubenszeugen Hilfe bei der Auferstehung erhofften. Eine andere Inschrift aus der Umgebung von St. Paulin, die einem Franken gewidmet ist, bezeugt dasselbe Anliegen; sie lautet einschließlich notwendiger Ergänzungen:

"Unschuldig ging zum Herrn Hari. Im Namen Christi. Aus dem Leben scheidend hat er ein besseres und ewiges Leben verdient. Nach Gottes Willen hat dieser Ehrenpreis es ermöglicht, daß seine Ruhestätte den Heiligen zugesellt wird. Er wurde bestattet am ... vor den Kalenden des Mai"[293].

Am einfachsten wäre es, das "den Heiligen zugesellt" auf den in der Nähe bestatteten heiligen Paulinus zu beziehen. Mit den Heiligen sind zwar in frühchristlicher Zeit die Märtyrer gemeint, aber ab Martin von Tours ist man bereit, auch heiligen Asketen und Bischöfen interzessorische Fähigkeiten zuzutrauen. Hinzu kommt, daß dem in der Verbannung gestorbenen Paulinus nahezu der Rang eines Märtyrers zukam.

Darüber hinaus verbinden die im 12. Jh. in St. Matthias begonnenen *Gesta Treverorum* mit dem Friedhof bei St. Paulin das Martyrium von Angehörigen der sogenannten Thebäischen Legion und anderen angesehenen Trierer Bürgern. Da die Thebäische Legion vor allem in der Hagiographie Kölns und ganz Niedergermaniens eine Rolle spielt, wird dort ausführlicher auf sie einzugehen sein; hier genügt es, die Trier betreffenden Ereignisse aus den *Gesta* anzuführen:

"Kaiser Maximian, mit dem Beinamen Herkules, holte wegen häufiger gallischer Aufstände thebäische Soldaten aus dem Orient zur Hilfe. Zwei waren die obersten Führer dieser Legion, einer hieß Thyrus, der andere Secundus. Dazu kam Mauritius, der rangälteste Hauptmann der Legion. Von ihnen ließ nach Rang und Namen Secundus (der 2.) sein Leben bei dem italienischen Kastell *Victimiglium* (Ventimiglia) als Märtyrer. Mauritius starb dagegen bei der Stadt *Acaunum* (St. Maurice d'Agaune in der Schweiz) mit seinen Kameraden als Opfer für Christus.
Thyrus aber kam mit seinen Kameraden und Soldaten nach Trier und schlug auf dem Marsfeld ein Lager auf. Dort wurden sie von den Würdenträgern der Stadt, die das Zeichen des Christentums und des Friedens bei ihnen erkannten, christlich und freundschaftlich, gastfrei und ehrerbietig aufgenommen, da ihnen dies die Liebe gebot. Als sie den Würdenträgern den Grund ihres Kommens vom Orient nach Trier berichteten und zugleich um Rat und Hilfe baten, wurden die Herzen aller, der Bürger wie der fremden Soldaten, so sehr durch die brennende Glut des Heiligen Geistes zur Gottesliebe entflammt, daß sie sich gegenseitig anfeuerten, ihr Leben aus Liebe zu Christus eher dem Tode preiszugeben als heidnische Götzen zu verehren und andere Christen zu bekämpfen".

Der Präfekt Rictius Varus schritt dann ein und zwang die Soldaten zum Götzenopfer. Als sie sich weigerten, wurden sie hingerichtet. Es waren ihrer so viele, daß die in die Mosel fließenden Blutbäche das Wasser bis hinab nach *Noviomagus* (Neumagen) rot färbten.

Das Gemetzel fand am 4. Oktober des Jahres 286 statt. Tags darauf ließ der Präfekt auch Palmatius, den Patricius und Konsul der Stadt Trier, mit weiteren elf hochgestellten Persönlichkeiten hinrichten.

Am 3. Tag schließlich "richtete Rictius Varus auch beim Volk beiderlei Geschlechts und jeden Alters ein Blutbad an und erfüllte die ganze Stadt mit den Leichen der

Erschlagenen. Nur wenige Christen entgingen dem Sturm dieser Verfolgung. Nachdem aber einige Zeit vergangen war, bestatteten sie die Leiber der Märtyrer"[294].

Die Hinrichtung soll auf dem Gelände zwischen St. Paulin und St. Marien stattgefunden haben, wo auch ein römisches Militärlager vermutet worden ist. Nach Th. Kempf entstand über einigen Gräbern eine kleine *memoria*, die nach Lage der Sarkophage in der Krypta von St. Paulin ein Zentralbau mit 13 Sarkophagen gewesen sein kann, in dessen Mitte dann gegen Ende des 4. Jhs. die aus Phrygien zurückgeholten Gebeine des heiligen Paulinus beigesetzt worden sind. Diese Rückführung gelang - wie schon erwähnt - Bischof Felix, dem auch die erste große Zömeterialkirche in den Ausmaßen von nicht weniger als 121 mal 36 m zugeschrieben wird. Genaues weiß man allerdings nicht, da in St. Paulin noch nicht systematisch gegraben worden ist. Wie nicht anders zu erwarten, wurde der Riesenbau in den Völkerwanderungswirren beschädigt; bezeugt ist eine Renovierung unter Bischof Marus (gest. vor 500). Die Krypta wurde erst unter Erzbischof Udo 1072 geöffnet. Man fand dabei als kostbarstes Stück den Zedernholzsarg des Bischofs Paulinus.

Bei der Erneuerung der Krypta im Jahre 1883 wurde der Sarg in einer großen Sandsteintumba hinter dem Paulinusaltar wiederentdeckt. Er wird heute in der reich geschmückten Ummantelung hinter dem Rokoko-Altar in der Krypta verwahrt, während sich eine Nachbildung im Trierer Landesmuseum befindet[295]. Kempf beschreibt ihn wie folgt: "Er war 1,83 m

Abb. 16 Paulinussarg. Nachbildung

Abb. 17
Beschlagplatte am
Kopfende des
Paulinussarges

lang, 0,44 m breit und 0,32 m hoch. Zwei eiserne Bänder waren unter dem Boden und bis zur halben Höhe der Längsseiten angebracht, wo sie in Ösen ausliefen, in denen bronzene Ringe hingen. Der Sarg konnte so getragen und aufgehangen werden, wie schon die ältesten Nachrichten zu erzählen wissen. An den Ecken trug die Lade ursprünglich vergoldete, mit nagelartigen Buckeln verzierte Winkelbeschläge aus Bronze und an den Schmalseiten und über dem Deckel schmale Bänder. Erhalten ist am Deckel eine längliche Silberplatte mit einem Monogramm Christi, den apokalyptischen Buchstaben, darunter das oft gebrauchte Akrostychon IXΘΥΣ, in der unteren Hälfte dann ein Monogramm, das auf Paulinus zu deuten ist. An der Schmalseite am Kopfende, wo das Schloß für den Schiebedeckel angebracht war, befand sich ein rechteckiges Silberblech, das in getriebener Arbeit Adam und Eva mit der Schlange am Baum der Erkenntnis und die Erweckung des Lazarus durch Christus zeigt als Sinnbilder für Sünde = Tod und Erlösung = Leben. Darunter ein feiner nach rechts fortlaufender Fries mit Jagdszenen, dessen Schnitt rechts vermuten läßt, daß der Beschlag von einem größeren Silberkasten stammt. Um die Gruppe von Adam und Eva läuft eine Künstlerinschrift: MARTINIANI MANUS VIVAT = des Martinianus Hand möge leben. Unter dieser als Schloßschild dienenden Silberplatte war mit goldenen Nägeln eine goldene Rundscheibe mit dem Monogramm Christi in durchbrochener Arbeit angebracht. In der Mitte der einen Längsseite befand sich eine vorzüglich erhaltene 0,14 m große Rundscheibe aus Silber, die ebenfalls in durchbrochener Arbeit das Monogramm Christi zeigt und umlaufend die eingepunzte Inschrift: ELEUTHERA PECCATRIX POSUIT = Eleuthera, die Sünderin, hat es gestiftet"[296]. Es handelt sich also wohl um spätere, von Verehrern der Paulinus-Reliquien angebrachte Beschläge.

Bei der Eröffnung und Vergrößerung der Krypta durch Erzbischof Udo wurde die geheiligte Erde, die man ausgegraben hatte, südöstlich der Kirche aufgeschüttet, auf der dann Stiftspropst Cuono eine doppelgeschossige Kapelle erbaute, die wegen zahlreicher darin deponierter Gebeine den Namen "Marterkapelle" erhielt. Sie ist heute wieder zugänglich.

Über die weiteren baulichen Schicksale der Paulinus-Kirche ist hier nicht mehr zu handeln. Die heutige Kirche wurde 1757 geweiht und 1767 in ihrer Innenausstattung vollendet; sie gehört zu den Meisterwerken spätbarocker Kirchenbaukunst und gilt als die schönste Rokokokirche im Rheinland.

- St. Eucharius (St. Matthias)

Ähnlich wie im Norden gab es auch im Süden der Stadt ein ausgedehntes Gräberfeld. Von besonderer Bedeutung ist dabei das Gelände, auf dem sich das im Mittelalter bedeutende Benediktinerkloster St. Eucharius bzw. St. Matthias befindet. Hier wurde der wichtige Noah-Sarkophag gefunden[297]. Das Gelände war seit der 2. Hälfte des 3. Jhs. sehr dicht mit Sarkophagen belegt und mit 22 Mausoleen und kleineren Grabkammern übersät. Es wurde schon erwähnt, daß die Trierer Traditionen die Gründung der Christengemeinde nach St. Eucharius verlegen. Bei einer Witwe Albana fanden Eucharius, Valerius und Maternus erste Aufnahme, von hier aus begannen sie ihr Missionswerk. Später errichteten sie eine dem heiligen Johannes dem Täufer geweihte Kirche, bei der sie auch bestattet wurden[298]. Reste einer suburbanen Villa, die der namentlich überlieferten Bekennerin Albana gehört haben könnte, wurden auf dem heutigen Pfarrfriedhof ausgegraben[299].

Neben der Kirche wurde später eine antike Götterstatue vom Typ der Venus von Milo aufgestellt, welche Pilger, die zu den Bischofsgräbern wallfahrteten, mit Steinwürfen völlig demoliert haben. Sie wollten damit ihren Abscheu vor den Götzen ausdrücken.

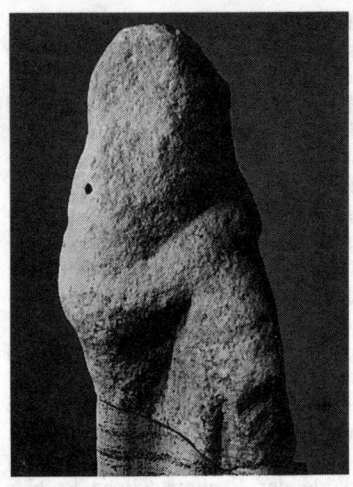

*Abb. 18 Demolierte Venus
von St. Matthias*

Im Mittelalter befand sich über der Statue eine Inschrift in lateinischer und altdeutscher Sprache.

ME PRIDEM TREVIRIS COLUIT
PROFANIS ARIS IAM TRUNCUS
SACRILEGI NUMINIS PROSTATA
SPERNOR INANIS ET DUM PERTUS
PISCATOR LEGAT EUCHARIUM
VALERIUM MATERNUM TUNC
HUIUS SUPERSTITIONIS TOLLITUR ERROR
A(NN)O POST CHRISTUM NATUM ROMA MIS(S)I A S. PETRO
TREVEROS VENERUNT EUCH. VAL. MAT. 50 (QUINQUAGESIMO.)

Etwas derber heißt es in der deutschen Übersetzung:

"Wolt ihr wissen, was ich bin, ich bin gewessen ein Abgottin. Da S. Eucharius zu Trier kam, er mich zerbrach mein Ehr abnahm. Ich was geehret als ein Gott, ietzt stehen ich hie der Welt zu Spot. Im Jahr 50 nach Christi Geburt sein die 3 H. Bischoffe von Rom zu Trier kommen. EVC. VA. MAT"[300].

Das Denkmal hat weniger historischen denn kulturgeschichtlichen Wert. Dennoch können die ersten Trierer Bischöfe durchaus auf dem Gräberfeld von St. Matthias bestattet gewesen sein. Bis 1783/7 hat es eine Grabkirche des hl. Maternus gegeben, die auf älteren Grabkammern früherer Zeit aufgebaut war. Unweit von ihr hat F. Kutzbach bereits 1923 eine einschiffige Basilika von 17 x 6 m ausgegraben, deren östliches Apsisrund mit einer Krypta ausgestattet war. 1965/7 fortgeführte Grabungen haben eine

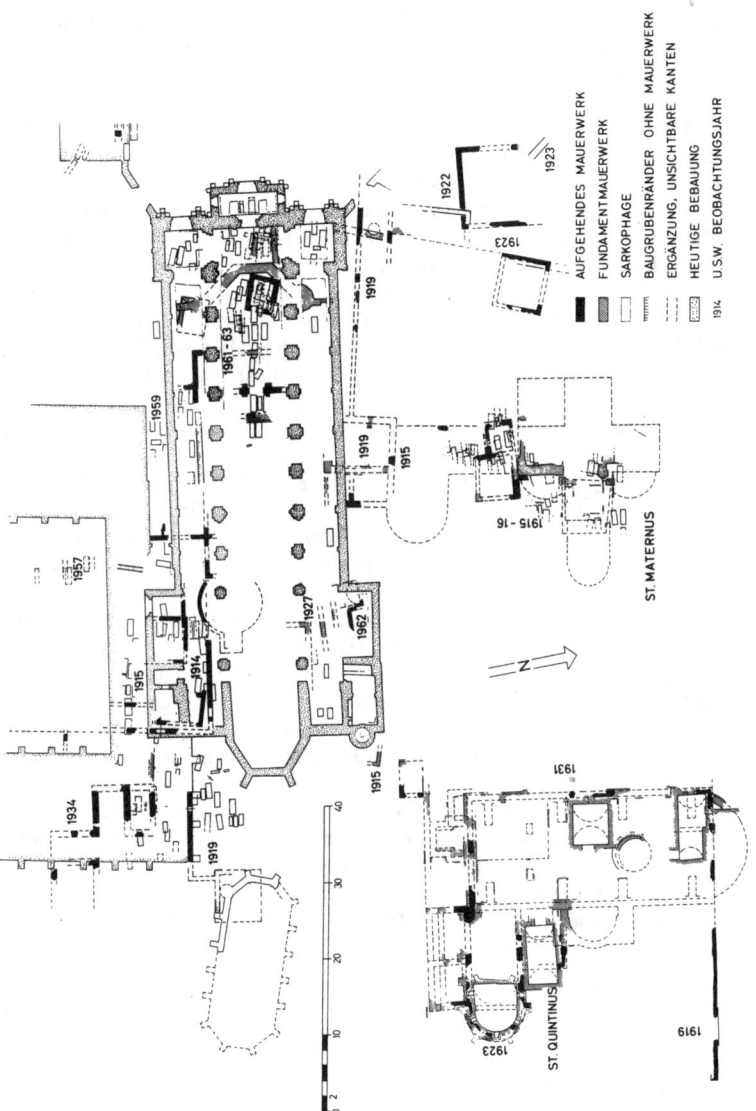

Abb. 19 Trier, St. Eucharius/Matthias. Grabungsbefund

Gruft unter der Quirinuskapelle freigelegt und zugänglich gemacht, in der an die 4000 Schädel und andere Gebeine seit dem 10. Jh. aus antiken Sarkophagen und Grüften sorgfältig aufgeschichtet worden waren. Von Gebein völlig überlagert, wurde in der südwestlichen Ecke der Kammer ein rundum reliefgeschmückter und bemalter Sandsteinsarkophag freigelegt, der ursprünglich wohl in der Mitte des Raumes aufgestellt gewesen war[301]. Man fragt sich, wurde der aufwendige Sarkophag in die Ecke gerückt, weil andere wichtige Gräber - die der Gründerbischöfe - in die Kammer eingelassen werden sollten? Der Grabbau selbst ist in die Zeit um 270 zu datieren. Daß es sich um einen wichtigen Bestattungsort handeln muß, bezeugen die vielen kleinen Mausoleen, die sich um die Gruft drängen; in ihnen wurden bis zu vier Stück Sarkophage übereinander geschichtet. Man wollte *retro sanctos* bei den heiligen Bischöfen begraben sein. In der gleichfalls zugänglichen Quintinusgruft sind einige dieser Sarkophage noch an Ort und Stelle aufgestellt.

Um die Mitte des 5. Jhs. baute dann Bischof Cyrillus im Bereich der jetzigen Matthiaskirche eine kleine Basilika von 20 mal 8 m, weil in der Völkerwanderungszeit die alte *cella Eucharii* zerstört worden war. Die archäologischen Funde bestätigen damit wieder einmal die literarische Tradition, die bezeugte: *Cyrillus cellam Eucharii deserta restauravit*. In diese Cyrilluskirche wurden die Gebeine der Gründerbischöfe Eucharius und Valerius überführt; im 6./7. Jh. wurden ihre Gräber mit Schranken umgeben, so daß sie für die Gläubigen zugänglich blieben. Im Normannensturm 822 ging auch die Kirche des Cyrillus unter[302].

Die neue Kirche unter Bischof Egbert (977/93), die bereits die Ausmaße der heutigen Kirche besitzt, und alle Nachfolgebauten brauchen hier nicht mehr behandelt zu werden. Erwähnt werden soll nur noch die Auffindung der Gebeine des heiligen Matthias im Jahre 1131. Damit erhebt St. Eucharius, in der Folgezeit St. Matthias genannt, den Anspruch, das einzige Apostelgrab nördlich der Alpen zu bergen. Die Hintergründe der Auffindung sind durchsichtig; sie diente einem doppelten kirchenpolitischen Zweck: einmal sicherte sie der bei St. Eucharius befindlichen Abtei endgültig den Vorrang über die mächtige Abtei St. Maximin im Norden der Stadt; zum anderen half sie den Trierer Bischöfen ihren Primatsanspruch über Gallien gegenüber Reims durchzusetzen[303].

3.6 Mission im ländlichen Raum

- Allgemeiner Überblick

Trier hat als kirchliches Zentrum nicht nur in sein Umland missionierend hineingewirkt, sondern auch die metropolitane Oberhoheit über die *Belgica prima* besessen. Zu Trier gehörten die Bistümer Metz, Toul und Ver-

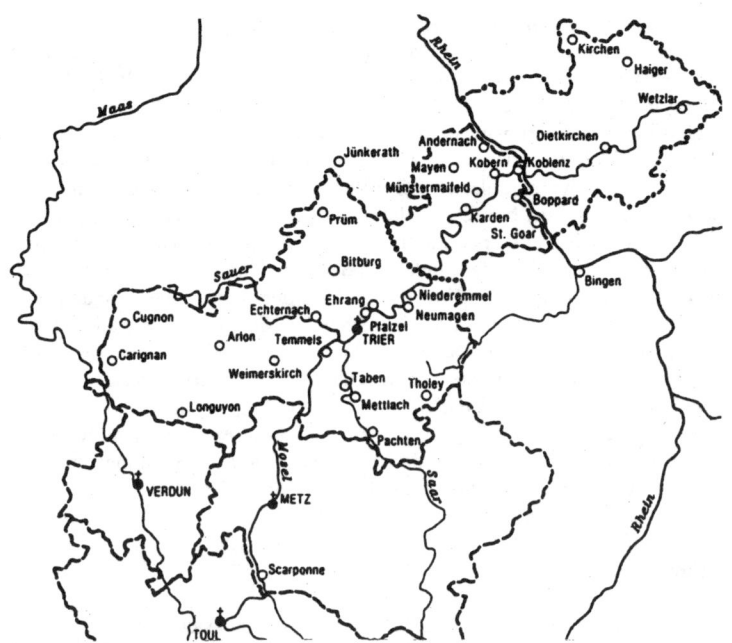

Abb. 20 Trierer Umland

dun, die aus der römischen Verwaltungsorganisation hervorgegangen sind. Nach Osten zu ist es im Eifelland vor der Rheingrenze nicht zur Ausbildung eigener Bistümer gekommen. Wohl gibt es in der nördlichen, südlichen und vor allem östlichen Umgebung von Trier etliche Orte, in denen sich Spuren frühchristlicher Mission erhalten haben, in Bitburg *(Castellum Bedonis)* im Norden, Pachten und Tholey im Süden, dann moselabwärts in Neumagen *(Noviomagus)*, Karden, der Heimat des Bischofs Magnerich, Münstermaifeld, Kobern und auch Mayen.

Die ländliche Mission im 4. Jh. ging vor allem auf Bischof Maximin zurück und konzentrierte sich auf die befestigten Plätze an den Römerstraßen. Maximin soll Kastor und Lubentius als Glaubensboten ausgebildet und an die untere Mosel und Lahn entsandt haben[304]; die zahlreichen Maximinus-Patrozinien an der Mosel und im Eifelraum, die an einigen Stellen, wie z.B. in Pachten, in spätrömische Zeit zurückreichen, spiegeln auf ihre Weise die seelsorglichen Aktivitäten dieses bedeutenden Trierer Bischofs[305]. Allerdings erreichte die Mission im 4. Jh. noch längst nicht alle ländlichen Siedlungen; gerade bei der Landbevölkerung muß mit einem zähen Festhalten an den überkommenen religiösen Bräuchen gerechnet werden; erst um die Wende vom 4. zum 5. Jh. mehren sich die Nachrichten von der Zerstörung und Aufgabe heidnischer Kultstätten, z.B. Möhn bei Trier, Pesch und Nettersheim[306]. Häufigere Bekehrungen unter der ländlichen Bevölkerung dürften erst nach der Taufe Chlodwigs um 498/9 stattgefunden haben. Die Nachricht, Theuderich I. habe zahlreiche Geistliche von Clermont nach Trier versetzt, könnte darauf hinweisen, daß am Anfang des 6. Jhs., bedingt durch die Unruhen der Völkerwanderung, Klerusmangel herrschte, der sich naturgemäß besonders in der ländlichen Seelsorge hindernd auswirkte. Nach Bischof Severus um die Mitte des 5. Jhs., der in der obergermanischen Provinz gepredigt haben soll[307], fördern dann Nicetius und vor allem Magnerich die Glaubensverbreitung auf dem Land[308]. Wenn trotzdem relativ wenig archäologische Reste von Kirchbauten aus dieser Phase lebhafter missionarischer Tätigkeit nachweisbar sind, so liegt das in vielen Fällen an der fränkischen Holzbauweise, die keine sichtbaren Spuren hinterlassen hat. Eher erlauben die Friedhöfe Rückschlüsse auf die Siedlungskontinuität und den Beginn der Christianisierung in fränkischer Zeit.

- Einzelnachrichten

Deutliche Spuren kontinuierlicher Besiedlung haben sich in Bitburg erhalten, das von der wichtigen Straße Trier-Köln durchschnitten wurde. Auf dem südlichen Gräberfeld wurden römische Brandgräber sowie Sarkophage und Bestattungen aus der Zeit vom späten 6. Jh. an gefunden. Von den Kirchen dürfte die 750 m südlich des spätrömischen Mauerrings wahrscheinlich auf dem Gelände eines fränkischen Hofes gelegene Maximinskirche mindestens in vorkarolingische Zeit zurückgehen. Die Marienkirche innerhalb der spätrömischen Befestigung ist vielleicht sogar spätrömischen Ursprungs im Gegensatz zur späteren Pfarrkirche St. Peter, die im mittelalterlichen Siedlungsgebiet entstand und 1032 erstmals urkundlich erwähnt wird[309]. Auch in Kyllburg kann mit einer merowingerzeitlichen Maximinkirche gerechnet werden, während in Ehrang, an der Mündung der Kyll in die Mosel, eine frühmerowingische christliche Grabplatte gefunden wurde[310]. Bodenreste von Kirchen/Kapellen haben sich nur unweit von Trier in Wasserbillig sowie am Kimmerlinger Hof und in Halsdorf erhalten[311].

Südlich von Trier liegt an der Saar das Kastell Pachten. Eine dort gefundene Grabinschrift weist auf das Bestehen einer frühen Kirche hin. Wahrscheinlich lag sie an der Stelle der späteren frühromanischen Kirche, die allein noch die Richtung der römischen Bebauung beibehalten hat. Ebenfalls in eine frühe Zeit weist das Pachtener Maximin-Patrozinium[312]. Die Kirche in Tholey, wie Pachten an der Straße von Metz nach Mainz gelegen, hat den heiligen Mauritius zum Patron. Das führt ins ausgehende 6. Jh., denn wahrscheinlich haben die von Nicetius nach Trier gerufenen Bauleute[313] den Kult der Thebäer von St. Maurice d'Agaune mitgebracht. Die Kirche wurde auf dem Grundbesitz des Diakons Grimo errichtet, der durch sein Testament aus dem Jahr 634 bekannt ist. Vielleicht handelt es sich in Tholey um ein frühes Kloster, dem der von Magnerich mit anderen Missionaren ausgesandte Paulus vorgestanden hat[314].

In besonders dichter Folge entstanden Kirchen und Seelsorgsstationen moselabwärts bis Koblenz. Neben dem schon erwähnten Ehrang besitzt auch Neumagen eine christliche Grabinschrift, die auf ein frühes Vorkommen von Christen in diesem Kastell hinweist. Wie in Bitburg und Pachten und parallel zu Kreuznach und Boppard könnten bereits in valentinianisch-gratianischer Zeit, d.h. um die Mitte und in der 2. Hälfte des 4. Jhs., hier Christen gewohnt haben[315].

Mit Karden verbindet sich die Erinnerung an den heiligen Kastor, der von Bischof Maximin zum Priester geweiht worden war und sich hier als Einsiedler niedergelassen hatte. Er soll eine Marienkirche gebaut haben, in oder bei der er später begraben wurde. Zu ihm stießen, ebenfalls von Maximin gesandt, Potentius und seine Söhne Felicius und Simplicius, denen nach ihrem Tode eine *ecclesiola* auf dem spätrömischen Friedhof errichtet wurde. Gefunden wurden auf diesem Gräberfeld im Bereich der späteren Pfarrkirche St. Marien Reste eines saalartigen Gebäudes, das in spätrömischer Zeit auf einem besonders verehrten Grabbezirk entstanden ist[316]. Später baute oder erneuerte Bischof Magnerich die Kirche *in villa qua Cartadomus dicitur,* die zu seinem Familiengut gehörte. Entsprechend den von Venantius Fortunatus bezeugten Wiederherstellungsarbeiten an zerstörten Kirchen in Trier[317], könnte es sich auch in Karden um die Wiedererrichtung oder Erweiterung der ehemaligen Marienkirche handeln, der nun das Martinspatrozinium beigefügt wurde. Im 8. Jh. entstand auf einem fränkischen Gräberfeld im inzwischen aufgegebenen nördlichen Teil des römischen *vicus* eine dem heiligen Paulinus geweihte dreischiffige Basilika von 21 m Länge und 15 m Breite mit Apsis, die 1965 bei Grabungen in der Kastor-Kirche wiederaufgefunden wurde. In sie oder in eine im Bereich des später angelegten Kreuzgangs liegende sorgfältig gestaltete und von allen in der Folgezeit angelegten Gräbern respektierte Gruft überführte der Trierer Bischof Wiomad (ca. 757/91) die Reliquien des heiligen Kastor vom spätrömischen Gräberfeld bei der Marienkirche, bevor ein Teil der Reliquien nach Koblenz weitertransferiert wurde[318].

In Kobern/Gondorf, das zur alten Provinz *Germania I* gehörte, aber schon bald unter den kirchlichen Einfluß von Trier geriet, erweisen christliche Grabinschriften ebenfalls das Vorhandensein von Christen in spätrömischer Zeit. In Kobern wirkte später der heilige Lubentius und ordnete dort die seelsorglichen Verhältnisse, bevor er über den Rhein lahnaufwärts bis Dietkirchen weiterwanderte. Aus der Zeit bald nach 600 sind zwei Platten einer wertvollen Chorschranke erhalten; die eine zeigt ein großes Kreuz, die andere das Brustbild Christi oder eines verstorbenen Mannes[319].

Für Münstermaifeld lassen sich sichere Spuren christlicher Bevölkerung erst Ende des 6. oder Anfang des 7. Jhs. nachweisen, je nachdem ob man die Errichtung einer Martinskirche von Bischof Magnerich oder erst Bischof Modoald (nach 626) ausgehen läßt[320]. Um diese Zeit ist die Christianisierung der Landbevölkerung abseits der großen Straßen und Wasserwege bereits weit fortgeschritten, wie zahlreiche Funde von fränkischen Grabsteinen z.T. in Kreuzform in Moselkern, Nittel, Nickenich, Ochtendung, Plaid, Lehmen und vor allem in Mayen beweisen[321]. Über die Intensität der Christianisierung und das Ausmaß weiterwirkender paganer Vorstellungen und Bräuche ist mit diesen Hinweisen allerdings noch nichts gesagt. Aufschlußreich in dieser Hinsicht ist Kanon 5 des *Concilium Germanicum* vom Jahre 742, der bestimmt:

"Jeder Bischof soll in seiner Diözese ... darauf bedacht sein, daß das Volk keine heidnischen Gebräuche mehr beobachte, als da sind: heidnische Totenopfer, Losdeuterei, Wahrsagerei, Amulette, Augurien, heidnische Opfer, welche die Toren oft neben den christlichen Kirchen den Märtyrern und Bekennern darbringen, oder die götzendienerischen Feuer, welche sie Nodfyr nennen ..."[322].

4. Köln und die Provinz Niedergermanien

4.1 Stadtgeschichte

Im Jahre 53 v. Chr. hatte Caesar im Rahmen seines Gallienkrieges die auf linksrheinischem Gebiet ansässigen germanischen Eburonen vernichtet. In dem menschenleeren Gebiet wurden schon bald darauf die Ubier angesiedelt, die bisher rechtsrheinisch beheimatet gewesen waren und denen jetzt im Vertrauen auf ihre Römerfreundlichkeit eine *civitas*, d.h. ein Stammesgebiet, zugeteilt wurde, das von Gelduba (Krefeld-Gellep) bis zum Vinxtbach (bei Brohl) reichte. Vorort der *civitas* wurde das *oppidum Ubiorum*, eine städtische Anlage mit rechtwinkligen Straßen nach hellenistisch-römischem Vorbild. Sie muß im Stadtkern des heutigen Köln gelegen haben. Hauptbauwerk war der Ubieraltar *(Ara Ubiorum)*, von dem schon Tacitus berichtet. Er war als zentraler Kultmittelpunkt für eine große Provinz *Germania* gedacht, die Augustus bis zur Elbe ausdehnen wollte. Daß dieser Plan fehlschlug, wurde schon erwähnt[323].

Im oder beim Oppidum scheint eine Zeitlang das Winterlager für zwei Legionen gelegen zu haben, die *legio I* und die *legio XX Valeria Victrix.* Sie wurden später verlegt, wobei die erste Legion nach Bonn und die zwanzigste nach Neuss kam. Ein weiteres römisches Lager auf dem Gebiet des heutigen Köln war das Flottenkastell Alteburg zwischen Bayenthal und Marienburg.

Wichtiger als die militärische Präsenz wurde für die weitere Entwicklung Kölns, daß dem kaiserlichen Prinzen und Feldherrn Germanicus im *oppidum Ubiorum* 15 oder 16 n.Chr. eine Tochter, Agrippina, geboren wurde, die, als sie 49 n.Chr. Gemahlin des Kaisers Claudius geworden war, ein Jahr später, d.h. im Jahre 50, ihre Geburtsstadt zur *Colonia* erheben ließ, die damit Stadt- und Verwaltungsrecht erhielt. Ihr Name, *Colonia Claudia Ara Agrippinensium* (CCAA), erinnert an den regierenden Kaiser, die *Ara Ubiorum* als Vorgängersiedlung und an die Stadtgründerin. Viele Leute aus dem mittelmeerischen Gebiet, aus Nordafrika, Kleinasien, Gallien, Spanien, Italien und vom Balkan, kamen in Folge der Stadtgründung nach Köln und ließen die Bevölkerung der Stadt schnell anwachsen.

Im Jahre 69 wurde Vitellius in Köln durch das Heer zum Kaiser ausgerufen. Ebenfalls 69/70 gerieten die Agrippinenser in die Bedrängnis des Bataveraufstandes unter Julius Civilis. Um 85 wurden die rheinischen Militärgrenzbezirke in Provinzen umgewandelt, und Köln wurde Hauptstadt der *Germania II (inferior).* Von jetzt ab residierte in Köln der Provinzstatthalter, der auch oberster Militärbefehlshaber war; sein Amtssitz, das *Praetorium,* befand sich an der Rheinfront unter dem heutigen Rathaus und kann in seinen Ausmaßen wieder besichtigt werden[324]. Im Jahre 98 erhielt Trajan, der damals Oberbefehlshaber in den beiden germanischen Provinzen war, in Köln die Nachricht von seiner Erhebung zum römischen Kaiser (98/117) durch Hadrian, der später selber die Kaiserwürde erlangte (117/38).

Das 2. Jh. brachte Köln einen bedeutenden wirtschaftlichen Aufschwung, denn die Stadt erlebte vom Bataveraufstand bis zur Zeit des Postumus 258/60 eine fast 200 Jahre dauernde Friedenszeit. Töpfereien, Metallgießereien, lederverarbeitende Werkstätten und vor allem Glasschmelzen produzierten hochwertige Waren, die ins ganze römische Reich, bis nach Skandinavien und Südrußland exportiert wurden. An den Ausfallstraßen entstanden auf fruchtbarem Land Gutshöfe, die die Getreideversorgung der Stadt und der Militärlager sicherstellten.

Der soeben erwähnte Postumus war römischer Feldherr, dem Kaiser Gallienus die Zurückwerfung der raubend und brennend in Gallien eingedrungenen Franken sowie die Ausbildung seines Sohnes Valerian anvertraut hatte. Postumus besiegte die Germanen, überwarf sich dann jedoch mit dem Kaiser und wurde von den Soldaten selbst zum Kaiser ausgerufen. Er begründete das Gallische Sonderreich, das nach dem Vorbild Roms mit Senat, Magistraten und Prätorianergarde organisiert wurde und die Sicherung der Ostgrenze des Reiches übernahm. Postumus hatte Nachfolger, die bis 271 in Köln residierten. Tetricus, der letzte "gallische

Kaiser", zog dann nach Trier und übergab wenig später das Reich kampf-los Kaiser Aurelian (270/5), womit diese Episode zu Ende war.

Von jetzt an wurden die Zeiten unruhiger. Während der Regierungszeit des Kaisers Probus (276/81) empörten sich die beiden hohen Offiziere Proclus und Bonosus; die damit verbundenen Kämpfe waren so etwas wie ein Signal für die nun nicht mehr zur Ruhe kommenden Auseinandersetzungen mit den Germanen. Für eine gewisse Sicherheit sorgte noch einmal Konstantin, in dessen Anwesenheit 310 das Kastell *Divitia* (Deutz) eingeweiht wurde, das durch eine feste Rheinbrücke mit der Stadt verbunden war. Doch die Zeiten friedlicher Entwicklung waren nur von kurzer Dauer. Unter Constantius (337/61) erhob sich der *Magister militum* Silvanus, der erfolgreich gegen die Franken gekämpft hatte, trotzdem aber - vielleicht weil er fränkischer Herkunft war - des Hochverrats verdächtigt wurde. Um sich zu schützen, ließ er sich 355 in Köln zum Kaiser ausrufen. Ursicinus, der Legat des römischen Kaisers, konnte Silvanus in der *regia* aufspüren; als er sich in ein *conventiculum ritus christiani* retten wollte, töteten ihn die Soldaten des Ursicinus[325]. Einen Hinweis auf die Unsicherheit der Lage gibt die Grabinschrift eines bei Deutz umgekommenen römischen Offiziers:

"Der Leibwächter *(protector)* Viatorinus, der 30 Jahre gedient hat, wurde im Barbarenland bei Deutz von einem Franken getötet. Der stellvertretende Kommandant der Deutzer Einheit" (hat diesen Stein gesetzt)[326].

355 fiel Köln nach zweimonatiger Belagerung in die Hände der Franken; bis auf einen Turm soll alles zerstört worden sein. Julian, der spätere Apostata, konnte die Stadt zurückerobern und ließ sie wieder in Verteidigungszustand setzen. Nach seinem Sieg über die Alemannen bei Straßburg im Jahre 357 begann er sogar von Köln aus mit der Befriedung des gesamten niederrheinischen Gebiets. Doch schon 388 brachten fränkische Scharen die Stadt in neue Bedrängnis. 389 schlossen sie mit dem Comes Arbogast einen Vertrag, der 392/3 noch eine Strafexpedition auf rechtsrheinisches Gebiet unternahm. Nach 400 drängten dann auch Alanen, Burgunder, Sueben und vor allem Wandalen über den Rhein. Stilicho, der Reichsverweser, versuchte noch einmal Frieden zu stiften. Doch nach der germanischen Invasion am Jahreswechsel 406/7 war die Rheingrenze auf Dauer nicht mehr zu halten. Böse Zeiten begannen. Viele Namen, die schon im Zusammenhang mit Mainz und Trier genannt werden mußten, tauchen auch in der Kölner Geschichte wieder auf. Aëtius konnte 451 die Hunnen auf den Katalaunischen Feldern zwar besiegen und die römische Herrschaft in Gallien ein letztes Mal retten. Zur gleichen Zeit jedoch war Köln "voll von Feinden", wie der vielleicht aus Köln stammende Salvian berichtet. Neben seinen Ausführungen in *De gubernatione Dei*, die bereits angeführt wurden[327], ist für Köln wichtig seine *epistula* 1,5f an eine Klostergemeinschaft. Darin heißt es:

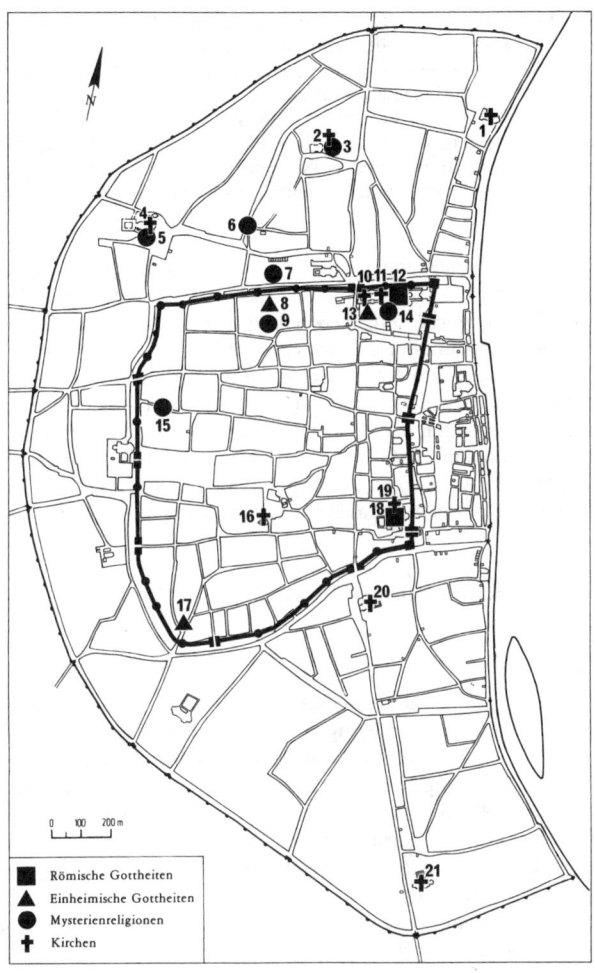

1 St. Kunibert (St. Clemens)
2 St. Ursula
3 Isis-Weihungen in St. Ursula
4 St. Gereon
5 Isis-Weihung in St. Gereon
6 Isis-Weihung, Maria-Ablaß-Platz
7 Mithras-Funde, Kattenbug
8 Matronen-Weihungen,
   An der Burgmauer
9 Jupiter Dolichenus,
   Tempelinschrift Elstergasse
10 Frühchristliche Gebäude mit ein-
   gezogener Apsis

11 Bischofskirche und Taufkapelle
12 Podiumstempel unter dem Dom
13 Matronen-Weihungen westlich
   des heutigen Doms
14 Mithras-Weihung und Mithras-
   Kultstätte südlich des Doms
15 Mithras-Kultstätte
16 St. Peter
17 Jupiter-Radgott
18 Tempel für die Capitolinische Trias
19 St. Maria im Kapitol
20 St. Georg
21 St. Severin

Abb. 21 Köln. Frühchristliche Kirchen und heidnische Kultstätten

"Der junge Mann, den ich zu Euch schicke, geriet in Köln mit den Seinen in die Hände (der Franken). Er hat einen einst in seiner Heimat wohlbekannten Namen, stammt aus einer angesehenen Familie. Seine Mutter ließ der Genannte in Köln zurück, eine rechtschaffene, angesehene Witwe; auch im Glauben ist sie stark. Sie lebt, wie ich höre, in solcher Not und Armut, daß sie weder da leben noch fortziehen kann; denn sie hat nichts, was ihr ermöglichen könnte, entweder dort das Leben zu fristen oder zu fliehen. Eins nur bleibt ihr übrig, sich durch Magdsdienste den Unterhalt zu verdienen und bei den Barbarenfrauen sich mit ihrer Arbeitskraft zu verdingen"[328].

Das hier in der Übersetzung genannte Köln heißt übrigens im lateinischen Text noch *Agrippina*. Im 4./5. Jh. ändert sich der Name der Stadt. Das umständliche CCAA wurde aufgegeben und die Stadt nur noch *Agrippina* oder *Colonia Agrippina* oder *Colonia* genannt.

Kurz nach der Jahrhundertmitte ging die Römerherrschaft in Köln endgültig zu Ende. Im Jahre 456 unternahm der Feldherr Aegidius einen letzten Versuch, Köln gegen die Franken zu verteidigen. Die Kämpfe spielten sich jedoch schon innerhalb der Stadt ab und richteten ein furchtbares Blutbad unter den Anhängern des Aegidius an, der selbst entkam. Um 470 gründete Sigibert des erste fränkische Königreich im Gebiet von Köln[329].

4.2 Spätantike und frühfränkische Bischöfe

- Maternus

In den hier nur kurz skizzierten geschichtlichen Hintergrund muß jetzt die kirchliche Entwicklung eingetragen werden. Die Frage, wann zuerst christlicher Glaube Köln erreicht hat, läßt sich nur mit denselben Vermutungen und Überlegungen beantworten, die schon bei Augsburg, Mainz und Trier angestellt worden sind. Historisch sichere Nachrichten gibt es - abgesehen von der Irenäusnotiz[330] - auch für Köln nicht. Anders als in Augsburg oder Mainz datiert der erste unumstößliche Hinweis auf eine christliche Gemeinde aber bereits in die frühkonstantinische Zeit. Im Zusammenhang mit dem donatistischen Schisma und dem Versuch Konstantins, mittels eines bischöflichen Schiedsgerichts den Frieden in der afrikanischen Kirche wiederherzustellen, berichtet Optatus von Mileve, *De schismate Donatistorum* 1,23:

"Als Schiedsrichter wurden bestellt: Maternus von Köln, Reticius von Autun und Marinus von Arles. Es kamen nach Rom diese drei Bischöfe aus Gallien und fünfzehn andere aus Italien. Sie trafen sich im Hause der Kaiserin Fausta im Lateran"[331].

Die Konsular- und Kalenderangaben legen das Datum der Zusammenkunft auf den 2. Oktober 313 fest. Daß die *civitas Agrippina* von Optatus zu

Gallien gerechnet wird, muß man der Unkenntnis des nordafrikanischen Autors zugute halten; es vermindert nicht die Zuverlässigkeit der Nachricht. Das Schiedsgericht, das unter dem Vorsitz des Papstes Miltiades tagte, vermochte keine Einigung zwischen Katholiken und Donatisten herzustellen. Konstantin berief daraufhin für das folgende Jahr 314 ein Konzil aller Bischöfe der westlichen Reichshälfte nach Arles, um die Donatistenfrage noch einmal auf breiterer Grundlage verhandeln zu lassen. Unter den "Namen der Bischöfe, die zur Synode von Arles zusammenkamen", befanden sich auch *Maternus episcopus, Macrinus diaconus de civitate Agrippinensium*[332].

Spätestens für 313 und zusammen mit einem Diakon 314 läßt sich also ein Bischof Maternus für Köln nachweisen. Wieweit man noch weiter rückwärts gehen und eine bischöflich verfaßte Gemeinde in Köln schon früher postulieren will, ist eine Ermessensfrage. Es spricht nichts dagegen, daß es sie schon im 3. Jh. oder sogar schon zur Zeit des Irenäus gegeben hat, nur nachweisen kann man sie nicht. Was Maternus angeht, so ist seine Tätigkeit in Köln zwar sicher bezeugt, er läßt sich historisch dennoch nicht ohne Schwierigkeiten einordnen, da er auch als dritter Bischof von Trier zwischen Valerius und Agritius fungiert und als Gründerbischof in Tongern genannt wird. Wie passen die verschiedenen Orte zusammen?

Zur Lösung des Problems muß noch einmal an die Legende erinnert werden, die die drei ersten Trierer Bischöfe zu Schülern des hl. Petrus macht, von dem sie ausgesandt worden waren, Gallien und Germanien zu bekehren[333]. Diese Legende war zur Zeit des hl. Bruno (953/65) in Köln bekannt, wie die *Vita Brunonis* des Ruotger beweist. Die Verbindung einer apostolischen Sendung des Maternus mit seiner Wirksamkeit in Köln und Tongern bezeugt ebenfalls die Lütticher Bischofsgeschichte des Heriger von Lobbes (gest. 1007) - Tongern war zu seiner Zeit bereits über Maastricht nach Lüttich übertragen worden[334]. Noch ausführlicher berichten dann die Anfang des 12. Jhs. in St. Matthias in Trier entstandenen *Gesta Treverorum,* cap. 14/6. Sie lassen Maternus bereits vor dem Tod des Valerius die Kirchen von Köln und Tongern gründen, so daß er schließlich als Nachfolger des Valerius alle drei Bistümer verwaltet hat. In Köln - so wissen die *Gesta* weiterhin zu berichten - sei Maternus gestorben. Als Köln und Trier sich um seinen Leichnam stritten, habe man ihn auf ein Schiff gelegt, das aus eigener Kraft stromaufwärts bis Rodenkirchen geschwommen sei und auf diese Weise den Willen des Verstorbenen kundgetan habe, in Trier begraben zu werden[335].

Ein Maternus, der die Bistümer von Köln und Tongern gegründet hat, bevor er Bischof von Trier wird, paßt natürlich nicht schlecht in das frühmittelalterliche Vormachtstreben Triers und macht die Konstruktion von daher verdächtig. Andererseits steht fest, daß Maternus in Trier begraben worden ist, was ohne Beziehungen zu dieser Stadt zu seinen Lebzeiten kaum denkbar ist. Deshalb verfiel Caesar Baronius bei seiner Neubearbeitung des *Martyrologium Romanum* (1584) auf die Idee, zwischen dem Maternus der konstantinischen Zeit in Köln und dem Apostelschüler in Trier zu unterscheiden[336]. Damit bleibt aber die Überlieferung vom Grab ein und desselben Maternus in Trier, der weder von Köln noch von Tongern widersprochen wird, weiterhin ungeklärt. Auch E. Ewig nimmt zwei Materni an, allerdings nur mit wenigen Jahren Altersunterschied[337]. Hier bleibt viel Raum für Spekulationen. Von Petrikovits möchte Maternus einfach aus den Bischofslisten von Trier und Tongern streichen; für E. Hegel und H. Borger scheint der historische Kern der Kumulation der Orte der zu sein, daß Köln von Trier aus gegründet wurde und Tongern - vielleicht noch unter Maternus - von Köln[338]. Gegenüber allen diesen Vorschlägen, die hier nur verkürzt und ohne die sie begleitenden Begründungen angeführt werden konnten, bleibt die Lösung von W. Neuß weiterhin erwägenswert. Ihm scheint es am plausibelsten zu sein, "daß Maternus von Trier ausgegangen ist und Köln und Tongern gegründet, daß also in diesem Punkte die Legende etwas Richtiges festgehalten hat"[339]. Neuß verschweigt nicht einige Schwierigkeiten, die sich seiner Lösung entgegenstellen: daß z.B. Maternus in der Reihe der 33 Unterzeichner des Briefes der Synode von Arles an Papst Silvester an 24., sein Nachfolger in Trier Agritius aber an 2. Stelle stehe gleich nach Marinus von Arles, in der Liste der Bischöfe und Bischofsvertreter, die den Canones der Synode folgt, jedoch zusammen mit den Bischöfen Galliens an 5., Agritius dagegen an 8. Stelle. Auch der Übergang von einem Bistum zu einem anderen und die in der Bestattung in Trier sich aussprechende Fortdauer der Verbindung mit dem Ausgangsbistum entspreche nicht den altchristlichen Gepflogenheiten. Da aber ebensowenig an einer Tätigkeit des Maternus in Köln wie an seiner Beisetzung in Trier zu zweifeln sei, müßten wohl außergewöhnliche Verhältnisse vorgelegen haben[340].

Die von Neuß genannten Schwierigkeiten sind nicht unüberwindlich. Die verschiedene Plazierung des Maternus in den Arleser Dokumenten kann daher rühren, daß bei der Reihenfolge im Brief an Papst Silvester der Rang des Bistums, in der Liste der anwesenden Bischöfe bzw. Bischofsvertreter dagegen das Alter und die Person des Bischofs maßgebend waren. Auch der Wechsel eines Bischofs von einem Sitz auf einen anderen ist in frühchristlicher Zeit trotz des in Can. 15 des Konzils von Nizäa (325) ausgesprochenen Verbots vielfach bezeugt. Warum sollte es unmöglich sein, daß Maternus wirklich allen drei Bistümern als Bischof verbunden war? Konstantin dürfte ihn von seiner Zeit in Trier gut gekannt haben. Vielleicht hat er ihn deshalb als einen von drei Schiedsrichterbischöfen von Köln nach Rom berufen. Daß Maternus nach einer Reihe von Jahren auf Trier verzichtet hat und nach Köln übergesiedelt ist, würde verständlich, wenn in Köln eine wichtige und dringende Aufgabe zu erledigen war. Geschah die Übersiedlung auf Bitten des Kaisers? Hängt sie zusammen mit dem Bau der ersten Kölner Bischofskirche im Nordosten der Stadt?

Tongern wäre dann eine Missionsgründung des tatkräftigen Maternus von Köln aus, wobei man nicht unbedingt annehmen muß, daß er dorthin auf Dauer übergesiedelt ist. Seine Bestattung in Trier könnte damit zusammenhängen, daß Maternus und seine Familie aus dem Trierer Raum stammten.

– Euphrates und die Kölner Synode von 346

Historische Schwierigkeiten bereitet auch der nächste bekannte Bischof Euphrates, der 342 an der Synode von Serdica teilgenommen hat und dann zusammen mit Bischof Vincentius von Capua nach Antiochien an den Hof des arianisierenden Constantius II. gesandt wurde, um beim Kaiser zugunsten der nizänisch gesinnten Christen in Constantius' Herrschaftsbereich zu intervenieren[341]. Athanasius garniert die Nachricht von der Entsendung der beiden Bischöfe nach Antiochien noch mit einer etwas anrüchigen Geschichte:

Als die Arianer die Bischöfe "in Antiochien sehen, beraten sie gemeinsam ... Sie engagieren sodann eine öffentliche Dirne - genau in den Tagen des allerheiligsten Osterfestes! - und schicken sie unbekleidet nachts zu Bischof Euphrates. Die Dirne glaubte anfangs, es sei ein junger Mann, der sie bestellte, und folgte bereitwillig. Als sie aber von jenen hineingeführt worden war und den schlafenden und ahnungslosen Mann sah, als sie dann gar das greise Gesicht und die bischöfliche Würde erkannte, schrie sie plötzlich auf und zeterte...[342]".

Befremdlicher als diese Geschichte eines hinterhältigen Anschlages, der am Ende auf seine Urheber zurückfällt, ist die Tatsache, daß es Akten einer Synode gallischer Bischöfe unter dem Vorsitz des Trierer Bischofs Maximin gibt, die in Köln getagt haben will und ausgerechnet den als Streiter für die Orthodoxie nach Antiochien entsandten Euphrates von seinem Kölner Bischofssitz absetzte. Die Akten berichten, daß am 12. Mai 346 unter anderen Maximinus von Trier, Jesse von Speyer, Victor von Worms, Amandus von Straßburg, Justinian von Basel-Augst, Servatius von Tongern zusammenkamen und zusammen mit den nicht anwesenden Bischöfen Martinus von Mainz und Victor von Metz über Euphrates zu Gericht saßen:

"Es wurde ein Schreiben der Gemeinde von Köln, aber auch aller Orte in Untergermanien über Euphrates verlesen, der die Göttlichkeit Christi leugnet. Darauf sagte Bischof Maximinus: 'Es ist der Wille des Vaters und unseres Herrn Jesu Christi, daß wir uns auf Aufforderung unserer Brüder hier in Köln versammeln wegen des verrückten und gotteslästerlichen Euphrates, der - wie die ganze Welt weiß - vor Gottes Angesicht schon verurteilt ist, der gegen den Heiligen Geist lästerte, als er die Göttlichkeit Christi leugnete *(quod Christum deum negat)*. Deshalb stellt meine Wenigkeit *(mediocritas mea)* folgenden Antrag: ... Es ist klar, daß er nicht Bischof bleiben kann'. Bischof Valerianus sagte: 'Durch die Eingabe sogar vieler teurer Laien ist es offenkundig, daß Euphrates den, der seit Anbeginn unser Herr und Gott ist, leugnet, obwohl die Propheten einhellig bezeugen, daß er schon vor der Erschaffung der Welt zusammen mit Gott, dem allmächtigen Vater, existierte. Daher ist Euphrates als falscher Lehrer, der behauptet, Christus sei lediglich ein einfacher Mensch *(qui tantum nudum hominem asserit Christum)*, mit Recht durch das Urteil der Mitbischöfe gerichtet'"[343].

Wie ist dieser Umschwung zu erklären? Ist Euphrates wirklich innerhalb weniger Jahre von einem Vorkämpfer für die Gottheit des Sohnes in Serdica und Antiochien zu ihrem Leugner geworden?

Aus dogmengeschichtlicher Sicht ist folgende Lösung vorgeschlagen worden: Selbstverständlich ist Euphrates nicht von heute auf morgen Arianer geworden. Er gehört im Gegenteil in das extreme antiarianische Lager, wie es von Marcell von Ancyra und anderen repräsentiert wird und das noch über die Lehre des Konzils von Nizäa von der Wesensgleichheit des Sohnes mit dem Vater hinausgeht. Christus ist nicht nur dem Vater wesensgleicher Gott, sondern so sehr mit Gott eins, daß er vom Vater gar nicht zu unterscheiden ist. Wenn die Synode dem Euphrates etwas ungeschickt vorwirft, er leugne Christus als Gott, dann meint sie damit, Euphrates betrachte Christus nicht von Ewigkeit her als eine eigenständige Person des einen göttlichen Wesens, sondern als eine heilsökonomisch vorübergehende Erscheinungsweise Gottes auf Erden[344].

Andere Forscher dagegen verlegen sich nicht auf solche schwierigen theologischen Erklärungen, sondern halten die ganze Synode für eine Erfindung. Was spricht gegen die Absetzung und Verurteilung des Euphrates? Zunächst die Tatsache, daß Athanasius von dem Vorfall nichts zu wissen scheint, obwohl er zu dieser Zeit nacheinander mit den Trierer Bischöfen Maximinus und Paulinus in Briefwechsel steht[345]. Auch Hilarius von Poitiers (gest. 367), der sich eingehend mit den Nachwirkungen des arianischen Streites befaßt hat, erwähnt keinen entsprechenden Vorfall in Köln[346].

Die Kölner Synode wird zum ersten Mal angeführt in der Vita des Trierer Bischofs Maximin, die wahrscheinlich um die Mitte des 8. Jhs. geschrieben worden ist[347]. Die Akten der Synode erscheinen noch später in einer Handschrift aus dem 10. Jh.[348]. Wenn angenommen werden soll, daß die Synode und ihre Akten eine späte Fälschung darstellen, müssen jedoch zwei Fragen geklärt werden:

1. Wie kommt es, daß die Namen der die Kölner Synode unterzeichnenden bzw. bestätigenden Bischöfe bis auf zwei - in den Akten zum Teil sogar in derselben Reihenfolge - in einem von Athanasius überlieferten Schreiben auftauchen, in dem die gallischen Bischöfe der Synode von Serdica zustimmen? Da das griechisch überlieferte Schreiben nur die Namen der Bischöfe, nicht ihre Sitze nennt, kann es nach F.W. Oediger "nicht die Vorlage für einen Fälscher gewesen sein, der es etwa verkürzend ausge-

schrieben hätte"[349]. Doch diese Konsequenz ist nicht zwingend. Genauso plausibel erscheint die Annahme, daß einem späteren Schreiber die Bischofsliste des Athanasius vorlag, die er mit Namen von Städten aus den zur Diözese *Gallia* gehörigen Provinzen verknüpft hat, die seiner Meinung nach um die Mitte des 4. Jhs. bereits eine bischöflich verfaßte Gemeinde besaßen[350]. Trifft diese Annahme zu, dann sind die ersten Bischofsnamen für Worms, Speyer, Straßburg und vielleicht auch Mainz, die auf die Kölner Synode zurückgehen, historisch wertlos, weil sie erst viel später in den Akten über die angebliche Kölner Synode mit konkreten Orten verbunden worden sind[351]. Ch. Brennecke kommt aufgrund aller Erwägungen, die hier nicht ausführlich nachgezeichnet werden können, zu dem Schluß, daß 346 mit großer Wahrscheinlichkeit eine Synode stattgefunden hat, in der die Beschlüsse von Serdica bestätigt wurden. Unter den Bischöfen, die laut der von Athanasius mitgeteilten Liste unterschrieben hatten, "fehlte der Name des noch für 344 bezeugten Bischofs Euphrates von Köln, der zu diesem Zeitpunkt aller Wahrscheinlichkeit nach nicht mehr lebte. Im Fehlen seiner Unterschrift lag die Möglichkeit einer derartigen Fälschung, wie sie im Protokoll der angeblichen Kölner Synode vorliegt"[352].

2. Neben der Erklärung, wie die Fälschung zustande gekommen sein kann, muß ihre Absicht aufgedeckt werden. Jede Fälschung hat ja einen bestimmten "Sitz im Leben". Um ihn herauszufinden, muß möglichst genau der historische und kirchengeschichtliche Ort fixiert werden, an dem die Nachrichten über die Kölner Synode zum ersten Mal auftauchen. Der Vorgang ist sehr verwickelt und kommt naturgemäß nicht ohne Vermutungen aus. Es läßt sich nur ein Indizienbeweis anführen, der immer der letzten Sicherheit entbehrt. Gleichwohl glaubt Brennecke - auf anderen fußend -, die Situation und den Zweck der Fälschung präzise angeben zu können.

Die *Vita Maximini* aus der Mitte des 8. Jhs., in der die Synode zum ersten Mal erwähnt wird, fällt nach Brennecke in die Zeit des erbitterten Widerstandes des Trierer Bischofs gegen die Erhebung Kölns zum Erzbistum. Damals sollte Köln unter der Führung des Bonifatius zum kirchlichen Zentrum des Frankenreiches werden. Am Widerstand des fränkischen Adels und Episkopats scheiterte dieser Plan. Hauptgegner der Aufwertung Kölns war - nach Bonifatius' eigenem Zeugnis - Bischof Milo von Trier (717/23 bis etwa 757), der auch der Auftraggeber der *Vita Maximini* gewesen sein dürfte. Damit ist das Ziel des Euphrates-Einschubs in der *Vita Maximini* klar: Köln soll durch einen Häretiker auf dem Bischofssitz desavouiert, die Wächterrolle Triers in der Gestalt des Maximin herausgestrichen werden.

Anders und auch wieder gleich war die Lage im 10. Jh., als wahrscheinlich die ausführlicheren Akten der Kölner Synode zusammengestellt wurden, falls sie nicht schon etwas früher entstanden sind. Wieder rangen

113

Trier und Köln um Einfluß und Ansehen. In Köln regierte der aus königlicher Familie stammende Bruno, der dabei war, Köln zur *Roma secunda* nördlich der Alpen zu machen. Trier drohte erneut in den Hintergrund gedrängt zu werden und frischte die alten Verdächtigungen wieder auf. Treffen diese Vermutungen zu, bedeutet das zugleich, daß diese Querelen mehr über die kirchenpolitischen Verhältnisse im Frühmittelalter aussagen als über die Kölner Kirchengeschichte des 4. Jhs.[353].

Soviel ist deutlich geworden: Euphrates, der zweite für Köln bezeugte Bischof, muß nicht ein Häretiker gewesen sein. Daß man ihn dazu machen konnte und die Kölner keinen Protest gegen die *damnatio memoriae* ihres Bischofs eingelegt haben, ja daß sie im 10. Jh. selbst die von Trier ausgehende Verurteilung übernahmen, ist wohl nur so zu erklären, daß sich in Köln keine Erinnerungen an Euphrates erhalten hatten. Die Überfälle und Zerstörungen der Stadt, zuletzt noch der Normanneneinfall im 9. Jh., hatten alle Spuren ausgelöscht. Es gab keinen Kult des Euphrates, keinen Gedenktag am Ort seines Wirkens, keine Kirche trug seinen Namen. Während Eucharius, Valerius, Maternus und Maximin in Trier intensiv verehrt wurden - St. Maximin war das mächtigste Kloster im fränkischen Reich -, während in Köln des heiligen Severin gedacht wurde, war Euphrates nur ein Name - sonst nichts. Ein solcher Bischof aus frühchristlicher Zeit mußte im 8. Jh. einem Trierer Heiligenvitenschreiber höchst verdächtig erscheinen. So konnte es dazu kommen, daß eine geschickte Fälschung von einem *Euphrates episcopus haereticus* keinen Widerspruch fand.

- Severin

Die Kölner Bischofstradition für das 4. Jh. ist spärlich und lückenhaft. Der dritte Bischofsname, der auftaucht, ist nach Maternus und Euphrates um 400 der soeben erwähnte Severin, wenn man von dem Bischof und Gegenspieler des Papstes Damasus, Ursinus, einmal absieht, der eine Zeitlang (um 378/9) in Köln in der Verbannung gelebt zu haben scheint. In einem Brief der Kaiser Gratian und Valentinian an Aquilinus, den Präfekten für Mittelitalien, heißt es nämlich: "Den Ursinus hält Gallien gefangen, und weiter Unruhe zu stiften, hindert ihn seine Verbannung in Köln"[354].

Von Severin berichtet Gregor von Tours, *De virtutibus S. Martini* 1,4:

"Der selige Severin, Bischof von Köln, ein Mann von ehrenhaftem Lebenswandel und jedes Lobes wert, machte eines Sonntags - wie gewohnt - mit seinen Klerikern einen Rundgang durch die heiligen Stätten. Da hörte er, genau zu der Stunde, da der heilige Martin starb, einen Chor in himmlischen Höhen singen"[355].

Gregor, der kurz vor 590 schrieb, muß Severin also für einen Zeitgenossen

Martins gehalten haben, der 397 gestorben ist. Über die weite Entfernung hat Severin den Tod des Bischofs von Tours gespürt - das wird wohl mit der Erzählung von den himmlischen Chören gemeint sein. Auf das Gebet Severins hin wurde dann auch sein Archidiakon gewürdigt, die Himmelsstimmen zu hören. Als man nach Tours schickte, erfuhren die Boten, daß zu der Stunde, da Severin den Gesang gehört hatte, Martin gestorben sei.

Nach der um 900 geschriebenen *Vita S. Severini* soll Severin von Bordeaux nach Köln gekommen, durch eine Vision dahin zurückgerufen und in Bordeaux gestorben und beigesetzt worden sein. Später sollen die Kölner seinen Leib bzw. seine Reliquien zurückgeholt und in der Kirche der Märtyrer Cornelius und Cyprianus beigesetzt haben, die dann - wahrscheinlich um die Wende vom 8. zum 9. Jh. - den Namen des heiligen Severin übernahm. Die Vita selbst gibt zu, daß von den Wundern und Taten des heiligen Bischofs nichts überliefert worden sei; alles sei bei dem Einfall der Ungläubigen vergessen worden. So benützt die Vita eine Lebensbeschreibung des gleichnamigen Bischofs Severin von Bordeaux, um überhaupt etwas über den Kölner Bischof schreiben zu können[356]. Warum sich immerhin der Name des Bischofs in der Erinnerung erhalten hat, läßt sich nur vermuten. A. Hauck meint: "Vielleicht wurde unter seinem Episkopat die Stadt von den Franken erobert. Wußte er die Reste der christlichen Gemeinde zu sammeln und zu erhalten, so würde sich erklären, daß sein Name unvergessen blieb"[357].

Wenn wenig später Abt Heriger von Lobbes Severin unter die Kämpfer gegen die Irrlehre des Arius rechnet, so ist das - wie F.W. Oediger zu Recht feststellt - eine "gelehrte Kombination"[358]. Heriger nahm wohl an, daß Severin gleich nach der Absetzung des Euphrates als dessen Nachfolger gewählt worden sei. Es bleibt dabei: die früheste und einzige einigermaßen sichere Nachricht über Severin ist die Bemerkung Gregors von Tours, die selbst schon legendenhafte Züge aufweist[359]. Leider entzieht sich auch die an sich höchst interessante Bemerkung über den Gang Severins mit seinen Klerikern durch die heiligen Stätten oder um sie herum einer genaueren Auslegung. Immerhin könnte sie einen Hinweis auf mehrere kirchliche Gebäude enthalten.

Über die Kölner Gemeinde sagen alle die bisher erwähnten Nachrichten wenig aus: Wie groß sie war, welche Leute zu ihr gehörten, wo sie ihre Gottesdienste feierte, bleibt unbekannt. Wieviele Einwohner besaß Köln vom 2. bis 4. Jahrhundert? Man kennt zwar die ummauerte Fläche, weiß aber nicht, wie dicht die einzelnen *insulae* bebaut waren. Die bisher niedrigste angenommene Zahl nennt für das 4. Jh. immerhin 40.000 Einwohner[360]; wieviele davon Christen waren, ist nicht auszumachen. Überlieferte Namen weisen auf griechische oder orientalische Herkunft hin, ohne daß man sagen könnte, ob ihre Träger selbst noch aus den fernen Gegenden nach Köln gekommen oder bereits dort geboren worden sind. Trotz der Frankenüberfälle und einem spürbaren Niedergang der Stadt um die

Wende zum 5. Jh. scheint die Oberschicht nicht ganz ausgestorben oder weggezogen zu sein. Bekannt sind der *vir Clarissimus Clematius,* der mit dem Bau von St. Ursula zu tun hat, und die vornehme Witwe, die um 440 in der fränkisch besetzten Stadt lebte und sich den Barbaren als Magd verdingen mußte, von der Salvian von Marseille berichtet[361].

- Carentinus

Bis zum nächsten Bischof, dessen Name sich erhalten hat, vergehen mehr als 150 Jahre. Es ist Carentinus, der aber auch nicht aus Kölner Urkunden bekannt ist, sondern durch den fleißig dichtenden Venantius Fortunatus, der um 566/7 dem Kölner Bischof ein langes, überschwengliches Gedicht gewidmet hat, welches allerdings dadurch an Wert verliert, daß er es, nur an einigen Stellen ein wenig abgewandelt, auch dem Bischof von Reims zugeeignet hat[362]. Daß es zwischen Severin um 400 und Carentinus um die Mitte des 6. Jhs. keinen Kölner Bischof gegeben haben soll, ist gänzlich unwahrscheinlich, unbeantwortbar bleibt jedoch die Frage, warum die Bischofsüberlieferung gerade in Köln so schlecht erhalten ist, selbst wenn die Stadt schwere Zeiten durchmachen mußte.

Die Carentinus und seine Kölner Tätigkeit betreffenden Verse des Venantius Fortunatus lauten:

"Carentinus, du Zierde des Glaubens, Gottes Freund, wie schon der Name sagt, hochgeschätzt [Wortspiel *carus-Carentinus*], stets geliebt! Das reiche Köln hat dich zum Bischof, du Pächter, fruchtbaren [Wortspiel *colonus-Colonia*] Ackers würdig! Golden erneuerst du die Kirchen *(aurea templa novas pretioso fulta decore),* festgebaut und kostbar geschmückt. Von deinem Glanz erstrahlt auch prächtig das Gotteshaus. Damit die Kirchen eine größere Schar Menschen fassen, wird oben ein weiterer Rang [Empore?] gleichsam hängend angebracht"[363].

Woher Carentinus kommt, ob er in einem Bischofshaus oder in einer Domschule groß geworden und für sein Amt herangebildet worden ist, bleibt unerwähnt. Wo er seine Bautätigkeit ausgeübt hat, wird an anderer Stelle aufgegriffen werden[364].

- Eberigisil und seine Nachfolger

Der nächstbekannte Bischof Eberigisil (Evergislus) trägt eindeutig einen nicht mehr römischen Namen. Um 590 wird er vom König mit anderen Bischöfen nach Poitiers gerufen, um dort mitzuhelfen, Streitigkeiten im Kloster der heiligen Radegunde beizulegen. Vielleicht hat Gregor von Tours anläßlich dieses Besuches von den beiden wunderbaren Begebenheiten im Leben Eberigisils erfahren, von denen er im *Liber in gloria martyrum* 61 berichtet. Die erste handelt von einer wunderbaren Heilung:

"Es steht bei Köln eine Basilika, in der fünfzig Männer der berühmten Thebäischen Legion den Märtyrertod erlitten haben sollen. Weil die Kirche in bewunderungswürdig gearbeiteten Mosaiken golden erstrahlt, nennen die dort wohnenden Leute sie gewöhnlich 'Die goldenen Heiligen'. Einmal aber, zur Zeit des Bischofs Eberigisil, der damals der Oberhirte *(antistes)* der Stadt war, litt dieser unter starken Kopfschmerzen - er wohnte damals in einem Landhaus in der Nähe der Stadt. Er schickte seinen Diakon in die Basilika der Heiligen. Nun ist, wie man mir sagte, gerade in der Mitte der Kirche ein Brunnen, in den die Heiligen nach ihrem Martyrium gemeinsam geworfen worden sind. Er entnahm dort etwas Staub und brachte ihn dem Bischof"[365].

Es versteht sich, daß Eberigisil von seinen Kopfschmerzen befreit wurde. Diese Heilungsgeschichte entspricht ganz dem Wundergeschmack Gregors. Als historische Nachricht über den Bischof ist sie, selbst wenn sie stimmen sollte, unergiebig. Aufschlußreicher sind die Nachrichten über die *sanctos aureos* in *ipsam basilicam*, die im Zusammenhang mit den archäologischen Forschungen in St. Gereon bedeutsam werden[366].

Auch die zweite Begebenheit, die Gregor aus dem Leben Eberigisils berichtet, hat mit den Thebäern zu tun.

"Obwohl es eine Überlieferung gibt, daß der heilige Märtyrer Mallosus bei der Stadt Birten *(apud Bertunensium oppidum)* sein Martyrium vollendet habe, war es den Leuten dort verborgen, wo er ruhte; es war da aber eine Kapelle *(oratorium)*, in der sein Name angerufen wurde. Bischof Eberigisil von Köln baute dort eine Kirche *(basilica)*, in die er die bisherige Kapelle als Chor einbezog in der Hoffnung, die seligen Gebeine dorthin überführen zu können, wenn sie offenbart würden"[367].

Als später einem Metzer Diakon eröffnet wird, wo die Gebeine des Mallosus ruhen, veranlaßt er den Bischof, in der Apsis der früheren Kapelle zu graben. Als man eine sieben Fuß tiefe Grube ausgehoben hat, entströmt ihr ein süßer Duft[368], und man findet den heiligen Leib. Eberigisil läßt die Kleriker das Gloria anstimmen und überträgt die Gebeine in die neue Basilika. "Es heißt", beendet Gregor seinen Bericht, "daß auch der Märtyrer Viktor dort *(ibidem)* begraben sei, aber bisher kennen wir ihn noch nicht als offenbart"[369].

Der Wahrheitsgehalt dieser Auffindungsgeschichte ist schwer abzuschätzen. Sie ist offensichtlich den Inventionen anderer Märtyrer, besonders der berühmten Auffindung der heiligen Gervasius und Protasius in Mailand 386 durch Bischof Ambrosius, nachempfunden. Die Lage der Kirche, in der Mallosus bestattet worden sein soll, ist nicht mehr bekannt. Erschwerend kommt hinzu, daß seine Verehrung wandert. Das *Martyrologium Hieronymianum* bezeichnet Mallosus mit Cassius, Florentius, Viktor und anderen 330 Gefährten als Kölner Märtyrer, während er 1166 mit den Märtyrern Cassius und Florentius aus der Cassiusgruft des Bonner Münsters erhoben wird[370].

Die spätere Legende, die häufig die Erinnerung an Orte treu bewahrt, Zeitabstände dagegen beliebig zusammenschrumpfen oder sich dehnen läßt, hat Eberigisil zu einem Diakon des Bischofs Severin gemacht. Ihr zufolge stammte Eberigisil aus Tongern, von wo ihn Severin mit nach Köln genommen hat, damit er ihm helfe, die Irrlehre des bösen Euphrates zu überwinden. Auf diese Weise werden alle wichtigen Kölner Bischöfe der Frühzeit (außer Maternus) in einen Ereigniszusammenhang gebracht. Später soll Eberigisil, als er seine Heimatstadt Tongern besuchte, um dort gegen das Heidentum zu kämpfen, auf dem Heimweg von Räubern ermordet und von den Tongerern in einer Marienkapelle bestattet worden sein. Erzbischof Bruno habe ihn dann 956 nach Köln zurückgeholt und in St. Cäcilien beigesetzt[371].

Als Nachfolger des Eberigisil tauchen in der Werdener Bischofsliste aus dem späten 10. Jh. noch einmal zwei Bischöfe mit romanischen Namen auf: Solatius und Remedius. Von Solatius ist bekannt, daß er an der schon häufiger erwähnten Synode 614 in Paris teilnahm. Zwischen die beiden schiebt sich in der Liste Bischof Sunnoveus[372].

- Kunibert

Als letzter Bischof soll aus merowingischer Zeit Kunibert (623/63) genannt werden; er ist zugleich der erste, über den sich nicht nur ein zufälliges Datum und Legenden erhalten haben, sondern über den etliche historische Nachrichten überliefert sind. 627 unterzeichnete er auf einer Synode in Clichy, für den 3. September 643 bezeugt ihn eine Urkunde in Bonn[373]. Nach einer Vita soll er vor seiner Ernennung Archidiakon der Kirche von Trier gewesen sein. Durch den Heiligen Geist, die Synode und den Befehl des Königs sei er wider seinen Willen Bischof von Köln geworden (per Spiritum sanctum et synodale concilium ac praecepto regis). Die Aufzählung spiegelt die Verhältnisse im Frankenreich wider. Die Bestellung (ordinatio) geschieht durch den König; frühkirchlich sind die beiden anderen Elemente, wenn man unter Spiritus sanctus die Weihe und unter synodale concilium die Wahl durch Klerus und Volk verstehen darf. Daß Kunibert von Dagobert I. (623/38) zusammen mit dem Herzog Adalgisel zum Regenten für seinen minderjährigen Sohn Sigibert im östlichen (austrasischen) Frankenreich bestellt wurde, weist nicht nur auf die persönlichen Qualitäten des Bischofs, sondern auch auf die politische Bedeutung des Kölner Sitzes hin[374].

Sigibert III. (633/56) erwies sich als dankbar, wie eine Schenkungsurkunde bestätigt, in der es heißt:

"Wir bestätigen, daß wir im vergangenen Jahr zum Heil unserer Seele und für die ständige Hilfe, die unsere Apostolischen Väter Kunibert und Abbo [Bischof von

Metz] für den Bestand unseres Reiches bei Hofe wie in unseren sonstigen Belangen redlich und unermüdlich leisten, das Landgut, das Trib...[Trébosc, Arr. Rodez in Frankreich] heißt, mit allem, was dazu gehört, der Kirche des heiligen Petrus zu Köln und der Kirche des Erzmärtyrers Stephanus zu Metz aus freien Stücken und ungeschmälert überlassen haben"[375].

Nach 648 brechen die zuverlässigen Nachrichten über Kunibert ab. Auf ihn geht das Stift St. Clemens zurück, seine spätere Grabkirche, heute St. Kunibert. Er soll auch das Grab der heiligen Ursula in der Kirche der heiligen Jungfrauen gefunden haben. Eine schneeweiße Taube habe sich erst auf seinem Haupt, sodann an der Stelle des Grabes der Heiligen niedergelassen[376]. Damit münden auch die Nachrichten über Kunibert am Ende in die Geschichte der Kölner Märtyrer ein, über die noch ausführlicher zu sprechen sein wird. Zuvor soll versucht werden, die Erkenntnisse, die sich aus den wenigen Nachrichten über die Bischöfe für die frühe Kölner Kirchengeschichte gewinnen lassen, durch die archäologischen Funde zu ergänzen.

4.3 Kirchen

- Bischofskirche

Die erste Frage zielt auf die Bischofskirche, mit deren Existenz spätestens ab Maternus gerechnet werden kann. Wo hat sie gestanden, und haben sich Spuren von ihr erhalten? Man hat verschiedene Plätze vorgeschlagen, so z.B. eine mittelalterliche Kapelle am Anfang der Marzellenstraße, d.h. außerhalb der römischen Stadtmauer, die seit dem 13. Jh. "St. Victor zum alten Dom" genannt wurde[377]. K. Corsten hat sie mit dem *conventiculum ritus christiani* in Verbindung gebracht, das Ammianus Marcellinus als Fluchtziel des Usurpators Silvanus genannt hatte. Wenn Silvanus versucht hätte, von der *regia* an der Stelle des heutigen Rathauses in ein Gebäude vor dem Nordtor zu fliehen, hätte er jedoch eine ziemliche Strecke zurücklegen müssen. Irgendwelche Spuren, die auf eine frühchristliche Kultstätte an der Marzellenstraße schließen lassen, sind nicht gefunden worden. Wahrscheinlich ist mit dem *conventiculum* entweder eine Palastkapelle im Prätorium gemeint[378] oder - wenngleich weniger wahrscheinlich - die Bischofskirche selbst[379]. Auch andere Orte, die für den Standort der ersten Bischofskirche angegeben worden sind, wie z.B. die sogenannte Kathedrale des Bischofs Severin an der Hohen Straße, St. Cäcilia oder die daneben liegende Kirche St. Peter, basierten auf baren Vermutungen, die sich inzwischen erledigt haben[380].

Die älteste Kölner Bischofskirche - das haben die Grabungen, die seit 1945 bis heute durchgeführt worden sind, gezeigt - befand sich innerhalb

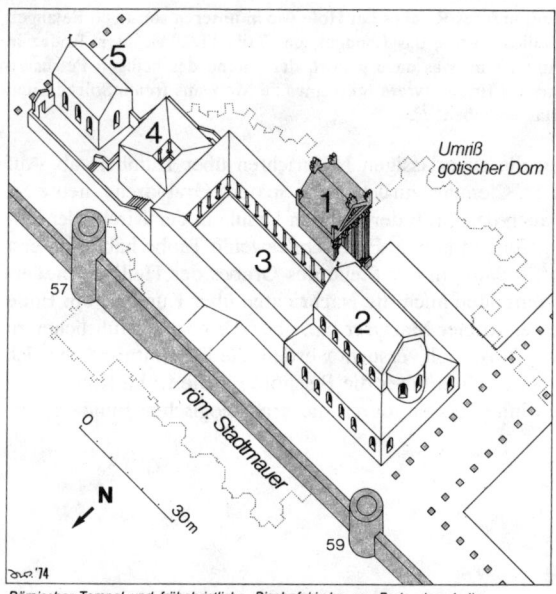

Römischer Tempel und frühchristliche Bischofskirche am Ende des 4. Jh.:
1 Tempel, 2 Frühchristliche Kirche, 3 Atrium, 4 Heizbares Gebäude, 5 Taufkapelle.

Abb. 22 Köln. Rekonstruktion von Tempel und frühkirchlicher Anlage Ende 4. Jh.

der Mauern in der Nordostecke der Stadt auf dem Gelände, das heute der gotische Dom einnimmt. Das Areal, auf dem die ersten Gebäude entstanden, ist etwa 120 mal 25 m groß. Es war bestes Wohngebiet; dagegen muß nicht eine Abfallgrube sprechen, die in der Nähe der östlichen Stadtmauer gefunden wurde. Das Dionysos-Mosaik im Römisch-Germanischen Museum neben dem Dom, das sich noch *in situ* befindet, gehörte zu einem vornehmen Peristylhaus; westlich schloß sich ein ähnlich aufwendiges Atriumhaus an. Wie ist die Kirche so früh in den Besitz eines so wertvollen Geländes gekommen? Konnte sie es käuflich erwerben und möglicherweise dort bereits befindliche Bauten übernehmen oder abreißen lassen? Oder hat der Baugrund der staatlichen Macht gehört, die ihn der Kirche zur Verfügung stellte?

Vergleicht man die baulichen Anfänge in Köln mit der Doppelkirchenanlage in Trier, so sind sie eher bescheiden. Immerhin muß die Plazierung im Zusammenhang mit anderen Gebäuden Aufmerksamkeit erregen. In der Flucht mit dem christlichen Areal lag zum Rhein gewandt ungefähr in der Mitte der nord-südlichen Ausdehnung der Stadt das Prätorium, in der Südost-Ecke - an der Stelle der heutigen Kirche Maria im Capitol - befand sich der Tempel der Kapitolinischen Trias; d.h., die weltliche Macht rangierte zwischen den beiden religiösen Zentren, dem alten heidnischen und dem neuen christlichen. Die christliche Kirchenanlage bekam damit von Anfang an einen Platz, der dem des alten Kultes gleichwertig war. Die - natürlich nicht zu beweisende - Vermutung drängt sich auf, die Übereignung des Grundstücks an die Kirche könnte etwas mit Konstantin und der Übersiedlung des Maternus nach Köln zu tun gehabt haben. Einen anderen Vorschlag hat jüngst A. Wolff gemacht aufgrund der Beobachtung, daß nicht zuletzt im gallischen Raum viele frühchristliche Kirchen an der Stadtmauer in der Nähe des Tores lagen, was ihre Auffindung für auswärtige Christen erleichtert haben soll. Welcher Grund für die Standortwahl letztlich ausschlaggebend war, läßt sich wohl nicht mehr eindeutig beantworten[381].

Die kirchlichen Bauvorhaben wurden zunächst behutsam und bescheiden durchgeführt. So beließ man den Geländeabfall zum Rhein hin, der etwa durch das heutige Querhaus des Domes hindurchlief, und schuf nicht durch Planierung eine große ebene Fläche. Für das Baptisterium benutzte man ältere Baureste und veränderte seine Lage - ein wenig versteckt, tief gelegen und nur über Stufen erreichbar - direkt hinter der Stadtmauer nicht. Hier hätte man sich eine imposantere Lösung vorstellen können. Schon unterhalb des Geländeabfalls lag ein beheizbares Gebäude, dessen genauer Umfang unbekannt ist. Ob es das Haus des Bischofs oder der Kleriker gewesen ist, kann vermutet werden. Das Gelände vor dem einfachen Kirchenbau im westlichen Teil des Grundstücks wurde planiert und um 2 m angehoben und somit ein Atrium geschaffen, das vielleicht als Säulenhof ausgebildet war. Kirche, Atrium, Haus und Baptisterium ergaben einen eigenen Bezirk, der gegenüber den angrenzenden Bauten einen abgeschlossenen Eindruck machte[382]. Wie sehr man allerdings noch bereit oder gezwungen war, Rücksicht zu nehmen, beweist ein heidnischer Tempel aus der Mitte des 1. Jhs., der an der Südseite in das Atrium hereinragte und bis zum Ende des 4. Jhs. stehen blieb. Erst dann wurde er durch einen Brand zerstört und konnte abgerissen werden.

Verständlicherweise blieben die politischen Veränderungen auf die bauliche Entwicklung nicht ohne Auswirkungen. 391 war ein Verbot aller nichtchristlichen Kulte durch Kaiser Theodosius ergangen. 392 hatte der fränkische Comes Arbogast nach Festigung der römischen Herrschaft am Rhein den kaiserlichen Kanzleidirektor Eugenius gegen Theodosius zum Kaiser ausrufen lassen[383]. Vielleicht im Zusammenhang einer damit verbundenen heidnischen Restauration fanden Erneuerungs- und Vergrößerungsarbeiten am Tempel statt. Nach der Niederlage des Eugenius am Frigidus 394 war das Schicksal des Tempels besiegelt. Wegen eines 1866 vor dem Chor des jetzigen Doms gefundenen Bruchstücks einer Bauinschrift, die den Namen des Mercurius Augustus enthielt, galt das heidnische Kultgebäude unter dem Dom bislang meistens als Mercurius-Augustus-Tempel. Ob der Inschriftenstein, der mit den zu erschließenden Ergänzungen 2,50 bis 3 m betragen und ein erhebliches Gewicht gehabt haben muß, so weit verschleppt worden ist, erweckt Zweifel. Noch gravierender ist, daß die auf der Weiheinschrift erwähnten Baumaßnahmen wie Umgang, Säulenhalle sowie weitere *aedificia* sich nicht in Zusammenhang mit dem Tempel unter dem Dom bringen lassen. Wahrscheinlich gehört die Inschrift zu einem Tempel, der mit dem Tempel unter dem Dom nicht identisch ist[384].

Über die Kirche selbst ist wenig bekannt. Die Ausgräber vermuten über einer Grundfläche von etwa 30 mal 25 m eine gewestete, querschifflose, dreischiffige Basilika. Nicht genau festzulegen ist die Entstehungszeit. Ob schon zur Zeit des Maternus (313/314) die Bischofskirche an diesem Ort stand oder am Platz des sogenannten Bischofshauses, muß offen bleiben. Möglicherweise wurden zwei aufeinanderfolgende kleinere Hypokaustenräume im Bereich der späteren Bischofskirche schon in vorkonstantinischer Zeit kirchlich genutzt[385]. Um die Wende vom 4. zum 5. Jh. ist dann der oben beschriebene Zustand erreicht.

Wenn man die suggestiv eingängige Rekonstruktion der Grabungsfunde betrachtet, muß man sich allerdings darüber im klaren sein, daß sie sich zwar in die historischen Nachrichten über die kirchliche Tradition auf dem "Domhügel" hervorragend einfügt, die archäologischen Funde allein sich aber auch anders deuten ließen. Die Gestaltung der Apsis, die Anordnung der Fenster, die Säulenumgänge des Atriums könnten von den auf dem Rekonstruktionsversuch angenommenen Lösungen erheblich verschieden gewesen sein. Es wurden keine kirchenspezifischen Spolien wie Altarschranken, Kapitelle mit christlichem Schmuck oder Inschriften gefunden, die Auskunft über die Gestalt und Einrichtung der Gebäude geben könnten. Archäologisch gesichert sind allein einige Mauerstückchen und -ecken, die einen Estrich und damit eine größere Bodenfläche erkennen lassen, die einem Saalbau zugeordnet werden kann, der eben wegen der kultischen Tradition an dieser Stelle eine Kirche gewesen sein wird. Auch die Westung der Kirche mit Zugang vom östlich gelegenen Atrium darf als eine einigermaßen gesicherte Tatsache gelten[386].

Die weitere Entwicklung des Geländes und seiner Bauten ist schnell erzählt. In der ersten Hälfte des 5. Jhs. wurde das Baptisterium vergrößert und in eine kreuzförmige Anlage umgebaut. Damals erhielt das Taufhaus die achtzackige *piscina,* deren Überreste noch heute östlich des Domchores unterhalb des Domherrenfriedhofs sichtbar sind, sowie einen reichen Mosaikschmuck.

Wieder 100 Jahre später wurde im Atrium der Bischofskirche eine kleine, mit einer Ostapsis versehene Grabkapelle von 6,50 mal 4,20 m errichtet. Beisetzungen an dieser hervorgehobenen Stelle lassen darauf schließen, daß es sich bei den Bestatteten um Personen von höchstem Rang handeln muß. Die überaus kostbaren Grabbeigaben, die einer Dame und einem kleinen Jungen von höchstens sechs Jahren gehören, könnten

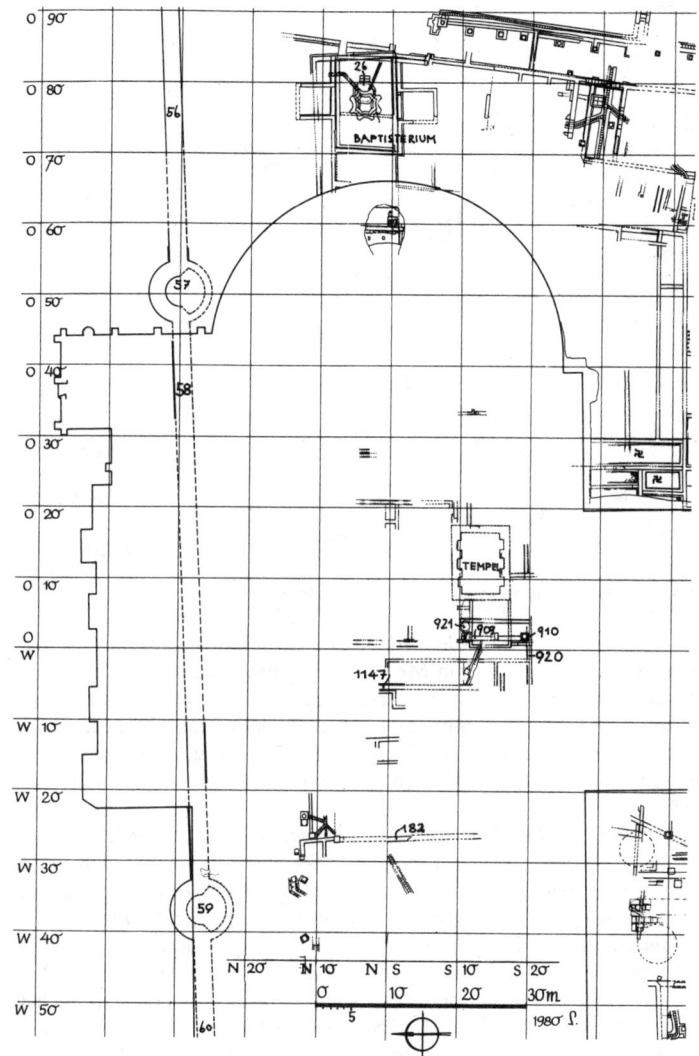

Abb. 23 Köln. Antike Baubefunde unter dem Dom

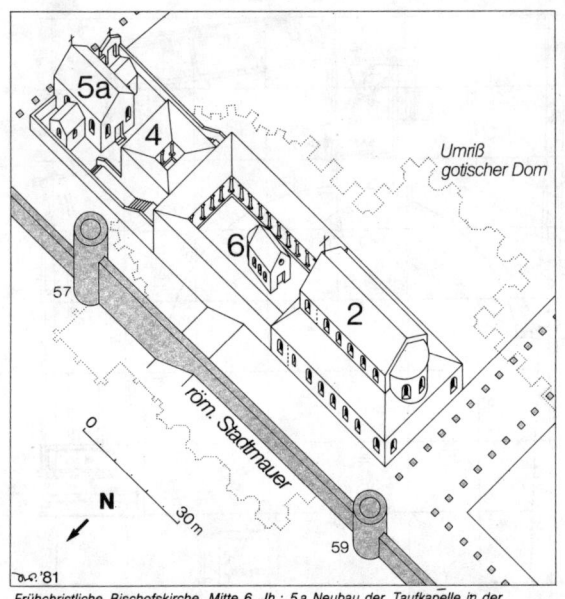

Abb. 24 Köln.
Rekonstruktion
von Bischofs-
kirche, Grab-
kapelle und
Baptisterium
Mitte 6. Jh.

Frühchristliche Bischofskirche, Mitte 6. Jh.: 5 a Neubau der Taufkapelle in der
1. Hälfte des 5. Jh., 6 Kapelle im Atrium mit den fränkischen Fürstengräbern.

darauf hinweisen, daß sie dem fränkischen Königshaus angehörten. Daß beide Christen waren, ist ein Menschenalter nach Chlodwigs Taufe nicht nur wahrscheinlich, sondern wird auch durch die Beigaben - die Frau hatte z.B. eine Reliquienkapsel mittelmeerischer Herkunft und ein kreuzverziertes Messer mit Gehänge bei sich - bestätigt. Die an die 150 Gegenstände umfassenden Grabfunde können im Diözesanmuseum besichtigt werden[387].

Die kleine Grabkapelle hat nach der Beisetzung der beiden Toten nicht sehr lange bestanden. Der für die Gräber durchstoßene Boden wurde nicht geflickt, sondern 20 cm höher neu verlegt, so daß er die Fundamente der niedergelegten Kapelle überdeckte. Auf diesem Estrich wurde ein sogenanntes Bema errichtet mit einem 7,50 m langen und 1,50 m breiten Gang, der in einer Rundkanzel von ungefähr 5 m Durchmesser endete. Ähnliche, wenngleich in ihren Ausmaßen kleinere Anlagen sind auch in Trier, in Boppard sowie in St. Ursula in Köln nachgewiesen worden[388]. Das "Bema" war der Ort der Wortverkündigung oder auch der Platz für die Sängerschola. Beachtet man seine Lage im Verhältnis zur bisherigen Bebauung, ergibt sich, daß die Bischofskirche aus spätrömischer Zeit weit nach Osten verlängert und auf eine Länge von ungefähr 90 m gebracht worden sein muß, wobei der Altarraum jetzt in den Ostteil der Kirche verlagert wurde. W. Weyres schließt nicht aus, daß zunächst die geostete frän-

124

kische Erweiterung ein selbständiger Raum gewesen sein könnte, der dann Rücken an Rücken zur alten Bischofskirche gestanden hätte[389]. Man ist versucht, diese Vergrößerung mit Bischof Carentinus (um 565) in Verbindung zu bringen, dessen Bautätigkeit ja bereits Venantius Fortunatus gerühmt hatte[390]. Da die Fundamente des späteren karolingischen Domes die Stützreihen der merowingischen Kirche zerstört haben, ist über ihre Gestaltung nichts Sicheres mehr herauszubringen.

Für Bischof Kunibert sei noch einmal daran erinnert, daß in der Schenkungsurkunde von König Sigibert III. zum ersten Mal das Petruspatrozinium der Kölner Kirche erwähnt wird[391]. Es haftet am Westchor, während der Ostchor der Gottesmutter geweiht ist. Zur Zeit des Bonifatius, der erst Erzbischof von Köln werden sollte, dann aber nach Mainz ausweichen mußte, wurde das Bema durch eine rechteckige *schola cantorum* ersetzt. Die nächste große bauliche Maßnahme fällt dann schon in karolingische Zeit, als zunächst die alte Bischofskirche mit einem Querhaus, einem neuen Chor und einem ringförmigen Atrium versehen wird, um bald danach durch einen ganz neuen monumentalen Bau ersetzt zu werden, den sogenannten "Alten Dom", der dann für die nächsten 400 Jahre als "Mutter und Meisterin aller Kirchen Germaniens" gilt[392].

- Seelsorgskirchen

Gab es neben der Bischofskirche noch andere Kultgebäude im Stadtgebiet bzw. im Umland von Köln, die der Seelsorge dienten? Nach F.W. Oediger besaß die Stadt, als sie 457 endgültig von den Franken besetzt wurde, mindestens vier Kirchen[393]. Er meint damit die bereits erwähnten Kirchen "St. Viktor zum alten Dom" an der Marzellenstraße, die "Kathedrale des Severinus" an der Hohestraße, die Bischofskirche auf dem heutigen Domhügel und die Kirchenanlage St. Cäcilien/St. Peter. Von den ersten beiden Bauwerken wurde schon gesagt, daß archäologische Funde entweder fehlen oder sehr unsicher in ihrer Deutung sind[394]. Bleibt noch der innerhalb des Stadtgebietes liegende Komplex St. Cäcilien/St. Peter, von dem ebenfalls bereits festgestellt wurde, daß er als Bischofskirche ausscheidet[395], was nicht ausschließt, daß eine in römische Zeit reichende Kirche hier gestanden haben kann. Für die spätere Damenstiftskirche St. Cäcilien (heute Schnütgen-Museum) trifft das allerdings nicht zu; Ausgrabungen haben keinerlei römisches Mauerwerk zutage gefördert, das mit Kirchenfundamenten in Verbindung gebracht werden könnte. Anders ist die Lage bei St. Peter. Hier haben die Grabungen durch O. Doppelfeld römische Mauern freigelegt, die sich in einen größeren Bauzusammenhang einordnen lassen. Möglicherweise entstand nach H. Borger "an der Stelle von St. Peter noch in spätrömischer Zeit eine Kirche von über 20 m Länge und beinahe 20 m Breite. Irgendwann zwischen dem 5. und 10./11. Jh. lag sie unbenutzt und wurde ruinös. Dann baute man sie unter Verwendung der älteren Fundamente neu"[396]. Es sei nicht verschwiegen, daß andere Archäologen einen frühchristlichen Ursprung der Kirche weitgehend ausschließen. Er ist auch für die von W. Bader als spätrömisch reklamierten Kirchen St. Alban, St. Columban und St. Laurentius sowie für zwei weitere kultische Räume in der Nähe des Domes nicht sicher nachzuweisen[397]. Eindeutig auszuschließen ist er dagegen für Groß St. Martin und Maria im Capitol, die zwar auf römischen Fundamenten aufruhen, deren christliche Baugeschichte aber erst in nachrömischer Zeit beginnt und darum hier nicht weiter behandelt zu werden braucht.

Auch beim sogenannten Caesarius-Oratorium, einem Vorgängerbau unter der von Bischof Anno im 11. Jh. erbauten Stiftskirche St. Georg außerhalb der Stadtmauern nahe vor dem Südtor an der Straße nach Bonn, bleiben einige Fragen offen. Im 1./2. Jh. befand sich an dieser Stelle entweder ein kleiner heidnischer Tempel[398] oder eine Benefiziarierstation, d.h. ein militärischer Straßenposten[399]. Schwierig ist die Datierung des kleinen dreischiffigen Kirchengebäudes mit Ostapsis, das weitgehend römische Fundamente benutzt. H. Borger hält den Bau für eine spätrömische Kirche, F. Mühlberg weist ihn der Zeit Bischof Kuniberts im 7. Jh. zu[400].

Die Diskussion um Entstehung und Funktion dieser sehr unterschiedlichen Kirchbauten ist deswegen so interessant, weil sie auf die Frage nach dem christlichen Leben in der Stadt im 4./5. Jh. Licht werfen könnte. Man fragt sich ja unwillkürlich, wieviele Christen konnten in der relativ kleinen Bischofskirche auf dem Domhügel am Sonntag Gottesdienst feiern? Reichte der Platz? Es gab in der Stadt volkreiche *insulae,* und noch mehr Menschen wohnten in den *suburbae,* wo sich *fabricae* und Handwerksstätten neben Gehöften und landwirtschaftlichen Betrieben befanden. Die Bevölkerung einer Stadt war nicht nur auf die Bewohner des ummauerten Kerns beschränkt; eine Stadt besaß Umland, sogar Vorstädte. Trotz Schwankungen in der Bevölkerungszahl infolge der kriegerischen Ereignisse möchte man fragen: Ließen sich alle die dort lebenden Menschen bei z.T. nicht unerheblichen Entfernungen von der einen Bischofskirche aus seelsorglich erfassen? Oder stößt man hier auf die Anfänge einer Pfarrorganisation, wie sie für das Mittelalter nachzuweisen ist, deren Anfänge aber aus den Quellen nur schwer zu fassen sind? Daß bisher an anderen Orten neben den Bischofskirchen kaum weitere zeitgleiche Stadtkirchen gefunden worden sind, könnte daran liegen, daß bisher zu wenig nach Gemeinde- und Seelsorgskirchen gesucht worden ist. Das gilt nicht nur für Stadtköln, sondern für das ganze Rhein-Maas-Gebiet. Auch wenn es in den römischen *castra* und *coloniae* nicht überall Bischofskirchen gegeben hat, so ist doch undenkbar, daß die dort lebenden Christen nur Grabkirchen besessen hätten. H. Borger gibt zu bedenken: "Vermutlich sind die Grabkirchen bislang für alle Überlegungen so bestimmend gewesen, daß davor die Gedanken an die lebenden Christen in den Hintergrund getreten sind. In genau diese Richtung aber werden die archäologischen Untersuchungen auch an anderen Plätzen noch geführt werden müssen. Die neulich [1971] geglückte Entdeckung einer frühchristlichen Kirche innerhalb der Bonner Militärlager durch W. Sölter zeigt, daß sich hier noch erfolgreiche Aufschlüsse erzielen lassen, wie auch die Feststellung von H. Eiden in Karden an der Mosel neue differenzierende Beiträge geleistet hat. Bis heute ist die Bischofskirche in der *Colonia Ulpia Traiana* bei Xanten nicht gefunden, die für die *Castra* von *Noviomagus* - Nijmwegen, *Novaesium* - Neuss stehen ebenso aus wie für die Zivilsiedlung dort, wie für *Aquae Granni* - Aachen, das römische Militärbad. Es hieße die Intensität des Frühchristentums des 4. Jhs. unterschätzen, wenn man nicht in diese Richtung dächte. Systematische Untersuchungen in der Schweiz durch R. Fellmann und neuere in Österreich durch H. Vetters zeigen klar, daß in der rheinischen Forschung immer noch zu stark die Grabkirchen allein im Zentrum der Vorstellung und Diskussion stehen"[401].

- St. Severin

H. Borger hat versucht - was nun wieder Köln betrifft - seine Vermutungen an der Kirche St. Severin zu erhärten[402]. Die heutige Pfarrkirche, die - wie bereits erwähnt - erst seit dem 9. Jh. Severin zum Patron hat, steht inmitten eines römisch-fränkischen Gräberfeldes mit Brand- und Erdgräbern an der alten Ausfallstraße nach Bonn. Ausgrabungen durch F. Fremersdorf (1925/43) ließen verschiedene Bauperioden erkennen. Der älteste Bau (I) war eine rechteckige längsgerichtete Friedhofskapelle mit einer Apsis im Westen von 11,60 mal 7,60 m, z.T. erbaut aus Spolien römischer Grabmonumente. Sie dürfte frühestens zu Lebzeiten Severins gegen Ende des 4. Jhs. entstanden sein, denn die Zerstörung heidnischer Grabmonumente und ihre Wiederverwendung als Baumaterial für die Kirche

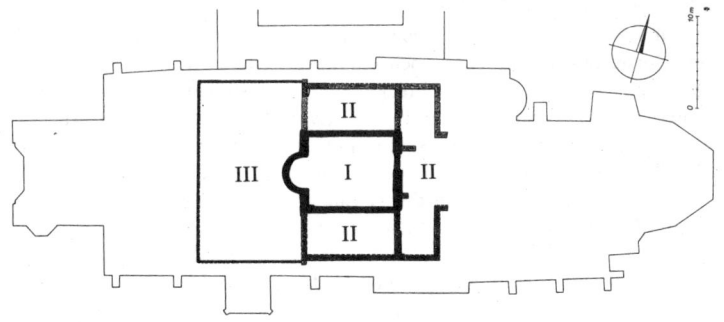

Abb. 25 Köln, St. Severin. Grundriß von Bau I–III

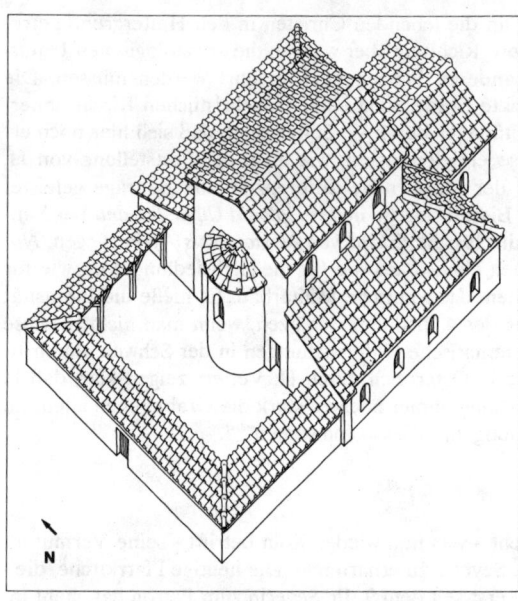

verbieten eine frühere zeitliche Ansetzung. Erst im letzten Drittel des Jahrhunderts, vor allem nach dem Religionsedikt Theodosius' des Großen, besaßen die Christen genügend Einfluß, um heidnische Kultstätten und Denkmäler antasten zu können.

Nach dem Tod des Bischofs wurde die Kapelle zu einer Kirche erweitert. Rechts und links wurden Räume angebaut, dazu eine 3,60 m tiefe Vorhalle im Osten (Bau II). Im 6./7 Jh. wurde die Anlage weiter vergrößert, indem im Anschluß an die Westapsis der Kirche in voller Breite ein 11 m tiefer Vorhof in Art eines Atriums angefügt wurde; sein Fußboden lag 26 cm erhöht gegenüber dem der Kirche. Zugänge in den alten Kirchenraum befanden sich rechts und links neben der Apsis (Bau III). In karolingischer Zeit wurde das Westatrium noch einmal erweitert, in den Kirchenraum einbezogen und mit einer rechteckigen Apsis abgeschlossen, so daß eine basilikale Anlage von nunmehr 33,30 m Länge entstand (Bau IV). Auf Bau V, der geostet war und eine Krypta mit dem Severinsgrab erhielt, folgte schließlich der hochmittelalterliche Bau der heutigen Pfarrkiche.

Wie ist die Bautätigkeit an dieser Stelle auf einem seit dem 1. Jh. benutzten Gräberfeld an der südlichen Ausfallstraße Kölns zu erklären? Die literarische Überlieferung berichtet nach einem in einer gefälschten Urkunde wiedergegebenen Zeugnis von Erzbischof Wichfried (948), Severin habe die Kirche als *monasterium* zu Ehren der heiligen Cornelius und Cyprian errichtet[403]. Das kann nicht stimmen, denn ein Patrozinium von

Papst Cornelius und dem karthagischen Bischof Cyprian ist um diese frühe Zeit nirgends bezeugt und taucht erst in karolingischer Zeit auf; zudem wäre die Grabkapelle von Bau I für eine noch so bescheidene Klerikergemeinschaft zu klein gewesen. Die *Vita Severini* erwähnt nur, die aus Bordeaux zurückgeholten Gebeine Severins seien hier beigesetzt worden[404]. Ob Severin in der Grabkapelle oder im Gräberfeld östlich davon begraben worden ist, bleibt ungewiß. Der Platz vor der Apsis, wo man ein Grab und eine *memoria* für Totenmahlzeiten hätte erwarten können, ist durch ein Grab des 17. Jhs. völlig zerstört worden. Ein Steinsarkophag in der Vorhalle von Bau II, den man als Grablege Severins identifizieren wollte, ist merowingerzeitlich[405].

F. Fremersdorf hat den Bau der Grabkapelle noch mit einer anderen Nachricht zusammengebracht. Zwei in der Apsis von Bau I gefundene geostete, beigabenlose Gräber hielt er für die Ruhestätte der vom *Martyrologium Hieronymianum* unter dem 30. Juni für Köln bezeugten Märtyrer Asclinius und Pamphilus. Diese Zuweisung ist jedoch höchst fraglich. Die völlige Unversehrtheit der Gebeine, die keine Spuren von Gewaltanwendung erkennen lassen, sprechen ebenso wie die trotz kultischer Kontinuität fehlende Überlieferung und Namenlosigkeit der beiden "Heiligen" eher gegen Fremersdorfs Annahme[406].

Verbindet man die literarischen Überlieferungen mit den archäologischen Funden, ergeben sich zwei Folgerungen. Eine formuliert F. W. Oediger so: "Wenn die Kapelle noch in spätrömischer Zeit (vor etwa 470) um zwei Seitenschiffe und eine Vorhalle, später um einen Vorplatz erweitert, dann (wohl im 8. Jh.) zu einer dreischiffigen 33,50 m langen Basilika ausgebaut und (vor 866) mit einem Kollegium von Kanonikern ausgestattet wird, wenn die ganze Zeit z.T. sehr reiche, d.h. sehr vornehme Franken in ihr bestattet werden, um 700 auch die Bischöfe Giso und Anno I., so deshalb, weil sie das Grab des hl. Severin barg. Auch wenn dessen Lage sich (noch) nicht hat bestimmen lassen, es muß im Umbereich der ersten Kapelle gesucht werden. Nur so erklären sich die Erweiterungen, nur so der Neubau des 10. Jhs., als man dem Heiligen die Krypta baute und die Kirche 'umkehrte', so daß jetzt der Hochaltar im Osten über dem Grab stand"[407]. Das kann, abgesehen von den Unsicherheiten in den Zeitangaben, stimmen.

Eine zweite Folgerung, auf die besonders H. Borger hingewiesen hat, deutet sich an, wenn man die zahlreichen Gräber chronologisch ordnet und darauf achtet, daß in der erweiterten ersten Kirche (Bau II) für gut hundert Jahre nur wenige Bestattungen vornehmer Familien im Kirchenraum selbst stattgefunden haben, zahlreiche dagegen außerhalb der Kirche, z.T. in eigens dafür errichteten Grabkammern. Was könnte der Grund für diese Zurückhaltung gewesen sein? Wäre Bau II ausschließlich eine Grabkirche, wären die Erweiterungen vielleicht sogar um des verehrten Severinsgrabes willen vorgenommen worden, müßten sich die Gräber doch eigentlich in der Kirche drängen, wie es in Bonn und Xanten und an anderen gleichgelagerten Orten denn auch tatsächlich geschieht. Borger vermutet als Grund, daß der Erweiterungsbau unter St. Severin eben keine Grabkirche, sondern eine Gemeindekirche gewesen sei. Daher kämen in ihr bis in das 6. Jh. hinein keine Bestattungen vor. Die Mitglieder der Gemeinde hätten in dieser Zeit ihre Toten um die Kirche herum begraben, und zwar gestaffelt nach Familiengruppen[408].

Eine Gemeindekirche an dieser Stelle setzt natürlich eine Siedlung voraus, die aber im 5. Jh. in diesem Abstand vor den Toren der Stadt gut denkbar ist, selbst wenn man dabei in die Nähe eines Friedhofsgeländes geriet. St. Severin würde in Bau II dann so etwas wie eine Gemeindegründung in spätrömischer Zeit erkennbar werden lassen. Ob das bedeutet, daß sich im 5. Jh. zumindest in diesem Bereich die altkirchlich-städtische und straff auf die Bischofskirche ausgerichtete Organisation der Kirche auflöst oder - positiver gesagt - eine intensivere seelsorgliche Betreuung des Umfelds der Stadt und des Landes beginnt, mag offen bleiben. In letzterem Fall würden damit "die ersten Ansätze eines über die Stadtmauern energisch hinausgreifenden Pfarrkirchenwesens faßbar"[409].

Wenn bei St. Severin eine Siedlung oder eine Gehöftgruppe und die zugehörige Eigenkirche zu einem eigenen Seelsorgsbezirk geworden sind, kann der Herr der Eigenkirche, dem die Totenkapelle unter St. Severin gehörte, die dann zum Kirchenbau II erweitert wurde, durchaus der Kölner Bischof selbst gewesen sein, der an dieser Stelle über Ländereien verfügte und ein besonderes Interesse an der seelsorglichen Versorgung der hier wohnenden Leute haben mußte. Sollten diese Vermutungen für St. Severin zutreffen, fiele nochmals Licht auf die Funktion des Caesarius-Oratoriums im Zusammenhang mit St. Georg sowie auf die Bauten unter St. Peter.

- Zömeterialkirchen

Muß bei den Kirchbauten von St. Severin offenbleiben, ob sie nicht nur als Zömeterial-, sondern in spätrömisch-frühfränkischer Zeit auch als Seelsorgskirche gedient haben, so waren St. Gereon und St. Ursula bis in frühmittelalterliche Zeit hinein immer Friedhofskirchen.

- - St. Gereon

Den bemerkenswertesten Teil von St. Gereon bildet das Dekagon des 13. Jhs., in dem - wie A. von Gerkan nachgewiesen hat[410] - bis zu einer Höhe von 16,50 m der antike Bau des 4. Jhs. enthalten ist. Es handelt sich um einen imposanten Ovalraum von 23,54 mal 18,71 m. Auf jeder Seite des

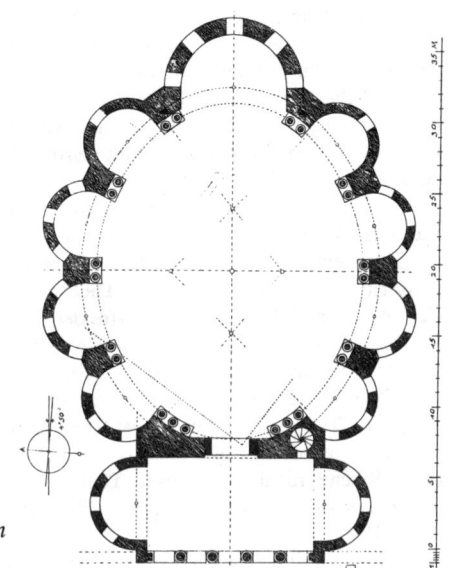

Abb. 27 Köln, St. Gereon. Grundriß der spätrömischen Grabkirche

flachen Korbbogens befinden sich vier Nischen, die sich über einem halbrunden Grundriß erheben. Sie waren dreifenstrig bis auf die beiden östlichen, die jeweils nur ein Fenster besaßen. An der östlichen Spitze war die Nische apsisartig vergrößert und gab dem Raum damit Ausrichtung und Längenstreckung. Zwischen den einzelnen Nischen befand sich ein Mauerkern, der die Gliederung des Raumes betonte und als Stütze diente. Vor die Mauerkerne waren Säulenpaare gesetzt, vor die beiden westlichen Pfeilerwandstücke sogar drei Säulen, weil hier mehr Platz zur Verfügung stand. Die Nischen endeten in Halbkuppeln; in die Zwickel waren zahlreiche Wölbtöpfe eingelassen, die das Gewicht der Gewölbefüllung erleichterten. Ob der Raum überkuppelt oder mit einer Flachdecke versehen war, ist noch nicht endgültig geklärt. Nach Westen hin wurde der Zentralbau durch einen Narthex abgeschlossen mit kleinen Apsiden im Norden und Süden. Der Schwellenstein zwischen Hauptraum und Narthex ist erhalten geblieben. Nach außen war der Narthex vielleicht offen, durch vier Säulen und fünf Bögen gegliedert. Vor ihm erstreckte sich ein 46 mal 32 m großes Atrium.

Das Innere der Kirche war kostbar ausgestattet. Die unteren Teile der Wände waren mit polierten Steinplatten inkrustiert, so daß sich eine farbige Wandfläche ergab, "wie aus schimmernden Textilien gewebt"[411]. Der obere Wandteil war mit einem Figurenfries aus Mosaik geschmückt, von dem goldene *tesserae* im Bauschutt gefunden wurden. Man erinnert sich an die Bemerkung des Gregor von Tours vom Goldschmuck der Kirche, die deswegen von den Leuten auch die Kirche *ad sanctos aureos* genannt wurde. A. von Gerkan hält es für möglich, daß in diesem Figurenfries menschliche Personen dargestellt waren, vielleicht sogar fünfzig Männer, entsprechend den später von Gregor von Tours erwähnten thebäischen Märtyrern. Vom Fußbodenmosaik wurden, 35 cm unter dem jetzigen Niveau, ebenfalls Reste gefunden.

Was die Entstehungszeit angeht, so hat die spätere Überlieferung den Bau des Dekagons mit Konstantin bzw. seiner Mutter Helena in Verbindung gebracht[412]. Ähnliches gilt für Bonn und Xanten; auch hier soll die Kaiserinmutter die Gebeine der Thebäer geborgen und Grabkirchen errichtet haben[413]. Ganz so früh dürfte der Bau jedoch nicht anzusetzen sein. Im römischen Fundament des nordwestlichen Pfeilers steckten ein zerbrochener Isisaltar und in einer Vertiefung an der Oberseite des Altars Reste von Opferasche sowie eine Münze des Kaisers Konstans, die zwischen 342/8 in Trier geprägt worden ist. Man nimmt wohl zu Recht an, daß die Wiederverwendung eines Isisaltars zur Fundamentierung einer christlichen Kirche nicht vor Kaiser Theodosius, jedenfalls nicht vor Julian (361/3) erfolgt sein kann. Daraus ergäbe sich als Bauzeit das letzte Drittel des 4. Jhs.

Schwieriger als die Baugeschichte ist die Funktion des Gebäudes zu bestimmen. Die heute geläufige Verbindung der Kirche mit Gereon und den thebäischen Märtyrern ist nicht ursprünglich. Gereon, die rheinischen Märtyrer, die Thebäer und die Kirche zu den "Goldenen Heiligen" wachsen nur langsam zusammen. Die Identifizierung der rheinischen Märtyrer mit den Soldaten der thebäischen Legion bezeugt als erster Gregor von

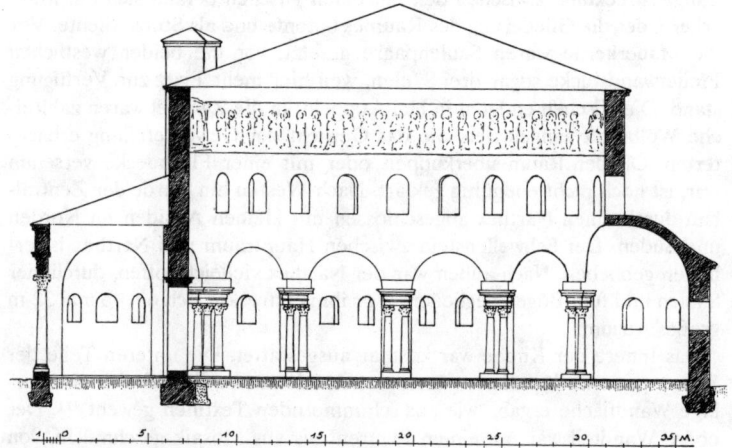

Abb. 28 Köln, St. Gereon. Aufriß der spätrömischen Grabkirche

Tours in seinem Bericht über die Kopfschmerzen des Bischofs Eberigi-sil[414]. Da erwähnt er einen Brunnen in der Kirche, in den die fünfzig Thebäer nach ihrer Hinrichtung geworfen worden sein sollen. Kurz danach wird Gereon mit der Kirche verbunden; zuerst in Fredegars *Liber historiae Francorum* 38, in dem berichtet wird, König Theuderich II. habe sich im Jahre 612 nach der Ermordung seines Halbbruders Theudebert in *basilica S. Gereonis martyris* huldigen lassen[415]. Noch später erfolgt die Verbindung zwischen Gereon und den Thebäern in den Kölner Quellen; das geschieht erst in einer Allerheiligenlitanei des Domes aus dem frühen 9. Jh., im Martyrologium des Ado von Vienne um 860 sowie vor allem in der *Passio Gereonis* um 1000[416].

Wegen der Bedeutung der Thebäischen Legion für Trier und das gesamte Rheinland seien an dieser Stelle ein paar grundsätzliche Informationen über diesen Truppenteil zusammengefaßt[417]. Er bestand aus Christen, die zusammen mit ihrem *primiciarius* Mauritius unter der Regierung des Diokletian bzw. seines Mitregenten Maximianus Herculius in *Acaunum* (St. Moritz im Rhonetal) das Martyrium erlitten haben sollen.

Der älteste erhaltene Bericht darüber stammt von dem Lyoner Bischof Eucherius aus dem 2. Viertel des 5. Jhs. Nach ihm wurden die Leichen der Hingerichteten von Bischof Theodor von Octodurus entdeckt, der um 380 eine erste Memorialkirche über ihren Gräbern errichten ließ. Ausgrabungen haben sechs Grabräume des 4. Jhs. freigelegt, die von einer Kapelle überbaut waren. Die Angaben des Eucherius sind in dieser Hinsicht also archäologisch bestätigt worden; Soldatenmartyrien können durchaus stattgefunden haben. Schwieriger ist dagegen die Vorstellung, daß während der diokletianischen Verfolgung ein thebäischer Truppenteil nördlich der Alpen gestanden haben soll. Ägypten besaß Ende des 3. Jhs. nur eine Legion, die *Secunda Traiana*, die in Alexandrien stationiert war und nachweislich nie den Namen "Thebäisch" getragen hat. Diokletian stellte dann zwei neue Legionen zum Schutz Oberägyptens auf, die entsprechend ihrer Stationierung zwar Thebäische Legion genannt wurden, aber nachweislich niemals in die Provinz *Germania* verlegt worden sind.

Der in *Acaunum*, einem wichtigen Etappenort an der Straße über den Großen St. Bernhard, entstehende Kult, der eine Legende orientalischen Ursprungs über die Hinrichtung christlicher Soldaten in Ägypten übernahm, hat sehr zur Verbreitung der Verehrung der thebäischen Märtyrer entlang den Heerstraßen nördlich und südlich der Alpen bis ins Rheinland beigetragen. Ihr Ruhm führte schließlich dazu, daß auch die Martyrien rheinischer Soldaten, die zuerst getrennt voneinander an verschiedenen Orten überliefert wurden, zunächst untereinander zusammenwuchsen und dann mit den Märtyrern der Thebäischen Legion verknüpft wurden. Es handelt sich insbesondere um "Cassius und Florentius mit sieben (oder zwölf) anderen Männern gleicher Standhaftigkeit", die mit einer Vorausabteilung nach Bonn kamen und dort am Ufer des Rheins hingeschlachtet wurden, sodann um Gereon mit 318 Gefährten in Köln und zuletzt um Viktor bei der Stadt Troja oder Xanten, ebenfalls mit 330 Gefährten. Die Überlieferungsstränge, die zum Teil sehr verschlungene Wege gehen und sich immer wieder verwirren - so taucht z.b. Mallosus in Bonn und Birten auf, und die thebäischen Märtyrer vermischen sich mit den mauretanischen -, können hier nicht alle nachgezeichnet werden. Über Cassius und Florentius sowie Viktor wird noch im Zusammenhang mit Bonn und Xanten zu sprechen sein.

So schwierig thebäische Märtyrer in den rheinischen Städten und Lagern anzusiedeln sind, so wenig braucht bezweifelt zu werden, daß es im Gebiet der *Germania inferior* in diokletianischer Zeit zu Ausschreitungen gekommen ist. Es wurde schon erwähnt, daß gerade die Soldaten gefährdeter waren und auf ihre Loyalität hin strenger überwacht wurden als andere Bürger[418]. Allein die Verquickung einzelner Martyrien mit der angeblich nur aus Christen bestehenden Thebäischen Legion dürfte Legende sein. Schon die Anzahl der hingerichteten Soldaten - neben den namentlich genannten Offizieren sind es in Bonn 12, in Köln 318 und in Xanten 330, zusammen 660, d.h. genau die Sollstärke einer römischen Kohorte - scheint darauf hinzuweisen, daß hier mit konstruierten Zahlen gerechnet wird.

Der spätantike Bau von St. Gereon entstand im letzten Drittel des 4. Jhs., die Verbindung mit den Thebäern und dem Märtyrer Gereon taucht aber erst im 6./8. Jh. auf. Was also war der ursprüngliche Anlaß für die Errichtung der Kirche?

Von Gerkan hat den Bau nicht als Märtyrerkirche, sondern als eine Gedächtnisstätte für einen vornehmen Christen oder eine vornehme christliche Familie gedeutet. Die (50) Figuren im oberen Mosaikfries könnten der Anlaß für die Nachricht über fünfzig hingerichtete und in einen Brunnen geworfene Thebäer bei Gregor von Tours gewesen sein. Sicher identifizierbare Märtyrergräber oder der Brunnen selbst sind bisher im Bereich der Kirche oder des spätantiken Friedhofsgeländes nicht gefunden worden. Spätere Quellen geben eine Verbindung zwischen Brunnen und Kirche ganz auf und verlegen das Martyrium sogar an den Ort des späteren Klosters St. Mechtern *(ad martyros)* in Ehrenfeld[419].

Können die Inschriften bei der Klärung der Zweckbestimmung von St. Gereon helfen? Es gibt nur zwei aus Köln stammende Grabinschriften, die einen Hinweis auf Märtyrerverehrung enthalten. Die eine ist die gleich zu besprechende Clematius-Inschrift aus St. Ursula. Die andere stammt aus dem 5./6. Jh. und lautet: *Si qis dignatu(r) rescire meo nomine: Rudu[]ula dicor (q)ui vix(it) annis IIII et me(nsibus) XI sociata m(artyribus) s(anctis)*[420]. Der Name ist nicht sicher zu lesen; er könnte fränkisch sein. Die Kleine ruhte entsprechend der Schlußformel nahe bei den Märtyrergräbern: "Wenn jemand meinen Namen zu wissen wünscht: Rudu(f)ula heiße ich, die 4 Jahre und 11 Monate lebte. Den heiligen Märtyr(inn)en beige-sellt". Da der genaue Fundort der Grabinschrift unbekannt ist, kann sie sich gleichfalls auf St. Ursula beziehen und muß nicht auf Märtyrergräber in St. Gereon hinweisen. Fraglich bleibt auch, ob *sociata m s* wirklich die Nähe eines Märtyrergrabes anzeigt oder nur im übertragenen Sinn die Fürbittgemeinschaft mit den Märtyrern meint.

H. Borger schließt nicht aus, daß die Gräber, um derentwillen St. Gereon erbaut wurde, bisher noch nicht wiederaufgefunden worden sind. Er hat besonderen Wert auf die Feststellung gelegt, daß die Fundamente des Dekagons nur ca. 30 cm in den gewachsenen Boden eingetieft worden sind, der Boden dann aber hinterher 1,50 m hoch mit Schutterde aufgefüllt wurde. Erst auf diese Aufschüttung wurde der Fußboden gelegt. Mittel-alterliche Grabsucher, darunter Bischof Anno und der heilige Norbert, der 1121 in St. Gereon nach Märtyrergräbern gegraben hat, wären also gar nicht bis in den gewachsenen Boden vorgedrungen, in dem die spätantiken Bestattungen, also auch die von eventuell verehrten Märtyrern, erfolgt seien. Daß bei der Eintiefung der Fundamente so vorsichtig vorgegangen wurde, könnte darauf hinweisen, daß man schon bei der Errichtung des Dekagons die Lage der zu verehrenden Gräber nicht mehr genau kannte und sie deshalb nicht stören wollte. Deshalb glaubt Borger, daß sie "noch unentdeckt in der Mitte der Kirche inmitten des gewachsenen Sandes lie-gen müssen"[421].

Der Bau von St. Gereon samt Atrium stellt die architektonisch und aus-stattungsmäßig aufwendigste Kirchenanlage im spätrömischen Köln dar. Möglicherweise war das Kaiserhaus selbst an der Ausführung beteiligt. Borger vermutet, die Kaiser Gratian (375/83) und Valentinian II. (383/92), die auch die Doppelkirchenanlage in Trier erneuerten, seien als Bauherren an der Errichtung der zum Gedächtnis christlicher Blutzeugen errichteten Kirche in Köln beteiligt gewesen. G. Wolff denkt - im An-schluß an H. Hellenkemper - an Kaiser Julian bzw. seine Familie sowie an Baumeister aus dem Umkreis des römischen Rundtempels der Minerva Medica, die den edlen Ovalraum planten und mit einer Kuppel wölbten, der dann "vielleicht schon um 400 zur christlichen Märtyrerkirche wur-de"[422].

Etwas andere Schlußfolgerungen zieht J. Deckers, der 1978/79 nochmals Grabungen in St. Gereon durchführen konnte und dabei auch Lage und Form mehrerer antiker Gräber innerhalb des Zentralraumes untersucht hat, ebenso einen kleineren Grabbau, der nicht lange vor dem großen Kir-chenbau auf der Nekropole entstanden sein wird. Deckers vermag allen diesen Gräbern keinen Hinweis auf Märtyrerverehrung zu entnehmen. Auch die Lage und Ausrichtung des kleinen Grabbaus, auf den die große Kirche in der Wahl ihres Standortes und mit ihrer strengen Ostung kei-nerlei Rücksicht nimmt, deutet nicht auf das Vorhandensein verehrter Gräber hin. Der von Gregor von Tours erwähnte Brunnen - bei dem die

für Gregor erstaunlich vorsichtige Formulierung *puteus esse dicitur* auf-
fällt - konnte trotz Grabungen in der Mitte des Dekagons, die bis auf den
gewachsenen Grund führten, unter der mittelalterlichen Confessio und in
der Mitte des Atriums nicht gefunden werden. Lag er vielleicht weiter
stadtauswärts auf dem Friedhofsgelände von St. Mechtern? Alles in allem
konnten die archäologischen Untersuchungen bisher kein Indiz für eine
Märtyrerverehrung in St. Gereon erbringen, das älter wäre als Gregors
Nachricht um 590[423].

Was die Funktion des Zentralbaus von St. Gereon angeht, knüpft Dek-
kers daher an von Gerkan an und vermutet seine Auftraggeber unter den
hohen Militärs, die im letzten Drittel des 4. Jhs. im Kölner Raum nachweislich stationiert waren. Die Anlage wurde "als reich ausgestatteter
Coemeterialbau geplant und ausgeführt und diente als repäsentativer
Raum für Gedenkfeiern, Grabbankette und den vielleicht christlichen
Grabkult"[424]. Wann eine Märtyrerverehrung in St. Gereon einsetzt, muß
offen bleiben. Als Erzbischof Anno II. (1056/75) mit der mittelalterlichen
Umgestaltung und Erweiterung der Kirche beginnt, geschieht es auf An-
weisung der Märtyrer, die ihn im Traum zu den Bauarbeiten auffordern[425].

- - St. Ursula

Da die martyrologische Bedeutung von St. Severin und St. Gereon in
spätrömischer Zeit undeutlich bleibt, erhöht sich das Interesse an St. Ursula. Handelt es sich bei ihr um eine Märtyrergedächtniskirche von Anfang an?[426]

Als in karolingischer Zeit Kleriker an dieser Stelle den Gottesdienst
nach längerer Unterbrechung wieder aufnahmen, fanden sie eine 10 cm
dicke, 49,5 cm hohe und 73 cm breite Steinplatte mit der berühmten Clematius-Inschrift, die heute im Chor der gotischen Kirche von St. Ursula
eingemauert ist. Die Inschrift lautet:

Divinis flammeis visionib(us) frequenter
admonit(us) et virtutis magnae mai
iestatis martyrii caelestium virgin(um)
imminentium ex partib(us) Orientis
exsibitus pro voto Clematius v(ir) c(larissimus) de
proprio in loco suo hanc basilicam
voto quod debebat a fundamentis
restituit. Si quis autem super tantam
maiiestatem huius basilicae ubi sanc
tae virgines pro nomine XPi san
guinem suum fuderunt corpus alicuiius
deposuerit exceptis virginib(us) sciat se
sempiternis Tartari ignib(us) puniendum.

Die Übersetzung könnte lauten:

"Durch gottgesandte Feuervisionen mehrfach gemahnt und durch die Kraft des hocherhabenen Martyriums der himmlischen Jungfrauen, die erschienen, aus dem Morgenland herbeigeführt, hat aufgrund eines Gelübdes Clematius, ein Mann von Senatorenrang, aus eigenen Mitteln auf seinem (oder: ihrem?) Boden diese Basilika - nach dem Gelübde, das er zu erfüllen hatte - von den Grundmauern auf wiederhergestellt. Wenn aber jemand innerhalb dieser so hocherhabenen Basilika, wo die heiligen Jungfrauen für Christi Namen ihr Blut vergossen, jemandes Leichnam bestattet - mit Ausnahme der Jungfrauen -, so soll er wissen, daß er mit ewigem Höllenfeuer bestraft werden soll"[427].

Über die Datierung der Inschrift, die entweder als spätantik oder karolingisch angesehen wird, ist schon viel gestritten worden; sie stammt wahrscheinlich aus der 2. Hälfte des 4. bis Mitte des 5. Jhs. Dafür spricht nicht nur die Gestaltung der Schrift, sondern auch ihr Inhalt, dessen Kern darin besteht, daß Clematius, ein Mann senatorischen Ranges, auf ein Gelübde hin die Basilika aus eigenen Mitteln von Grund auf erneuerte an einer Stelle, wo heilige Jungfrauen um Christi willen ihr Blut vergossen hatten[428]. Einzelne Wendungen lassen eine mehrfache Deutung zu. So muß offen bleiben, ob die mahnenden Jungfrauen dem Clematius im Osten - dem Sitz des Paradieses - erschienen sind, oder ob er - der Name *Klematios* klingt gut griechisch - durch sie vom Orient herbeigeholt worden ist.

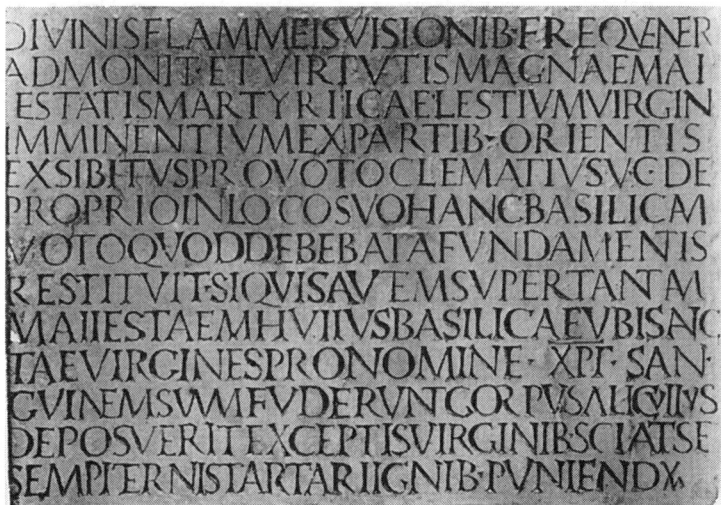

Abb. 29 Köln, St. Ursula. Clematius-Inschrift

Unklar bleibt auch, ob er bereits Eigentümer der ersten Kirche war oder sie nur an der bisherigen Stelle wiederherstellte. Ebenso geht aus der Formulierung nicht eindeutig hervor, ob von dem Verbot, in der Kirche zu bestatten, Jungfrauen insgesamt oder nur die in der Inschrift genannten ausgenommen werden sollten. Trotz dieser Schwierigkeiten im einzelnen kann die Inschrift eigentlich keine - wie häufiger vermutet worden ist - Fälschung aus karolingischer Zeit sein, denn im Rahmen der wachsenden Ursula-Legende findet sie hauptsächlich am Beginn der Entwicklung einen vernünftigen Platz. Sie enthält keine Namen, sondern nur eine allgemein gehaltene Wendung über jungfräuliche Märtyrinnen. Erst seit der späten Karolingerzeit treten dann bestimmte Namen auf, "unter denen seit dem 10. Jh. Ursula die Führung übernimmt, zugleich setzt sich die phantastische Elftausendzahl durch, nimmt gegen 975 eine märchenhafte Legende Gestalt an, die im 12. Jh. noch abenteuerlicheren Zuwachs und Veränderungen erfährt"[429]. Als spätere Fälschung würde die Clematius-Inschrift hinter den Informationsstand bereits umlaufender Traditionen wieder zurückfallen.

Auch in den durch die Grabungen 1942 sowie 1962 und 1967 aufgedeckten archäologischen Befund fügt sich die Inschrift gut ein. St. Ursula liegt inmitten eines großen römischen Gräberfeldes im Norden der Stadt an der Straße nach Neuss. Hier fanden Bestattungen vom 1. Jh. bis ins 4. Jh. statt. Das älteste Gebäude war eine dreischiffige Basilika von 28 m Länge und 16 m Breite mit einer Apsis, deren Scheitel am heutigen Choreingang lag. Bei der Errichtung wurden altes Material, Kalksteintrümmer, Ziegel und Grabsteinspolien wiederverwandt. Später erfolgte ein Umbau, bei

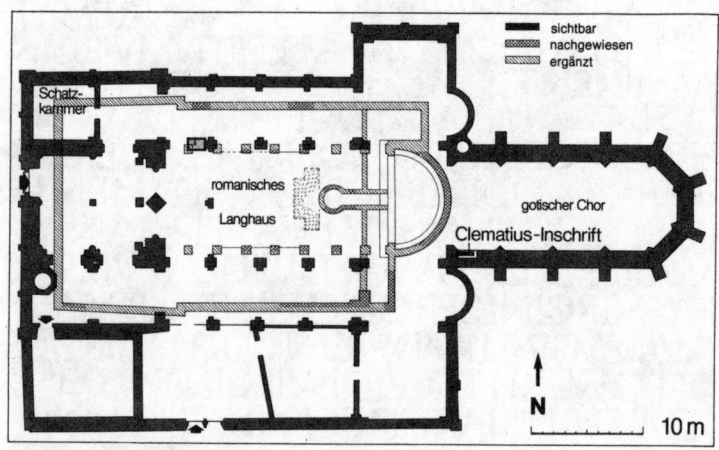

Abb. 30 Köln, St. Ursula. Grundriß

dem das südliche Seitenschiff, das schon vorher ein wenig breiter als das nördliche gewesen war, erheblich auf 4,60 m vergrößert wurde, während das nördliche 2,80 m schmal blieb. Ein Grund für die Erweiterung läßt sich nicht mit Sicherheit angeben. Des weiteren wurde in die Kirche ein "Bema" eingebaut, welches in der Apsis begann und aus einem 5,40 m langen und 2,10 m breiten Gang bestand, der mit einem Dreiviertelkreis von 2,70 m Durchmesser abschloß. Ähnliche Einrichtungen sind aus Boppard, der Trierer Südkirche und der Kölner Bischofskirche bekannt[430]. Außerdem wurde die Kirche nach Westen hin auf eine Länge von 36 m vergrößert. O. Doppelfeld und H. Borger haben diese Erneuerungs- und Umbauten mit Clematius in Verbindung gebracht. Der Einbau des Ambo weist darauf hin, daß in der Kirche regelmäßig Gottesdienst gehalten wurde. Nicht bekannt sind aus dieser Zeit bestimmte Gräber verehrter Märtyrinnen. Aber die Clematius-Inschrift bezeugt ja auch nicht einen eigentlichen Grabkult. Sie behauptet nur die Erneuerung einer Kirche, die an der Stelle steht, an der sich die Gräber von Jungfrauen befinden.

Vom späten 5. bis zum 9. Jh. muß dann der frühchristliche Kult der jungfräulichen Märtyrinnen untergegangen sein, denn es gibt keine Nachrichten über eine Verehrung in fränkischer Zeit. Alle Martyrologien und Legenden schweigen bis in die 2. Hälfte des 9. Jhs. Im 12. Jh. wurde das Innere der Kirche noch und noch umgewühlt auf der Suche nach Märtyrergräbern, so daß archäologische Erkenntnisse über Bestattungen in fränkischer Zeit, die trotz des Schweigens der Martyrologien eine Kulttradition belegen würden, nicht mehr zu gewinnen sind. Auch die schon erwähnte Rudufula-Inschrift ist kein zuverlässiger Beweis, da ihre Herkunft nicht gesichert ist.

Gleichwohl muß eine gewisse Erinnerung an die heiligen Märtyrinnen weiterbestanden haben. Eine Urkunde des Erzbischofs Gunthar (850/70) bezeugt erstmals für das Jahr 866 ein *Monasterium beatorum virginum*. Nach dem Normannensturm (881/2) übertrug Erzbischof Hermann 922 das Stift den hochadeligen Kanonissen von Gerresheim. In Verbindung damit wurden bauliche Veränderungen in der restaurierten Kirche vorgenommen. In einer ersten Phase wurde vor dem Bemakreis ein großer Kreuzaltar errichtet, in dem vielleicht inzwischen geborgene Gebeine beigesetzt wurden. Im 10. Jh. wurden dann Altar und Ambo durch ein großes Reliquienmonument ersetzt, das E. Kühnemann als einen Fundamentrost beschreibt, in dem 11 Kammern ausgespart und mit roten Estrichen und hellgrau verputzten Wänden versehen waren[431]. Erst die romanische Kirche des 12. Jhs. hat die Bausubstanz des spätantiken Baus aufgegeben, die in den karolingischen und ottonischen Gebäuden erhalten geblieben war. Jetzt bekam allein das Mittelschiff, ohne Westabschluß und Chor, fast den Umfang des gesamten alten Baus. Bei stets erneuten Grabungen und dem Suchen nach Märtyrergräbern, an denen auch der heilige Norbert beteiligt war, wurden - naturgemäß dem Friedhofsgelände entsprechend - zahlreiche Gräber in der und um die Kirche herum aufgefunden. Betrachtete man alle als Begräbnisse von gewaltsam getöteten Jungfrauen, so reichte die Zahl von 11 nicht mehr aus. So wurden schließlich aus *XI Martyres Virgines* die XI M(ille) = 11000 Jungfrauen. Warum ihre Anführerin den Namen Ursula erhielt, ist nicht mehr klar. Nach der Legende war sie eine Königstochter, die auf der Heimfahrt nach Britannien in Köln zusammen mit ihren Gefährtinnen um ihrer Keuschheit willen von den Hunnen getötet worden war. Vielleicht hat eine Inschrift aus dem 4./5. Jh. vom Gräberfeld bei St. Ursula dazu beigetragen, den Namen auf Ursula zu fixieren: *(In hoc tum)ulo innocis virgo iacet (no)mine Ursula. Vixit (a)nnibus octo (m)ensibus duobus (d)iens quattuor.* "In diesem Grab liegt die unschuldige Jungfrau namens Ursula. Sie lebte acht Jahre, zwei Monate, vier Tage"[432].

Mit St. Ursula kann die Besprechung frühchristlicher Kirchen in Köln beendet werden, nicht jedoch die der rheinischen Märtyrer. Wichtigen Gedächtnisstätten begegnet man nämlich auch in Bonn und Xanten. Über die Märtyrerverehrung hinaus ergänzen weitere frühchristliche Zeugnisse außerhalb Kölns die Kenntnis von den Anfängen kirchlichen Lebens in der Provinz *Germania secunda*.

4.4 Die niedergermanische Provinz

- Bonn

Der römische Name Bonna geht auf einen Siedlungsplatz der einheimischen Bevölkerung zurück. Die Stadt ist von Anfang an mit der römischen Geschichte am Rhein verbunden. Nachdem im Zuge der Eroberung Galliens durch Caesar die Eburonen 53/1 v.Chr. untergegangen waren, wurden wie in Köln durch Agrippa die germanischen Ubier auf einem halbinselartig erhöhten Gelände in der Nähe des heutigen Stadttheaters angesiedelt. In diese Ansiedlung wurde nach Christi Geburt eine kleine Militäreinheit verlegt. Bereits im 1. Jh. entstand ein Auxiliarlager unweit der heutigen Universität, das nicht mehr ausreichte, als 30/40 die Legionslager in Köln aufgelöst wurden und die *legio I* nach Bonn kam[433]. Für sie wurde weiter nördlich ein neues Lager errichtet, in dem bis zum Ende der Römerherrschaft immer eine Legion stationiert blieb. Das Lager besaß einen annähernd quadratischen Grundriß, von 528 mal 524 m, der noch heute zwischen Rosental, Graurheindorferstraße, Augustusring und Rheinpromenade abgeschritten werden kann. Die heutige Römerstraße verläuft etwa an der Stelle der *via principalis* des Lagers. Nord- und Südtor sind heute gekennzeichnet durch kleine römische Gedenksteine in der Mauer des alten jüdischen Friedhofs an der Ecke Augustusring - Römerstraße und an einem Haus an der Römerstraße. An das befestigte Lager schlossen sich Siedlungen an, die *canabae legionis,* und noch weiter südlich ein *vicus* (Handwerkerdorf) zur Versorgung der Truppen, beide auf militärischem

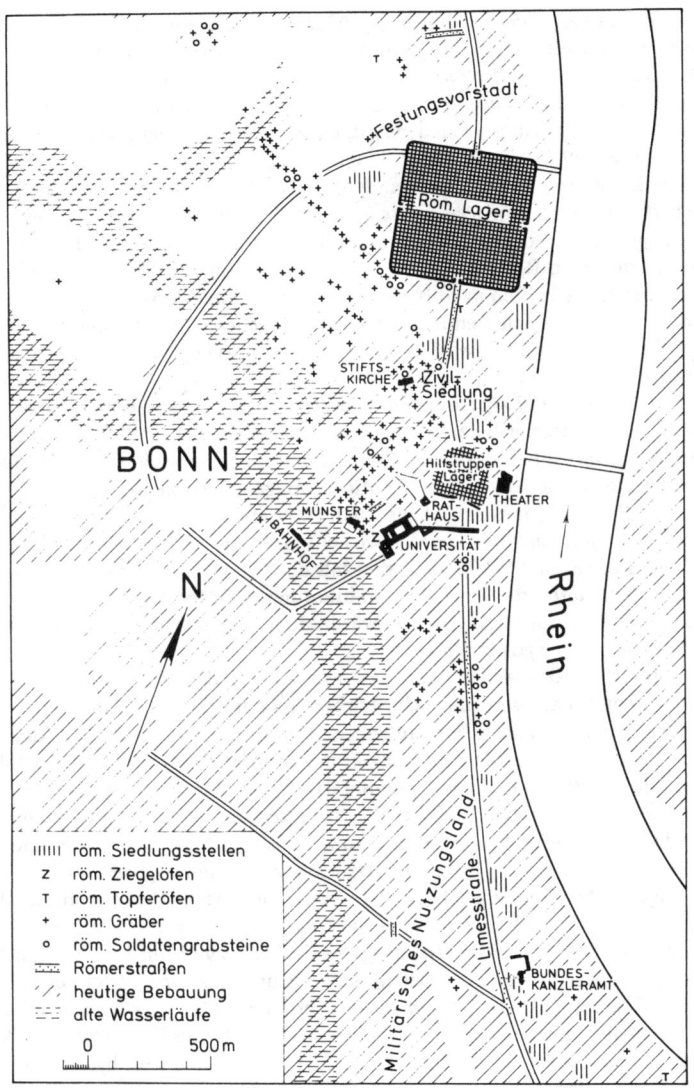

Abb. 31 Bonn. Spätrömische Besiedlung

Gebiet gelegen. Eine selbständige größere zivile Siedlung hat sich zunächst nicht entwickelt wegen der Anziehungskraft Kölns als Verwaltungs- und Wirtschaftszentrum der *Germania inferior*. Die Legionen und Hilfstruppen sorgten aber allein durch ihre Präsenz für den wirtschaftlichen Wohlstand vor allem in der langen Friedenszeit, die von der Beendigung des Bataveraufstandes (69/70) bis in die Mitte des 3. Jhs. reichte.

Die Legionen, die in Bonn standen, sind bekannt: die *legio I Germanica* von 70/83, sodann die *legio rapax* und vor allem die *legio I Flavia Minervia*, die eigentliche Bonner Legion, die mit Unterbrechungen bis zum Abzug der Römer vom Rhein in Bonn blieb. Über 200 Angehörige dieser Legion sind durch Inschriften nach Namen, Dienstgrad, manchmal auch Herkunft und weiteren Ereignissen aus ihrem Leben bekannt. Vom Centurio Tarquinius Restitutus z.B. wird erwähnt, daß er in sechs Monaten 50 Bären erlegte.

Die Gräber der Lagersoldaten lagen an der Kölnstraße und Adenauerallee. Grabstätten gab es darüber hinaus an mehreren Stellen im Gebiet der späteren mittelalterlichen Stadt. Mit einer gewissen Konzentration fanden sie sich im Bereich des heutigen Münsters, wo sie der Grund dafür sind, daß sich die mittelalterliche Stadt nicht auf dem Gebiet des Legionslagers, sondern südlich davon entwickelte. Denn seit den Untersuchungen von H. Lehner und W. Bader in den Jahren 1928/30 ist erwiesen, daß eine kleine Kultstätte, die im 4. Jh. inmitten dieses Gräberfeldes über einem oder mehreren Gräbern errichtet wurde, zum Ausgangspunkt der weiteren Stadtentwicklung geworden ist[434].

Unter der Krypta des Münsters wurden bei den Ausgrabungen die Grundmauern eines nordöstlich gerichteten rechteckigen Raumes mit den Ausmaßen 13,77 mal 8,88 m aufgedeckt; im Osten war durch eine kleine Schranke eine Art Chorraum abgetrennt worden; darüber hinaus besaß der kleine Bau noch zwei kammerartige Anbauten. Die Fundamente bestanden zum großen Teil aus Bruchstücken und vollständig erhaltenen heidnischen Weihealtären für die Aufanianischen Matronen sowie einem Altar des Mercurius Gabrinius, dazu aus zerstörten Figuren und abgeschlagenen Stücken eines Tempelgesimses. Ein solcher Umgang mit heidnischen sakralen Monumenten spricht - wie an anderen Stellen so auch hier - für den christlichen Ursprung des Gebäudes und wurde erst möglich nach dem Verbot der heidnischen Kulte. Münzfunde im Mörtel des Fundamentmauerwerks bestätigen die Datierung, die für gewöhnlich in die Zeit um 400 angesetzt wird. In den feuchten Estrich des Fußbodens drückten die Erbauer aus wiederverwendeten Marmor- und Porphyrstückchen ein Kreuz - das früheste erhaltene Beispiel nördlich der Alpen. H. Borger interpretiert: "Damals setzte sich die im Bonner Raum lebende Christengemeinde ihr ... Siegeszeichen. Sie zerstörte zum Bau der Grabkirche ein Matronenheiligtum, dessen Standort bis heute unbekannt geblieben ist"[435].

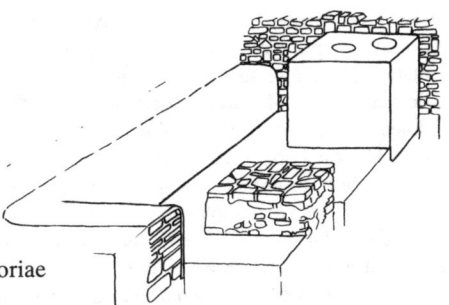

Abb. 32 Bonn. Cella memoriae
unter dem Münster

In der Mitte dieses Baues wurde ein noch älteres Monument gefunden, das entscheidende überhaupt, das nicht nur den Standort der Grabkapelle, sondern auch den aller nachfolgenden Kirchenbauten fixiert hat. Es handelt sich um eine im Inneren 3,55 mal 2,55 m messende Anlage, die originalgetreu als Rekonstruktion im Rheinischen Landesmuseum Bonn wiederaufgebaut worden ist. Sie war in das umliegende Friedhofsgelände ungefähr 0,60 m eingetieft worden. Drei Seiten wurden durch eine umlaufende Sitzbank gebildet, an der Ostseite befand sich eine Mauer, deren Steine ohne Mörtel verlegt waren. In dem Raum befanden sich zwei aufgemauerte Tische. Der vollständig erhaltene östliche war an die Mauer angelehnt, der andere stand frei und konnte nur noch in seinem Grundriß nachgewiesen werden. In den östlichen Tisch war eine Terra-Sigillata-Schale eingelassen worden sowie ein Standring für ein weiteres kugeliges Gefäß. Der Fußboden bestand aus festgetretener Erde; ein einfaches Schutzdach wird den Platz geschützt haben. Die kleine Anlage diente unbestritten dem Totenkult. Man traf sich hier zum Gedächtnismahl, wahrscheinlich zu Ehren von zwei Toten, worauf die Tische hinzuweisen scheinen. Reste von Totenmählern, darunter abgenagte Tierknöchelchen, wurden unter der Mauersohle in einer Holzkohlenschicht gefunden, was darauf schließen läßt, daß schon vor Errichtung der kleinen Gedächtnisanlage Totenmähler bei dieser Grabstelle unter freiem Himmel abgehalten worden sind.

Wann entstand das kleine, dem Totengedächtnis gewidmete Bauwerk, diese *cella memoriae,* wie sie zutreffend genannt wird? Der *terminus post quem* läßt sich leicht und sicher angeben. In dem größeren der beiden Tischblöcke fanden sich Altarreste eingearbeitet mit dem Jahr 226 als Weihedatum. In der Inschrift war der Name des Kaisers Severus Alexander gelöscht worden, was erst nach seinem Tod (235) anzunehmen ist. Also muß auch die Wiederverwendung des Altarsteines nach diesem Datum geschehen sein. Schwieriger ist der *terminus ante* anzugeben. H. Lehner/W. Bader haben auf die Form der Terra-Sigillata-Schale verwiesen, die, wie zahlreiche Vergleiche zeigen, in der Zeit zwischen 260 und 350 verwendet wurde. Einen weiteren Anhaltspunkt lieferte ihnen das Gräberfeld. Sie gingen davon aus, daß es nach der Zerstörung der *cella memoriae* entstand; das älteste Grab wurde anhand von Beigaben um 300 datiert. Die *cella* müßte also in der Zeit zwischen 260 und 300 entstanden sein[436]. Diese relativ frühe Zeitstellung ist nicht unwidersprochen geblieben. Vor allem H. von Petrikovits hat sie mit guten Gründen angezweifelt. Was die im östlichen Tischblock eingelassene Schale angeht, so hält er ihre von Lehner/Bader vorgeschlagene Datierung zwar für zutreffend, gibt aber zu bedenken, daß sie nicht zeitidentisch mit der Errichtung der *cella memoriae* sein muß, sondern als älteres Fundstück eingebaut worden sein kann. Sie markiert also nur einen *terminus post quem*. Schwerwiegender noch ist der Nachweis - bei dem sich von Petrikovits auf die Untersuchungen von D. Haupt stützt -, daß zumindest Teile des Gräberfeldes um die *cella memoriae* herum aus der ersten Hälfte des 4. Jhs. stammen und einige Gräber älter als diese sind. Wirklicher *terminus ante* ist demnach erst der Bau der kleinen Grabkirche gegen Ende des 4. Jhs.[437].

Die *cella* scheint nicht lange Bestand gehabt zu haben, sondern schon bald nach ihrer Errichtung einem Brand zum Opfer gefallen zu sein. Sie wurde sorgfältig einplaniert, ohne daß der Platz aufgegeben oder vergessen worden wäre. Im Gegenteil, um die Gedächtnisstätte scharten sich viele Bestattungen, in unmittelbarer Nähe der ehemaligen *cella* ausschließlich in Steinsärgen, sonst in einfachen Holzsärgen. Man kann daraus schließen, daß vermögende Leute sich ein Begräbnis nahe dem Gedächtnisplatz zu sichern wußten, wobei die neuen Gräber jedoch den Platz selbst sorgfältig respektierten - ein einziger Steinsarg tastet die südliche Wand der *cella* geringfügig an. Durch künstliche Aufschüttung wurde das Gelände erhöht, so daß die Steinsärge, die sich um den *cella*-Platz drängten, nicht in die Erde eingegraben werden mußten, sondern um ihn herum aufgestellt und mit Erde zugeschüttet werden konnten. Die neuen Bestattungen brauchten also ältere und tiefer gelegene Gräber nicht zu stören; sie überdeckten sie. Als dann über den Steinsärgen gegen Ende des Jahrhunderts die kleine Grabbasilika gebaut wurde, war der Ort der *cella* endgültig festgelegt[438].

Aus statischen Gründen konnte 1928/30 in der *cella memoriae* nicht tiefer gegraben werden; so sind die Gräber der hier verehrten Toten bisher noch nicht aufgedeckt worden. Möglich wäre auch - darauf hat Th. Klauser aufmerksam gemacht -, daß sich deren Gräber nicht unter, sondern nahe bei der *cella* befanden, denn die Tische für den Totenkult wurden normalerweise nicht über, sondern neben die Gräber gesetzt, die man besuchen und verehren wollte. Eigentlich müßte man sie im nördlichen Teil der Grabkirche vermuten, dort wo der Altar gestanden haben dürfte, der mit Vorliebe über den Märtyrergräbern errichtet wurde[439].

Wenn also auch als solche identifizierte Märtyrergräber bisher nicht gefunden worden sind, so dürfte doch feststehen, daß *cella memoriae*, ringsum sich drängende Steinsärge, erste Grabkirche und Kultkontinuität an diesem Ort mit einer auch liturgischen Verehrung von Märtyrern in Zusammenhang zu bringen sind, wobei es sich für Bonn natürlich nahelegt, an Cassius und Florentius, Offiziere in der sogenannten Thebäischen Legion, und ihr Martyrium unter Kaiser Diokletian zu denken. Allerdings werden sie erst sehr viel später mit Bonn in Verbindung gebracht, zum ersten Mal in einer Urkunde aus dem Jahr 691, in der ein gottesdienstlicher Raum außerhalb des Lagers *ad basilicam sanctorum Cassii et Florentii sociorum(que) eorum* erwähnt wird[440]. Spätere Urkunden des 9. Jhs. nennen weitere sieben (oder zwölf) Gefährten; noch später kommt - aus welchem Anlaß ist unbekannt - namentlich genannt Mallosus hinzu, für den bereits 590 eine Gedächtnisstätte bei Birten (in der Nähe von Xanten) bezeugt ist. Ohne Bezug auf Bonn und die Thebäer erscheinen Cassius und Florentius auch im *Martyrologium Hieronymianum,* das in seinem Grundbestand in das 5. Jh. zurückreicht. Dort heißt es zum 10. Oktober: *et alibi Cassi, Eusebi, Florenti, Jocundi; Agrippinae* (d.h. Köln) *depositio sanctorum martyrum Maurorum cum aliis CCCXXX*[441].

Nach dem archäologischen Befund scheint die kleine Grabkirche, die Ende des 4. Jhs. über der *cella memoriae* errichtet worden war, bis ins 6./7. Jh. Bestand gehabt zu haben. Immer wieder kam es zu Fußbodenausflikkungen, die wahrscheinlich durch nachfolgende Bestattungen notwendig geworden waren. Erst für das Jahr 787/8 wird von neuer Bautätigkeit berichtet *in atrio sanctorum Cassii et Florentii urbis Bonnae.* Sie bezieht sich auf einen Neubau in fränkischer Zeit, von dem durch die Ausgrabungen Teile zum Vorschein gekommen sind. Die Kirche besaß eine Apsis und ging auch sonst in ihren Ausmaßen über den Vorgängerbau hinaus. Noch wichtiger sind die Reste von Wohngebäuden, die auf Stiftskleriker für den Gottesdienst an den Gräbern der Märtyrer hinweisen. Nach 800 ist dann neben der Grabkirche eine Martinskirche bezeugt, die als Gottesdienstkirche für die Laienbewohner des Stifts gedient haben dürfte. Ihre Umrisse sind heute im Straßenpflaster vor der Ostapsis des Münsters zu sehen.

Von diesem als *Villa Basilica* bezeichneten Areal führte eine Straße zum Rhein, an der sich Handwerker ansiedelten und an der die erste Kirche von St. Remigius lag, die schon 795 in einer Urkunde erwähnt wird. Dieses *Vicus Bonnensis* genannte karolingische Siedlungsgebiet ist bereits Teil der beginnenden mittelalterlichen Stadt. Die Siedlungtätigkeit scheint nach dem Normanneneinfall im 9. Jh. für eine gewisse Zeit zum Erliegen gekommen zu sein und sich noch einmal nach Norden in das ehemalige Lagergebiet verschoben zu haben, ehe dann im 11. Jh. in der *Villa Basilica* ein neuer Schwerpunkt gesetzt wurde. Es entstand die romanische Kirche, unter deren Krypta die Cassius-Gruft eingerichtet wurde, in der von den vielen Bestattungen auf dem Kirchengelände nur noch vier Steinsärge überwölbt, alle anderen aber eingeebnet wurden. 1166 sicherte Erzbischof

Reinald dann die Gebeine der Bonner Märtyrer, um sie in kostbaren Schreinen zu bergen und auf den Hochaltar zu erheben[442].

Über einen Kilometer Luftlinie nördlich der *cella memoriae* und des späteren Stiftes St. Martin hatte das römische Legionslager gelegen. Dieses Gebiet verödete nach dem Abzug der römischen Truppen nicht vollständig, auch wenn nicht mehr genau geklärt werden kann, wie die Besiedlung dieses *castrum Bonna* - von F. Steinbach als Bonnburg übersetzt - fortgesetzt wurde. Hier interessiert besonders, ob die im Lagerbereich und vielleicht auch weiterhin in den ehemaligen *canabae legionis* lebenden Menschen ebenfalls einen gottesdienstlichen Raum, wenn nicht gar eine Kirche besaßen, so daß es in spät- bzw. in nachrömischer Zeit neben der Grab- und Martinskirche für das Stift und St. Remigius für die Leute im *Vicus Bonnensis* noch eine dritte Kirche gegeben hätte. Tatsächlich wird in der Schenkungsurkunde von 795 an St. Remigius folgende Grenzziehung vermerkt: *in campis Bonnensibus, et habet terminum de uno latere s(anctum) Petr(um)*[443]. Hier wird also eine Peterskirche im alten Legionslager erwähnt. Aus dieser und anderen fränkischen Urkunden, die ebenfalls vom *castrum Bonna* sprechen, schlossen F.W. Oediger und W. Neuß: "Die Grabeskirche der Martyrer war nicht die einzige Kirche von Bonn in der römischen Zeit. Nördlich von ihr, an der südwestlichen Ecke des römischen Castrum, entstand früh eine Kirche, die erste Pfarrkirche der christlichen Siedler bei dem Lager, geweiht dem hl. Petrus und dem hl. Johannes dem Täufer. In ihrem gebräuchlichen Namen Dietkirche, d.h. Volkskirche, lebt ihre ursprüngliche Bestimmung fort, wie sie auch den Pfarrcharakter beibehielt und als Pfarrkirche einen weit größeren Bezirk besaß, als der war, welcher sich nach und nach um die Martyrerkirche bildete"[444]. Tatsächlich befand sich im Einziehungsgebiet des ehemaligen Lagers das spätere Marktdorf Didinkirica, d.h. Dietkirchen mit dem ältesten Bonner Markt, dem "Johannis-Markt".

1971 wurde bei Grabungen die seit der Franzosenbesetzung 1673 verschwundene Dietkirche gesucht und gefunden. Der Ausgräber W. Sölter beschreibt sie als eine dreischiffige Kirche ohne Querarm mit einem polygonalen Chor und einer Doppelturmfassade, die 1317 geweiht worden ist. Aus dem 11. Jh. stammte eine Krypta, die sich als selbständiger Bau im Osten an den Chor der Kirche anschloß und deren Achse mit der Mittelachse der Kirche übereinstimmte. Senkrecht zu dieser Achse verlief die Mittelachse eines anderen Gebäudes, das nochmals älter als die Krypta, aber jünger als die römischen Schichten ist, die von ihm überdeckt werden. Dieses Gebäude war ein Saalbau mit den Seitenlängen von etwa 20 mal 10 m. Es wurde in eine römische Straße mit einem größeren Abwasser-Sammler gebaut, wahrscheinlich weil hier ein freier Bauplatz zur Verfügung stand. Das Mauerwerk war zum Teil in der Technik des *opus Africanum* ausgeführt worden. Es handelt sich dabei um eine fachwerkähnliche Bauweise, die bisher nur bei römischen Bauten in Spanien und Afrika beobachtet wurde. Dabei bilden größere Blöcke aus Tuff die einzelnen Fächer, die mit Steinen aufgefüllt werden. Die Innenwände des Gebäudes waren teils verputzt, zum Teil auch nur weiß getüncht. Über die Datierung macht Sölter keine endgültigen Angaben. "Nach den bisherigen Funden könnte dieser Bau schon am Ende der Antike errichtet worden sein. Da die Mittelachsen von Krypta und Kirche [wenngleich um 90° verschoben] deutlich Bezug auf die Mittelachse dieses frühen Saalbaus nehmen, könnte dieses Gebäude die älteste Bonner Betkirche gewesen sein"[445].

Aus der Sicht der kirchengeschichtlichen Entwicklung spricht nichts gegen den spätantiken Ansatz des Saalbaus als Kirche. Aus Boppard und anderen Orten ist bekannt, daß schon unter Valentinian I (364/75) gottesdienstliche Räume in römische Kastelle und Lager eingebaut bzw. bereits bestehende erneuert worden sind[446]. Welchen Rang diese "Betkirche" besessen hat, ob es eine Bischofskirche war - wie Borger anzunehmen scheint -, eine Lager- oder Pfarrkirche, muß offen bleiben[447]. Jedenfalls stellen sich die Anfänge Bonns vielschichtig dar.

In fränkisch-karolingischer Zeit besaß Bonn zwei kirchliche und entsprechende siedlungsmäßige Zentren: einmal das Gebiet um die Cassius-Florentius-Grabkirche, das 804 erstmals *Villa Basilica* genannt wird. Sie war kein Dorf, sondern unbefestigter kultischer Mittelpunkt mit einer Stiftskirche und der zugehörigen Tauf- und Pfarrkirche St. Martin. Als selbständige Einheit lag neben dieser *Villa Basilica* der 795 und 804 ebenfalls erwähnte *Vicus Bonnensis*. Die Bebauung vom Münsterplatz bis zum Römerplatz, dem Standort der frühmittelalterlichen Remigiuskirche, ist gesi-

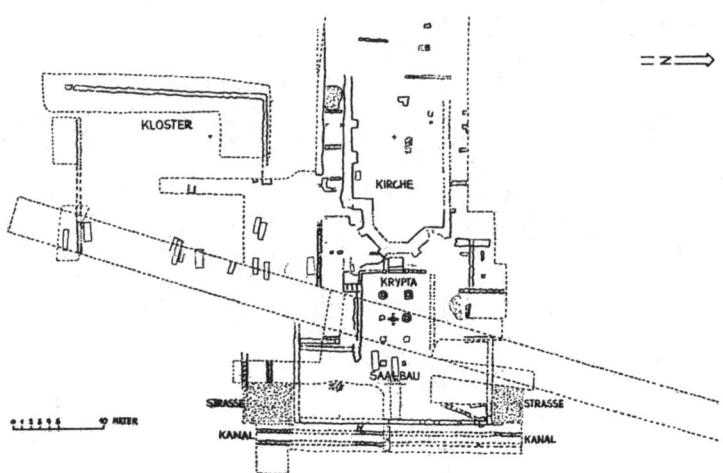

Abb. 33 Bonn. Ausgrabungen im Bereich der Dietkirche

147

chert; Borger vermutet, daß sich der *Vicus* bis zum Rhein(hafen) beim heutigen Theater hinunterzog[448]. Nördlich davon beim alten Römerlager lag das Marktdorf Dietkirchen ebenfalls mit einer Gemeinde- oder Betkirche. Das Verhältnis der beiden Zentren kippte dann im 11. Jh. um. Galt bis dahin das Gebiet von *Villa Basilica* und *Vicus* als dem *castrum Bonnensis*, der Bonnburg, vorgelagert, heißt es von Dietkirchen in einer Urkunde von 1021, sie sei *in suburbio Bonnae* gelegen. Nunmehr ist also die Bonnburg zur Vorstadt geworden[449]. Vielleicht haben die Normannenstürme dazu beigetragen, daß die unbefestigte Bonnburg Dietkirchen aufgegeben wurde. Die *Villa Basilica* konnte nicht geräumt werden wegen der verehrten Gräber. Sie wurde im 10./11. Jh. *civitas Verona* genannt[450], *civitas*, weil das Stift nunmehr mit einer Stadtmauer befestigt wurde, und Verona, weil man der stolzen *Colonia Agrippina* und Xanten, das sich Troja nannte, nicht nachstehen wollte? Jedenfalls war die Entscheidung gefallen: die mittelalterliche Stadt entwickelte sich im Anschluß an die Stiftsfreiheit um Cassius-Florentius und St. Martin zum Rhein hin; das Gebiet des alten Römerlagers verkümmerte. Wie in Xanten, Maastricht und vielleicht auch in Neuss wurden in Bonn Märtyrergräber, nicht ein *castrum* oder sonst ein antikes Siedlungszentrum, zur Keimzelle der Stadt.

- Xanten

Auch für das seit dem 8. Jh. so genannte Xanten markiert ein Doppelgrab den Ausgangspunkt für die mittelalterliche Entwicklung von Dom, Stift und Stadt. Als das Grab angelegt wurde, lag es über einem Abhang des Rheinufers, direkt an der großen Straße, die von Nijmegen über Köln nach Süden führte. Rheinabwärts lagen in nur 100 m Entfernung die Mauern der befestigten Stadt *Tricensima* - genannt nach der XXX. Legion -, die Konstantin zwischen 306/11 innerhalb der alten zivilen *Colonia Ulpia Traiana* wiederaufgebaut und befestigt hatte. Die ehemals bedeutende *Colonia Ulpia Traiana* war im Zuge der germanisch-fränkischen Verwüstung dieses Gebietes vom späten 3. Jh. ab von den römischen Bürgern nach und nach verlassen worden und verfallen. Der *Tricensima* war ebenfalls keine lange Dauer mehr beschieden. Die von Julian errichtete Militärfestung gab den alten Siedlungsplatz auf und wurde näher an den Rhein bei Birten verlegt. Die endgültige fränkische und frühmittelalterliche Siedlung entstand nach dem Abzug der römischen Truppen ebenfalls nicht mehr innerhalb des römischen Stadtgebietes, sondern um die bewußte Grabstätte herum. Schaute man, als sie entstand, rheinaufwärts, erblickte man in etwa 2 km Entfernung in der Nähe des heutigen Stadtteils Birten *(Bertunensium)* vielleicht noch die Ruinen des im Jahre 70 zerstörten Legionslagers *Castra Vetera I* sowie die des nachfolgenden noch weiter östlich gelegenen *Castra Vetera II*[451].

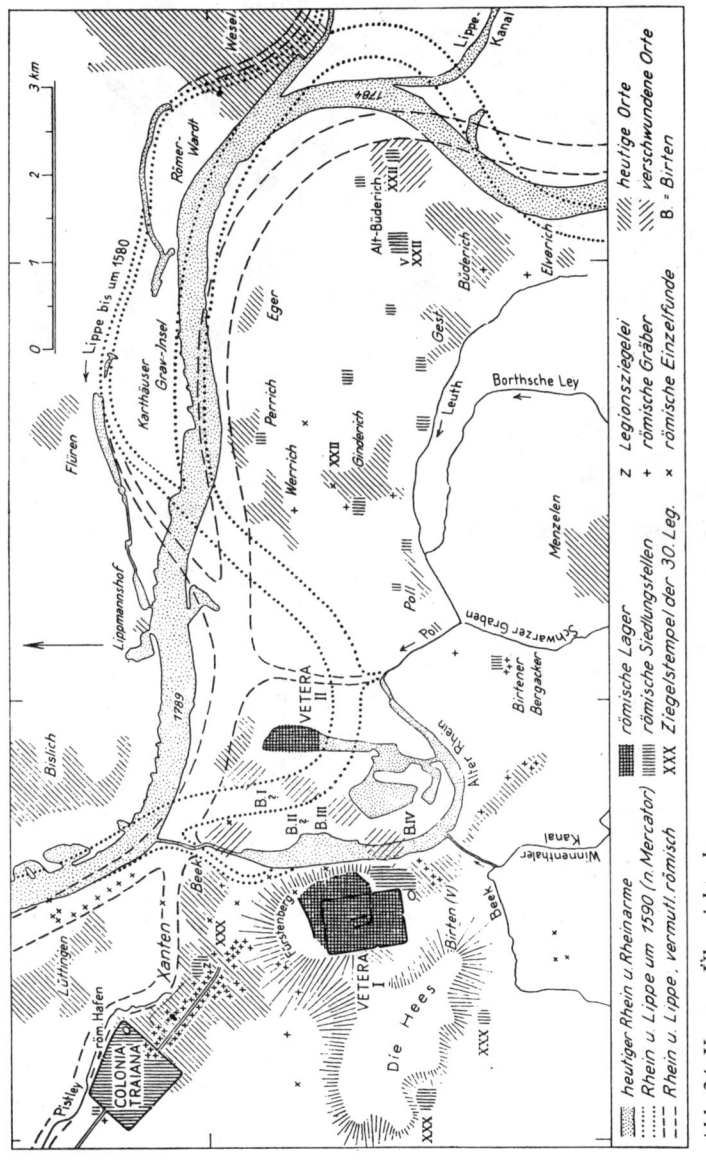

Abb. 34 Xanten. Übersichtsplan

149

Abb. 35 Xanten. Doppelgrab mit Resten der Cella memoriae

Das Grab enthielt die Skelette zweier Männer, die im Alter von 30 bis 40 Jahren gewaltsam zu Tode gekommen waren; der eine hatte eine Schlagverletzung an der rechten Schläfengegend und einen Bruch des linken Unterkiefers, der andere Rippenbrüche und die Ausrenkung des rechten Oberschenkels erlitten[452]. Das Grab wurde bei den Grabungen am 6.10.1933 unweit der nördlichen Lettnertreppe des heutigen Domes von W. Bader noch unversehrt wiederaufgefunden, wie die gleichmäßige und nicht gestörte Färbung der Füllerde bewies. Nagelfunde sowie Abdrücke und Verfärbungen im gewachsenen Boden durch die Sargbretter ließen erkennen, daß die Toten in einem Holzsarg ohne Beigaben bestattet worden waren. Beim Vermodern der Bretter muß Sand durch die Ritzen der Särge gedrungen sein und die Körper der Toten zugedeckt haben. Da in der Füllerde keine größeren Steine gefunden wurden, können die Verletzungen an den Skeletten nicht nachträglich entstanden sein. In der ungestörten Erde unter dem Grab wurden verschiedene Münzen, darunter ein *Centenionalis* aus den Jahren 346/50 gefunden, der den *terminus post quem* für die Bestattung festlegt. Unter dem Estrich einer ersten *cella memoriae* über dem Grab wurden - vielleicht als Beiopfer - Münzen aus den Jahren 383/88 entdeckt. Innerhalb dieser Zeit zwischen 346 und 388 muß das Grab demnach angelegt worden sein. Da es sich bei den gewaltsam zu Tode gekommenen beiden Männern um Märtyrer handeln soll, lag es für den Ausgräber nahe, an die Verfolgung unter Julian zu denken, der sich in seiner kurzen Regierungszeit als Kaiser von 361/3 noch einmal gegen die Christen gewandt hatte, und die Entstehung des Grabes in diese Jahre zu datieren[453].

Bevor die Geschichte des Doppelgrabes weiter verfolgt wird, sei zunächst ein Blick auf seine unmittelbare Umgebung geworfen. Die mittelalterliche Stadt Xanten liegt zwischen der römischen Zivilstadt *Colonia Ulpia Traiana* (bzw. *Tricensima*) und den ehemaligen Militärlagern an der Stadt und Lager verbindenden Limesstraße, deren Verlauf dem der Hauptstraßen (Marsstraße, Kurfürstenstraße, Kleverstraße) des heutigen Xanten entspricht. Beiderseits der Straße lagen römische Gräber aus dem 1. bis 4. Jh. Das hier interessierende Straßenstück ist nach Ausweis von Münzfunden nicht vor 81/96 angelegt worden; der eigentliche Ausbau geschah nicht vor 134/8. Anderseits war die Straße noch um 388 in Benutzung. 1962 wurde im Chor des Domes unter einem der Stiftskirche des 11. Jhs. zugehörigen Mosaik das Fragment eines Meilensteines entdeckt, dessen Inschrift wie folgt ergänzt wurde: *Imperator Caesar Divi Nervae Filius (96/8) Nerva Traianus Augustus (98/117)*. Das Fragment bestätigt, daß Straßenarbeiten entlang dem linken Rheinufer in der Zeit des Aufenthalts Traians in dieser Gegend stattgefunden haben[454].

Während sich die Gräber normalerweise in einer oder zwei Reihen an der Straße entlang hinziehen, befindet sich unter dem Dom ein ganzes Gräberfeld mit geosteten Beisetzungen ohne Beigaben. Es überlagert ein früheres Gräberfeld aus der Mitte des 3. Jhs. mit Brandgräberbestattungen. Das Gräberfeld des 4. Jhs. hebt sich deutlich von den an der Straße angelehnten Gräbern derselben Zeit ab. Um das Grab der beiden erschlagenen Männer befinden sich zu losen Familiengruppen gereihte Bestattungen. Nach dem Ausgräber spricht vieles dafür, daß das Grab der Erschlagenen das erste ist, um das sich die anderen wohl als christlich anzusprechenden Grabstätten des Feldes gereiht haben. Für den christlichen Charakter des Gräberfeldes hat Bader auf die Ostung und das Fehlen von Beigaben aufmerksam gemacht, ein Argument, das für sich allein genommen wohl nicht ausreicht. Hinzu kommt hier aber ein an einem spätfränkischen Plattensarkophag wiederverwendeter Grabstein mit der Inschrift: *In pace hic receptus est Batimodus qui vixit annos quinquaginta et recessit. In pace* ist eine typisch christliche Wendung bei Grabinschriften; der Batimodus-Stein ist zudem mit dem Christuszeichen und den Buchstaben A und Ω verziert[455].

Noch entscheidender für die Deutung des Grabes ist jedoch die Beobachtung, daß sich über ihm alle späteren Kirchen bis zum heutigen Dom entwickelt haben. Mehrere Fußböden lagen über dem Grab, als man es ausgrub. Zwar meint H.H. Henrix, die Ausrichtung der späteren Kirchen nach dem Doppelgrab sei nicht eindeutig; ebenfalls sei störend, daß Gregor von Tours bei der Erwähnung des Mallosus in Birten eine entsprechende Märtyrermemoria in Xanten nicht zu kennen scheine[456]. Der erste Einwand erscheint zu scharfsinnig; auf wenige Zentimeter genau muß die mittelalterliche Kirche das Grab nicht in den Mittelpunkt rücken, wenn die Kultkontinuität gewahrt bleiben soll. Gregor wiederum kann gut über eine Gedächtnisstätte geschwiegen haben, wenn er die Namen der dort verehrten Märtyrer nicht anzugeben wußte. Ein unwiderlegbarer Beweis dafür, daß in dem Doppelgrab Märtyrer bestattet waren, läßt sich selbstverständlich nicht erbringen; dazu bedürfte es einer inschriftlichen Bezeugung.

Die weitere Geschichte des Grabes bleibt auf jeden Fall bemerkenswert. Von einigen kleineren Unsicherheiten abgesehen, lassen sich folgende Stufen einer kultischen Entwicklung unterscheiden:

I. Sofort nach der Bestattung scheinen an dem Grab Totenmähler stattgefunden zu haben, wie Tierknochenreste mit Bißspuren beweisen. Kurz nach 383/88 entstand eine erste *memoria*, worauf die Münzfunde unter dem Estrich hindeuten. Es war ein innen farbig ausgemalter Fachwerkbau mit Zwischenwand. Im nördlichen Raum stand eine steinerne Mensa, an deren Fuß wiederum Tierknochen von Totenmählern nachgewiesen werden konnten. Vielleicht diente auch der südliche Raum mit einer zu vermutenden zweiten Mensa dem Totenkult. Westlich von der *memoria* dürfte ein lehmgestampfter Vorplatz gelegen haben, für den einige in der Nähe liegende Gräber eingeebnet werden mußten. Vielleicht diente er zur Versammlung der Leute, die zur Verehrung der Gräber zusammengekommen waren. Weitere Totenbestattungen fanden im Umkreis der kleinen *memoria* statt, bis diese im 5. Jh. verbrannte.

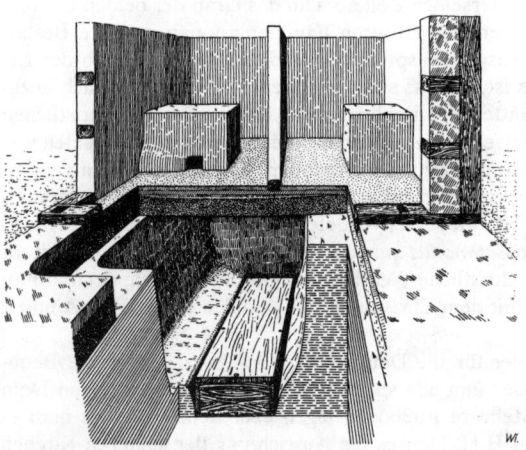

Abb. 36 Xanten. Rekonstruktion der ersten Gedächtniskirche über dem Doppelgrab

II. Über den Schutt wurde eine Lehmtenne gelegt. Die Nordwand blieb wohl stehen; die anderen Wände wurden durch einen offenen Holzpfostenbau ersetzt. Die Mensa befand sich weiterhin an ihrem ursprünglichen Platz. Gleichzeitig entstand über einem Kindergrab ein weiterer Tischblock und ein steinernes Mausoleum über einem Familiengrab.

III. Mitte des 5. Jhs. wurde ein steinerner Saal von 7,7 mal 5,5 m errichtet. Die alte Mensa blieb in der Nordecke sichtbar und wurde von dem übrigen Raum abgeschrankt. Um diese Zeit muß die *Tricensima* aufgegeben worden sein. Allein die Märtyrerkirche blieb weiter bekannt, denn im 6. und beginnenden 7. Jh. wurden weiterhin Gräber und Totenmemorien an diesem Ort angelegt; man wollte *ad sanctos* (= Xanten) bestattet sein[457]. Die Toten sind meist Soldaten, nicht Kaufleute, was darauf hindeutet, daß noch keine neue Siedlung im Umkreis der verehrten Gräber entstanden ist.

IV. Der nächste Bau stammt nach Ausweis einer Pippinmünze (752/68) aus der Mitte des 8. Jhs. Der Gemeinderaum blieb unverändert stehen; angebaut wurde ein Rechteckchor, der vom Gemeinderaum abgeschrankt war. Der Chorraum diente wahrscheinlich der Reliquienverehrung. Ein Suchstollen aus dieser Zeit beweist, daß man nach den Reliquien gesucht hat. Das Doppelgrab wurde dabei nur um wenige Zentimeter verfehlt. Trotzdem wird man reichlich Gebeine gefunden haben. Erst später - in karolingischer Zeit - wurde eine kleine Kapelle, wohl für Totenmähler, an die Nordmauer des Gemeinderaumes angebaut. Diese bescheidene Anlage bedeutet zugleich die Anfänge der Stadt Xanten, denn der Kirchenraum läßt auf mehrere Kleriker schließen, die Totenmahlkapelle auf eine Gemeinde, damit auf Besiedlung, Feste und Markt.

V. Mit geringen Resten einer klösterlichen Anlage um 800 und der karolingischen Kirche aus der 1. Hälfte des 9. Jhs. wird das Stift Xanten faßbar. Auf römischen Fundamenten entstand ein großes Langhaus mit Chorraum und Apsis. Das Langhaus war zweigeteilt in einen Laien- und einen Klerikerraum[458]. Nach dem Normanneneinfall (863) folgte eine zweite karolingische Kirche, danach die ottonische Stiftkirche, die nach mehreren Bränden und Umarbeitungen zum heutigen Xantener Dom wurde.

Wie läßt sich das Ergebnis der archäologischen Forschung mit der Tradition verknüpfen, die in Xanten das Martyrium des heiligen Viktor lokalisiert? Näherhin besagt diese Tradition, Viktor, ein Hauptmann der Thebäischen Legion, habe sich mit seinen Soldaten geweigert, den Göttern zu opfern, und sei unter Diokletian zu Beginn des 4. Jhs. mit 330 Gefährten hingerichtet und in die Sümpfe versenkt worden. Helena, die Mutter Konstantins, habe die Gebeine der Märtyrer gefunden und erhoben[459].

In den historischen Zeugnissen wird diese Überlieferung nur schwer faßbar. Um 590 berichtet Gregor von Tours die Erhebung eines Märtyrers Mallosus und den Bau einer *memoria* bei Birten durch den Kölner Bischof

Eberigisil[460]. In diesem Zusammenhang bemerkt Gregor: *Ferunt ibidem et Victorem martyrem esse sepultum, sed non eum adhuc cognovimus revelatum.* Das ist nicht mehr als eine vage Erinnerung ohne eine genaue Kenntnis des Grabes; auch eine *memoria* auf dem Gräberfeld bei der Stadt *Tricensima* wird nicht erwähnt. Noch Ende des 6. Jhs. dominiert die Erinnerung an Mallosus, dem Viktor untergeordnet bleibt.

Eine zweite Nachricht bezieht sich auf den Normannensturm von 863. Die *Annales Xantenses* berichten für dieses Jahr:

"Bei der ungeheuren Anschwellung der Gewässer kamen die schon oft genannten Heiden, wobei sie überall die Kirche Gottes verwüsteten, den Rhein herauf bis Xanten (ad Sanctos usque) und verheerten den so berühmten Ort. Und zum Schmerz aller, die es hörten und sahen, verbrannten sie die Kirche des heiligen Viktor, ein wundersames Bauwerk; alles, was sie innerhalb und außerhalb des Heiligtums fanden, raubten sie. Doch die Geistlichkeit und das ganze Volk entkamen nur knapp ... Den heiligen Leib Viktors aber brachte der Probst der Brüder *(prepositus fratrum)*, der ein Pferd bestieg und die (Reliquien)kiste vor sich setzte, mit einem einzigen Priester bei Nacht nach Köln ..."[461].

Man fühlt sich bei der Erwähnung des Reliquienkästchens an den Suchstollen im Pippin-Bau erinnert. Man hatte das verehrte Grab nur knapp verfehlt, aber gewiß Gebeine gefunden, die fortan als Viktorreliquien gegolten haben werden. Eindeutig mit den Thebäern wird Viktor erst in einer *Passio* um 1000 in Verbindung gebracht, zusammen mit Gereon sowie Cassius und Florentius[462]. Historisch beweiskräftig und mit den Ausgrabungen direkt in Verbindung zu bringen sind alle diese Nachrichten nicht.

Die Gestalt Viktors ist aber noch mit weiteren historischen Schwierigkeiten belastet. Einen Viktorkult gab es nicht nur in Xanten, sondern an zahlreichen anderen Orten. Handelt es sich dabei überall um denselben durch Reliquienübertragung verbreiteten Viktor oder um jeweils verschiedene Märtyrer dieses nicht seltenen Namens? Beide Möglichkeiten befriedigen nicht. Weiter führt vielleicht eine andere Beobachtung. In den mittelalterlichen *Passiones* wird Viktor nie allein erwähnt, sondern immer mit anderen Märtyrern zusammen[463]. Das läßt daran denken, daß Viktor gar kein Eigenname ist, sondern als Ehrentitel einem Personennamen hinzugefügt wird. Viktor ist nicht ein selbständiger Märtyrer neben Gereon, Mallosus, Ursus, Mauritius und anderen, sondern der Märtyrer Gereon usw. ist ein *victor*. Diese Sprachregelung könnte in einer Zeit aufgekommen sein, da der christliche Kaiser aus einem *invictus* zum *victor* wurde. Wie sich der neue Kaisertitel gegen den alten Kaiser- und Götterkult richtete, so der Märtyrerkult gegen die Verehrung eines *deus-invictus* Jupiter, Mars, Sol oder Mithras. Der Viktorkult wäre damit ein Oppositionskult gegen römische oder einheimische Gottheiten. Letzteres könnte auch für Xanten zutreffen.

Damit würde eine Schwierigkeit gemildert, die sich aus der Datierung des Doppelgrabes in die Zeit Kaiser Julians ergibt. Christenprozesse sind aus dieser Zeit im nördlichen Teil des römischen Reiches nicht bekannt. Wie ist es dann aber zum Tod der beiden Männer gekommen? Handelt es sich um eine private Auseinandersetzung unter Soldaten oder zwischen Soldaten und Einheimischen - eine Art Wirtshausschlägerei? Bei der allerdings das Glaubensbekenntnis der beiden durchaus eine Rolle gespielt haben kann, ja sogar haben muß, wie die Verehrung anzeigt, die sofort eingesetzt hat? Hier lassen sich viele Vermutungen anstellen.

Eine letzte Komplizierung ergibt sich aus den Funden von H. Borger im Jahre 1966. Unter der *memoria* II K im Langhaus des Domes fand Borger eine ungewöhnlich ausgedehnte Grabgrube, die seit der Zuschüttung, die unmittelbar nach der Bestattung erfolgt sein muß, von keines Menschen Hand mehr berührt worden war.

In einem großen Kalksteinsarkophag war ein vornehmer, mit einer Dalmatik bekleideter Mann beigesetzt worden, "der zwischen seinem 40. und 50. Lebensjahr mit dem Schwert hingerichtet worden war. Der Kopf war in dem Sarg nicht mit beigesetzt. Professor H. Elbel, der Gerichtsmediziner der Bonner Universität, hat festgestellt, daß ihn der tödliche Schlag im vierten Halswirbel traf. Nach dem Tode hatten Angehörige oder Freunde den Halswirbel mit einem Leinenstreifen verbunden"[464]. Auch über diesem Einzelgrab wurde um 400 eine Totenmemoria in sorgfältiger Mauertechnik errichtet. Warum ist dieser Mann enthauptet worden, und zwar, wie Münzfunde ergeben haben, erst nach 372[465]? Wer war der Enthauptete, der diese vergleichsweise aufwendige Bestattung erfahren hat[466]? Hier ließen sich alle die Spekulationen wiederholen, die bereits hinsichtlich des Doppelgrabes angestellt worden sind. Beachtenswert ist, daß sich auch um das Einzelgrab des Enthaupteten fränkische Gräber drängen. Der Friedhof hat also anfangs nicht nur einen einzigen verehrten Mittelpunkt gehabt. Wohl haben sich die späteren Kirchbauten nach dem Doppelgrab ausgerichtet, und das Einzelgrab geriet in Vergessenheit. Insgesamt sind die Viktorfrage und die Märtyrerinterpretation des Doppelgrabes durch Borgers Entdeckung nicht einfacher geworden.

Beim Wiederaufbau des Domes und der Einrichtung der Märtyrergedächtnisstätte nach dem Zweiten Weltkrieg hat man auf diese Unsicherheiten Rücksicht genommen und alles vermieden, um diese ehrwürdige Stätte, an der das jahrhundertealte Gedächtnis mutvoller Glaubensüberzeugung haftet, zu sehr an eine historisch nicht mehr faßbare Person zu binden. Sie wurde als ein Ort des Gedenkens gestaltet, der allen Blutzeugen des Niederrheins gewidmet sein soll. So wurden die Märtyrer aus der NS-Zeit, Heinz Bello, der im Konzentrationslager Dachau zum Priester geweihte Karl Leisner und Gerhard Storm hier beigesetzt; ebenso wurden drei Urnen mit Asche und Erde aus den Konzentrationslagern Auschwitz, Bergen-Belsen und Dachau aufgestellt.

Leider ist über christliches Leben in Xanten, in der *Tricensima* oder in der *Colonia Ulpia Traiana*, was die Überlieferung über die Märtyrerverehrung ergänzen könnte, nichts bekannt. Daß Xanten, neben Trier und Köln die dritte christliche Siedlung im Rang einer *colonia*, in spätrömischer Zeit einen Bischof besessen hat, kann mit großer Wahrscheinlichkeit angenommen werden. Eine Gemeindekirche wird in einer der spätrömischen befestigten Siedlungen vermutet. Doch alle Spuren fehlen. Nur H. von Petrikovits macht einmal eine vage Andeutung auf einen möglichen christlichen Versammlungsraum in einem umgebauten *vomitorium* des Amphitheaters[467].

- Weitere Nachrichten

Gibt es neben Köln, Bonn und Xanten noch andere Orte mit Nachrichten aus frühchristlicher Zeit? Gab es bereits seelsorgliche Aktivitäten auf dem Land? Wie steht es vor allem mit den römischen *castra*, in denen ja, wie einige Garnisonen in Obergermanien gezeigt haben, seit der 2. Hälfte des 4. Jhs. kirchliche Bauten durchaus möglich waren?

In Aachen *(Aquae Granni)* konnten die von H. Christ vorgetragenen Vermutungen über frühchristliche Vorgängerbauten an der Stelle des heutigen Domes nach F. Oswald bisher nicht verifiziert werden; dagegen glauben neuere Untersuchungen, daß vielleicht noch gegen Ende des 4. Jhs. eine christliche Kultstätte und eine Taufkapelle in der ehemaligen Badeanlage eingerichtet worden sind. Mehrere Grabsteine beweisen außerdem einen christlichen Friedhof des 5. Jhs.[468]. In Jülich *(Juliacum)* und Zülpich *(Tolbiacum)* haben sich keine Spuren frühchristlichen Lebens erhalten. In Remagen *(Rigomagus)* konnten bei Grabungen unter der Pfarrkirche St. Peter und Paul keine sicheren Spuren einer spätrömischen Kirche entdeckt werden[469]; wohl wurde das Bruchstück eines gitterartigen Reliefs aus Kalksandstein mit Christogramm gefunden, das einer (Altar)-schranke des 5./6. Jhs. zugehören könnte[470]. Warmherzig empfunden ist die Grabinschrift der Meteriola aus dem 5. Jh., die am Apollinarisberg bei Remagen zum Vorschein gekommen ist und sich jetzt im Rheinischen Landesmuseum in Bonn befindet:

"Hier ruht Meteriola, meine süße Gattin, die mit mir geschafft hat viele, ja recht viele Jahre *(multis et pluribus annis)*, die mir 23 Jahre Gattin war, 8 Jahre, 7 Monate und 18 Tage Schwester *(soror)* in unserem Herrn und Gott Jesus Christus, der mich für wert halten möge, mir seine Wege zu zeigen, daß ich sie wandeln könne".

"Schwester im Herrn" weist entweder auf die Taufe hin oder auf die Fortsetzung der Ehe in Enthaltsamkeit. Auffällig ist das betonte "unser Herr und Gott Jesus Christus", das vielleicht als antiarianisches Bekenntnis gedeutet werden kann[471].

In dem bedeutenden Militärlager Neuss finden sich nur spärliche frühchristliche Spuren. Das heutige Münster St. Quirin liegt - ähnlich wie die

Kirchen in Bonn und Xanten - nicht im Bereich des spätrömischen Lager- oder Siedlungsgebietes, sondern auf einem nördlich gelegenen Friedhof an der Straße, die nach *Colonia Ulpia Traiana* führte. W. Bader hatte vermutet, daß unter St. Quirin ebenfalls eine Totenkapelle liegen müsse; warum sonst wäre die Kirche auf einem Gräberfeld entstanden[472]? 1961 hat H. Borger dann unter der Krypta tatsächlich Teile einer kleinen Apsis entdecken können, die zusammen mit dem zu erschließenden Rechteckbau aufgrund von Material und Bauweise noch der spätrömischen Zeit, spätestens den Jahren 400/450, zugerechnet werden kann. Die kleine Anlage ist nordwärts gerichtet, nicht geostet wie die heutige Kirche, und deckt sich auch nicht in irgendeiner Form mit den Umrissen späterer Bauten an dieser Stelle[473]. Die Frage nach der Kultkontinuität an diesem Ort ist daher viel unsicherer zu beantworten als für andere Plätze.

Allerdings ist die Überlieferung für Neuss auch außergewöhnlich schlecht. Zwischen 388, der letzten Erwähnung des *Castellum Nivisium,* und den ersten Zeugnissen über das fränkische *Castellum Novaesium* aus der Zeit um 829/81 fehlt jede Nachricht. Wann das mittelalterliche Frauenstift entstand, ist unbekannt. Im 11. Jh. unterstand es dem Kölner Erzbischof, der Grundherr war und hier einen Hof besaß. Erinnerungen an ein Martyrium haben sich nicht erhalten. Die Gebeine des römischen Tribunen Quirinus soll erst die Äbtissin Gepa um die Mitte des 11. Jhs. aus Rom überbracht haben. Ereignisse bereits in spätrömisch-fränkischer Zeit, die zu einer verehrten Kultstätte auf dem Nordfriedhof, zu einer *cella memoriae* und zu den nachfolgenden Kirchbauten geführt haben könnten, lassen sich daher nur in Anlehnung an die Abläufe in Bonn und Xanten vermuten.

Aufschlußreich ist Neuss vor allem wegen seiner vielen Zeugnisse für heidnische Religiosität und Kultausübung. Als einziges Monument dieser Art nördlich der Alpen hat sich eine sogenannte *fossa sanguinis* erhalten, eine Grube für den Kult der Kybele, in der das *taurobolium* (Stieropfer) zur Einweihung des Mysten vollzogen wurde[474] (Abb. 37, S. 158).

Ein anschauliches Bild von christlichem Leben in den rheinischen Siedlungen am Strom und auf dem Land ist aus den wenigen Hinweisen kaum zu gewinnen. Erstaunlich wenig christliche Grabinschriften haben sich außerhalb der städtischen Zentren erhalten, vor allem wenn man sie mit den reichen Funden in den obergermanischen Orten und an der Mosel vergleicht. Außer der Batimodus-Inschrift aus Xanten sind es vier, die wohl schon alle der fränkischen Zeit angehören: neben Remagen noch in Vochem (bei Köln), Derichsweiler und Pier (Kreis Düren)[475]. Viel mehr als die Tatsache, daß es Christen auch außerhalb der römischen Städte und Kastelle gegeben hat und daß nur geringe Lateinkenntnisse erhalten geblieben sind, läßt sich aus den Funden nicht gewinnen.

Abb. 37 Neuss. Fossa sanguinis

- Tongern

Um den Überblick über die Anfänge der Kirche in Niedergermanien zu vervollständigen, muß noch ein kurzer Blick auf den westlichen Teil der Provinz geworfen werden, auch wenn dieses Gebiet heute nicht mehr zum deutschen Territorium gehört.

Von Maternus, dem ersten historisch bezeugten Kölner Bischof, der aus Trier kam, wird berichtet, daß er das Bistum Tongern gegründet hat[476]. Als nächster Bischof in spätrömischer Zeit läßt sich Servatius historisch nachweisen, der auf der Synode von Serdica (342) zusammen mit Euphrates unterschrieben hat[477]. Bemerkenswerterweise wird in der Bischofsliste des Heriger von Lobbes bereits für die Zeit um 500 für Tongern wieder ein Bischof genannt, gut ein halbes Jahrhundert eher als in Köln und Mainz und in den südlichen Rheinstädten. Es handelt sich um Agricolus, der zur Zeit des Remigius von Reims (gest. um 533) gewirkt haben soll[478]. H. v. Petrikovits vermutet als Grund, daß Tongern nicht unmittelbar am Rhein lag und sich daher eher von den Völkerwanderungswirren erholen konnte[479]. Ganz schlüssig ist die Vermutung nicht, denn bald darauf wird das Bistum Tongern östlich nach Maastricht transferiert, wahrscheinlich um dieses vorgeschobene kirchliche Zentrum in ein Gebiet mit stärkerem Rückhalt in der gallo-romanischen Bevölkerung zu verlegen[480]. Das geschah vielleicht schon unter Falco, über den wieder sichere historische Nachrichten vorliegen[481], spätestens aber unter Domicianus, der auf dem Konzil von Clermont (535) als *episcopus ecclesiae Tongrorum quod et Traiecto* (Maastricht) unterschrieb[482]. Tongern/Maastricht ist der einzige sicher bekannte Bischofssitz in spätrömisch-fränkischer Zeit in der *Germania II* neben Köln, solange für Bonn und Xanten eindeutige Beweise fehlen.

Die archäologischen Zeugnisse vermögen die historischen Nachrichten in bescheidenem Maße zu ergänzen. Unter der Marienkirche in Tongern wurde ein 40 mal 20 m großes spätantikes Gebäude aufgedeckt, das am Rand der Stadt gelegen war und wenn nicht von Anfang an, so doch später als Kirche gedient zu haben scheint. Auffällig ist in der Apsis eine halbkreisförmige Stufenkonstruktion, die an eine Priesterbank erinnert, für die es allerdings in den Rheinprovinzen keine Parallele gibt[483]. Spuren christlicher Bestattungen vom Ende des 4. oder Anfang des 5. Jhs. wurden in einigen Gräbern auf Friedhöfen im Südwesten und Osten der Stadt gefunden[484]. Umfangreicher sind die Funde in Maastricht, wo die christliche Entwicklung in merowingischer Zeit bis zur erneuten Verlegung des Bistums nach Lüttich im 8. Jh. weitergegangen ist[485]. Neben der Bischofskirche im Bereich der heutigen Marienkirche dicht an der alten Kastellmauer dürfte es eine weitere Seelsorgskirche, ein Baptisterium und ein weiteres, kirchlichen Zwecken dienendes Gebäude gegeben haben[486]. Ausgrabungen unter der Servatiusbasilika haben zwar noch nicht das Grab des Servatius aufgespürt, dem nach Gregor von Tours von dem Maastrichter Bischof Munulfus (2. Hälfte 6. Jh.) ein *templum magnum* errichtet worden war[487], wahrscheinlich aber Mauerreste dieser Saalkirche mit Rechteckchor entdeckt[488]. Auf dem kontinuierlich von der Spätantike bis zum 8. Jh. benutzten Friedhof bei St. Servatius konnten auch fünf christliche Grabinschriften aus dem 5./6. Jh. geborgen werden[489]. Keramikfragmente mit christlichen Symbolen, ein mit einem Kreuz verzierter Fingerring, eine Gürtelschnalle mit dem Danielmotiv, eine kreuzgeschmückte Fibel sowie eine Sarkophaginschrift, die alle außerhalb Maastrichts gefunden wurden, weisen auf christliche Einwohner in verschiedenen Orten des Maastals hin[490].

IV. VÖLKERWANDERUNG UND KIRCHLICHE KONTINUITÄT

1. Umbruch und Ablösung

Von allen hier behandelten kirchlichen Zentren enthält allein die Trierer Bischofsliste eine annähernd vollständige Aufzählung der Oberhirten; alle anderen Listen weisen für das 4./6. Jh. erhebliche Lücken auf. Bereits diese Tatsache zeigt die Gefährdungen, denen das Rhein-Donaugebiet in der Völkerwanderungszeit ausgesetzt war, auch wenn nicht damit gerechnet werden muß, daß die deutschen Bischofsstädte während der gesamten Periode ganz ohne Bischöfe gewesen sind. Ihre Namen jedoch haben sich in den notvollen Zeiten nicht erhalten, wofür allerdings auch mangelnde Schriftlichkeit und das Fehlen örtlicher Chroniken verantwortlich zu machen sind[491].

Zuerst traf es Rätien. Nach mehreren vorausgegangenen Versuchen durchstießen die Alemannen um 260 endgültig den Limes und eroberten das Dekumatenland. Anfang des 5. Jhs. mußte der Augsburger Bischof wahrscheinlich seinen Sitz aufgeben und sich in das südliche Alpenland zurückziehen.

Um die Mitte des 4. Jhs. kam auch die Rheingrenze in Gefahr. Ab 351 konnten die Alemannen die linksrheinische Ebene von Basel bis Mainz vorübergehend in ihre Gewalt bringen; 368 wurden die in der Kirche versammelten Einwohner von Mainz überfallen. Julian und Valentinian I. vermochten die Eindringlinge zwar wieder zurückzutreiben, doch als nach 400 römische Truppen aus den germanischen Provinzen abgezogen werden mußten, um Italien zu schützen, wurde die Rheingrenze durch den Einfall von Alanen, Sueben und Wandalen, denen sich die Alemannen anschlossen, weiter geschwächt. Wenig später rückten die Burgunder nach, die ihrerseits, nachdem sie römischerseits integriert worden waren, von den Hunnen bedrängt und geschlagen wurden. Um 440 war Mainz zerstört, eine *urbs excisa atque deleta*. Nach 445 konnten die Alemannen weite Teile der *Maxima Sequanorum* (Elsaß und Teile der deutschsprachigen Schweiz) endgültig besetzen.

Vom Beginn des 5. Jhs. an drangen die Franken über den Rhein, nachdem sie bereits 355 Köln überfallen und gebrandschatzt hatten. Zwischen 411 und 455 wurde Trier viermal erobert und zunehmend verwüstet. Das Kölner Umland, die *civitas*, wird schon um 400 im römischen Staatshandbuch, der *Notitia dignitatum*, nicht mehr erwähnt; die Stadt ging erst später verloren. 457 wird in Köln ein gallo-römischer Heeresmeister Aegidius genannt, der 463 zusammen mit dem Frankenkönig Childerich an der Loire gegen die Westgoten kämpfte. Köln ist um diese Zeit schon in fränkischem Besitz und Mittelpunkt der *Francia Rhinensis.*

Die salischen Franken stießen über Nordbrabant die Somme entlang bis zur Loire und Seine vor und machten, nachdem sie reichstreu noch 451 dem römischen Heeresmeister Aëtius geholfen hatten, den Hunneneinfall nach Innergallien zu stoppen, 486 dem wiederhergestellten römischen Restreich unter Syagrius ein Ende.

Die Rheinfranken drangen bis an die obere Maas und Mosel vor und zogen nach Süden bis in die Gegend von Worms und Speyer, wo sie auf die Alemannen stießen, mit denen sie in Konflikt gerieten. Bestimmend für die weitere Entwicklung der Kirche wurde 496 die Entscheidungsschlacht zwischen den beiden germanischen Völkern, die von dem Franken Chlodwig gewonnen werden konnte, was zu seiner Taufe im nizänischen Bekenntnis wahrscheinlich am Weihnachtstag des Jahres 498 (499) durch Bischof Remigius von Reims führte.

Über dieses wichtige Ereignis berichten drei Quellen: Gregor von Tours in der *Historia Francorum* 2,30f, die *Epistula* 8 des Trierer Bischofs Nicetius an Chlodoswind und ein weiterer Brief, die *Epistula* 46 des Avitus von Vienne. Sie ergeben folgendes, wenn auch in Einzelheiten konkurrierendes Bild: Durch seine Ehe mit Chrodichilde, einer katholischen Nichte des Burgunderkönigs Gundobad, war Chlodwig mit dem katholisch-nizänischen Glauben in Verbindung gekommen. In der kritischen Situation der Auseinandersetzung mit den Alemannen verdichtete sich für Chlodwig der Einfluß Chrodichildis zu dem Gelöbnis der Hinwendung zu Christus, falls ihm der Sieg zufalle; Chlodwig gewann die Schlacht. Nach seiner Heimkehr erzählte er seiner Gemahlin von seinem Gelöbnis, und diese sorgte dafür, daß der König heimlich in den Katechumenenstand aufgenommen wurde.

Etwas anders akzentuiert die Reimser Tradition, die verständlicherweise die Verdienste des Remigius stärker herausstreicht. Ihr zufolge hatte Remigius den König im Geheimen zu sich bestellt und ihn gedrängt, den Göttern den Rücken zu kehren und an den wahren Gott zu glauben. Der König aber sprach:

"'Gern würde ich, heiliger Vater, auf dich hören, aber eines macht mir noch Bedenken, das Volk, das mir anhängt, duldet nicht, daß ich seine Götter verlasse. Doch ich gehe und spreche mit ihnen nach deinem Wort'. Als er darauf mit den Seinen zusammentraf, rief alles Volk zur selben Zeit, noch ehe er den Mund auftat, denn die göttliche Macht kam ihm zuvor: 'Wir verlassen die sterblichen Götter, gnädiger König, und sind bereit zu folgen dem unsterblichen Gott, den Remigius verkündet'. Solches wurde dem Bischof gemeldet, und er befahl hocherfreut, die Taufe vorzubereiten"[492].

Als erster empfing Chlodwig die Taufe. "Er wird in offensichtlichem Rückgriff auf die Silvesterlegende als neuer Konstantin geschildert, der zum Bad schreitet, um die Krankheit des alten Aussatzes zu tilgen, und von Remigius mit den geschliffenen Worten angesprochen: 'Sanft neige dein Haupt, Sigamber. Verehre, was du verbrannt, verbrenne, was du verehrt'"[493]. Nach der Taufe des Königs wurden auch im Heer mehr als 3000 Mann getauft. Es hatte schon kurz vor Chlodwig in den 70er Jahren des 5. Jhs. einen Christen aristokratisch-fränkischer Herkunft gegeben, den jüngeren Arbogast, der als kaiserlicher Comes in Trier regiert hatte. Aber der durch und durch romanisierte Arbogast stand ganz außerhalb des fränkischen Lebensbereiches[494]. Mit Chlodwig kommt zum ersten Mal ein wirklich germanischer Herrscher in den Einflußbereich der Kirche.

Das Schicksal der christlichen Gemeinden in der Zeit zwischen dem Rückzug der römischen Truppen, dem Verschwinden der römischen Verwaltung einerseits und dem Wiederaufleben der kirchlichen Verwaltung nunmehr unter germanischer, vor allem fränkischer Herrschaft andererseits ist im einzelnen schwer zu belegen und dürfte unterschiedlich verlaufen sein[495]. Man wird bei allen Veränderungen nicht das enorme Mißverhältnis von 150000 - 200000 Franken innerhalb einer 5 - 6 Millionen umfassenden einheimischen Bevölkerung außer acht lassen dürfen, das übertriebene Vorstellungen von einem Kontinuitätsbruch von vorneherein verbietet[496]. Wo es eine Siedlungskontinuität gegeben hat, wird auch das kirchliche Leben nicht ganz erloschen sein. Verschiedentlich konnte schon auf die Bestattungskontinuität hingewiesen werden[497]. E. Hegel resümiert: "Christliche Bestattungen bei St. Alban in Mainz reichen vom 5. bis zum 8. Jh.; auch die Friedhöfe im Heiligen Tal, bei St. Peter und St. Theonest, werden im 6. und 7. Jh. weiterbelegt. Bis zum 6./7. Jh. sind romanische Namen neben germanischen vertreten, danach beherrschen germanische Namen das Feld. Auch die Friedhöfe in Trier und Köln weisen weiterhin christliche Bestattungen auf. Außerhalb der Bischofsstädte finden wir ebenfalls zahlreiche christliche Gräber mit römischen Namen des 5. Jhs. (Bingen, Boppard, Andernach, Remagen, Kobern, Gondorf, Karden, Neumagen) und fränkischen Namen oder Bestattungen der folgenden Jahrhunderte (Bingen, Boppard, Koblenz, Andernach, Bonn, Lehmen, Moselkern, Gering; am Niederrhein u.a. Neuß, Orsoy, Xanten und Qualburg, aber auch landeinwärts z.B. das Grab eines fränkischen Herrn christlichen Glaubens [um 600] in Morken [Kr. Bergheim/Erft])"[498].

Unabhängig von der Siedlungskontinuität stellt sich die Frage, in welchem Umfang sich die kirchliche Organisation hat halten können. In der *Maxima Sequanorum* läßt die Verlegung des Bischofssitzes von Windisch (*Vindonissa*) über Avenches (*Aventicum*) nach Lausanne auf ein Zurückweichen der kirchlichen Verwaltung vor dem germanischen Druck schließen[499]. Ebenso könnte die Übersiedlung des Bistums Tongern nach Maastricht um die Mitte des 6. Jhs. darauf zurückzuführen sein, daß die

Missionierung der Franken nach Chlodwigs Taufe nur langsam voranging und darum das kirchliche Zentrum im Norden der *Germania II* in eine Stadt verlegt wurde, in der es einen stärkeren Rückhalt in der gallo-romanischen Bevölkerung besaß[500].

In Augsburg könnte die Bischofsfolge im 5. Jh. unterbrochen und erst am Anfang des 7. Jhs. durch den Frankenkönig Dagobert (623/38) wieder aufgenommen worden sein. Hingewiesen wurde ebenfalls auf die auffälligen Lücken in den Bischofslisten von Köln (von 400 bis nach 560), Mainz (nach 440 bis etwa 540), Straßburg (ungefähr 360 bis Mitte des 6. Jhs.), Speyer und Worms (ebenfalls 150 Jahre ab Mitte des 4. Jhs.). Sie erwecken wie das Fehlen von Bischofsnamen aus diesen Städten in den Akten verschiedener Synoden in den teilfränkischen Reichen den Eindruck bischöflicher Sedisvakanz. Auf der ersten fränkischen Reichssynode zu Orleans, deren Beschlüsse am 10. Juli 511, d.h. viereinhalb Monate vor dem Tod Chlodwigs, unterzeichnet wurden, sind die Metropolen Köln und Mainz nicht vertreten[501]. Die Entwicklungen werden unterschiedlich verlaufen sein. So wie die fränkisch-römischen Beziehungen im 3./4. Jh. von feindlicher Aggression bis zur Bundesgenossenschaft reichten, werden auch die fränkisch-kirchlichen Kontakte nicht überall von gleicher Qualität gewesen sein. Zeitweise scheint die Führung der rheinischen Bistümer in den Händen Triers bzw. der westlichen *Sequania* gelegen zu haben.

Den Hauptgrund für die Schwächung der Kirche im 5./6. Jh. sieht H. von Petrikovits weniger in direkten Verfolgungen durch die neuen germanischen Herren als vielmehr in einer starken Verarmung und dem Rückgang der Bevölkerung[502]. Es mag gewalttätige Übergriffe gegeben haben. Besonders den Hunnen werden stereotyp zahlreiche Greueltaten nachgesagt: Bischof Aureus von Mainz soll von den Hunnen in seiner Kirche umgebracht worden sein; desgleichen werden das Ursulamartyrium sowie der Tod von Viktor in Xanten mit den Hunnen in Verbindung gebracht[503]. Folgenschwerer als einzelne massive Ausschreitungen war aber die Ausplünderung der zurückgebliebenen Bevölkerung. Von ihrer Not berichten Salvian von Marseille und Hieronymus mit bewegten Worten; erinnert sei an die vornehme Kölnerin, die sich bei den *uxoribus barbarum* als Magd verdingen mußte[504]. Mit Konstantin III. (407/11) und Jovianus (411/3) hörte der regelmäßige Geldzustrom für die römischen Rheintruppen auf. Von der Trierer Münzprägestätte ist bekannt, daß sie mit Unterbrechungen nur noch bis in das 2. Viertel des 5. Jhs. arbeitete. Entsprechend wird die handwerkliche Produktion zurückgegangen sein. Man hört von Schrumpfungen der Besiedlung in Trier und in den rheinischen Städten, in denen die Bevölkerung nur noch einen Teil des ehemaligen Stadtgebietes füllen konnte oder sich auf vorstadtähnliche Komplexe zurückziehen mußte. "Die verarmte ansässige Bevölkerung konnte keine Kirchen mehr bauen und war nicht mehr imstande, eine große Kirchenorganisation finanziell zu tragen ... In der Übergangsperiode wird sie von Dienstleistungen, von kleinem Handwerk und ein wenig Landwirtschaft gelebt haben, sorgfältig darauf bedacht, daß sie nichts übrig habe, das man ihr wegnehmen könne"[505]. Selbst das Zurückgehen gallo-römischer Namen auf den Grabsteinen kann damit zusammenhängen, daß die einheimische Bevölkerung nicht mehr die Mittel für aufwendige Bestattungen besaß. Selbst wenn es nicht gelingt, sich ein genaues Bild von dem Umfang zu machen, in dem das kirchliche Leben damals zurückging, Verluste auf allen Gebieten sind unübersehbar. Auch im Zusammenhang mit den hagiographischen Traditionen muß darauf hingewiesen werden, daß Überlieferungen abgebrochen sind, die erst in karolingischer Zeit wieder aufgegriffen wurden, wobei nicht mehr mit Sicherheit festgestellt werden kann, wieviel altes Gut die mittelalterlichen Viten und Passionen bewahrt haben im Vergleich zu dem, was hinzuerfunden und nach typischen Mustern gestaltet worden ist[506].

2. Missionsbemühungen

Auf das Konto der germanischen Eroberung geht eine unterschiedlich starke Repaganisierung der linksrheinischen Gebiete durch den Zustrom germanischer religiöser Vorstellungen. Dabei dürfte sich noch erhalten gebliebene römisch-heidnische Götterverehrung mit germanischen Glaubensvorstellungen und Resten der ursprünglich gallisch-keltischen Kulte verbunden haben.

Ein instruktives Beispiel für die Repaganisierung berichtet Gregor von Tours, *Vitae patrum* 6,2:

"Es begab sich, daß König Theuderich nach Köln ging und der heilige Gallus mit ihm zog. Es stand dort aber ein Tempel, mit allerlei Zierat überladen, in dem die Barbaren der Umgebung Opfer darbrachten und sich dabei mit Speise und Trank den Magen bis zum Erbrechen vollschlugen. Dort beteten sie auch Götzenbilder wie Gott an und schnitzten jeweils den Körperteil, an dem sie erkrankt waren, in Holz [zum Aufhängen im Tempel]. Sobald der heilige Gallus das gehört hatte, eilt er sofort mit nur einem Kleriker dorthin, zündet Feuer an und legt es - da keiner der törichten Heiden zugegen war - an den Tempel und steckt ihn an. Als diese aber den Rauch vom Heiligtum gegen Himmel steigen sehen, suchen sie den Brandstifter, finden und verfolgen ihn mit gezückten Schwertern. Er jedoch floh und brachte sich im Königshof in Sicherheit"[507].

Diese Episode spielt um das Jahr 520. Es handelt sich bei dem Barbarentempel gewiß nicht um ein aus der Römerzeit stammendes Gebäude, sondern um ein hölzernes Heiligtum der germanischen Eroberer. Vom Weiterleben heidnischer Bräuche und Kulte zeugen viele Canones der gallischen Synoden und die Mahnschriften christlicher Autoren[508]. Von Agila, einem dem arianischen Bekenntnis anhängenden Gesandten des spanischen Westgotenkönigs Leuvichild, stammt eine Bemerkung, die er gegenüber den Vorhaltungen Gregors von Tours fallen ließ:

"Ich möchte dich bitten, das Bekenntnis, das du nicht teilst, (wenigstens) nicht zu lästern. Auch wir, die wir das, was ihr glaubt, nicht glauben, lästern (euer Bekenntnis) doch nicht. Denn es wird nicht zum Verbrechen angerechnet, wenn man dieser oder jener Religion in Verehrung folgt. So sagen wir nämlich in volkstümlicher Sprache, es sei kein Schaden, wenn jemand zwischen Altären der Heiden und der Kirche Gottes hindurchgeht und beiden seine Verehrung bezeugt"[509].

Über die Christianisierungsbemühungen des 4. Jhs. hinweg dürften viele römische und gallo-keltische religiöse Vorstellungen lebendig geblieben sein, die sich schon früher miteinander verbunden hatten und nunmehr im Zuge der fränkischen Eroberung neuen Auftrieb erhielten. Ein typisches Beispiel bodenständiger Religiosität ist die besonders für das Rheinland charakteristische Matronenverehrung. Die Matronen gehören in den Bereich der Muttergottheiten und waren ursprünglich Beschützerinnen des Hauses und der Familie, Segens- und Vegetationsgottheiten, wie sie auch aus dem mittelmeerischen Raum bekannt sind. Ihr Hauptverbreitungsgebiet war Niedergermanien, vor allem das alte Ubierland. Meist handelt es sich um Dreiheiten mit verschiedenen Namen. Allein in Köln und Umgebung sind über fünfzehn Bezeichnungen überliefert: die axsinginehischen, boudunnehischen, andrustehischen, malinehischen, valabuehischen, udravarinehischen, aufanischen Matronen und viele andere. Die Namen sind

Abb. 38 Weihestätte für die aufanianischen Matronen

165

rätselhaft und nicht zu erklären. Die bildhauerische Darstellung auf den Weihealtären folgt einem feststehenden Schema. Typisch sind die große Matronenhaube und der lange, weite Mantel, der oft mit einer großen Fibel vor der Brust geschlossen wird. Um den Hals tragen die Matronen eine Kette mit einem Halbmondanhänger, dem uralten Symbol des Wechsels der Jahreszeiten bzw. des Rhythmus' von Geburt und Tod, Leben und Sterben. Auf ihrem Schoß halten sie Früchte oder einen Früchtekorb. Andere wichtige keltische Göttinnen sind Rosmerta und vor allem die Pferdegöttin Epona, die ihren Einfluß über Gallien bis nach Rom verbreiten konnte[510]. Daß sich manche dieser Fruchtbarkeits- und Vegetationsgottheiten mit den östlichen Mysterienkulten verbinden konnten, die ebenfalls in den römischen Provinzen nördlich der Alpen Fuß gefaßt hatten, ist anzunehmen[511].

Wie lange alle diese Kulte und kultischen Vermischungen in fränkischer Zeit nachgewirkt haben, ist schwer zu sagen. Man sollte sich aber bewußt bleiben, daß noch im 5. Jh. die Denkmäler der heidnischen Religionen weitaus zahlreicher sind als die frühchristlichen.

Die Missionierung Germaniens kam im Bereich der Franken nach Chlodwigs Übertritt zum Christentum trotz der Bemühungen des Königs nur zögernd in Gang. Die neu einsetzende Mission wurde von den funktionsfähig gebliebenen kirchlichen Zentren sicher lebhaft unterstützt. Childebert I. (511/58), Chlodwigs Sohn, verpflichtete die Grundbesitzer zur Abschaffung heidnischer Kulte; Theudebald schrieb 547 an den byzantinischen Kaiser Justinian über seinen Vater Theudebert, er habe viele heidnische Kultstätten durch Kapellen und Kirchen ersetzt[512]. Um diese Zeit missionierte der Einsiedler St. Goar am Mittelrhein; andere Missionare wie Ingobert, Disibod und Wendelin wirkten im rheinpfälzischen Gebiet. Ihre germanischen Namen zeigen, daß nunmehr eine innerfränkische Vermittlung des Glaubens begonnen hat. Missionarische Kräfte kamen aber immer noch aus dem christlich-gallischen Hinterland, aus Aquitanien und der Auvergne. Größere Verbreitung nunmehr auch über das von den Römern besetzte Gebiet hinaus erfuhr das fränkische Christentum aber erst im 7. Jh. im Zuge der durch iro-schottische Mönche ausgelösten Mission, die auch den Adel und den Episkopat der Merowingerreiche ergriff. Auf der Pariser Synode von 614 sind die Städte Speyer, Worms und Straßburg wieder durch Bischöfe vertreten, die jetzt fränkischer Herkunft sind[513].

Noch langsamer gelang die Rückgewinnung des Südwestens Deutschlands. Der irische Missionar Columban und sein Gefährte Gallus fanden zu Beginn des 7. Jhs. im alten Siedlungsgebiet der Alemannen noch tief verwurzeltes Heidentum vor. Auch der aus der ersten Hälfte des 7. Jhs. überlieferte Pactus Alamanorum, das älteste überlieferte alemannische Volksrecht, weist keinen christlichen Einfluß auf[514]. Bezeichnenderweise konnte das Bistum Augsburg wahrscheinlich erst Anfang des 7. Jhs. wiedererrichtet werden[515], während der gesamte schwäbisch-bayerische Raum noch später, erst in karolingischer Zeit, eine dauerhafte kirchliche Ordnung erhielt. Nicht auszuschließen sind aber auch hier einzelne Christianisierungsversuche im ländlichen Raum durch Einsiedler schon vor Bonifatius. So läßt sich am Wirkungsort des Sola (gest. 794) in Solnhofen im Altmühltal eine kleine Kirche bereits um 600 nachweisen; auch die Waltrich-Kirche von Mühltal bei Wolfratshausen bestand wahrscheinlich schon im 7. Jh.[516].

3. Germanisierung des Christentums?

Ein letzter Aspekt des Kontinuitätsproblems betrifft die Frage, ob beim Übergang vom römischen zum germanischen Christentum germanisches Denken und germanische religiöse Vorstellungen sich auf die Entwicklung von Kirche und Glaube ausgewirkt haben. Das damit angesprochene Problem einer "Germanisierung des Christentums", lange Zeit ideologisch befrachtet, kann jetzt ohne solche Vorbelastungen erörtert werden[517].

Insgesamt ist die Forschung in den letzten Jahren zunehmend skeptischer geworden bei der Angabe von konkreten Inhalten, worin die Germanisierung bestanden haben könnte. Es ist nämlich unmöglich, "den leitenden Begriff des Germanischen eindeutig zu bestimmen"[518]. Die vorchristliche germanische Kultur und Religion ist nur unzulänglich dokumentiert, und für spätere Zeugnisse - den Heliand etwa - stellt sich hinsichtlich der als typisch germanisch bezeichneten Züge - wie z.B. das Schicksalsdenken - bereits die Frage, in welchem Maße sich hier schon christlich vermittelte antike Einflüsse geltend machen. Bei manchen bisher als typisch germanisch angesehenen Ausprägungen des Glaubens vermutet die Forschung heute eher christlich-antike Inhalte, die von den germanischen Völkern nur unzulänglich aufgenommen und angeeignet worden sind und dadurch den Eindruck des unantik Fremden machen, was dann als germanisch angesehen worden ist. Natürlich hat es Veränderungen gegeben, vor allem in der anfänglichen Periode der Missionierung, synkretistische Verschleifungen - wie Schäferdiek sie nennt -, aber das sind eher Fehlformen und Substanzverluste, die man später wieder wettzumachen versuchte, als werthafte Hinzufügungen aus germanischem Erbe.

Was sich, in seinen Auswirkungen nicht ungefährlich, bemerkbar macht, sind ein gewisser Partikularismus und die verschiedenen Formen eines Landeskirchentums, mit dem die Unmittelbarkeit einer königlichen oder landesherrlichen Kirchenherrschaft verbunden ist. Im *Imperium Romanum* waren Christentum und Kaisertum auf einen die nationalen Schranken überwindenden Universalismus angelegt; in den germanischen Königreichen dagegen diente die Kirche - häufig sogar in Form des arianischen Sonderbekenntnisses - der Volkwerdung bestimmter Stämme. Das stellt aber weniger eine Germanisierung der Kirche als vielmehr eine bestimmte

Stufe in der politisch-gesellschaftlichen Entwicklung der heranwachsenden europäischen Staaten dar. Ähnliches gilt für das Eigenkirchenwesen. Es findet sich nicht nur im germanischen Einflußbereich und ist kein völkisch-nationales, sondern ein sozialgeschichtlich zu erklärendes Phänomen[519]. Man könnte noch sprechen über die sogenannte Tarifbuße, den Ablaß, ein bestimmtes Gottesbild, das aus einer germanischen Gefolgschaftsethik erwachsen sein soll, und vieles andere mehr. Sichere und nachweisbare Bezüge zu typisch und ausschließlich germanischen Vorstellungen lassen sich in allen diesen Punkten nicht aufzeigen. Schäferdiek urteilt abschließend: "Insgesamt erweist sich bei dem Versuch einer Näherbestimmung die Vorstellung einer Germanisierung des Christentums als ein ideologisch vorbelasteter, sachlich kaum mit hinreichender methodischer Sicherheit aufzufüllender und damit auch als heuristisches Prinzip für das geschichtliche Verständnis des frühmittelalterlichen Christentums wenig förderlicher Begriff"[520].

V. ÜBERRESTE FRÜHCHRISTLICHER KUNST

Bei den Überresten frühchristlicher Kunst in Deutschland ist zu unterscheiden, ob es sich um Erzeugnisse einheimischer Werkstätten oder um solche aus mittelmeerischen und östlichen Provinzen des Reiches handelt. Aussagekräftig können beide sein. Im ersten Fall wird besonders darauf zu achten sein, ob sich ikonographische oder ikonologische Besonderheiten bei den Monumenten aus den nördlichen Provinzen gegenüber der übrigen frühchristlichen Kunst feststellen lassen. Bei den Importen interessiert vor allem, welche Objekte bevorzugt werden, und welche Rückschlüsse sich aus dem künstlerischen Wert und der Kostbarkeit der eingeführten Stücke auf die soziale Stellung und die wirtschaftliche Kraft hiesiger Christen ziehen lassen.

Für beide, bodenständige wie eingeführte Kunstwerke, gilt allerdings, daß sie nicht allzu zahlreich sind. Größere Monumente fehlen ganz - abgesehen von den geringen architektonischen Überresten von Basiliken und Baptisterien. Ebensowenig gibt es nennenswerte Reste von Malereien und Mosaiken. Auf die noch kaum erforschten Fresken unter einer möglichen Doppelkirchenanlage in Augsburg, die nicht eigentlich christlichen Deckenbilder aus der *domus Helenae* unter dem Trierer Dom und die wenigen Mosaikwürfelchen aus St. Gereon wurde bereits hingewiesen[521]. An plastischen Werken sind ebenfalls nur wenige erhalten, wenn man die nicht sicher christlichen abzieht. Von besonderem Wert sind zwei auch mit Bildschmuck verzierte Sarkophage aus Trier. Die meisten Überreste gehören der sogenannten Kleinkunst an: Elfenbeine, Reliquiare und Kästchen,

Gläser, Becher und Schalen, Metallbeschläge, Löffel und andere Gebrauchsgegenstände, die christlich dekoriert sind. Zu erwähnen sind schließlich noch mit christlichem Schmuck versehene Grabsteine.

1. Trierer Sarkophage

1.1 Noah-Sarkophag

Der aus Buntsandstein gearbeitete Sarkophag wurde bei St. Matthias gefunden; der Deckel ist nicht erhalten. Heute wird der Sarkophag allgemein an den Anfang des 4. Jhs. datiert. Die reliefgeschmückte Schauseite wird durch Säulen in drei Felder geteilt. Die beiden äußeren zeigen das antike Motiv girlandenflechtender Knaben. Im breiten Mittelfeld sieht man Noah in der Arche inmitten von sieben weiteren Personen. Noah reckt seinen rechten Arm einer heranfliegenden Taube entgegen. Unten vor der Arche sitzt ein Rabe. Auf dem Rand der Arche sind weitere Vögel, in der Arche noch andere Tiere zu sehen. H. Laag weist auf die anders als sonst übliche Anordnung der Figuren auf dem Mittelfeld hin. "Dadurch, daß Tiere und Menschen hintereinander gezeigt werden, wird eine Raumillusion erreicht. Dieser Eindruck wird noch verstärkt durch die Anwendung der umgekehrten Perspektive und die Differenzierung in der Größenordnung. Schon aus diesen rein formalen Gesichtspunkten liegt die Vermutung nahe, daß eine malerische Vorlage für den Trierer Sarkophag bestanden haben muß"[522].

Ob letzteres stimmt, sei dahingestellt. Richtig ist, daß der Sarkophag hinsichtlich seiner Ikonographie und der Ausführung des Reliefs einzigartig in der gesamten frühchristlichen Bildkunst dasteht. Er ist vermutlich in einer Trierer Werkstatt entstanden, die durch die Verbindung verschiedener Sarkophagtypen eine originelle Gliederung und Aufteilung der Bildfläche geschaffen hat. In der Säule als Gliederungsmotiv wirkt sich das Vor-

Abb. 39 Noah-Sarkophag

bild der Säulensarkophage aus, während die Aufteilung der Bildfelder an Sarkophage mit breiter, meist von Eroten getragener Inschriftentafel im Mittelfeld erinnert[523].

Noch bemerkenswerter sind die ikonographischen Besonderheiten der Mittelszene. In der Katakombenmalerei wie auch auf den anderen frühchristlichen Sarkophagen ist die Noahgeschichte immer stilisiert und auf den in Orantenhaltung dargestellten Patriarchen in der *acra* reduziert. Noah wird zu einer Symbolfigur. Den Gegensatz zu dieser äußersten Komprimierung der Szene bildet eine erzählende Illustration, wie sie bereits um 400 in S. Paolo fuori le mura in Rom und dann in der Cotton-Genesis und anderen Codices der Buchmalerei ab dem 5./6.Jh. anzutreffen ist, wo die Sintflutgeschichte in Bildern narrativ entfaltet wird[524].

Die Trierer Darstellung beschreitet demgegenüber einen Mittelweg zwischen den beiden Extremen der symbolischen Reduzierung auf Noah allein und der narrativen Entfaltung des biblischen Berichtes. Laag hält es für möglich, daß die ausführlicheren Noah-Bilder, von denen es außerhalb Roms aus spätantiker Zeit noch einige Beispiele gibt[525], auf Septuaginta-Illustrationen zurückgehen und jüdischen Ursprungs sind. Er folgert daraus, daß es in der Kaiserstadt Trier eine Judengemeinde gegeben habe, denen eine illustrierte Septuaginta oder Teile derselben bekannt gewesen seien, die auf die Herstellung des Sarkophags eingewirkt haben könnten. Die Herstellung eines Sarkophags von einem jüdischen Künstler in Trier sei nicht undenkbar; in Rom seien jüdische Sarkophage mit Bildschmuck gefunden worden, die aus entsprechenden Werkstätten stammten. Der Trierer Sarkophag scheine in seiner Behandlung eher den jüdischen als den christlichen Sarkophagen in Rom zu entsprechen. Laag folgert: "Wenn wirklich der Sarkophag von Trier, was Gerke mit guten Gründen nachgewiesen zu haben scheint, in die tetrarchische Zeit gehört, wäre es auch verständlicher, daß es sich um einen jüdischen handelt. Es bestanden keine Schwierigkeiten, in einer Zeit des Verbots des Christentums einen jüdischen Sarkophag aufzustellen, was bei Christen in der damaligen Situation kaum möglich war"[526].

Letzteres Argument überzeugt nicht. Aus der Verfolgungszeit sind genügend eindeutig christliche Sarkophage bekannt, die beweisen, daß gerade in der Sepulkralkunst christliche Kunsterzeugnisse schon vor Konstantin möglich waren. Für Trier kommt hinzu, daß hier die diokletianischen Verfolgungsedikte für die Zivilbevölkerung kaum durchgeführt wurden.

Trotzdem ist die Überlegung bezüglich eines jüdischen Ursprungs des Trierer Noah-Sarkophags interessant, wenn es um die Deutung des Bildinhalts geht. Jüdisch gedeutet könnte das Noahbild ein Rettungsmotiv darstellen: Der Beter, der Bestattete oder der Auftraggeber hofft, wie Noah und seine Familie aus dem Tode zu neuem Leben errettet zu werden. Dieses Rettungsmotiv paßt aber auch in eine christliche Interpretation hinein. Viele Forscher sind ja der Ansicht, zahlreiche alt- und neutestamentliche

Szenen auf frühchristlichen Kunstwerken besäßen gleichsam den Charakter von Notgebeten. Wie es frühchristliche Gebete gibt, in denen um die Errettung aus dem Tode gefleht wird, indem auf alt- und neutestamentliche Paradigmen für wunderbare Gebetserhörung hingewiesen wird, so sollen auch die entsprechenden Motive in der frühchristlichen Kunst gemalte oder in Stein gemeißelte Beispiele einer solchen Bitte um Rettung sein[527]. Das stilisierte römische Bild, das sich auf die Darstellung des Noah in Orantenhaltung beschränkt, besitzt ohne Zweifel diese Rettungssymbolik. Fragen könnte man höchstens, ob sich dieser etwas allgemeine Bedeutungsinhalt noch präzisieren läßt: Woraus, durch was oder wen hofft der Christ gerettet zu werden? Da Noah in den Katakomben und auf den Sarkophagen häufiger mit Taufbildern zusammensteht oder doch mit Szenen, die eine Taufbedeutung nahelegen, wäre zu überlegen, ob nicht auch dem Noahbild ein baptismaler Sinn bzw. Nebensinn innewohnt.

Diese Möglichkeit verstärkt sich beim Noah-Sarkophag in Trier aufgrund seiner besonderen Ikonographie. E. Weigand hatte die Mittelszene realistisch gedeutet, indem er meinte, die Familie des Toten habe diese Form der Darstellung gewählt, weil sie zufälligerweise aus acht Personen bestanden habe und - so müßte man konsequenterweise fortfahren - etliche Haustiere, vor allem Vögel, besaß. Die meisten Interpreten fühlen sich durch die acht Personen an 1 Petr 3,20f erinnert, wo es heißt, Christus sei nach seinem Tode in die Unterwelt hinabgestiegen, um den Seelen der Verstorbenen zu predigen. "Diese waren einst ungehorsam, als Gott in den Tagen des Noah geduldig wartete, während die Arche gebaut wurde; in ihr wurden nur wenige, nämlich acht Menschen, durch das Wasser gerettet. Dem entspricht die Taufe, die jetzt auch euch rettet." Vor allem F. Gerke hat diese Taufinterpretation vertreten, die bereits von Cyprian aufgegriffen und durch die Idee des *extra ecclesiam nulla salus* ergänzt worden sei. Mit Hilfe Cyprians hat Gerke auch die Girlandenflechter mit der Aussage des Sarkophags verbunden. Sie versinnbildlichen nach ihm die Kirche, der weder der Lilienkranz der guten Werke noch der Purpurkranz der Märtyrer fehlt[528]. Solche Interpretationen stehen allerdings leicht in der Gefahr, in das Gebiet der reinen Spekulation abzugleiten. Insgesamt wird man darauf verzichten müssen, ein Einzelstück wie den Trierer Sarkophag bis in alle Einzelheiten hinein deuten zu wollen.

Eine weitere Möglichkeit, der Aussageabsicht des Noahmotivs nahezukommen, liegt darin, auf seine Verwendung in der frühchristlichen Predigt und Katechese zu achten. Ein Bild ist ja von Natur aus vieldeutig; was es letztlich sagen soll, muß mit Worten festgelegt werden, oder es bleibt in der Schwebe. In der Väterliteratur nun wird Noah auf zwei Weisen ausgelegt: einmal typologisch, wobei Noah als Typus Christi und die Arche als Typus der Kirche angesehen wird, sodann moralisch, wobei die Vorbildlichkeit des Handelns Noahs und sein Gehorsam im Vordergrund stehen. Beide Arten der Auslegung können auch miteinander verknüpft werden.

Bei vielen Vätern wird Noah zum Bußprediger, der die Menschen zur Umkehr ruft. Papst Kallistus (217/22) hatte das Bußthema auf die Arche bzw. Kirche übertragen, indem er darauf hinwies, daß, so wie reine und unreine Tiere in der Arche gerettet worden seien, auch Sünder und Gerechte in der Kirche Platz haben müßten[529]. Angesichts der Dringlichkeit, die das Sündenvergebungsproblem in der frühen Kirche besaß, ist es nicht ausgeschlossen, daß dieser Aspekt, da er in der frühchristlichen Literatur gehäuft mit der Noaherzählung verbunden wird, auch in den Noahbildern als Bedeutungsinhalt mitschwingt.

1.2 Hirten-Sarkophag

Der zweite figürlich geschmückte Sarkophag wurde zusammen mit zwei unskulpierten Steinsärgen 1936 bei Ausgrabungen in der Innenkrypta von St. Maximin gefunden. Nach einer mittelalterlichen Überlieferung sollen die Trierer Bischöfe Agritius, Maximinus und Nicetius darin bestattet worden sein, Maximin in dem mittleren, mit Figurenschmuck ausgestatteten Sarkophag[530]. F. Gerke, der den Steinsarg als erster genauer untersucht hat, bezeichnete ihn als Agritius-Sarkophag, weil er aus dem Anfang des 4. Jhs. und damit aus der Zeit dieses Bischofs - er nahm ja an der Synode von Arles 314 teil - stammen soll[531]. Doch bleibt es fraglich, ob bei der starken Zerstörung des Sarkophags - nur das untere Drittel ist original erhalten - eine so genaue Datierung, die über die Angabe 1. Hälfte des 4. Jhs. hinausgeht, möglich ist. Man läßt daher die Verbindung des Sarkophags mit einem der Trierer Bischöfe besser beiseite und bezeichnet ihn anhand der Mittelszene als Trierer Hirten-Sarkophag[532].

Da trotz Zerstörung die dargestellten Szenen eindeutig bestimmbar geblieben sind, konnte der aus Kalksandstein gearbeitete Sarkophag in Gips ergänzt werden. Er besitzt die Maße 2,30 mal 0,90 m. Ursprünglich waren auch die beiden Nebenseiten skulpiert; sie sind jedoch so stark zer-

Abb. 40 Hirten-Sarkophag

stört, daß sich nur mit größter Vorsicht eine Dekoration mit Jonasszenen vermuten läßt. Die Vorderseite wird ähnlich wie beim Noah-Sarkophag von umlaufenden Leisten gerahmt. Sie enthält drei Szenen, die einen unterschiedlich breiten Raum einnehmen.

Fast die Hälfte beansprucht auf der rechten Seite die Szene der drei Jünglinge im Feuerofen, von der noch der Ofen mit den Feuertüren, die züngelnden Flammen und die Kniehosen der Jünglinge erhalten sind. Die heute zu sehenden Ergänzungen entsprechen der üblichen frühchristlichen Darstellung des Motivs: junge, bartlose Männer mit phrygischer Mütze in Orantenhaltung.

Die Mittelszene nimmt eine Darstellung des Hirten zwischen zwei Schafen ein. Der fragmentierte Teil läßt noch den Hirtenstab erkennen, ebenso zwei Leisten, die den Hirten gerahmt haben müssen; sie werden unten von den Schafen fast ganz überdeckt. Die Leisten deuten eine Dreigliederung des Sarkophags an, ähnlich der des Noah-Sarkophags. Der obere Teil des Hirtenbildes mit den zu einem Bogen zusammengeführten Leisten und dem unbärtigen, schaftragenden Hirten ist hypothetisch.

Auf der linken Seite neben dem Hirten befindet sich eine Darstellung des Sündenfalls, die etwas weniger Platz beansprucht als die korrespondierende Feuerofenszene. Im Original erhalten ist nur die untere Hälfte der nackten Gestalten von Adam und Eva, die rechts und links neben einem Baum stehen, um den sich eine Schlange windet. Die obere Partie ist auch hier entsprechend den gängigen Vorbildern ergänzt worden.

Auf eine ausführliche Interpretation des Bildschmucks muß verzichtet werden, weil damit fast alle wichtigen Fragen der frühchristlichen Ikonographie angesprochen werden müßten. Leicht zu erkennen ist, daß die beiden biblischen Darstellungen dem alttestamentlichen Bilderkreis entnommen sind, in die sich die Symbolgestalt des Hirten sinnvoll einfügen läßt. Das Sündenfallbild könnte an die Todessituation erinnern, aus der der Christ hofft, befreit zu werden. Möglich ist aber ebenso das Verständnis des Adam-Eva-Bildes als Rettungsszene, denn den meisten frühchristlichen Predigern und Katecheten vor Konstantin gelten Adam und Eva als Hoffnungsbilder. Die Stammeltern sind die ersten, die erlöst und gerettet worden sind. Eine sehr viel düsterere Stimmung bekommt das Sündenfallbild erst später im Zusammenhang mit der Erbsündenlehre Augustins[533]. Beim Feuerofenbild könnte man noch daran erinnern, daß die Jünglinge gerettet wurden, weil sie die götzendienerische Anbetung des babylonischen Königs Nebukadnezar verweigerten. Die Ablehnung des Kaiserkults und das Bekenntnis zu dem einen und wahren Gott war auch damals, als der Sarkophag entstand, ein wichtiges Motiv, auf dem der Christ seine Erlösungshoffnung gründete. Das sind nur ein paar Andeutungen, in welchen Zusammenhängen die Interpretation der Sarkophagbilder gesucht werden muß. Sie dürfte auch beim Trierer Hirtensarkophag mit den Themen Rettung, Sündenvergebung und Hoffnung auf ewiges Leben zu tun haben, alles Erwartungen, die im sepulkralen Rahmen naheliegen.

Beide Trierer Sarkophage datieren relativ früh am Beginn des 4. Jhs., beide zeigen auch sonst Übereinstimmungen: die Beschränkung auf alttestamentliche Szenen, stilistische Ähnlichkeiten, flache Reliefs, klare Komposition durch Feldaufteilung sowie viel freien Raum zwischen den Figuren. Vergleicht man mit ihnen zeitgleiche frühkonstantinische Friessarkophage aus Arles oder Rom, zeigen sich beträchtliche Unterschiede. Kann man daher davon ausgehen, daß die Trierer Sarkophage einer stadteigenen Werkstatt entstammen? Leider gibt es kaum weiteres Vergleichsmaterial, das sicher christlich ist und zuverlässig zu datieren wäre[534]. Möglich ist eine solche Werkstatt; möglich sind auch vermögende Christen, die sich eine aufwendige Bestattung leisten konnten. Für alle konkreteren Behauptungen fehlen jedoch eindeutige Beweise aufgrund von Fundstücken. Darum muß auch die Frage nach einer möglichen Kontinuität von der gewiß hochentwickelten Bildhauerkunst im kaiserlich-heidnischen Trier zu einer frühchristlichen Steinmetzwerkstatt offen bleiben.

2. Gläser

2.1 Trierer Abraham-Isaak-Schale

Ein über die Sarkophage hinausgehendes ikonographisches Programm bieten zahlreiche verschieden geformte und verwendete Gläser. In Trier-Pallien wurde 1870 in einem Steinsarg bei Ausschachtungsarbeiten für einen Bahndamm eine Kugelschnittvase von 18,5 cm Durchmesser und 6 cm Tiefe aus schwach gelblichem Naturglas aus dem 4. Jh. gefunden. Die Zeichnung wurde wohl von Hand eingeritzt; die Technik ist grob, die Darstellung ungeschickt. Man sieht: Abraham und Isaak stehen zu Seiten eines kleinen Opferaltars; dahinter erhebt sich eine Ädikula, eine Art Tempelchen. Abraham zückt gerade das Schwert; er ist bartlos, trägt ein kurzes Gewand und einen weiten Mantel. Isaak ist bis auf einen kurzen Schulterumhang nackt; seine Hände scheinen auf den Rücken gefesselt zu sein[535]. Er ist nicht - wie sonst in der frühchristlichen Kunst - als Kind, sondern als junger Mann dargestellt. Das könnte auf jüdische Traditionen zurückgehen, die Isaak als etwa Fünfundzwanzigjährigen zum Zeitpunkt seiner Opferung bezeichnen[536]. Oben ist durch eine Art Balken der himmlische Bereich angedeutet, aus dem heraus die Hand Gottes auf Abraham weist. Hinter Abraham befindet sich der zeichnerisch nicht sehr geglückte Widder. Am Rand der Schale ist die Inschrift eingeritzt: *VIVAS IN DEO Z(ēsais)* (Lebe in Gott! Lebe)!

Abb. 41 Schliffglasschale mit Abraham-Isaak-Opfer

W. Neuß hat darauf hingewiesen, daß eine Schale mit einer ähnlichen Abrahamdarstellung bei Boulogne s.M. gefunden worden ist. Er meint, beide Schalen müßten in einem Zusammenhang stehen, bei dem nicht Trier, sondern eher Köln oder die Picardie, das Hauptgebiet der gallischen Glasbereitung, der gebende Teil gewesen sei. Ihr Zentrum habe neben Amiens in Vermand bei St. Quentin gelegen. Da es aber Verbindungen zwischen Vermand und Köln gegeben hat, wie Grabinschriften beweisen, die die Einwanderung einer Familie aus Vermand nach Köln belegen, kann offen bleiben, ob die Trierer Schale aus dem gallischen oder dem Kölner Raum stammt. Höchstens die etwas gröbere Zeichnung, die den sonst aus Köln bekannten Schalen künstlerisch unterlegen ist, weist eher nach Vermand[537]. Woher sie auch stammt, fest steht, daß Trierer Christen Gegenstände importierten, die in der Stadt selbst nicht hergestellt wurden.

Domkapitular v. Wilmosky, der die Schale aufgefunden hatte, meinte noch, sie habe als Behälter zur Aufbewahrung der Eucharistie für die private Kommunion gedient. Heute ist man davon abgekommen, alle Gegenstände mit christlichem Schmuck als liturgische Geräte zu deuten[538]. In diesem konkreten Fall handelt es sich viel eher um eine einfache Trinkschale, die Christen nach römischem Brauch einander als Festtagsgeschenke (sog. *strenae*) verehrten. Die Inschrift muß auch nicht unbedingt auf einen sepulkralen Zusammenhang hinweisen. "Lebe in Gott" ist ein ganz allgemein gehaltener Glück- oder Segenswunsch. Die Szene Abraham-Isaak selbst gehört zum ältesten frühchristlichen Bildbestand. Die Bedeutung des Bildes ist vielfältig, je nachdem ob man es mehr typologisch oder moralisch auslegt, mehr von Isaak oder mehr von Abraham ausgeht[539]. Im Hinblick auf Isaak stellt die Szene zunächst wieder ein Rettungsbild dar; typologisch betrachtet enthält sie einen Hinweis auf das Kreuzesopfer Christi. Moralisch interpretiert und von Abraham ausgehend, steht der Glaubensgehorsam des Patriarchen im Vordergrund. Wie er sollen sich die Christen einen unerschütterlichen Glauben bewahren. Da bei der Trierer Schale beide Gestalten, Abraham und Isaak, deutlich betont werden, läßt sich kaum entscheiden, welcher der beiden Aspekte bei der Darstellung vorherrscht. Möglicherweise soll der erwachsene Isaak auf Christus hinweisen, andererseits steht Abraham besonders groß im Vordergrund. So wie in der Väterexegese typologische und moralische Auslegung häufig verknüpft wurden, dürften auch im Bewußtsein der Gläubigen beide Aspekte vermischt gewesen und entsprechend in der frühchristlichen Kunst abgebildet worden sein.

Einen wichtigen Hinweis enthält vielleicht die wahrscheinlich auf jüdische Tradition zurückgehende Darstellung des Isaak als jungen Mann. Denn damit stellt sich wiederum die Frage, ob die Schale aus einer jüdischen Werkstatt stammt, was angesichts der anderen Hinweise auf jüdischen Einfluß ganz gut nach Trier passen würde.

2.2 Kölner Gläser

Spricht man von Gläsern, denkt man vor allem an Köln und die Glassammlung des Römisch-Germanischen-Museums. "Nirgendwo sonst sind so viele und so hervorragende antike Gläser zu sehen wie in Köln. Weitaus die meisten davon sind in Köln selbst gefunden und hier auch - wenn wir von den allerersten Stücken, die die Römern mitbrachten, absehen - hergestellt worden"[540]. Die Kölner Diatretgläser sind in der Tat weltbekannt und wertvollstes Exportgut in der Spätantike gewesen. Für die frühchristliche Kunst sind fünf Gläser von besonderer Bedeutung: 1. Die Adam-und-Eva-Schale von der Luxemburger Straße im Römisch-Germanischen Museum, Inv.Nr. N 340[541]; 2. die fragmentarische Schale von St. Ursula im British Museum, London[542]; 3. die halbkugelige Schale von Köln-Braunsfeld im Römisch-Germanischen Museum, Inv.Nr. 991[543]; 4. die Reste einer Schale mit Goldglasnuppen von St. Severin[544]; 5. schließlich eine heute nicht mehr erhaltene Schale aus der Sammlung Rath[545].

Abb. 42
Adam-und-Eva-Schale

- Adam-und-Eva-Schale

Sie mißt 17 cm im Durchmesser, besitzt eine Höhe von etwa 5 cm und besteht - ähnlich wie die Trierer Schale - aus dickem, grünlich getöntem Glas. Auch die Schlifftechnik ähnelt dem Trierer Stück. Die Stammeltern stehen nicht - wie sonst üblich - rechts und links neben dem Paradiesbaum, sondern lebhaft redend und gestikulierend vor einem an den rechten Rand gerückten Gehölz. Auch die Schlange scheint sich an dem Gespräch zu beteiligen. Links steht ein zweites, kleineres Bäumchen. Gräser und Sandwellen deuten den Boden an. Die Umschrift lautet: *GAUDIAS IN DEO PIE Z(ēses)* (Freu dich in Gott, trinke, lebe!) W. Neuß interpretiert: Die Umschrift "zeigt eine eigentümliche Mischung heidnischer und christlicher Segenswünsche und paßt nicht übel zu dem weinfrohen Charakter der alten Kölner"[546]. Die Schale datiert in die 1. Hälfte des 4. Jhs.

- Goldglasschale von St. Ursula

Kostbarer als Schliffgläser sind mit Goldglas verzierte Teller oder Schalen. Eine solche Schale wurde 1866 an der Ursulagartenstraße in Köln ausge-

Abb. 43 Goldglasschale von St. Ursula in Köln

graben und kam aus der Sammlung Herstatt in das British Museum, London. Der innere Teil ist herausgebrochen; er könnte das Bild eines Hirten mit einem Schaf auf den Schultern gezeigt haben. Zu lesen sind noch die Reste einer Inschrift, die aus dem Vergleich mit ähnlichen Dekorationen als *VIVAS IN DEO DULCIS* ergänzt werden darf. Vielleicht ging der Name der Person, der die Schale gewidmet war, dem Segensspruch voraus. Die Szenen auf dem Schalenrand sind zumeist noch gut zu erkennen und mit einigen Unsicherheiten auch zu identifizieren. Man sieht, wenn man links schräg unten beginnt : 1. Daniel zwischen Löwen; rechts daneben 2. die drei Jünglinge im Feuerofen; 3. Christus, der einen Blinden heilt; 4. eine Orante, einen Stier zu ihren Füßen. Das Gegenstück zum Stier scheint zu fehlen; 5. den Gichtbrüchigen, der sein Bett trägt; 6. die Erweckung der Gebeine nach Ezechiel 37; 7. Jonas, der aus dem Schiff geworfen

und von dem Seeungeheuer verschlungen wird; 8. schließlich die Ausspeiung des Jonas und seine Ruhe unter der Staude.

Die Herstellung der Bilder beschreibt W. Neuß wie folgt: "Sie sind, wie
auch sonst bei den Goldgläsern, in ausgeschnittenem Blattgold auf die Un-
terseite geklebt, nur daß sie nicht, wie gewöhnlich, eine zweite Glasschicht
deckt und so einschließt. Der Künstler hat mit Schmelzfarben, rot für die
Flammen des Ofens, bläulichgrün für die Bäume und grün (Tupfen) für
das Feld, auf dem Ezechiel steht [und beim Wasser], die Zeichnung des
Blattgoldes ergänzt"[547].

Die meisten Szenen sind aus der frühchristlichen Ikonographie gut bekannt; manche der alttestamentlichen Darstellungen waren schon auf den
zuvor besprochenen Monumenten anzutreffen. Die Jonasszenen oder die
Heilung des Gichtbrüchigen kommen ganz ähnlich bereits in den frühesten
Katakombenkammern von S. Callisto in Rom um 240 vor. Interessanter
im Hinblick auf lokale Besonderheiten der frühchristlichen Kunst im
Rheinland sind dagegen die Szenen, die vom üblichen Bilderkanon bzw.
von der sonst üblichen Typisierung der Bilder abweichen.

Dazu gehört z.B., daß Daniel auf der Kölner Schale von vier Löwen umgeben ist; sonst sind es immer zwei. Ebenfalls fällt auf, daß die Jünglinge
im Feuerofen unbekleidet sind; sonst tragen sie immer die weiten, bunten
persischen Hosen. Aufmerksamkeit erregt die Ezechielszene, die in der
römischen Katakombenkunst noch fehlt und hier zum ersten Mal begegnet[548]. Bemerkenswert ist vor allem die Szene mit der betenden Frau und
dem Stier. Wahrscheinlich handelt es sich um eine Szene aus den Paulusakten, in denen berichtet wird, wie Thekla, eine Schülerin des Apostels
Paulus, nach dem vergeblichen Versuch des Prokonsuls, sie durch Feuer
zu töten, von wilden Tieren zerrissen werden soll.

Thekla wurde "entkleidet und empfing einen Schurz und wurde in die Rennbahn ge-
stoßen. Und Bären und Löwen wurden auf sie losgelassen, und eine wilde Löwin lief
auf sie zu und legte sich ihr zu Füßen. Und es ging eine Bärin auf sie los; die Löwin
aber lief ihr entgegen und zerriß die Bärin". Daraufhin band man Thekla "mit den
Füßen mitten zwischen Stiere und legte unter deren Geschlechtsteile glühend ge-
machte Eisen, damit sie noch mehr gereizt (würden und) sie töten sollten. Die nun
sprangen zwar; aber die ringsum lodernde Flamme brannte die Stricke durch, und
sie war, als ob sie nicht gebunden wäre. ... Und der Statthalter ließ Thekla mitten
aus den Tieren herausrufen und sprach zu ihr: 'Wer bist du, und was es mit dir
auf sich, daß auch nicht eines von den Tieren dich anrührte'? Sie antwortete: 'Ich bin
eine Dienerin des lebendigen Gottes'... Als der Statthalter das hörte, ließ er Kleider
herbeibringen und sprach: 'Zieh die Kleider an'! Sie aber antwortete: 'Der mich bekleidet hat, als ich nackt unter den Tieren war, der wird mich am Tage des Gerichts
mit Heil bekleiden'. Und sie nahm die Kleider und zog sie an"[549].

Die ikonographischen Eigentümlichkeiten und die Besonderheiten der
Bildauswahl lassen die Herstellung der Schale, die an den Anfang des
4. Jhs. datiert werden kann, eher in Ägypten bzw. im Orient als in Rom

vermuten. Vor allem die Theklaverehrung hat dort weite Verbreitung gefunden, während sie in Rom oder auch in Nordafrika nie so recht heimisch geworden ist, wohl weil die apokryphen Paulus- und Theklaakten im Westen wenig geschätzt wurden[550]. Thematisch paßt die Theklaszene gut zu den übrigen alttestamentlichen und neutestamentlichen Motiven, bei denen es sich allesamt um Rettungsbilder handelt: Wie Thekla, wie die biblischen Vorbilder von Gott erhört worden sind, so erhofft der Christ Rettung aus aller Not.

Auch für diese Schale braucht keine eucharistische Verwendung angenommen zu werden; dagegen spricht schon die persönliche Widmung; eine ursprüngliche Bestimmung als Grabbeigabe ist ebenfalls nicht zwingend. Viel eher handelt es sich um eine der *strenae*, die Christen an Neujahr und besonderen Festtagen einander machten. Unabhängig davon, ob die Schale ein Kölner Produkt oder orientalischer Import ist, gewährt sie einen interessanten Einblick in den sozialen und wirtschaftlichen Status der Kölner Christen, die solche Geschenke machen konnten.

- Kugelschale von Köln-Braunsfeld

Eine weitere Schale, ebenfalls aus der 1. Hälfte des 4. Jhs., wurde 1907 an der Aachener Straße in einem Sarkophag gefunden. Diesmal hat sie die Form einer Kugel von etwa 14 cm Durchmesser, bei der die obere Kappe abgeschnitten ist. Die Goldblattauflage ist heute fast ganz abgerieben. Bei den Bildern - die hier wegen der besseren Erkennbarkeit in Umzeichnung wiedergegeben werden - handelt es sich um bereits bekannte Rettungsbilder. In der Mitte (d.h. in Wirklichkeit auf dem Boden der Schale) sieht man den Meerwurf des Jonas, darüber die beiden üblichen anderen Szenen des Zyklus, Ausspeiung und Ruhe. In der Mitte links erscheint Daniel, wiederum bekleidet, aber nur zwischen zwei Löwen. Unten befindet sich eine Szene, die auf den bisherigen Schalen noch nicht vorgekommen ist, die aber ebenfalls zum ältesten frühchristlichen Bildbestand gehört: das Quellwunder des Moses. Moses schlägt nach Ex 17,3/6 Wasser aus dem Felsen, um die Israeliten vor dem Verdursten zu retten. Die Szene stellt also ebenfalls ein Rettungsbild dar[551]. Das Bild in der Mitte rechts zeigt Noah im Kasten. Während das römische Noahbild immer streng stilisiert ist, wird hier - in mehr narrativer Weise - die Szene durch einen Raben sowie einen auf dem Rücken liegenden und die Beine ausstreckenden, d.h. wohl toten Ochsen ergänzt. Diese Ausgestaltung der Szene erinnert daher - wenn auch auf andere Weise - eher an den Trierer Noah-Sarkophag als an römische Vorbilder.

In den mit Pfauenaugen gefüllten Zwickeln befinden sich noch vier kleine Medaillons mit den Bildnissen junger Männer. Falls es sich - was allgemein angenommen wird - um die Söhne Konstantins handeln sollte,

Abb. 44 Kugelglasschale von Köln-Braunsfeld

könnte die Schale nicht vor 323, der Geburt des Konstans, und nicht nach 326, der Hinrichtung des Crispus, entstanden sein. Vielleicht gehört sie präzis in das Jahr 326, das Jahr der Vicennalien, d.h. des Zwanzigjährigen Regierungsjubiläums Kaiser Konstantins.

- Schale mit Goldglasnuppen von St. Severin

Ein weiteres Kölner Glas, das besondere Aufmerksamkeit verdient, ist das Fragment einer wiederum außergewöhnlichen Schale aus dem späten 4. Jh., das in der Nähe von St. Severin in einem Sarkophag gefunden wurde. Die flache Schale aus farblosem Glas mit einem Durchmesser von 26 cm besaß ursprünglich drei konzentrische Kreise aus großen blauen und grünlichen Nuppen mit goldglänzenden Darstellungen, daneben zahlreiche kleinere Nuppen mit goldenen Rosetten. Eine Ordnung der einzelnen Goldgläser, die in die Schale eingeschmolzen sind, ist nur schwer zu erkennen.

Das ikonographische Programm bietet alle die Rettungsbilder, die schon auf den anderen Schalen begegneten: Adam und Eva, Isaak, der wasserschlagende Moses, viermal Jonas: im Schiff, verschlungen, ausgespieen und unter der Laube, zwei der drei Jünglinge, die im Feuerofen nicht verbrannten, entweder Susanna, die im Garten betet und vor den falschen Anschuldigungen der Alten gerettet wird, oder nur eine weibliche Orante und möglicherweise noch einmal Thekla. Bisher hat man in der nackt dargestellten Orante und dem dazugehörigen Löwen allerdings David gesehen. C. Nauert und R. Warns dagegen erklären den Löwen als eine Anspielung auf Theklas Tierkampf in der Arena[552], denn zu Daniel passen

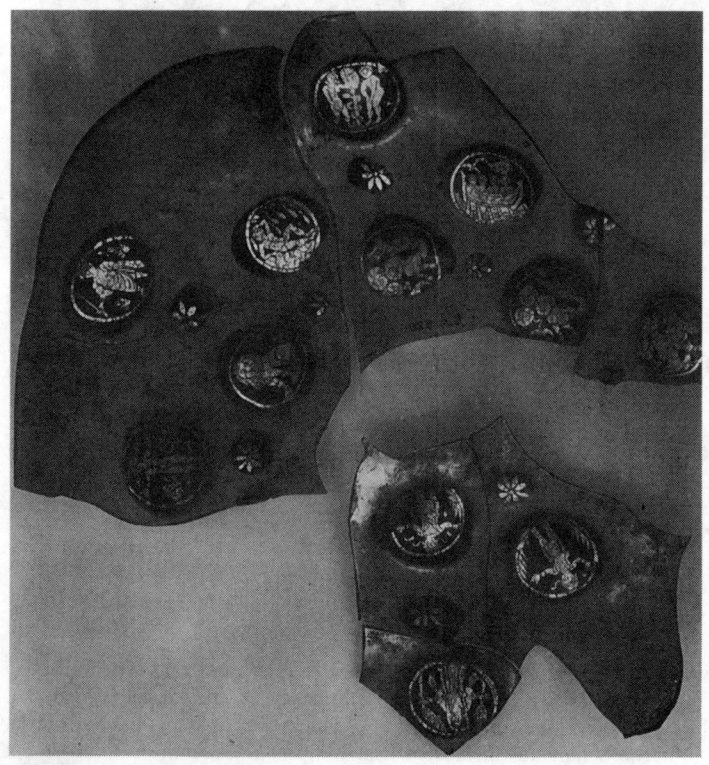

Abb. 45 Schale mit Goldglasnuppen von St. Severin in Köln

nicht die Feuerflammen zu beiden Seiten des Propheten. Daß Thekla in Köln als Rettungsbild an die Seite anderer biblischer Beispiele treten kann, hat schon die Schale von St. Ursula gezeigt[553]. Die Einzelheiten der Darstellung, die Nacktheit der Figur, ihre Gebetshaltung sowie das Feuer, entsprechen genau dem Martyriumsbericht der Thekla in den Paulusakten. Schon in den Pseudocyprianischen Gebeten erscheint Thekla als Paradigma für Gebetserhörung: *Adsiste nobis, [Domine,] sicut apostolis in uinculis, Teclae in ignibus, Paulo in persecutionibus ... Et me liberes de hoc saeculo, sicut liberasti Teclam de medio amphitheatro*[554]. Der Wunsch, aus dem Tod errettet zu werden, sowie die Hoffnung auf ewiges Leben sind wohl der Grund dafür gewesen, weshalb man einem wohlhabenden Christen diese Schale mit ins Grab gegeben hat.

Im Katalog "Gallien in der Spätantike" wird vermutet, daß das kleine 2,2 cm große Medaillon einer Glasschale im Rheinischen Landesmuseum Bonn ebenfalls der Schale von St. Severin zugehört. Es "zeigt einen in Tunika und Pallium gekleideten Mann, der mit der Rechten einen Stab wie zum Schlage erhebt. Es kann sich dabei sowohl um ein Bild Christi als auch um eine Darstellung des Moses handeln, der gerade Wasser aus dem Felsen schlägt"[555]. Allerdings enthält die Schale selbst noch ein zweites, ganz ähnlich gestaltetes Goldglas. G. Ristow deutet daher die Gestalt auf dem Bonner Medaillon als wundertätigen Christus, den mit dem Thaumaturgenstab bewehrten und in zeitgenössische Philosophentracht gekleideten Mann auf dem äußeren Nuppenrand der Schale dagegen nicht als Christus oder Moses, sondern als wundertätigen Philosophen, entsprechend die zwischen Bäumen stehende Beterin - ebenfalls auf dem äußeren Nuppenrand - nicht als Susanna, sondern als betende Muse[556].

Ein weiteres Einzelstück aus der St. Severin-Schale könnte sich im Kunstgewerbemuseum der Stadt Frankfurt befinden. Es stellt ein neutestamentliches Thema dar, die Huldigung des in Bethlehem geborenen Heilandes durch die Magier. Zwei von ihnen "tragen in ihren Händen runde Teller mit Gaben. Sie sind wie sternkundige orientalische Priesterphilosophen mit phrygischem Hosenanzug und Spitzmütze bekleidet"[557]. Das Magierbild wäre - wenn es wirklich dazugehört - die einzige bekannte neutestamentliche Szene auf dem Teller, zudem das einzige Motiv, das aus der Rettungsparadigmatik herausfiele und mehr in den Themenkreis Anbetung-Huldigung gehörte. Bei dem fragmentarischen Charakter der Schale sind solche Beobachtungen allerdings nur bedingt zutreffend und insgesamt unbeweisbar.

- Susanna-Schale

Bemerkenswert ist schließlich eine Schale aus der Kölner Sammlung Rath, die in das Berliner Antiquarium gekommen und im Krieg verlorengegan-

Abb. 46 Susanna-Schale

gen ist. Sie zeigte Susanna zwischen den Ältesten. Ihre Darstellung in nacktem Zustand ist für die römische Kunst ganz unerhört. Susanna trägt die hohe Frisur der späten Kaiserzeit; die *seniores* weisen in einem der Spätantike typischen Gestus auf sich selbst hin. W. Neuß meinte: "Man würde Bedenken tragen, diese so ganz aus dem Rahmen der altchristlichen Kunst herausfallende Darstellung als Bild Susannas anzuerkennen, und lieber eine Venus oder sonst eine heidnische mythologische Gruppe hier sehen, wenn nicht genau dieselbe Darstellung nochmals, zusammen mit Daniel zwischen den Löwen und Adam und Eva um das Monogramm Christi auf einer ähnlichen Schale von 21 cm Durchmesser vorkäme, die in Abeville ... im Grabe einer 55 - 60jährigen Frau gefunden worden ist"[558]. Da es sich bei der jetzt im Louvre in Paris aufbewahrten Schale aus Abeville um ein eindeutig christliches Stück handelt - in den Schalenboden ist ein großes Christogramm mit eingefügten Sternen eingeritzt - wird es sich bei der fraglichen Frauenszene auf dem Kölner Exemplar ebenfalls um ein Susannabild handeln.

2.3 Glasbecher

Neben den Schalen gibt es eine Anzahl von Glasbechern, die zumeist mit den bekannten alt- und neutestamentlichen Rettungsbildern und Wunderszenen verziert sind, allerdings in einer groben Schlifftechnik und oft mit einer wenig verständnisvollen Übernahme der Bildvorlagen. Als Beispiele können ein 1877 in Bonn gefundener Becher mit der Darstellung des Wasserwunders, der Lazaruserweckung und der Vermehrung der Fische[559], ein ebenfalls aus Bonn stammender Becher im British Museum mit dem Quellwunder, den Stammeltern vor dem Baum der Erkenntnis, einer Totenerweckung sowie einer männlichen Person mit Zeigegestus - vielleicht ein Apostel -[560], ein aus der Sammlung Rath in Köln stammender und heute zerstörter Becher mit dem Isaak-Opfer, zwei Totenerweckungen und einer Zeugnis gebenden Person[561] sowie ein in Straßburg gefundener Becher mit dem Isaakopfer und dem Moseswunder[562] dienen.

Interessanter als die mit Standardikonographie versehenen Becher ist dagegen ein Exemplar, das etwas von der neuen kirchenpolitischen Situation erkennen läßt. Es handelt sich um einen konischen Becher aus schwach grünlichem, durchsichtigem Glas von 14 cm Höhe, der im Inventarkatalog des Römisch-Germanischen Museums in Köln wie folgt beschrieben wird: "Kegelförmiger Becher mit Gewappneten. Den größten Teil der Wand bedeckt die vom 'laufenden Hund' (oben) und einem Rautenband (unten) umschlossene Darstellung von vier etwa gleichen Gewappneten zwischen vier Feldzeichen. Die Krieger stehen stets in voller

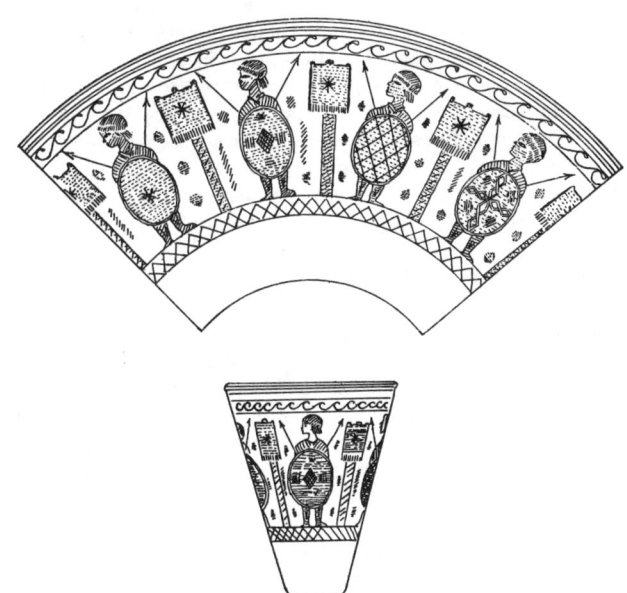

Abb. 47 Konischer Schliffglasbecher mit Gewappneten

Vorderansicht da, die Füße nach außen gedreht, den bartlosen Kopf nach links. Vor sich halten sie einen großen Ovalschild, der den Körper von der Brust bis zu den Knien verdeckt. Über ihren Schultern wird der obere Teil von zwei schräg gerichteten Lanzen sichtbar. Die Feldzeichen bestehen aus einem starken, in die Erde gerammten, schräggestrichelten Pfahl, der oben ein kurzes Querholz trägt, von dem ein unten befranstes Tuch herabhängt; in der Mitte des Tuches ein Stern. Derselbe Stern ist einmal auch als Schildschmuck verwendet; die anderen Schilde sind mit einem Rautennetz und Sternmustern aus Rauten und kleinen Strichgruppen dekoriert. Über die Gewandung der Figuren läßt sich mit Sicherheit nur sagen, daß sie den Oberkörper bedeckt und am Halsausschnitt ein Bündchen hat"[563].

So genau diese Beschreibung ist, meint F. Fremersdorf, so wird doch nicht die Tatsache erwähnt, daß es sich bei den Gewappneten um Germanen handelt, die man als Leibwächter bezeichnen kann und die als Christen kenntlich gemacht sind. Daß Germanen abgebildet sind, läßt sich im Vergleich mit Largitionsschalen, d.h. mit Silbergefäßen, die der Kaiser aus Anlaß eines Regierungsjubiläums an hohe Beamte verschenkte, sowie aufgrund der Kleidung und vor allem der widerhakigen Speere zeigen; daß es christliche Soldaten sind, ergibt sich aus dem achtstrahligen Stern, mit dem die Feldzeichen und einer der Schilde geschmückt sind. Der Stern bedeutet nichts anderes als das Christusmonogramm. Normalerweise wird das Christuszeichen zwar durch ein ineinandergeschriebenes X und P =☧ gebildet, aber es gibt genügend Zwischenformen und Hinweise, daß ein Stern an deren Stelle treten kann. Der sechsstrahlige Stern ist dabei aufzulösen in ein I($\bar{e}$sous) X(ristos) =✳, der achtstrahlige Stern in X(ristos) und ein Kreuz + =✴. Ein schönes Beispiel für ein sechsstrahliges Christogramm ist z.B. der Grabstein der Rignedrudis aus Brühl-Vochem im Rheinischen Landesmuseum, Bonn[564]. Fremersdorf hat weitere Beispiele sechs- und achtstrahliger und noch anders geformter Christogramme gesammelt[565].

Vielleicht handelt es sich bei dem Becher auch um eine Largitionsgabe, die nicht so kostbar wie eine Silberschale und entsprechend einem weniger hochstehenden Beamten zugedacht war. Ob der Auftraggeber ein christlicher Kaiser, der Hersteller ein christlicher Handwerker/Künstler und der Empfänger ein christlicher Offizier, vielleicht ein Germane in römischen Diensten war, läßt sich naturgemäß nicht mit Sicherheit beantworten. Zu beachten bleibt, daß der Becher an der römischen Rheingrenze in Köln gefunden worden ist und wohl im späten 4. Jh. seinem Besitzer übergeben worden sein dürfte[566].

Die hier vorgestellten Gläser mit ihrer teilweise eindeutigen christlichen Ikonographie stammen aus Gräbern, die z.T. zahlreiche weitere Beigaben heidnischen oder neutralen Charakters enthielten. Das Christentum war erst dabei, sich durchzusetzen und die Dinge und Kunstgegenstände des

Alltags zu gestalten. Der Segenswunsch auf der Adam-und-Eva-Schale enthält unverkennbar heidnische Elemente. Noch auffälliger ist, daß in dem Grab an der Luxemburger Straße in Köln neben einer christlichen Schale eine kleine Leiter und eine Waage gefunden wurden, die auf den Mithraskult hinweisen, der in der Umgebung Kölns mehrere Spuren hinterlassen hat[567].

3. Behälter und Beschläge

Neben zahlreichen Gegenständen der Kleinkunst, wie Silberlöffeln, Tonlampen, Ringen, Medaillons und sonstigen Schmuckstücken, Gürtelschnallen, Bleiplomben, Spielsteinen und ähnlichen Gegenständen, die zwar mit einem christlichen Symbol versehen sind, aber wegen ihrer geringen Größe keine reichhaltige Ikonographie vorzuweisen haben, gibt es alle möglichen Formen von Kästchen, Behältern und Reliquiaren, die zuweilen zahlreiche Darstellungen aufweisen, unter denen sich Motive befinden, die auf den bisher besprochenen Monumenten noch nicht vorgekommen sind. Die Behälter können aus verschiedenen Materialien gefertigt sein, aus Holz, Metall oder Elfenbein; sie können sich auch hinsichtlich der Dekorationsart unterscheiden, durch aufgesetzte Goldgläser, Beschläge, Metalltrieb oder Elfenbeinschnitzerei.

3.1 Goldglaskästchen von Neuss

Ein Goldglaskästchen, das 1847 vor dem Obertor in Neuss gefunden wurde, ist leider verlorengegangen. Wäre der Fundbericht nicht so zuverlässig und nachprüfbar dokumentiert, möchte man wegen der auffälligen Gestaltung des Kästchens an eine Fälschung denken[568]. Aus der Beschreibung und den Nachzeichnungen ist zu erkennen, daß das Bildprogramm eine eigenartige Mischung alter und neuer Motive aufwies: Adam und Eva, Quellwunder und Jonas, dazu Hiob mit seiner Frau, eine Szene, die auch auf römischen Sarkophagen des späten 4. Jhs. nicht selten ist[569]. Doch neben der Hiobszene auf der vorderen Langseite des Kästchens stehen die beiden römischen Märtyrer Sixtus und Hippolytus, und auf dem Deckel thront Christus zwischen Petrus und Paulus. Hier kündigen sich neben den Rettungsbildern des frühen 4. Jhs. neue Motive mit Huldigungs- und Fürbittcharakter an.

Wahrscheinlich aus Köln stammt ein Goldglas mit der Märtyrin Agnes, ebenfalls einer stadtrömischen Heiligen, wohl auch ein Zeichen für die engen Beziehungen, die im Lauf des 4. Jhs. zwischen der rheinländischen und römischen Kirche entstanden[570].

Abb. 48 Neuss. Goldglaskästchen. Vorderseite und Deckel

3.2 Beschläge

Zur Versteifung und Verzierung auf hölzernen Behältern angebrachte Metallbeschläge, sog. *scrinia,* wurden schon bei der Beschreibung des Paulinus-Sarkophags in Trier erwähnt[571]. Weitere Beschläge aus Bronze befinden sich in den Museen von Mainz, Bonn und Köln.

Die Beschläge in Mainz stammen von einem Kästchen aus dem römischen Intercisa im pannonischen Donauraum, das leider bis auf einen Streifen mit figürlichen Darstellungen stark zerstört ist. Die Figuren auf dem oberen Fries werden allgemein als Philosophen oder römische Würdenträger angesprochen. Die Handhaltung einiger Figuren im Rede- oder Segensgestus könnte aber auch eine christliche Deutung nahelegen[572]. H. Buschhausen hält die Figur am oberen rechten Rand des Kästchens für eine Christusfigur im Typus des Christus Emmanuel, die Begleitpersonen für Apostel[573].

Besser hat sich ein weiteres Kästchen aus Intercisa erhalten, das sich ebenfalls in Mainz befindet[574]. Es ist auf der Vorderseite mit vier Bronzestreifen besetzt, dazu kommen oben und unten noch zwei schmale Randstreifen, die an den Ecken umgebogen und an den Seitenflächen des Kästchens angenagelt waren. Auf dem oberen Streifen befinden sich Medaillons in Eierstäbe gerahmt; von links nach rechts sieht man ein Medusen-

Abb. 49 Bronzebeschläge aus Intercisa

haupt, sodann eine nach links gewendete Portraitbüste mit Diadem, ferner ein Medaillon mit den einander zugekehrten, inschriftlich bezeugten Büsten von Petrus und Paulus sowie einem Christusmonogramm oberhalb der Köpfe. Auf den folgenden Medaillons wiederholen sich die Abbildungen, desgleichen in der unteren Medaillonreihe.

Die Reihe der biblischen Darstellungen beginnt links mit einem Daniel in der Löwengrube. Der Prophet steht nackt zwischen zwei Bäumen in Orantenhaltung, zu beiden Seiten ein Löwe; neben seinem Kopf befinden sich kleine Christogramme. In der folgenden Szene schlägt Moses Wasser aus dem Felsen. Eine kleine Gestalt, nur halb so groß wie der Gottesmann, naht sich dem Felsen, über dem ebenfalls ein Christogramm erscheint. Die Szene wird rechts von einem Baum abgeschlossen. Es folgt eine Weinvermehrung; in der Mitte des Bildfeldes steht Christus, zu beiden Seiten jeweils drei Krüge. Christus ähnelt dem Wundertäter in der Quellwunderszene, die Linke hält er auf die Hüfte gestützt, mit dem Zauberstab in der Rechten berührt er einen der Krüge. Die leeren Flächen neben dem Kopf Christi füllen zwei Christogramme. Wegen der Nachbarschaft zu der neutestamentlichen Weinvermehrung könnte beim Quellenwunder auch Petrus dargestellt sein, der in manchen Bildern an die Stelle des Moses tritt[575]. Die folgenden Szenen wiederholen wiederum die vorherigen.

Auch im Rheinischen Landesmuseum Bonn befinden sich einige Beschläge, die vielleicht aus Mainz-Kastel stammen und zu einem Kästchen gehören, dessen Vorderseite sich in seinen Ausmaßen einigermaßen sicher rekonstruieren läßt[576]. An Bildmotiven sind erhalten die Heilung der blutflüssigen Frau, das Quellwunder, zweimal die Opferung Isaaks, die Heilung des Gichtbrüchigen, Daniel in der Löwengrube zusammen mit Habakuk, zweimal die Jünglinge im Feuerofen, die Erweckung des Lazarus sowie eine Szene, die nicht mehr sicher zu identifizieren ist und vielleicht eine Blindenheilung enthalten hat. Bei der Auswahl der Motive fällt die Zunahme der neutestamentlichen Wunder- und Heilungs-

Abb. 50a Bronzebeschläge aus Mainz-Kastel (?)

Abb. 50b Bronzebeschläge aus Mainz-Kastel (?)

szenen auf. Des weiteren sind zwei einander gegenübergestellte Köpfe
mit Medusenhäuptern erhalten, die wohl eine apotropäische, übelabwehrende Bedeutung gehabt haben.

W. Neuß hält die Bonner Beschläge für die schönsten und kunsthand-
werklich gesehen qualitätsvollsten unter allen frühchristlichen Beispielen.
"Die Verkürzung in der Gestalt der blutflüssigen Frau z.B. ist glänzend, als
folge sie einem freiplastischen Vorbilde. Ganz besonders gut ist auch der
Akt bei Daniel; dazu ist, sowohl was den hinzutretenden Habakuk als was
die Löwen angeht, die Szene außerordentlich lebensvoll. Voll Realismus
ist auch Isaaks Opferung: der Altar, auf dem das Feuer lodert, Isaak mit
gebundenen Händen, Abraham, nur mit einem Pallium bekleidet, wie er
sich erstaunt zur Hand Gottes hinwendet, die aus den Wolken erscheint"[577].

Die Herstellung der Bilder geschah so, daß sie mit Prägestempel oder
Model in Metallstreifen geschlagen wurden. Es gab offensichtlich vorge-
fertigte, werkstattmäßig hergestellte Streifen. Je nach der Anzahl der vorhandenen Stempel bestimmt sich die Zahl der verschiedenen Bildmotive.
Die Menge der Wiederholungen wurde durch die Größe des Kästchens
oder die Dichte des Beschlages bestimmt.

Über die Zusammenstellung der Motive dürfte man sich nicht allzuviele
Gedanken gemacht haben. Die Bedeutung der alt- und neutestamentlichen Szenen lag im Bereich der Rettungssymbolik. Apostelköpfe oder -ge-
stalten konnten den Gedanken an die *intercessio* vergegenwärtigen; die
Apostel galten als Fürsprecher und Mitrichter Christi beim Weltgericht.

Apotropäische oder auch einfache dekorative Ergänzungen wie Jagdszenen, Tiere und ähnliches scheinen den biblischen oder hagiographischen Zusammenhang im Bewußtsein der Hersteller und Erwerber der Kästchen nicht gestört zu haben.

Die Funde aus Köln sind weniger gut erhalten. Im Gräberfeld an der Aachener Straße wurde eine Lazarus-Auferweckung geborgen, die genau mit einem Beschlag aus Vermand übereinstimmt, wohin ja schon häufiger Kölner Beziehungen festgestellt werden konnten[578]. Aus einem anderen Grab stammt eine stark fragmentierte Feuerofenszene, die nicht über einem Model geprägt worden ist[579]. Ein Beschlag von der Luxemburger Straße stellt entweder Susanna zwischen den Ältesten, wahrscheinlicher eine Verstorbene zwischen Aposteln oder sogar die Kirche bzw. Maria zwischen Petrus und Paulus dar[580]. G. Ristow verschmilzt mögliche Deutungen so: "Das Bronzeblech stellt das Bild der betenden Muse als Abbild der betenden Seele, als Abbild des Kirchengebetes dar. Die Muse als Spenderin und Trägerin göttlicher Weisheit steht mit betend erhobenen Armen zwischen zwei Männern. Die beiden Männer tragen in einer Hand eine Schriftrolle und strecken die andere im akklamierenden Gestus nach vorn. Mit dem Nimbus, der ihr Haupt zum Zeichen göttlicher Mission umgibt, stellt die Beterin, wie auf späteren Darstellungen deutlicher, auch die betende Kirche zwischen den beiden Apostelfürsten dar. Als solche ist sie triumphierende Trägerin und Mittlerin des Geheimnisses christlicher Lehre und wahrer Erkenntnis, gegründet allein auf das Zeugnis der Apostel, der 'Säulen' christlicher Kirche überhaupt: Petrus und Paulus"[581].

Abb. 51 Bronzebeschlag

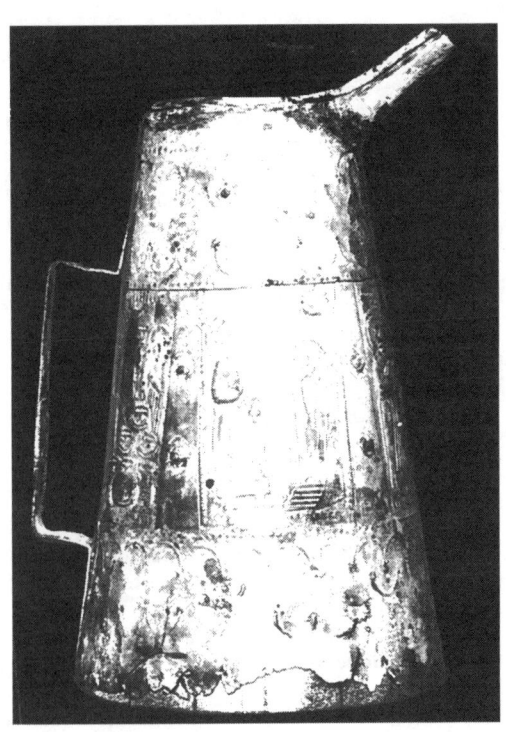

Abb. 52
Liturgische Kanne

Welche unter den scharfsinnig erdachten Interpretationen Hersteller oder Besitzer des Kästchens bevorzugt haben, läßt sich nicht beantworten. An den Ecken trägt es wiederum apotropäisch gemeinte Löwenköpfe.

Alle diese Beschläge, die noch um einige allerdings meist unsichere und weniger ergiebige Funde ergänzt werden könnten[582], entstammen dem 4./5. Jh. Die meisten von ihnen verzierten Kästchen, die als Grabbeigaben verwendet wurden. Vergleicht man die rheinischen *scrinia* mit den pannonischen, dann unterscheiden sich die letzteren von den hiesigen Beschlägen durch geringere künstlerische Qualität sowie durch die verstärkte Applizierung übelabwehrender Bilder: neben Medusen- bzw. Gorgonenhäuptern apotropäische Hände, Schlangen und andere übelabwehrende Tiere.

Ob alle in den Gräbern wiederaufgefundenen Kästchen ursprünglich für eine sepulkrale Verwendung bestimmt waren, ist fraglich. Sie können auch in den Häusern zur Aufbewahrung verschiedener Dinge gedient haben. Ähnliches gilt für Holzbecher, die mit Preßblechen ummantelt sind. So ist eine möglicherweise aus Trier stammende Kanne des 4. oder beginnenden 5. Jhs., die um das Jahr 500 als Beigabe in ein fränkisches Grab gelangte, ursprünglich wahrscheinlich als Taufkanne benutzt worden. Der Relief-schmuck des Kupferblechs zeigt die Heilung der Blutflüssigen, die Auferweckung des Lazarus, Weinvermehrung, Blindenheilung und Christus mit Zachäus[583]. Unsicher ist der ursprüngliche Verwendungszweck eines nur 8,9 cm hohen Holzbechers mit Bronzeblechverkleidung, der 1882 in einem reich ausgestatteten fränkischen Grab in Wiesoppenheim, Kreis Alzey-Worms, gefunden wurde. Sein Bildschmuck zeigt eine Sündenfallszene. Unter Adam und Eva neben dem Paradiesbaum, um den sich eine Schlange windet, steht ein Kind. Eva erscheint noch einmal in einer anderen Szene. Weiterhin sind zu erkennen eine Orans, ein Medaillon mit Christogramm sowie Christus und eine männliche Gestalt zu Seiten eines Altars. Der barbarische Stil der Figuren und die wenig sorgfältig angebrachten Inschriften weisen nach M. Schulze daraufhin, "daß es sich um das Erzeugnis einer Werkstatt des 5. Jhs. handelt, die antike Handwerkstradition fortzuführen suchte"[584].

4. Elfenbeine

Einen beträchtlichen Anteil an frühchristlichen Kunsterzeugnissen nehmen auch hierzulande Elfenbeinarbeiten ein. Elfenbein eignet sich hervorragend für feine Reliefschnitzereien; es ist ein wertvolles Material, das nicht nur für Reliquienkästchen, sondern ebenfalls zur Herstellung anderer Gegenstände wie Kämme, Griffe, Nadeln, Gürtelschnallen und Statuetten gebraucht werden konnte. Elfenbeinarbeiten waren ein beliebter und weitverbreiteter Exportartikel. Insofern muß sorgfältig unterschieden werden, wo einzelne Stücke gefertigt und gefunden wurden und wo sie heute aufbewahrt werden. Alle drei Orte können weit auseinanderliegen; entsprechend verändern sich die Schlüsse, die sich aus den Funden über die Bedeutung und Zusammensetzung einzelner Gemeinden ziehen lassen.

4.1 Trierer "Reliquienprozession"

Ein anschauliches Beispiel liefert ein Elfenbein mit der Darstellung einer Reliquienprozession aus dem Trierer Domschatz[585]. Die aus einem großen Elefantenzahn geschnittene Tafel ist 13,1 cm hoch und 26,1 cm breit und wird die Vorderseite eines Elfenbeinkästchens gewesen sein. Man sieht eine Prozession, die von links nach rechts sich auf eine noch nicht ganz fertiggestellte Kirche zubewegt. Auf dem Dach und am rückwärtigen Teil des Gebäudes legen Handwerker letzte Hand an; man hat auch an Kleriker gedacht, die das Dach der Kirche salben. Am linken Bildrand erscheint ein von zwei Maultieren gezogener Wagen mit einem kathedraähnlichen

Abb. 53 "Reliquienprozession"

195

Aufbau, auf dem zwei bärtige Männer sitzen. Ihre Kleidung, Tunika und Paenula sowie ein um den Hals gelegtes Omophorion (Pallium), weist sie als Bischöfe aus. Auf den Knien halten sie ein Kästchen, in dem sich die Reliquien befinden, die in die neuerbaute Kirche übertragen werden sollen. Vor dem Wagen schreiten kerzentragende Beamte, die vom Kaiser angeführt werden. Er wird von der ähnlich wie der Kaiser kostbar gekleideten Kaiserin erwartet, die ein großes Kreuz über der linken Schulter trägt. Die Prozession zieht vor einem großen Gebäude her, dessen linker Flügel von einer Christusbüste geschmückt wird, was auf das Chalketor des Kaiserpalastes in Konstantinopel hinweisen könnte. Vor dem sich anschließenden Palast stehen zahlreiche Zuschauer. Im mittleren Stockwerk erscheinen Personen, die ein Weihrauchgefäß schwenken und singen; die linke Hand halten sie dabei ans Ohr[586]. Weitere Zuschauer befinden sich auf der obersten Galerie des Gebäudes.

So einhellig die Deutung der Darstellung als Reliquienprozession ist, so kontrovers wird ihr Anlaß beurteilt. Man hat in den kaiserlichen Personen Konstantin und Helena, Theodosius II. und seine Schwester Pulcheria oder noch spätere Kaiserpaare sehen wollen. Vieles spricht dafür, daß es sich um eine Reliquientranslation anläßlich der Einweihung einer Kirche in Konstantinopel unter der Regierung von Theodosius II. (408/50) und Pulcheria handelt; die Kaiserschwester, auf die sich die Prozession zubewegt, war vielleicht die Erbauerin der Kirche. Es könnte sich um die Übertragung der Josefs- und Zachariasreliquien im Jahre 415[587] oder die Einweihung der Chalkekirche im Jahre 449 handeln[588].

Wie kam die Tafel nach Trier? Sicher ist sie nicht in Trier entstanden. Die plastische Schnitzarbeit mit den tiefgestaffelten Figurengruppen besitzt in Trier keine Parallelen. "In ihrer meisterlichen Ausführung darf man sie ohne Zweifel als eine Arbeit des Kunsthandwerks der östlichen Reichshauptstadt ansprechen"[589]. Möglich ist, daß aus Anlaß der Konstantinopler Kirchweihe Partikelchen der dortigen Reliquien in einem kostbaren Elfenbeinkästchen an andere Metropolen geschickt wurden, darunter auch Trier. In diesem Fall sagte die Tafel nichts aus über die frühchristliche Kunst im Rheinland bzw. in Gallien, sondern nur etwas über die Bedeutung Triers im Jahr der Translation.

4.2 Pyxiden

Anders verhält es sich mit einer Pyxis, die 1908 in einem Keller des Trierer Amphitheaters gefunden worden ist, zusammen mit einer weiteren Pyxis, die mit profanen Bildern geschmückt war[590]. Auf dem christlichen Exemplar sind in fortlaufender Darstellung drei alttestamentliche Szenen

Abb. 54 Elfenbeinpyxis mit Abraham-Isaak-Opfer

abgebildet: die Opferung Isaaks, Daniel zwischen den Löwen und die drei Jünglinge im Feuerofen. In der Abrahamszene ist die Gestalt des Isaak stark beschädigt; er scheint kniend, frontal wiedergegeben zu sein. Von links schreitet Abraham heran; er hat den Blick zum Widder zurückgewendet. Über dem Haupt Isaaks sieht man die Hand Gottes, in die wahrscheinlich erst später MA ... E (= Manus Dei?) hineingeritzt wurde. Den Abschluß der Szene bildet rechts ein Räuchergefäß auf niedrigem Podest in der Form eines Hörneraltars, wie er auf Bildwerken im alexandrinischen Raum bekannt ist. In ähnlicher Form findet sich das Räuchergerät auf anderen Elfenbeinbüchsen, z.B. in Berlin, Rom und Bologna, ein Detail, das für die Herkunftsbestimmung nicht unwichtig ist.

Die anschließende Szene zeigt Habakuk, der von einem Engel geleitet wird und dem Daniel zur Speisung Brot bringt. Daniel steht in Orantenhaltung, bekleidet mit Tunika und engen Hosen, unter einer Arkade. Die drei Jünglinge erscheinen wie üblich in phrygischer Tracht ebenfalls vor einem architektonischen Hintergrund. Von links tritt ein Engel mit Stab heran, um das Feuer zu löschen.

Die Pyxis wird in das 5. Jh. datiert. Man bringt sie stilistisch mit einer Berliner Pyxis in Verbindung, die in einem Dorf an der Mosel gefunden worden ist und etwas eher, an der Wende vom 4. zum 5. Jh., entstanden sein soll[591]. Das ikonographische Programm des Berliner Exemplars ist teilweise ein anderes. Die Darstellung der Abraham-Isaak-Szene nimmt nur einen geringen Raum ein. Abraham hält in der Hand ein dolchartiges

Abb. 55 Elfenbeinpyxis mit Abraham-Isaak-Opfer

Messer; er blickt zurück auf die Hand Gottes, die über ihm aus den Wolken erscheint. Knapp zu seinen Füßen dargestellt befindet sich der Widder. Mit der Linken berührt Abraham den Kopf des hier sehr kindlich dargestellten Isaak. Isaak steht vor einem hochgebauten Altar, auf dem sich wiederum ein mehrzackiges Räuchergefäß befindet.

Es wurde schon gesagt, daß dieser aus dem östlichen Mittelmeergebiet bekannte Typ eines Rauchopferaltars sich in ähnlicher Weise auf mehreren Pyxiden wiederfindet. Das läßt danach fragen, ob und wie die verschiedenen Stücke zusammengehören. Die Berliner und die Trierer Pyxis werden zumeist einer Trierer Werkstatt zugewiesen. Daß es in Trier eine Werkstatt gegeben haben kann, die in der Lage war, ein so hervorragendes Stück, wie es die Berliner Pyxis repräsentiert, herzustellen, braucht nicht bestritten zu werden, wenigstens nicht in einer Zeit, da die Stadt Kaiserresidenz war und entsprechende Aufträge zu erfüllen hatte. Größere Schwierigkeiten macht die Annahme des Fortbestehens einer solchen Werkstatt bis weit ins 5. Jh. hinein. Aber auch wenn die beiden Pyxiden in Trier hergestellt worden sind, wird man weder im Hinblick auf das ikonographische Programm noch auf die formale Gestaltung von einer spezifisch gallisch- oder germanisch-römischen Kunst sprechen können. Die verwandten Abrahams-Pyxiden in Rom und Bologna z.B. sind wahrscheinlich in Ravenna gearbeitet worden. Der Austausch von Formen und damit die Abhängigkeiten einzelner Werkstätten voneinander dürften gerade auf dem Gebiet der Elfenbeinschnitzerei, d.h. bei relativ leicht verschickbaren Objekten, vielfältig gewesen sein.

Die Hauptszene der Berliner Pyxis zeigt einen jugendlichen Christus inmitten der zwölf Apostel. Christus erscheint wie die Apostel in der Philosophentracht, die Rechte im Segensgruß erhoben; in der Linken hält er ein Buch. Er sitzt auf einem Thron, dessen Rückenlehne von einer Arkade über zwei kannelierten Säulen gebildet wird. Die Apostel sind sehr bewegt dargestellt; sie variieren stark in Körperhaltung und Gestus. Besonders betont sind Petrus rechts und Paulus links von Christus, die auf einfachen Kathedren sitzen. Die Berliner Pyxis zählt zu den wertvollsten Stücken unter den frühchristlichen Elfenbeinbüchsen.

Es ließen sich noch eine ganze Reihe weiterer Elfenbeinarbeiten aus deutschen bzw. rheinischen Museen anführen, so z.B. das Stück mit Heilungswundern im Hessischen Landesmuseum in Darmstadt[592] oder das mit der Geburt Christi aus der Abteikirche in Essen-Werden[593]. Aber da Herkunft, Fundumstände, Besitzer und Verwendung hier noch unsicherer sind als bei den eben besprochenen Stücken, sind sie wohl wertvolle Teilchen im Gesamtbild der frühchristlichen Ikonographie, für die spezielle Frage nach der Größe, den Verbindungen und der Zusammensetzung der hiesigen Gemeinden geben sie jedoch wenig her.

Das gilt auch für die Pyxis im Rheinischen Landesmuseum Bonn, die schon ins 6./7. Jh. reicht[594]. Sie zeigt als einzige Szene die Auferweckung

Abb. 56 Elfenbein-
pyxis mit Lazarus-
Erweckung

des Lazarus. Neben einem kleinen Rundbau steht aufrecht die in Binden gewickelte, kindlich erscheinende Gestalt des Verstorbenen. Christus schreitet mit einem Kreuzstab in der Linken und ausgestreckter rechter Hand auf ihn zu. Hinter Christus folgen sieben Apostel. Die relativ späte Datierung ergibt sich aus den flüchtig modellierten, schwer wirkenden Figuren, die auf anderen Elfenbeinen aus dieser Zeit wiederkehren. Eine enge stilistische Verwandtschaft wurde mit einem sicher nach Ägypten gehörenden Stück aus dem Museum der Universität Michigan festgestellt. Damit dürfte feststehen, daß auch die Bonner Pyxis aus dem koptischen Kunstkreis stammt. Daß im 6./7. Jh. Elfenbeinschnitzer am Rhein gesessen haben sollen, die noch die Formensprache der Spätantike beherrschten, ist ja kaum anzunehmen. Das wird erst in karolingischer Zeit wieder möglich, als man in einer großen Anstrengung versucht, abgerissene Fäden erneut aufzunehmen und hinter den Ikonoklasmus zurückgreifend den frühchristlichen Bilderschatz wieder lebendig werden zu lassen[595].

5. Merowingische Grabsteine

Selbstverständlich hat es im 6./7. Jh. auch hierzulande künstlerische Betätigung gegeben. Es braucht nur auf die wunderbar verzierten Gehänge, Schmuckstücke und Waffen aus fränkischen Gräbern, besonders aus den Fürstengräbern unter dem Kölner Dom, hingewiesen zu werden[596]. Daß auch die überkommenen Inhalte christlichen Glaubens nunmehr in einer neuen künstlerischen Formensprache Gestalt gewinnen, beweisen neben zahlreichen Gegenständen der Kleinkunst wie Gürtelschnallen und anderen gepreßten Blechen einige mit figürlichen Darstellungen versehene Grabsteine[597], von denen wenigstens zwei vorgestellt werden sollen.

Im Rheinischen Landesmuseum in Bonn befindet sich eine Stele aus Moselkern, die vielleicht als Friedhofskreuz gedient hat. Sie besitzt eine Höhe von 80 cm und wurde gegen Ende des 6., Anfang des 7. Jhs. aus bodenständiger Basaltlava gearbeitet. In Durchbruchsarbeit erscheinen zwei übereinandergestellte Kreuze, das untere quergestellt in Form des Andreaskreuzes. Der Stamm des oberen Kreuzes bildet zugleich den Leib einer männlichen Figur, von der das Haupt, die Arme mit großen Händen und die Beine mit nur schwach angedeuteten Füßen zu erkennen sind. Das Haupt des Mannes ist von Kreuzen umgeben, die auch auf der Brust und den Armen angedeutet sind. Vielleicht handelt es sich um die früheste Darstellung des Gekreuzigten nördlich der Alpen, die nach V. Elbern im gesamten frühchristlichen gallisch-fränkischen und irischen Raum keine Parallele hat[598]. K. Böhner sieht Ähnlichkeiten mit der Ikonographie palästinischer Pilgerampullen aus Monza[599]. Aber auch dann gelingt dem Künstler eine selbständige Übertragung übernommener Details in die eigene Darstellung.

Abb. 57
Stele aus Moselkern

Das zweite Beispiel stellt der Grabstein aus Niederdollendorf bei Bonn dar[600]. Er wurde in einem fränkischen Plattensarg gefunden und entstammt dem Ende des 7. Jhs. Seine Höhe beträgt nur 42 cm, seine Breite 25 cm. Er geht mit diesen Maßen auf kein antikes Vorbild zurück, sondern ähnelt hölzernern Grabpfeilern, die viele fränkische Gräber markiert haben. Die Vorderseite des Steins zeigt einen bärtigen Mann, der in einer Scheide umgehängt einen Sax trägt, das einschneidige Hiebschwert der Franken. Vor ihm steht eine Feldflasche von der Art, wie sie, aus Ton oder Holz geformt, in vielen fränkischen Gräbern gefunden wurde. Sie weist den Mann als tot im Grab ruhend aus. Dazu passen die Schlangen, die als Grabschlangen den Toten im unterirdischen Reich in Empfang nehmen und eine übelabwehrende Funktion ausüben. Mit der rechten Hand kämmt der Mann seine langen Haare, die ein Zeichen von Lebenskraft darstellen. Haare wachsen nach dem Tod noch eine Zeit fort und

201

gelten damit als Hinweis auf ein Weiterleben nach dem Tod. Auf anderen fränkischen Grabsteinen können phallische Zeichen diese noch ganz heidnisch begründete Hoffnung auf eine leibhaftige Existenz nach dem Tod ausdrücken.

Daß der Bestattete gleichwohl Christ gewesen sein muß, beweist nach Böhner die andere Seite des Grabsteins. Sie zeigt in einer von Lichtstrahlen durchbrochenen Mandorla eine männliche Gestalt, deren Haupt ein Strahlennimbus umgibt. In der rechten Hand trägt sie einen Speer; auf der Brust ist ein großer Kreis eingekerbt, welcher auf den Panzerbrustschmuck des Kaisers hinweisen könnte, wie ihn auch Christus trägt, wenn er als Imperator auf Löwen und Drachen tretend dargestellt wird. Es dürfte sich daher auf dem Niederdollendorfer Grabstein um ein Christusbild handeln, angemessen übersetzt in die fränkische Vorstellung von Christus als dem Führer und König des Himmels und der Erde, dem zu folgen Heil verheißt. Neben neuen Akzenten im Glaubensverständnis zeigt der Grabstein, daß jetzt auch im Bereich der bildenden Kunst die Zeit der Spätantike vorüber ist und der fränkische Steinmetz zu einer eigenständigen Ausdrucksweise gefunden hat.

Abb. 58 Grabstein aus Niederdollendorf. Vorderseite (links) und Rückseite (rechts)

ANMERKUNGEN

Die Abkürzungen folgen S. Schwertner, Internationales Abkürzungsverzeichnis für Theologie und Grenzgebiete (Berlin [2]1976).

Erscheinen Verfassernamen ohne nähere Angaben, wird auf die Anmerkung mit vollständiger Bibliographie verwiesen.

Die folgenden Werke werden nur abgekürzt zitiert:

A. Angenendt, Das Frühmittelalter. Die abendländische Christenheit von 400 bis 900 (Stuttgart 1990) = Angenendt.

H. Borger, Die Abbilder des Himmels in Köln 1 (Köln 1979) = Borger, Abbilder.

L. Duchesne, Fastes épiscopaux de l'ancienne Gaule 3 (Paris 1915) = Duchesne.

E. Ewig, Trier im Merowingerreich. Civitas, Stadt, Bistum (Trier 1954) = Ewig, Trier.

J. von Elbe, Die Römer in Deutschland (München 1984) = Von Elbe.

Frühchristliches Köln. Hrsg. vom Römisch-Germanischen Museum Köln = Schriftenreihe der Archäologischen Gesellschaft Köln 12 (Köln 1965) = Frühchristliches Köln.

Frühchristliche Zeugnisse im Einzugsgebiet von Rhein und Mosel. Hrsg. von Th.K. Kempf u. W. Reusch (Trier 1965) = Frühchristliche Zeugnisse.

N. Gauthier, L'évangélisation des pays de la Moselle. La province romaine de Première Belgique entre Antiquité et Moyen Age (IIIe - VIIIe s.) (Paris 1980) = Gauthier.

E. Gierlich, Die Grabstätten der rheinischen Bischöfe vor 1200 = Quellen u. Abhandlungen zur Mittelrheinischen Kirchengeschichte 65 (Mainz 1990) = Gierlich.

G. Gottlieb u.a. (Hrsg.), Geschichte der Stadt Augsburg von der Römerzeit bis zur Gegenwart (Augsburg [2]1985) = Gottlieb, Geschichte.

A. Hauck, Kirchengeschichte Deutschlands 1 (Leipzig [4]1904) = Hauck.

W. Neuß, Die Anfänge des Christentums im Rheinlande = Rheinische Neujahrsblätter 2 (Bonn [2]1933) = Neuß, Anfänge.

F.W. Oediger, Das Bistum Köln von den Anfängen bis zum Ende des 12. Jahrhunderts = Geschichte des Erzbistums Köln 1 (Köln [2]1972) = Oediger, Bistum Köln.

H. von Petrikovits, Beiträge zur römischen Geschichte und Archäologie. 1931 bis 1974 = BoJ Beiheft 36 (Bonn 1976) = Von Petrikovits, Beiträge.

H. von Petrikovits, Germania (Romana) : RAC 10 (1978) 548/653 = Von Petrikovits, Germania.

Vorromanische Kirchenbauten. Katalog der Denkmäler bis zum Ausgang der Ottonen. Bearbeitet von F. Oswald, L. Schaefer, H.R. Sennhauser = Veröffentlichungen des Zentralinstituts für Kunstgeschichte in München 3 (München 1966) = Vorromanische Kirchenbauten.

Vorromanische Kirchenbauten. Katalog der Denkmäler bis zum Ausgang der Ottonen. Nachtragsband. Bearb. von W. Jacobsen, L. Schaefer, H.R. Sennhauser unter Mitwirkung von M. Exner, J. Mertens, H. Stoepker = Veröffentlichungen des Zentralinstituts für Kunstgeschichte in München 3.2 (München 1991) = Vorromanische Kirchenbauten, Nachtragsband.

J. Werner (Hrsg.), Die Ausgrabungen in St. Ulrich und Afra in Augsburg 1961 - 1968. Text- und Bildband = Münchner Beiträge zur Vor- und Frühgeschichte 23 (München 1977) = Werner, Ausgrabungen.

G. Wolff, Das römisch-germanische Köln. Führer zu Museum und Stadt (Köln [3]1989) = Wolff.

I. GRENZEN

1 Von Petrikovits, Germania 549; D. Baatz, Der römische Limes. Archäologische Ausflüge zwischen Rhein und Donau (Berlin 1974) 75.

2 Baatz 54.

3 Von Petrikovits, Germania 549; ders., Bemerkungen zur Westgrenze der römischen Provinz Niedergermanien : Beiträge 473/8; J.E. Bogaers, Civitates und Civitas-Hauptorte in der nördlichen Germania inferior : BoJ 172 (1972) 310/32; C.B. Rüger, Germania inferior. Untersuchungen zur Territorial- und Verwaltungsgeschichte Niedergermaniens in der Prinzipatszeit (Köln-Graz 1968) 32/41.

4 Von Petrikovits, Germania 549f; 554; F. Staehelin, Die Schweiz in römischer Zeit (Basel [3]1948) 237f; M.-Th. u. G. Raepsaet-Charlier, Gallia Belgica und Germania inferior : ANRW 2,4 (1975) 56/9; H. Büttner, Die Entstehung der Churer Bistumsgrenzen : Frühmittelalterliches Christentum und fränkischer Staat zwischen Hochrhein und Alpen (Darmstadt 1961) 111.

5 Von Petrikovits, Rheinische Geschichte 1,1 : Altertum (Düsseldorf 1978) 53f.

6 A. Kraus, Geschichte Bayerns. Von den Anfängen bis zur Gegenwart (München [2]1988) 17f; H.J. Kellner, Die Römer in Bayern (München [4]1974).

7 Von Petrikovits, Rheinische Geschichte (o. Anm. 5) 53/5, Zitat 55; J. Kunow, Die Militärgeschichte Niedergermaniens : Die Römer in Nordrhein-Westfalen, hrsg. von H.G. Horn (Stuttgart 1987) 36/40.

8 Von Petrikovits, Rheinische Geschichte (o. Anm. 5) 57; Kunow 42/52.

9 Baatz (o. Anm. 1) 11/7; 53/64.

10 Ebd. 16.

II. CHRISTEN VOR KONSTANTIN

11 U. Maiburg, "Und bis an die Grenzen der Erde ... ". Die Ausbreitung des Christentums in den Länderlisten und deren Verwendung in Antike und Christentum : JbAC 26 (1983) 38/53.

12 Ebd. 44.   13 Ebd. 48.

14 Vgl. J. Torsy, Studien zur Frühgeschichte der Kölner Kirchen : Kölner Domblätter 8/9 (1954) 10; von Petrikovits, Germania 576; Neuß, Anfänge 6; zur Zuverlässigkeit der griechischen Fassung von adv. haer. Buch 1 vgl. SChr 263 (1979) 61/6; anders der lateinische Bearbeiter, der qua in Germania sunt fundatae ecclesiae übersetzt; vgl. S. Irenaei libros quinque adv. haer. Ed. W.W. Harvey, Tom. 1 (Cambridge 1857) 92; SChr 264 (1979) 158.

15 Belege bei Maiburg (o. Anm. 11) 48, Anm. 66/8; dazu H. Heinen, Der Christenpogrom von Lyon und die Anfänge des Christentums im römischen Gallien : La religion romaine au milieu provincial = Bulletin des Antiquités Luxembourgeoises 15 (1984) 52.

16 Maiburg (o. Anm. 11) 48.   17 Neuß, Anfänge 6.

18 Irenäus, Adv. haer. 1 praef. 3; vgl. Hauck 7/12.

19 W. Geerlings, Die Stellung der vorkonstantinischen Kirche zum Militärdienst = Beiträge zur Friedensethik 4 (Barsbüttel 1989) 1f.

20 Übersetzung nach BKV[2] 7, 316.

21 Neuß, Anfänge 7.

[22] Maiburg (o. Anm. 11) 50.   [23] Übersetzung nach BKV[2] 7, 317.

[24] Weitere Aufzählungen ebd. 1,4f; 4,13; 6,11; vgl. Maiburg (o. Anm. 11) 51; Neuß, Anfänge 7; J. Sauer, Die Anfänge des Christentums und der Kirche in Baden : Neujahrsblätter der Badischen Historischen Kommission N.F. 14 (1911) 8.

[25] H. Tüchle, Kirchengeschichte Schwabens 1 (Stuttgart 1950) 381.

[26] Neuß, Anfänge 7f.   [27] Übersetzung ebd. 8; Sauer (o. Anm. 24) 8.

[28] Von Petrikovits, Germania 578/82.

[29] Th. Klauser, Studien zur Entstehungsgeschichte der christlichen Kunst : JbAC 1 (1958) 20/51; 2 (1959) 115/45; 3 (1960) 112/33; 7 (1964) 71/6; 8/9 1965/66) 126/70; 10 (1967) 82/111; N. Himmelmann, Über Hirten-Genre in der antiken Kunst : Abhandlungen der Rheinisch-Westfälischen Akademie der Wissenschaften 65 (Opladen 1980) 100/68; weitere Literatur bei E. Dassmann, Hirtentheologie und Hirtenbild vor Nicäa : Pleroma. F.S. Antonio Orbe (Santiago de Compostela 1990) 508f.

[30] Rheinisches Landesmuseum Nr. 15682; vgl. Neuß, Anfänge 48f.

[31] Neuß, Anfänge 49.

[32] Museum für Urgeschichte Nr. 56/550; vgl. JbAC 1,34 (o. Anm. 29).

[33] D. Planck, Denkmalpflege in Baden-Würtemberg 5 (1976) 115.

[34] Zu dem Stück, das aus Jurakalk herausgearbeitet ist, Höhe 0,68 m, Länge 1,25 m vgl. L. Weber, Als die Römer kamen ... Augusta Vindelicorum und die Besiedlung Raetiens (Landsberg am Lech 1973) 78.

[35] Von Petrikovits, Germania 578f. Die Römer in Baden-Württemberg. Hrsg. von Ph. Filtzinger, D. Planck, B. Cämmerer (Stuttgart-Aalen 1976) 493.

[36] F. Fremersdorf, Ältestes Christentum. Mit besonderer Berücksichtigung der Grabungsergebnisse unter der Severinskirche in Köln : Kölner Jb. f. Vor- und Frühgesch. 2 (1956) 13; ders., Weitere Ausgrabungen unter St. Severin in Köln : BoJ 131 (1926) 319/21; Von Petrikovits, Germania 579f; Vgl. S. 127/30.

[37] Von Petrikovits, Germania 580; J. Kollwitz, Bestattung : RAC 2 (1954) 216f; B. Kötting, Grab : RAC 12 (1983) 384; 389f.

[38] F. Mühlberg, Frühchristliches Köln 38.

[39] H. Lehner - W. Bader, Baugeschichtliche Untersuchungen am Bonner Münster : BoJ 136/137 (1932) 3/216; bes. 38/41; 60; 176/8; 192/6. Vgl. S. 143.

[40] H. von Petrikovits, Die Zeitstellung der ältesten frühchristlichen Kultanlage unter dem Bonner Münster : Beiträge 463/72.

[41] CIL 13,5383; 11834; ILCV 87f Nr. 400; von Petrikovits, Germania 580.

III. CHRISTLICHE ZENTREN UND IHR UMLAND

1. Augsburg und die Provinz *Raetia secunda*

[42] Bezeugt sind die Namen *Augusta Vindelicum, Augusta Vindelikon, Augusta Vindelicensis* oder nur *Augusta*. Das heute am häufigsten vorkommende *Augusta Vindelicorum* scheint eine humanistische Konstruktion des 15. Jhs. zu sein; vgl. H.-J. Kellner, Augsburg, Provinzhauptstadt Raetiens : ANRW 2, 5,2 (1976) 695/7; M. Zahrnt, Zum römischen Namen von Augsburg : Zeitschrift für Papyrologie und Epigraphik 72 (1988) 179f.

43 Belege und Literaturangaben bei E. Dassmann, Augsburg : RAC, Suppl. 1, Fasz. 5 (1992) 693/718; C. Brühl, Palatium und Civitas. Studien zur Profantopographie spätantiker Civitates vom 3. bis zum 13. Jahrhundert 2 (Köln/Wien 1990) 195/8.

44 Dassmann, Augsburg 697/700.

45 Angenendt 116; K. Hausberger - B. Hubensteiner, Bayerische Kirchengeschichte (München 1985) 32/4.

46 B. de Gaiffier, Martyrologien : LThK² (1962) 138f.

47 A. Bigelmair, Die heilige Afra = Lebensbilder aus dem Bayerischen Schwaben 1 (1952) 1/5; ders., Afra : LThK² 1 (1957) 169; F. Zoepfl, Das Bistum Augsburg und seine Bischöfe im Mittelalter (Augsburg 1955) 3.

48 Texte in MGH.SRM 3, 41/54; 7, 192/202; vgl. W. Berschin, Die älteste erreichbare Textgestalt der Passio S. Afrae : Bayerische Vorgeschichtsblätter 46 (1981) 217/24; ders. Am Grab der heiligen Afra. Alter, Bedeutung und Wahrheit der Passio S. Afrae : Jb. des Vereins f. Augsburger Bistumsgesch. 16 (1982) 108/21; F. Prinz, Die hl. Afra : ebd. 211/5; A. Bigelmair, Die Afralegende : Archiv für die Geschichte des Hochstifts Augsburg 1 (1909/11) 139/221.

49 Bigelmair, Lebensbilder (o. Anm. 47) 22/4; H. Herter, Dirne : RAC 3 (1957) 1210.

50 Bigelmair, Lebensbilder (o. Anm. 47) 26f.

51 H. Rosenfeld, Alamannischer Ziu-Kult und SS. Ulrich- und Afra-Verehrung in Augsburg : Archiv für Kulturgeschichte 37 (1955) 322.

52 P. Stockmeier, Aspekte zur Frühgeschichte des Christentums in Bayern : Bavaria Christiana. FS. A.W. Ziegler = Beiträge zur altbayerischen Kirchengeschichte 27 (1973) 25.

53 W. Haas, Die Vorgängerbauten der Klosterkirche St. Ulrich u. Afra : Werner, Ausgrabungen 51/90; bes. 89.

54 Vgl. die Memorien in Bonn (S. 143) und Xanten (S. 152).

55 W. Sage, Frühes Christentum und Kirchen aus der Zeit des Übergangs : Gottlieb, Geschichte 104; J. Werner, Ergebnisse der Krypta-Grabung 1961/62 für die vorkarolingische Zeit : Werner, Ausgrabungen 217.

56 MGH.SS 3,127f; Zoepfl (o. Anm. 47) 97f.

57 Zoepfl, (o. Anm. 47) 4; H.U. Nuber, Römische Steindenkmäler aus St. Ulrich u. Afra in Augsburg : Werner, Ausgrabungen 245f.

58 Haas (o. Anm. 53) 80/5.   59 Werner (o. Anm. 55) 217/21.

60 W. Plötzel, Augusta Sacra. Augsburger Patrozinien des Mittelalters als Zeugnisse des Kultes und der Frömmigkeit : Jb. des Vereins f. Augsburger Bistumsgesch. 9 (1975) 19/75.

61 Haas (o. Anm. 53) 89, Anm. 143.

62 L. Bakker, Ein frühchristlicher Friedhof bei St. Ulrich und Afra in Augsburg : Die Römer in Schwaben = Bayerisches Landesamt für Denkmalpflege, Arbeitsheft 27 (1985) 294; Sage (o. Anm. 55) 105.

63 MGH.SS 13,334f.; Acta Sanctorum, Sept. 2,735/81; E. Klebel, Zur Geschichte der christlichen Mission im schwäbischen Stammesgebiet : Zeitschrift für Württemberg. Landesgesch. 17 (1958) 147.

64 MGH.SS 14, 556/9; M.C. Trier, Die frühmittelalterliche Besiedlung des unteren und mittleren Lechtales nach archäologischen Quellen (Diss. Bonn 1990) 123.

65 Klebel (o.Anm. 63) 172; vgl. R.Bauerreiß, Kirchengeschichte Bayerns 1 (1949) 2.

66 Zoepfl (o. Anm. 47) 7.   67 Vgl. S. 35.

68 Klebel (o. Anm. 63) 161; Zoepfl (o. Anm. 47) 8.

69 MGH Ep. 1, 17/21.

70 *Notitia dignitatum*, Oc. XI, 30 (Seeck 149).

71 Klebel (o. Anm. 63) 160/2; Zoepfl (o. Anm. 47) 8f.; P. Gleirscher, Säben - von der Spätantike ins frühe Mittelalter : Schlern 60 (1986) 553; G. von Trauchburg, Die Theorie vom "Fluchtbistum Säben" : Katalog Schwaben - Tirol (1989) 40f.

72 Für Mainz vgl. S. 49; für Köln S. 116.

73 R. Egger, Die ecclesia secundae Raetiae : FS. Reinecke. Hrsg. von G. Behrens u. J. Werner (Mainz 1950) 51/60; Zoepfl (o. Anm. 47) 9; 20; 35.

74 Trier (o. Anm. 64) 123f.

75 V. Vonficht, Sancta ecclesia Sabionensis : Schlern 54 (1980) 444/58; V. Bierbrauer - H. Nothdurfter, Die Ausgrabungen im spätantik-frühmittelalterlichen Bischofssitz Sabiona-Säben : Schlern 62 (1988) 243/300.

76 Negativ beurteilt von Zoepfl (o. Anm. 47) 12f.; W. Hübener, Siedlungskontinuität und Bedeutungswandel zwischen Spätantike und Mittelalter im Augsburger Raum : Jb. des Vereins f. Augsburger Bistumsgesch. 18 (1984) 165.

77 G. Kreuzer, Augsburg in fränkischer und ottonischer Zeit : Gottlieb, Geschichte 115/20; Prinz (o. Anm. 48) 213f; Zoepfl (o. Anm. 47) 591; W. D. Lebek, Das Versepitaph des Augsburger Bischofs und königlichen Kanzlers Witgar : Zeitschrift des Hist. Vereins f. Schwaben 75 (1981) 73/85.

78 Plötzel (o. Anm. 60) 38f; Zoepfl (o. Anm. 47) 40/2.

79 W. Schleiermacher, Augusta Vindelicum : Gymnasium, Beiheft 1 (Heidelberg 1960) 87.

80 Von Elbe 49.

81 Fundbericht : Germania 14 (1930) 82/112; L. Ohlenroth, Frühchristliche Taufanlage in Augsburg : Forschungen und Fortschritte 6 (1930) 169f.

82 W. Hübener, Zur Zeitstellung des frühchristlichen Taufbrunnens bei St. Johannis in Augsburg : Germania 34 (1956) 158/60.

83 Klebel (o. Anm. 63) 159f.

84 W. Hübener, Zum römischen und frühmittelalterlichen Augsburg : Jb. des Röm.-Germ. Zentralmuseums Mainz 5 (Mainz 1958) 221.

85 Klebel (o. Anm. 63) 160; R. Egger, Frühchristliche Bauten im südlichen Noricum (Wien 1916) 113; 123; anders W. Hübener (o. Anm. 76) 173.

86 W. Sage, Die Ausgrabungen in der Krypta des Augsburger Domes : Jb. des Vereins f. Augsburger Bistumsgesch. 15 (1981) 115/39; ders., Die Ausgrabungen in der Krypta des Augsburger Domes in den Jahren 1979/80: Ars Bavarica 23/24 (1981) 13/40; ders., Frühes Christentum (o. Anm. 55) 108f.

87 Sage, Frühes Christentum (o. Anm. 55) ebd.

88 So L. Bakker, Römische Mosaikreste im Klostergarten von St. Stephan in Augsburg : Das archäologische Jahr in Bayern 1987 (1988) 122.

89 Vgl. die Situation in Köln S. 119f.

90 P. Stockmeier, Die spätantike Kirchenorganisation des Alpen-Donau-Raumes im Licht der literarischen und archäologischen Zeugnisse : Deutingers Beiträge 23 (1963) 62 mit Hinweis auf einen Vortrag A. Radnotis beim 6. Internationalen Kongreß für christliche Archäologie in Ravenna 1962; A. Radnoti, Augsburg : Bayern 2, hrsg. von K. Bosl = Handbuch der histor. Stätten Deutschlands 7 (1965) 44/6; M. Radnoti-Alföldi, Spätrömische Doppelkirche und Fresken in Augsburg : Neue Funde aus Augsburg = Städt. Kunstsammlungen Augsburgs. Röm. Museum 5 (1978) 50/6.

[91] Für Trier vgl. S. 89; einen Überblick bietet P. Piva, La cattedrale doppia (Bologna 1990).

[92] A. Radnoti, Doppelkirche im spätrömischen Stadtgebiet : Atti del VI Congresso Internazionale di Arch. Crist. = Studi di Antichità crist. 26 (Città del Vaticano 1965) 177. Was mit "antiken Krankenhäusern" gemeint ist, bleibt unklar.

[93] Radnoti-Alföldi (o. Anm. 90) 60f.

[94] Sage, Frühes Christentum (o. Anm. 55) 109f; 112, Anm. 42.

[95] L. Bakker, Ein Grabstein von St. Johannis am Dom in Augsburg : Die Römer in Schwaben (vgl. o. Anm. 62) 296.

[96] D. Korol, Juden und Christen in Augsburg und Umgebung in Spätantike und frühem Mittelalter - das Zeugnis der Kleinkunst : Tesserae. FS. J. Engemann = JbAC, Erg. Bd. 18 (Münster 1991) 51/73; weitere Funde bei H. Müller-Karpe, Archäologische Zeugnisse des frühen Christentums in der Münchener Gegend : Monachium. Beiträge zur Kirchen- und Kulturgeschichte Münchens und Südbayerns (München 1958) 11/52.

[97] L. Bakker, Neue Untersuchungen im römischen Gräberfeld in Augsburg : Das archäologische Jahr in Bayern 1985 (1986) 112.

[98] Zoepfl (o. Anm. 47) 8.

[99] Vgl. S. 34f.

[100] Vita Severini 19,1; vgl. P. Stockmeier, Die Vita Severini im Lichte der Archäologie : Severin und die Vita Severini = Sonderdruck aus Oberösterreichische Heimatblätter 36 (1982) 24; R. Christlein, Die Ausgrabungen in der Klosterkirche Hl. Kreuz zu Passau : Mitteilungen der Freunde der bayerischen Vor- und Frühgeschichte 11 (Mai 1979); ders., Die rätischen Städte Severins. Quintanis, Batavis und Boioto und ihr Umland im 5. Jh. aus archäologischer Sicht : Severin zwischen Römerzeit und Völkerwanderung. Katalog (Linz 1982) 222/30.

[101] H. Ubl, Die archäologische Erforschung der Severinsorte und das Ende der Römerzeit im Donau-Alpen Raum : Severin zwischen Römerzeit und Völkerwanderung (o. Anm. 100) 82.

[102] Übersetzung nach R. Noll, Eugippius. Das Leben des heiligen Severin = Schriften und Quellen der alten Welt 11 (Berlin 1963 = Passau 1981) 87; Vgl. Vita Severini 36,1.

[103] W. Sage, Die Ausgrabungen in der Severinskirche zu Passau-Innstadt 1976 : Ostbairische Grenzmarken 21 (1979) 5/48; R. Christlein, Das spätrömische Kastell Boiotro zu Passau-Innstadt : Von der Spätantike zum frühen Mittelalter. Hrsg. von J. Werner/E. Ewig = Vorträge und Forschungen 25 (Sigmaringen 1979) 91/123; bes. 118/21; J.G. Deckers, Neue Funde und Befunde zur Spätantike in den römischen Provinzen Raetia, Germania superior und Germania inferior sowie Belgica : Actes du Xᵉ Congrès International d'Archéologie Chrétienne 2 = Studi di Antichità Crist. 37 (Città del Vaticano - Thessalonique 1984) 60f; Ubl (o. Anm. 101) 81.

[104] Ubl (o. Anm. 101) 82f; Christlein, Rätische Städte (o. Anm. 100) 237/42; Stockmeier, Vita Severini (o. Anm. 100) 24.

[105] K. Hausberger, Geschichte des Bistums Regensburg 1 (Regensburg 1989) 15f; K. Reindel : Handbuch der bayerischen Geschichte 1 (München ²1981) 179; Deckers, Kult (u. Anm. 410) 31f.

[106] Vgl. Rudufula in Köln S. 134f.

[107] Hausberger (o. Anm. 105) 16; positiv urteilt K. Gamber, Ecclesia Reginensis : Studia Patristica et Liturgica 8 (1979) 55; ders., Sarmannina. Studien zum Chri-

stentum in Bayern und Österreich während der Römerzeit = Studia Patristica et Liturgica 11 (Regensburg 1982) 9.

[108] Vorromanische Kirchenbauten 273; ebd. Nachtragsband 336/8; Hausberger (o. Anm. 105) 19.

[109] Stockmeier, Aspekte (o. Anm. 52) 26f; J. Sydow, Untersuchungen über die frühen Kirchenbauten in Regensburg : RivAC 31 (1955) 75/96.

[110] Vorromanische Kirchenbauten 135.

[111] W. Schrickel, Ausgrabungen im Pfarrgarten von Solnhofen : Kirche und Kunst 1 (1980) 5f; Vorromanische Kirchenbauten, Nachtragsband 392f.

[112] Stockmeier, Spätantike Kirchenorganisation (o. Anm. 90) 62f; J. Werner, Der Lorenzberg bei Epfach. Die spätrömischen und frühmittelalterlichen Anlagen : Veröffentl. der Komm. zur arch. Erforschung des spätröm. Raetien 2 = Münchener Beiträge zur Vor- und Frühgesch. 8 (München 1969) 259f; G. Pohl, Die Ausgrabungen auf dem Lorenzberg bei Epfach : Ausgrabungen in Deutschland 2 = Röm.-Germ. Zentralmuseum Mainz, Monographien 1,2 (Mainz 1975) 106/9.

[113] Von Elbe 91.

2. Mainz und die Provinz *Germania prima*

[114] H. Klumbach, Mainz zur Römerzeit : Führer zu vor- u. frühgeschichtlichen Denkmälern 11 (Mainz 1975) 35.

[115] Ebd. 35/40; von Elbe 184/6; Brühl (o. Anm. 43) 90/2.

[116] Klumbach 118.   [117] Ebd. 42; vgl. S. 165f.

[118] Von Elbe 186; K. Weidemann, Zur spätantiken u. frühmittelalterlichen Topographie von Mainz : Führer (o. Anm. 114) 45.

[119] Nach C. Dirlmeyer, Quellen zur Geschichte der Alamannen 1 (Sigmaringen 1976) 74.

[120] F.J. Hassel, Jupitersäule : Führer (o. Anm. 114); Angenendt 124; Jürgensmeier (u. Anm. 126) 16f.

[121] *Ep.* 30,6 (CSEL 82,1,210); vgl. Das Leben des heiligen Ambrosius : Heilige der ungeteilten Christenheit. Hrsg. von W. Nigg und W. Schamoni (Düsseldorf 1967) 110.

[122] Nach BKV² 2,16,209f. Ob auch Straßburg betroffen war und Burgunder und Alemannen sich dem Zug der Vandalen nach Gallien hinein angeschlossen haben, bezweifelt E. Ewig, Der Raum zwischen Selz und Andernach vom 5. bis zum 7. Jh. : Von der Spätantike zum frühen Mittelalter (o. Anm. 103) 273f. Daß Stilicho 401/2 römische Truppen von der Rheingrenze abzog und damit die germanische Invasion ermöglichte, wird ebenfalls in Frage gestellt (ebd.).

[123] Ähnliches gilt für Trier u. Köln; vgl. S. 68; 107f.

[124] Hauck 35.   [125] Ebd. 36; 99f.; vgl. S. 57.

[126] Ausführliche Auflistung mit Belegen bei E. Ewig, Die ältesten Mainzer Bischofsgräber, die Bischofslisten und die Theonestlegende : Spätantikes und fränkisches Gallien 2 = Beihefte der Francia 3,2 (München 1979) 172/9; F. Jürgensmeier, Das Bistum Mainz. Von der Römerzeit bis zum II. Vatikanischen Konzil = Beiträge zur Mainzer Kirchengeschichte 2 (Frankfurt 1988) 12/4.

[127] Ewig, Bischofsgräber 173f; 176f; E. Dassmann, Archäologische Spuren frühchristlicher Paulusverehrung : Röm. Quart. 84 (1989) 276.

[128] Ewig, Bischofsgräber 173; H. Büttner, Frühes fränkisches Christentum am Mittelrhein : Archiv f. Mittelrheinische Kirchengeschichte 3 (1951) 14.

[129] Jürgensmeier (o. Anm. 126) 13f.   [130] Vgl. S. 111/4.

[131] Ewig, Bischofsgräber (o. Anm. 126) 174/6.

[132] Vgl. A. Riese, Das rheinische Germanien in der antiken Literatur (Nachdruck Groningen 1969) 291, Nr. 50.

[133] Jürgensmeier (o. Anm. 126) 20/2; E. Ewig, Die ältesten Mainzer Patrozinien und die Frühgeschichte des Bistums Mainz : Spätantikes und fränkisches Gallien (o. Anm. 126) 154.

[134] Carmen 2,11f; 9,9; vgl. S. 27.

[135] Jürgensmeier (o. Anm. 126) 22; Büttner (o. Anm. 128) 16.

[136] W. Boppert, Die frühchristlichen Inschriften des Mittelrheingebietes (Mainz 1971) 31/3.

[137] Ebd. 40/2.   [138] Ebd. 174.

[139] Angenendt 202.

[140] L. Lindenschmit - E. Neeb, Bericht über die Ausgrabungen der St. Albanskirche bei Mainz : Mainzer Zeitschr. 3 (1908) 92/100; Jürgensmeier (o. Anm. 126) 17; W. Selzer, St. Alban : Führer (o. Anm. 114) 147/9; eine etwas andere Interpretation der Grabungsbefunde in Vorromanische Kirchenbauten 195.

[141] Büttner (o. Anm. 128) 13f.

[142] Ewig, Bischofsgräber (o. Anm. 126) 179/81; W. Böhne, Theonestos : LThK² 10 (1965) 82f.

[143] Büttner (o. Anm. 128) 14.   [144] Vgl. S. 71/3 u. 112; 156.

[145] Büttner (o. Anm. 128) 12.

[146] G. Behrens, Merowingische Grabfunde von St. Alban in Mainz : Mainzer Zeitschr. 15/16 (1920/21) 76; Büttner (o. Anm. 128) 12f.

[147] W. Levison, St. Alban and St. Albans : Antiquity 15 (1941) 337/59; H. Büttner, Zur Albanverehrung im frühen Mittelalter : Zeitschr. f. Schweizer Gesch. 29 (1949) 1/16.

[148] Selzer (o. Anm. 140) 150; Boppert (o. Anm. 136) 24/6; 75/7; Büttner (o. Anm. 128) 50.

[149] Selzer 152; anders Büttner 13 u. Vorromanische Kirchenbauten, Nachtragsband 262.

[150] Selzer 152f; Ewig, Bischofsgräber (o. Anm. 126) 171.

[151] Selzer 153f.

[152] K.H. Esser, Der Mainzer Dom: Führer (o. Anm. 114) 159.

[153] F. Arens, Die evangelische Pfarrkirche St. Johannis : Führer (o. Anm. 114) 170.

[154] Ewig, Patrozinien (o. Anm. 133) 156f.

[155] Arens (o. Anm. 153) 170f.

[156] Büttner (o. Anm. 128) 17; Ewig, Patrozinien (o. Anm. 133) 164.

[157] Boppert (o. Anm. 136) 143/51.

[158] Ewig, Bischofsgräber (o. Anm. 126) 171; ders., Patrozinien (o. Anm. 133) 160f; Jürgensmeier (o. Anm. 126) 22.

[159] Ewig, Patrozinien (o. Anm. 133) 161/7; Arens (o. Anm. 153) 173; 178f; 181f.

[160] Vgl. S. 111/4.   [161] Duchesne 161; Angenendt 176.

[162] Vorromanische Kirchenbauten 378f.; H. Friedrich, Die Anfänge des Christentums und die ersten Kirchengründungen in römischen Niederlassungen im Gebiet des Nieder- und Mittelrheins und der Mosel : BoJ 131 (1926) 91; von Petrikovits, Germania 637, rechnet wohl nicht mit einem spätantiken Ursprung, da er

bei der Aufzählung frühchristlicher Kirchen in der *Germania I* Worms nicht erwähnt.

163 Boppert (o. Anm. 136) 155/67.
164 Orosius, *Hist. adv. pag.* 7,32; Sokrates, *Hist. eccl.* 7,30; Büttner (o. Anm. 128) 30f; Hauck 98/102; Ewig, Raum (o. Anm. 122) 276.
165 Büttner 32f.   166 Duchesne 164.
167 Vorromanische Kirchenbauten 317f; K.W. Kaiser, Das Kloster St. German bei Speyer : FS. E. Wahle (Heidelberg 1950) 222.
168 Duchesne 171.
169 P.-A. Février, L'archéologie chrétienne en France de 1954 à 1962 : Atti del VI. Congresso Internazionale di Archeologia Cristiana = Studi di Antichità Cristiana 26 (Città del Vaticano 1965) 69 (mit Literatur); Vorromanische Kirchenbauten 324f; F.M. Buhler, Occupation romaine des régions rhénanes et questions posées par les installations baptismales des ouvrages militaires : Bulletin du Musée historique et des sciences humaines des Mulhouse 91 (1984) 22f.
170 Vorromanische Kirchenbauten 323; zurückhaltender ebd. Nachtragsband 402f; Ch. Wittmer, Straßburg : LThK[2] 9 (1964) 1104.
171 Von Petrikovits, Germania 637; Vorromanische Kirchenbauten 23; 400.
172 Friedrich (o. Anm. 162) 93; Vorromanische Kirchenbauten 164f.
173 K. Heinemeyer. Das Erzbistum Mainz in römischer und fränkischer Zeit 1 = Veröffentlichungen der Hist. Kommission für Hessen 39 (Marburg 1979) 43; Büttner (o. Anm. 128) 28.
174 Büttner (o. Anm. 128) 28f.
175 Vorromanische Kirchenbauten 139; J. Röder, Kirchengrabungen. Liebfrauenkirche Koblenz : Germania 29 (1951) 293/300.
176 Vorromanische Kirchenbauten 24f; H. Hemgesberg, Basilica Sancti Gervasi. Zu einer merowingischen Grabinschrift : Rheinische Vierteljahresbl. 47 (1983) 325/34; Ewig, Trier 155; H.-H. Wegner, Römisches Kastell : Koblenz und der Kreis Mayen - Koblenz = Führer zu den archäologischen Denkmälern in Deutschland 12 (Stuttgart 1986) 101/6.
177 H.U. Instinsky, Die Grabinschrift des Presbyters Aetherius von Bingen : Kirche - Kunst - Leben. FS. A. Stohr = Jb. für das Bistum Mainz 5 (1950) 305f.
178 Boppert (o. Anm. 136) 103.   179 Ebd. 118.   180 Ebd. 104/7.
181 Ebd. 108/18.   182 Büttner (o. Anm. 128) 23.   183 Friedrich (o. Anm. 162) 90.
184 Vgl. S. 90; 124; 139.
185 H. Eiden, Ein christlicher Kultbau im spätrömischen Boppard : Akten des VII. Internationalen Kongresses für Christl. Arch. = Studi di Antichità Cristiana 27 (Città del Vaticano - Berlin 1969) 485/91; ders., Militärbad u. frühchristliche Kirche in Boppard am Rhein : Ausgrabungen in Deutschland (o. Anm. 112) 80/98; ders.; Ausgrabungen an Mittelrhein und Mosel 1963-1976 : Trierer Zeitschrift, Beiheft 6 (Trier 1982) 215/65.
186 Eiden, Kultbau 491.   187 Vgl. S. 147.   188 Boppert (o. Anm. 136) 125/39.
189 P. Kämpchen, Die Pfarrkirche zum Heiligen Severus in Boppard (Boppard o.J.) 24.

3. Trier und die moselländische Kirche

190 Von Elbe 303
191 Nach H. Cüppers, Augusta Treverorum - Trier. Zur Geschichte und Topogra-

211

phie der römischen unf frühmittelalterlichen Stadt : Führer zu vor- und frühgeschichtlichen Denkmälern. Trier 1 (Mainz 1977) 1/19.

[192] Ebd. 21f.   [193] Vgl. S. 87f.

[194] K.-P. Goethert, Die Basilika : Führer (o. Anm. 191) 144f.

[195] Cüppers (o. Anm. 191) 23/5.   [196] Ewig, Trier 25.

[197] Cüppers (o. Anm. 191) 28; vgl. Brühl (o. Anm. 43) 65/8.

[198] Vgl. S. 13/6.   [199] Eusebius, Kirchengeschichte 5,20,5/8.

[200] ILCV 4445A.   [201] Ewig, Trier 29.

[202] Ein Holzstab mit Elfenbeinknauf sowie silberner und vergoldeter Fassung, der
als der Petrusstab des Maternus gilt, befindet sich heute in der Domschatzkam-
mer von Köln.

[203] Acta SS Jan. 2,918/22; W. Levison, Die Anfänge rheinischer Bistümer in der
Legende : Annalen des hist. Vereins für den Niederrhein 116 (1930) 19f; Neuß
10f.

[204] Vgl. S. 47.   [205] MGH. SRG 13,296/301; Neuß, Anfänge 71.

[206] Belege und Bemerkungen zu den verschiedenen Namensformen des Agritius
vgl. Ewig, Trier 30f.

[207] Neuß, Anfänge 12.   [208] Vgl. S. 109/11.

[209] Neuß, Anfänge 14; Duchesne 34; 37.   [210] ICLV 2025; Neuß, Anfänge 14.

[211] Ewig, Trier 31f.   [212] Vgl. S. 88.

[213] H. Lietzmann, Geschichte der Alten Kirche 3 (Berlin [3]1961) 124f; 178.

[214] Sozomenus, Kirchengeschichte 3,11,7.

[215] Duchesne 35; A. Kreuz, Maximinus : LThK[2] 7 (1962) 207f.

[216] Vgl. S. 111/4.   [217] Gierlich 24/6.

[218] H. Ries, Paulinus : LThK[2] 8 (1963) 210; Duchesne 35; Gauthier 57; Ewig, Trier
58.

[219] Athanasius, *Apologia de fuga* 4.

[220] Marcellinus et Faustinus, *Ep.* 2,77 (CSEL 35,1,28); Duchesne 35f; Neuß, Anfänge 21; Gierlich 31, Anm. 93.

[221] Gauthier 59; Ewig, Trier 38f erwägt nur die Trierer Herkunft des Bonosus. Zu
den Luciferianern vgl. H. Lietzmann, Geschichte der Alten Kirche 4 (Berlin
[3]1961) 40f.

[222] Theodoret, Kirchengeschichte 5,9,1; Duchesne 36; Gauthier 60f; Gierlich 33,
Anm. 104.

[223] Zum Folgenden vgl. P. Stockmeier, Das Schwert im Dienste der Kirche. Zur
Hinrichtung Priscillians in Trier : FS. A. Thomas (Trier 1967) 415/28. K. Baus,
Die Reichskirche nach Konstantin dem Großen = HKG 2,1 (Freiburg 1973)
134/42; Hauck 62/5; K.M. Girardet, Trier 385. Der Prozeß gegen die Priszillia-
ner : Chiron 4 (1974) 577/608.

[224] Sulpicius Severus, *Chronica* 2,50.   [225] Vgl. S. 46.

[226] J.R. Palanque, La dissensions des églises des Gaules à la fin du 4e siècle et la
date du Concile de Turin : Revue d'Histoire de l'Église de France 21 (1935)
483f; Duchesne 36; Ewig, Trier 39.

[227] Athanasius, *Apol. ad Const. imp.* 15; Neuß, Anfänge 22; Gauthier 37; Hauck 28.

[228] B. Fischer, Ist Ambrosius wirklich in Trier geboren? : Vivarium. FS. Th. Klauser
= JbAC Erg.-Band 11 (Münster 1984) 132/5.

[229] Paulinus, *Vita Ambrosii* 3.   [230] Gauthier 81f.

[231] Sulpicius Severus, *Vita Martini* 18; Übersetzung nach BKV[2] 20,41.

[232] Hauck 27.

[233] B. Altaner - A. Stuiber, Patrologie (Freiburg [9]1980) 406; Neuß, Anfänge 23.

[234] Vgl. S. 164/67; Rheinisches Landesmuseum Trier, Trier. Kaiserresidenz und Bischofssitz (Mainz 1984) 45f; 185/9; K. Preisendanz, Fluchtafel : RAC 8 (1972) 24/9.

[235] Gauthier 84f; Trier (o. Anm. 234) 46; 219 gibt über 900 frühchristliche Inschriften an.

[236] P. Courcelle, Recherches sur les Confessions de Saint Augustin (Paris 1950) 183/6.

[237] Gauthier 87.

[238] R. Nürnberg, Askese als sozialer Impuls = Hereditas 2 (Bonn 1988) 140/4.

[239] *De gubernatione Dei* 6,15; Übersetzung nach BKV[2] 2,11,201f; 205.

[240] Vgl. BKV[2] 2,11,205, Anm. 1 mit Berufung auf A. Hämmerle, Studien zu Salvian, Priester von Marsilia 1 (Landshut 1893) 23.

[241] Augustinus, *De civitate Dei* 1,32.

[242] *De gubernatione Dei* 6,8; Übersetzung nach BKV[2] 2,11,190; über die vier Eroberungen zusammenfassend H.H. Anton, Trier im frühen Mittelalter = Quellen und Forschungen aus dem Gebiet der Geschichte N.F. 9 (Paderborn 1987) 44/8.

[243] Ewig, Trier 39/46; E. Boshof, Die Rombeziehungen der Trierer Kirche im 4. und beginnenden 5. Jahrhundert : AHC 7 (1975) 105/7; Gierlich 34.

[244] Ewig, Trier 41, Anm. 150.   [245] Ebd. 48; vgl. S. 103f.

[246] Gauthier 133.

[247] *Epistula Austras.* 23,40 (CCL 117, 447); Gauthier 133, Anm. 65.

[248] Ewig 54.   [249] Lietzmann (o. Anm. 221) 83/6.

[250] Vgl. o. Anm. 247.

[251] Ewig, Trier 56/8; Gauthier 118/21; K. Schäferdiek, Germanenmission : RAC 10 (1978) 535.

[252] Ewig, Trier 59/60.

[253] Ep. 9 (MGH.AA 6,2,45) vgl. G. Morin, Maximinian évêque de Trèves : RBen 47 (1935) 207.

[254] E. Winheller, Die Lebensbeschreibungen der vorkarolingischen Bischöfe von Trier = Rheinisches Archiv 27 (Bonn 1935) 3/9; Ewig, Trier 97/106; Gauthier 172/89.

[255] Angenendt 175/7.

[256] H.-G. Beck, Die frühbyzantinische Kirche = HKG 2,2 (Freiburg 1975) 30/7.

[257] *Epistula Austras.* 7 (CCL 117,417f).

[258] Gauthier 176f.   [259] Ebd. 180f.

[260] Ebd. 189/204; Ewig, Trier 107/111.   [261] Ewig, Trier 109.

[262] Ebd. 111; N. Kyll, Die Einführung des Christentums bei der Landbevölkerung des Trierer Landes : Pastor Bonus 47 (1936) 245/9.

[263] Unter den zahlreichen Veröffentlichungen von Th. Kempf vgl. bes. Das Haus der heiligen Helena : Neues Trierisches Jb. (Beiheft 1978) 3/16; H. Cüppers, Dom und Domfreiheit in spätrömischer und frühmittelalterlicher Zeit : Führer (o. Anm. 191) 104/14; F. Ronig, Der Dom zu Trier (Königstein/Taunus 1982) 3/7.

[264] Kempf, Haus 7f.   [265] Ebd. 8.   [266] Ebd. 9.

[267] L. Voelkl, Der Kaiser Konstantin (München 1957) 148f.

[268] Kempf, Haus (o. Anm. 263) 4/6; W. Weber, Constantinische Deckengemälde aus dem römischen Palast unter dem Trierer Dom = Bischöfliches Dom- u. Diözesanmuseum Trier, Museumsführer 1 (Trier 1984) 26/30; E. Simon, Die

konstantinischen Deckengemälde in Trier (Mainz 1986); J. Engemann, Herrscherbild : RAC 14 (1988) 1019.

[269] H. Brandenburg, Zur Deutung der Deckenbilder aus der Trierer Domgrabung : Boreas 8 (Münster 1985) 143/89; bes. 186.

[270] Weber (o. Anm. 268) 30.

[271] Ronig (o. Anm. 263) 4f.

[272] Kempf, Haus (o. Anm. 263) 9f.

[273] Ebd. 12f.

[274] Cüppers, Dom (o. Anm. 263) 110.

[275] Ebd.

[276] Vgl. o. Anm. 91.

[277] Vgl. S. 62f; 124; 139.

[278] Ronig (o. Anm. 263) 6f; Cüppers, Dom (o. Anm. 263) 110.

[279] Venantius Fortunatus, Carminum lib. 3,11 (MGH.AA 4,1,64); über die weitere Bautätigkeit des Nicetius vgl. Ewig, Trier 102.

[280] Ronig (o. Anm. 263) 7.

[281] Ewig, Trier 49.

[282] F. Kutzbach, Eine Grabung an der ehemaligen St.-Marien-Kirche : Trierer Zeitschrift 8 (1933) 79/81; ders., St. Marien, die alte, eine Stätte fränkischen Kirchenbaues zu Trier : Trierer Zeitschrift 9 (1934) 69/76; H. Cüppers, Das nördliche Gräberfeld und seine Bauten in römischer Zeit : Führer (o. Anm. 191) 80f.

[283] Vgl. S. 75.

[284] F. Pauli, Das Stift St. Kastor in Karden an der Mosel = Germania Sacra N.F. 19: Das Erzbistum Trier 3 (Berlin 1986) 10f.

[285] E. Zahn, Heiligkreuzkapelle : Führer (o. Anm. 191) 246/8.

[286] Weitere Hinweise u. Literatur bei K. Böhner, Trier zwischen Altertum und Mittelalter : Führer (o. Anm. 191) 30/2; 36/42.

[287] E. Zahn, Das Kloster St. Maximin : Führer (o. Anm. 191) 90f.

[288] W. Sanderson, Die frühmittelalterlichen Krypten von St. Maximin in Trier : Trierer Zeitschrift 31 (1968) 7/172; H. Cüppers, Nördliches Gräberfeld (o. Anm. 282) 83/6; Gauthier 187/9.

[289] E. Förster, Katalog der frühchristlichen Abteilung des Rheinischen Landesmuseums Trier : Frühchristliche Zeugnisse 19; vgl. S. 72; 172.

[290] Förster ebd.

[291] E. Gose, Katalog der frühchristlichen Inschriften in Trier = Trierer Grabungen und Forschungen 3 (Berlin 1958) 49/99.

[292] Ebd. Nr. 466.

[293] Ebd. Nr. 481A; Vgl. Th. Kempf, Das Heiligtum des Bischofs und Martyrers Paulinus in Trier (Trier 1958) 7.

[294] MGH.SS 8, 149f; Übersetzung nach E. Zenz bei Kempf, Heiligtum (o. Anm. 293) 8/10.

[295] Cüppers, Nördliches Gräberfeld (o. Anm. 282) 86/9; Kempf, Heiligtum (o. Anm. 293) 14.

[296] Ebd. 12f.; eine mittelalterliche Beschreibung des Sarges und eine Interpretation der Verzierungen bei F. Ronig, Eine mittelalterliche Interpretation des Christusmonogramms. Aus dem Bericht des Friedrich Schavard über die Öffnung der Paulinusgruft in Trier 1402 : Kurtrierisches Jb. 22 (1982) 23/33.

[297] Vgl. S. 169/72.

[298] Vgl. S. 69/71; 85.

[299] H. Cüppers, Das südliche Gräberfeld und die spätrömischen Bauten um St. Matthias : Führer (o. Anm. 191) 228; ders., Das Gräberfeld von St. Matthias in Trier : Frühchristliche Zeugnisse 165/74.

[300] Förster (o. Anm. 289) 17.

[301] H. Cüppers, Der bemalte Reliefsarkophag aus der Gruft von St. Matthias : Trierer Zeitschr. 32 (1969) 269/93.

[302] Cüppers, Südliches Gräberfeld (o. Anm. 299) 230/7; ders., Spätantike Chorschranken in der St.-Matthias-Kirche zu Trier : Trierer Zeitschr. 31 (1968) 177/208.

[303] E. Zahn, St. Matthias in Mittelalter und Neuzeit : Führer (o. Anm. 191) 238.

[304] J. Wagner, Zur Siedlungsgeschichte des mittleren Mosellandes durch die ersten christlichen Glaubensboten : Pastor Bonus 47 (1936) 350/8.

[305] N. Kyll, Patrozinien als Quellen Trierer Missionsgeschichte : Pastor Bonus 47 (1936) 329/36.

[306] N. Kyll, Landbevölkerung (o. Anm. 262) 193/5.

[307] Vgl. S. 80f; Kyll, Landbevölkerung 244f.

[308] Vgl. S. 84f; Kyll, Landbevölkerung 245/51.

[309] K.-H. Gilles, Zur spätrömischen und frühmittelalterlichen Topographie von Bitburg und Neumagen : Trierer Zeitschr. 45 (1982) 298/300; Friedrich (o. Anm. 162) 97f; K. Böhner, die Besiedlung der südwestlichen Eifel im frühen Mittelalter : Führer zu vor- und frühgeschichtlichen Denkmälern 33 (Mainz 1977) 80f; Kyll, Landbevölkerung (o. Anm. 262) 294; 331f; W. Levison, Das Testament des Diakons Grimo : Trierer Zeitschr. 7 (1932) 69/86.

[310] Kyll, Landbevölkerung 243; 332; Böhner 81.

[311] Kyll, Landbevölkerung 242; S. Gollub, Neue Untersuchungen von fränkischen Gräberfeldern in der Eifel : Führer (o. Anm. 309) 112f.

[312] Kyll, Landbevölkerung 102; 331; Friedrich (o. Anm. 162) 98f.   [313] Vgl. S. 90.

[314] Kyll, Landbevölkerung 247f; W. Levison, Zur Geschichte des Klosters Tholey : FS. A. Schulte (Düsseldorf 1927) 65.

[315] F.X. Kraus, Die christlichen Inschriften der Rheinlande (Freiburg 1890) Nr. 73; Gauthier 329; Gilles (o. Anm. 309) 304f.

[316] Acta SS Febr. 2,662/6; Junii 3,575/84; Pauly, St. Kastor (o. Anm. 284) 9f (weitere Literatur ebd. 5/9); Wagner (o. Anm. 304) 350/2.

[317] Vgl. S. 90.

[318] Pauly (o. Anm. 284) 10/4; H. Eiden, Die Ergebnisse der Ausgrabungen im spätrömischen Kastell Bodobrica (Boppard) und im Vicus Cardena (Karden) : Von der Spätantike zum frühen Mittelalter (o. Anm. 103) 339/45.

[319] Kyll, Landbevölkerung (o. Anm. 262) 191; 243; Wagner (o. Anm. 304) 350; Ewig, Trier 37; 52f; 65/7; 153f; Gauthier 239f; M. Schulze-Dörrlamm, Die spätrömischen und frühmittelalterlichen Gräberfelder von Gondorf. Gem. Kobern-Gondorf, Kr. Mayen-Koblenz = Römisch-Germanische Kommission des Deutschen Archäologischen Instituts, Ser. B, Bd. 14 (Stuttgart 1990) Textband 367/74; Katalog- u. Tafelband 242f u. Taf. 119f; H. Eiden, Zur Topographie und Fundstatistik von Kobern-Gondorf (Kreis Mayen-Koblenz) : Von der Spätantike zum frühen Mittelalter (o. Anm. 103) 357/63; J. Werner, Reliquiarschnalle, Schrankenplatten, frühchristliche Grabsteine aus Gondorf : ebd. 364/8; F. von Bargen, Platte und Bildnis eines Mannes : Spätantike und frühes Mittelalter. Hrsg. von J. Engemann u. C.B. Rüger = Kunst und Altertum am Rhein 134 (Köln/Bonn 1991) 57/60; M. Wild, Platte mit Kreuz : ebd. 61/3; zu Moselkern vgl. S. 200f.

[320] Kyll, Landbevölkerung 245; Gauthier 352f.

[321] Kyll, Landbevölkerung 243; 250f; Gauthier 435.

[322] Nach C.J. Hefele, Conciliengeschichte 3 (Freiburg i. Br. ²1877) 500.

4. Köln und die Provinz Niedergermanien

³²³ Vgl. S. 11f; Literatur und Bemerkungen zur frühen Stadtgeschichte vgl. Brühl (o. Anm. 43) 1/6.

³²⁴ Man kann nach R. Pörtner, Mit dem Fahrstuhl in die Römerzeit (Gütersloh 1962), in die Ausgrabungsstätte hinunterfahren.

³²⁵ Vgl. S. 119.

³²⁶ P. La Baume, Das römische Köln : Geschichtlicher Überblick : Führer (u. Anm. 329) 49; Wolff 86.

³²⁷ Vgl. S. 78f.

³²⁸ MGH.AA 1,108f. Übersetzung vgl. Frühchristliches Köln 16.

³²⁹ Zur weiteren Information vgl. Köln I,1. Einführende Aufsätze = Führer zu vor- und frühgeschichtlichen Denkmälern 37/1 (Mainz 1980); H. von Petrikovits, Altertum = Rheinische Geschichte 1,1 (Düsseldorf 1978); E. Frézouls, Gallien und römisches Germanien : Europäische Wirtschafts- und Sozialgeschichte in der römischen Kaiserzeit = Handbuch der Europäischen Wirtschafts- und Sozialgeschichte 1 (Stuttgart 1990) 429/509.

³³⁰ Vgl. S. 13/7.   ³³¹ Übersetzung vgl. Frühchristliches Köln 13.

³³² Concilia Galliae 314/506 (CCL 148,4f); vgl. Frühchristliches Köln 13.

³³³ Vgl. S. 69.   ³³⁴ Vgl. S. 159.

³³⁵ Neuß, Anfänge 11; Gierlich 258; Die Regesten der Erzbischöfe von Köln im Mittelalter 1 (313 - 1099) bearb. von F. W. Oediger (Bonn 1961) 1/10.

³³⁶ Neuß, Anfänge 14.   ³³⁷ Ewig, Trier 30.

³³⁸ Von Petrikovits, Germania 595f; E. Hegel, Die rheinische Kirche in römischer und frühfränkischer Zeit : Das erste Jahrtausend, Textband I (Düsseldorf 1964) 95f; Borger, Abbilder 58.

³³⁹ Neuß, Anfänge 13.   ³⁴⁰ Ebd.

³⁴¹ Athanasius, Historia Arianorum ad Monachos 20; vgl. Lietzmann (o. Anm. 213) 203.

³⁴² Übersetzung vgl. Frühchristliches Köln 14.

³⁴³ Conc. Coloniae Agrippinae (CCL 148, 27/9); vgl. Frühchristliches Köln 14f.

³⁴⁴ W. Binsfeld, Bischof Maximinus und das Kölner Konzil von 346 : Landeskundliche Vierteljahresblätter 14 (1968) 3f; vgl. Oediger, Bistum Köln 26.

³⁴⁵ Athanasius, Historia Arianorum ad Monachos 25; vgl. C.J. von Hefele, Conciliengeschichte 1 (Freiburg ²1873) 629.

³⁴⁶ H.Ch. Brennecke, Synodum congregavit contra Euphratam nefandissimum episcopum. Zur angeblichen Kölner Synode gegen Euphrates : ZKG 90 (1979) 32f.

³⁴⁷ Vgl. S. 72; Gierlich 24/6.

³⁴⁸ Acta SS Mai VII, 21f; vgl. Brennecke 41.

³⁴⁹ Oediger, Bistum Köln 26.   ³⁵⁰ Brennecke (o. Anm. 346) 40.

³⁵¹ Vgl. S. 48; 56/8.   ³⁵² Brennecke (o. Anm. 346) 41.

³⁵³ Ebd. 41/7.

³⁵⁴ Coll. Avellana 1,13; vgl. E. Caspar, Geschichte des Papsttums 1 (Tübingen 1930) 212f.

³⁵⁵ MGH.SRM 1,2,140; Übersetzung vgl. Frühchristliches Köln 15. Vielleicht handelt es sich um einen prozessionsartigen Umgang um kirchliche Gebäude (loca sancta ... cum suis clericis circuiret).

³⁵⁶ Quellenbelege bei Oediger, Bistum Köln 26; Borger, Abbilder, 115f.

³⁵⁷ Hauck 108.   ³⁵⁸ Oediger, Bistum Köln 27.

359 W. Levison, Die Entwicklung der Legende Severins von Köln: Aus rheinischer und fränkischer Frühzeit (Düsseldorf 1948) 48.

360 Oediger, Bistum Köln 57, Anm. 10. 361 Vgl. S. 108; 137.

362 Oediger, Bistum Köln 75.

363 *Carmen* 3,14; Übersetzung vgl. Frühchristliches Köln 17. 364 Vgl. S. 125.

365 Übersetzung vgl. Frühchristliches Köln 17. 366 Vgl. S. 132f.

367 *Liber in gloria martyrium* 62; nach Oediger, Bistum Köln 36.

368 Zur Verbreitung dieser Vorstellung vgl. B. Kötting, Wohlgeruch der Heiligkeit : Ecclesia peregrinans 2 = Münsterische Beiträge zur Theologie 54,2 (Münster 1988) 30/3.

369 Oediger, Bistum Köln 36. 370 Ebd.; vgl. S. 145.

371 Regesten (o. Anm. 335) Nr. 17/20; Ruotger, *Vita Brunonis* 31; vgl. Gierlich 261f.

372 Duchesne 179; Oediger, Bistum Köln 76; Frühchristliches Köln 22.

373 Duchesne 179f. 374 Nach Oediger, Bistum Köln 76f.

375 Übersetzung vgl. Frühchristliches Köln 18; W. Levison, Metz und Südfrankreich im frühen Mittelalter: Frühzeit (o. Anm. 359) 143f.

376 Oediger, Bistum Köln 77f. 377 Vgl. S. 125.

378 O. Doppelfeld, "St. Viktor zum alten Dom" und die Frage des Conventiculum ritus christiani : Frühchristliches Köln 29; E. Hegel, St. Victor zum alten Dom : Esslesiastica Rhenana = Veröffentlichungen des Hist. Vereins für den Niederrhein 16 (Bonn 1986) 47/53.

379 U. Süßenbach, Das Ende des Silvanus in Köln. Statthalterpalast, Fahnenheiligtum und Bischofskirche im frühchristlichen Köln. Eine Bemerkung des Ammianus Marcellinus zum Jahr 355: Jb. des Kölnischen Geschichtsvereins 55 (1984) 1/38.

380 E. Hegel, Eine Domlegende von St. Cäcilien? Ein Beitrag zur Topographie des Kölner Domes vor dem Jahre 870 : Ecclesiastica Rhenana (o. Anm. 378) 31/46.

381 Wolff 118f; A. Wolff, Vermutungen (u. Anm. 385) 54/6; ders.: Resümees der Plenumsvorschläge und Kurzreferate. 12. Intern. Kongreß für Christliche Archäologie (Bonn 1991).

382 Einen Überblick über die Kölner Domgrabungen bieten Borger, Abbilder 60/74; Wolff 181/5; Frühchristliches Köln 24/8; A. Wolff, Der unterirdische Dom - 40 Jahre archäologische Forschungsgrabung Kölner Dom : Archäologie in Deutschland 3 (1986) 6/9. Die wichtigsten Grabungsergebnisse bis 1980 erschienen in dem Sammelband O. Doppelfeld - W. Weyres, Die Ausgrabungen im Dom zu Köln. Hrsg. von H. Hellenkemper = Kölner Forschungen 1 (Mainz 1980); dazu W. Jacobsen, Die Vorgängerbauten des Kölner Domes : Kunstchronik 35 (1982) 10/33. Eine Zusammenfassung der Grabungsergebnisse zur Vorbereitung auf ein Kolloquium bietet A. Wolff, Vorbericht über die Ergebnisse der Kölner Domgrabung 1946 - 1983. Dargestellt nach den Veröffentlichungen von Otto Doppelfeld und Willi Weyres = Forschungsergebnisse des Landes Nordrhein-Westfalen 3000 (Opladen 1983). Die Akten des Kolloqiums, das sich mit der Interpretation der bisherigen Grabungsergebnisse kritisch auseinandersetzte, sind bisher noch nicht erschienen; vgl. dazu W. Jacobsen - F. Oswald, Die Domgrabung Köln. Altertum - Frühmittelalter - Mittelalter. Kolloquium zur Baugeschichte und Archäologie : Kunstchronik 37 (1984) 161/5.

383 Lietzmann (o. Anm. 221) 81/6.

384 H. Hellenkemper, Der römische Tempel unter dem Dom : Köln II = Führer zu

vor- und frühgeschichtlichen Denkmälern 38 (Mainz 1980) 30/3; B. u. H. Galsterer, Die römischen Steininschriften aus Köln = Wissenschaftliche Kataloge des Römisch-Germanischen Museums Köln 2 (Köln 1975) 35, Nr. 121. Inzwischen sind Zweifel aufgetaucht, ob es sich bei den Fundamentmauern unter dem Dom überhaupt um die Überreste eines römischen Tempels handelt. Da diesbezügliche Überlegungen noch nicht veröffentlicht sind, kann an dieser Stelle nicht näher darauf eingegangen werden.

385 A. Wolff, Vermutungen über die frühesten christlichen Bauanlagen unter dem Kölner Dom : RQ 83 (1988) 44/57.

386 Jacobsen, Vorgängerbauten (o. Anm. 382) 12f; Vorromanische Kirchenbauten, Nachtragsband 213.

387 O. Doppelfeld - R. Pirling, Fränkische Fürsten im Rheinland. Die Gräber aus dem Kölner Dom, von Krefeld-Gellep und Morken = Schriften des Rhein. Landesmuseums Bonn 2 (Düsseldorf 1966) 30/49. O. Doppelfeld, Das fränkische Frauengrab unter dem Chor des Kölner Doms : Ausgrabungen im Dom zu Köln (o. Anm. 382) 264/308; ders., Das fränkische Knabengrab unter dem Chor des Kölner Doms : ebd. 320/60.

388 Vgl. S. 62f; 90; 139.

389 W. Weyres, Die Domgrabung XXIII : Kölner Domblatt 46 (1981) 146/50; Wolff, Vorbericht (o. Anm. 382) 40.

390 Vgl. S. 116.   391 Vgl. S. 119.

392 Wolff 186: Wolff, Vorbericht (o. Anm. 382) 47/80; ders., Die Ausgrabungen unter dem Kölner Dom (Köln [4]1973) 9.

393 Oediger, Bistum Köln 57.   394 Vgl. S. 119.   395 Vgl. ebd.

396 Borger, Abbilder 86.

397 W. Bader, Die Stiftskirche des heiligen Viktor zu Xanten I,1 = Veröffentlichungen des Vereins zur Erhaltung des Xantener Doms 8 (Xanten 1985) 80f; kritischer hinsichtlich St. Peter urteilt Wolff 249f; für die Kultbauten am Dom vgl. Vorromanische Kirchenbauten, Nachtragsband 216f.

398 O. Doppelfeld, Zur Vorgeschichte der Georgskirche in Köln = Die Kunstdenkmäler im Landesteil Nordrhein. Beiheft 2 (Ratingen 1950) 90/104.

399 H. von Petrikovits, Das römische Rheinland = Arbeitsgemeinschaft für Forschung des Landes Nordrhein-Westfalen 86 (Opladen 1960) 75f.

400 Borger, Abbilder 75/84; Wolff 247f; F. Mühlberg : Frühchristliches Köln 55/7.

401 Borger, Abbilder 83.

402 Vgl. die im Detail voneinander abweichenden Beschreibungen in Frühchristliches Köln 42/4; G. Ristow, St. Severin : Köln III = Führer zu vor- und frühgeschichtlichen Denkmälern 39 (Mainz 1980) 94/7; P. La Baume, Das Gräberfeld an der Severinsstraße : Köln III, 75/93, und vor allem Wolff 208/17 mit einer genauen Beschreibung der sehenswerten Ausgrabungen.

403 Regesten (o. Anm. 335) Nr. 338.   404 Vgl. S. 115.

405 Oediger, Bistum Köln 46; La Baume (o. Anm. 402) 85.

406 Oediger, Bistum Köln 27f; 47.   407 Ebd. 47.

408 Borger, Abbilder 120f u. 109 Abb. 43. Daß in Bau II überhaupt keine Bestattungen vorgenommen worden sind, widerlegen die neuesten Untersuchungen von B. Päffgen, Die Ausgrabungen in St. Severin zu Köln = Kölner Forschungen 5 (für 1993 angekündigt).

409 Borger, Abbilder 122.

410 A. von Gerkan, St. Gereon in Köln : Germania 29 (1951) 215/8. Der Bau und

die dazugehörigen Anlagen sind häufig beschrieben worden: vgl. O. Schwab, St. Gereon : Frühchristliches Köln 34f; Wolff 201/4; H. Hellenkemper, St. Gereon : Köln III (o. Anm. 402) 191/204 (mit Literatur); J.G. Deckers, St. Gereon in Köln - Ausgrabungen 1978/79. Neue Befunde zu Gestalt und Funktion des spätantiken Zentralbaus : JbAC 25 (1982) 102/31 (mit Forschungsgeschichte); ders., Kult und Kirchen der Märtyrer in Köln : RQ 83 (1988) 32/5.

[411] Borger, Abbilder 130.

[412] Frühestens nachweisbar in der *Passio Gereonis* um 1000; vgl. Oediger, Bistum Köln 31.

[413] Vgl. S. 145; 153.   [414] Vgl. S. 117.

[415] MGH.SRM 2,309; vgl. Oediger, Bistum Köln 30; Wolff 267f; Neuß, Anfänge 27.

[416] Belege bei Oediger, Bistum Köln 30f. Unabhängig von Thebäern und der Kölner Kirche wird Gereon mit Gefährten bereits in einzelnen Rezensionen des *Martyrologium Hieronymianum* aus dem 8. Jh. unter dem 8. oder 9. Oktober erwähnt. Sollte Gereon schon in der um 450 in Oberitalien entstandenen Urfassung vorgekommen sein, wäre seine Bezeugung noch älter; vgl. S. 27f.

[417] D. von Berchem, Thebaische Legion : LThK[2] 10 (1965) 14; Oediger, Bistum Köln 30f; Neuß, Anfänge 27; 78.

[418] Vgl. S. 23f.

[419] A. von Gerkan, Der Urbau der Kirche St. Gereon zu Köln : Neuere Beiträge zur Kunstgesch. des 1. Jahrtausends = Forschungen zur Kunstgesch. u. Christl. Arch. 1 (Baden-Baden 1952) 95; zu St. Mechtern vgl. M. Gechter, Frühe Quellen zur Baugeschichte von St. Gereon in Köln : Kölner Jb. Vor- u. Frühgesch. 23 (1990) 533; 538; 561; Wolff 204.

[420] Vgl. Galsterer (o. Anm. 384) 105, Nr. 499; Frühchristliches Köln 63; Deckers, Kult (o. Anm. 410) 31.

[421] Borger, Abbilder 136/8.

[422] Ebd. 141; Wolff 203; Hellenkemper, St. Gereon (o. Anm. 410) 202.

[423] Deckers, Kult (o. Anm. 410) 34/8.

[424] Deckers, St. Gereon (o. Anm. 410) 130.

[425] W. Schäfke, Die Baugeschichte von St. Gereon im Mittelalter : Köln II (o. Anm. 384) 205.

[426] Oediger, Bistum Köln 42/4; Wolff 205/7; Frühchristliches Köln 50/3; H. Hellenkemper, St. Ursula : Köln II (o. Anm. 384) 227/35 (mit Lit.); Borger, Abbilder 94/105.

[427] Text und Übersetzung nach W. Binsfeld : Frühchristliches Köln 59.

[428] W. Levison, Das Werden der Ursula-Legende : BoJ 132 (1927) 1/164; bes. 1/25; vgl. Borger, Abbilder 96f; zur Datierung vgl. Deckers, Kult (o. Anm. 410) 30f; für eine karolingische Zeitstellung plädiert J. Kremer in einer demnächst erscheinenden Bonner Dissertation.

[429] Levison, Werden 13; Borger, Abbilder 97.   [430] Vgl. S. 63; 90; 124.

[431] Frühchristliches Köln 53; vgl. M. Sediari, La chiesa di S. Ursula a Colonia : Kölner Jb. f. Vor- und Frühgeschichte 23 (1990) 431/48 mit weiteren Präzisierungen.

[432] Frühchristliches Köln 60.   [433] Vgl. S. 104f.

[434] Die Angaben fußen auf M. Gechter, Bonn : Die Römer in Nordrhein-Westfalen. Hrsg. von H.G. Horn (Stuttgart 1987) 364/76, der den neuesten Stand der Ausgrabungen dokumentiert. 1988 wurden südlich der Lagervorstadt und des Auxiliarkastells beim Collegium Albertinum an der Adenauerallee weitere Teile, vor

allem Bäder, eines großen Gebäudekomplexes ausgegraben, die möglicherweise zu einer "Nobelherberge für den niedergermanischen Statthalter und sein Gefolge bzw. für ähnlich hochgestellte Reisende der römischen Administration" gehörten und bis zur Zerstörung im Germaneneinfall 275 bestanden. So M. Gechter in einer Verlautbarung des Rheinischen Amtes für Bodendenkmalpflege vom 19.10.1988.

435 Borger, Abbilder 190f; A. Schaefer, Totengedenkstätte/*Cella memoriae* : Spätantike und frühes Mittelalter (o. Anm. 319) 20/4 (mit weiterer Literatur); U.-K. Rasp, Das Kreuz im Estrich, ebd. 25/8; eine spätere Entstehung der Kirche vertritt Kremer (o. Anm. 428).

436 H. Lehner - W. Bader, Baugeschichtliche Untersuchungen am Bonner Münster : BoJ 136/7 (1932) 1/216; bes. 38/41.

437 H. v. Petrikovits - D. Haupt, Die Zeitstellung der ältesten christlichen Kultanlage unter dem Bonner Münster : Kölner Jb. f. Vor- und Frühgesch. 9 (1967/8) 112/9.

438 Lehner - Bader, Untersuchungen (o. Anm. 436) 60/3; A. Schaefer (o. Anm. 435) 23.

439 Th. Klauser, Bemerkungen zur Geschichte der Bonner Märtyrergräber : Gesammelte Arbeiten zur Liturgiegeschichte, Kirchengeschichte und christlichen Archäologie = JbAC, Erg.Bd. 3 (1974) 312.

440 Oediger, Bistum Köln 35; Borger, Abbilder 191.

441 Oediger, Bistum Köln 27; 35; vgl. S. 133f.

442 Oediger, Bistum Köln 35f; E. Ennen - D. Höroldt, Vom Römerkastell zur Bundeshauptstadt (Bonn ³1976) 29f; H. Borger, Bemerkungen zur Frühgeschichte der Stadt Bonn im Mittelalter : Das Rheinische Landesmuseum Bonn (1969) 12f.

443 W. Levison, Die Bonner Urkunden des frühen Mittelalters : BoJ 136/7 (1932) 249.

444 F.W. Oediger - W. Neuß, Das Bistum Köln von den Anfängen bis zum Ende des 12. Jahrhunderts = Geschichte des Erzbistums Köln 1 (Köln 1964) 67f. In der 1972 erschienenen 2. Auflage fehlt diese ausführliche Beschreibung und Zweckbestimmung von St. Peter, die durch die bald folgenden Ausgrabungen bestätigt wurde.

445 W. Sölter, Die Bonner Ausgrabung 1971 : Das Rheinische Landesmuseum (1971) 81/4; Ennen - Höroldt (o. Anm. 442) 28.

446 Vgl. S. 58/60; 62.   447 Borger, Abbilder 191.

448 Borger, Frühgeschichte (o. Anm. 442) 13f.

449 Ebd. 14; Ennen - Höroldt (o. Anm. 442) 31.

450 Borger, Frühgeschichte (o. Anm. 442) 14f.

451 Vgl. die in den Einzelheiten abweichenden Darstellungen bei M. Gechter, Xanten. Die Legionslager Vetera I und II : Römer in Nordrhein-Westfalen (o. Anm. 434) 619/25; C. Rüger, Colonia Ulpia Traiana : ebd. 626/38; Bader, Stiftskirche (o. Anm. 397) 40/9.

452 Bader, Stiftskirche 306/13.

453 Ebd. 305f; ders., Sechzehnhundert Jahre Xantener Dom : Xantener Domblätter 6 (Köln 1963) 55; H.H. Henrix, Was berechtigt, in Xanten von einer Martyrermemoria zu sprechen? : TThZ 84 (1976) 226f.

454 W. Bader, Der Dom zu Xanten 1 = Xantener Domblätter 8 (Kevelaer 1978) 31; C.B. Rüger, Xanten : Römer in Nordrhein-Westfalen (o. Anm. 7) 629/31.

455 W. Bader, Die Stiftskirche des hl. Victor zu Xanten = Veröffentlichungen des Xantener Dombauvereins 7 (Kevelaer 1960) Taf. 94.

456 Henrix (o. Anm. 453) 229f.

457 *Ad Sanctos* für Xanten taucht bald nach 843 in dem Brief eines Mönches Bernhard auf; vgl. Bader, Stiftskirche (o. Anm. 397) 62.

458 Ebd. 319/444.

459 *Historia Xantensis* von 1420/1 im Stiftsarchiv Xanten H 6; vgl. Oediger, Bistum Köln 39.

460 *Liber in gloria martyrum* 62; vgl. S. 117.

461 Übersetzung nach R. Rau, Quellen zur karolingischen Reichsgeschichte II = Ausgewählte Quellen zur deutschen Geschichte des Mittelalters 6 (Darmstadt 1958) 355; Henrix (o. Anm. 453) 220f.

462 Henrix 221f; vgl. S. 133.

463 B. Kötting, Victor : LThK^2 10 (1965) 771f.

464 Borger, Abbilder 159/61; vgl. ders., Ausgrabungen unter dem Dom und der Stifts-Immunität zu Xanten : Das Rheinische Landesmuseum Bonn (1966) 57/9.

465 Zur Datierung vgl. Henrix (o. Anm. 453) 231f.

466 H. von Petrikovits hat einmal geäußert, es könne sich um den Bischof der *Tricensima* gehandelt haben; vgl. Borger, Abbilder 161f.

467 Von Petrikovits, Germania 638.

468 Vorromanische Kirchenbauten 15; ebd., Nachtragsband 15; E. Kubach - A. Verbeek, Romanische Baukunst an Rhein und Maas 1 (Berlin 1976) 1; H. Cüppers, Beiträge zur Geschichte des römischen Kur- und Badeortes Aachen: Aquae Granni = Rheinische Ausgrabungen 22 (Köln 1982) 32/7.

469 Vorromanische Kirchenbauten sowie der Nachtragsband geben jedenfalls keine Hinweise.

470 H. Hemgesberg, Die ersten Remagener Kirchen im Licht eines frühchristlichen Schrankenfragments : Annalen des Hist. Vereins vom Niederrhein 189 (1986) 9/34; bes. 11/20.

471 W. Neuß in Oediger, Bistum Köln 63; H. Hemgesberg, Die frühchristliche Meteriola-Inschrift aus Remagen : BoJ 186 (1986) 299/314.

472 W. Bader. St. Quirinus in Neuss (Ratingen 1955) 38.

473 H. Borger, Bemerkungen zur Frühgeschichte der Stadt Neuss im Mittelalter : Das Rheinische Landesmuseum Bonn (1969) 29/31; Oediger, Bistum Köln 47/9; Vorromanische Kirchenbauten 232f.

474 H. von Petrikovits, Rheinland (o. Anm. 399) 129/32; für den Kultkeller der Magna-Mater-Religion *(fossa sanguinis)* in Neuss, Gepaplatz vgl. Das Rheinische Landesmuseum Bonn (1969) 70; von Elbe 218.

475 Oediger, Bistum Köln 74.   476 Vgl. S. 109f.

477 H.Ch. Brennecke, Servatius von Tongern. Ein gallischer Bischof im arianischen Streit : Sint-Servatius, bisschop van Tongeren - Maastricht. Het vroegste Christendom in het Maasland. Kunst en Oudheden in Limburg 28 (Borgloon 1986) 17/32; vgl. S. 111.

478 R. de la Haye, De bisschoppen van Maastricht = Stichting Historische Reeks Maastricht 5 (Maastricht 1985) 30f; Duchesne 187.

479 Von Petrikovits, Rheinische Geschichte (o. Anm. 5) 292.

480 K. Schäferdiek, Christliche Expansion im Merowingerreich : Kirchengeschichte als Missionsgeschichte 2. Die Kirche des frühen Mittelalters (München 1978) 127/32; dazu u. Anm. 500.

[481] De la Haye (o. Anm. 478) 39; Duchesne 189.

[482] Duchesne 198; CCL 148A, 111; J. Coenen, Is de stad Tongeren ooit bisschops-stad geweest? : Limburg 32 (1953) 208.

[483] Von Petrikovits, Germania 638/41; A. Verbeek, Spuren der frühen Bischofskir-chen in Tongern und Maastricht : BoJ 158 (1958) 350; G. de Boe, De archeolo-gischen getuigen van het eerste christendom in de Civitas Tungrorum : Sint-Ser-vatius (o. Anm. 477) 39/41.

[484] H. van Crombruggen, Enkele wapengraven en christelijke graven uit de Romeinse begraaftplaatsen te Tongeren : Limburg 42 (1963) 357/71.

[485] M. Werner, Der Lütticher Raum in frühkarolingischer Zeit = Veröffentlichun-gen des Max-Plank-Instituts für Geschichte 62 (Göttingen 1980) 280/340.

[486] T.A.S.M. Panhuysen, Wat weten we over de continuïteit van Maastricht? : Sint-Servatius (o. Anm. 477) 125/44; bes. 139.

[487] Gregor von Tours, Liber in gloria conf. 71 (MGH.SRM 1,790).

[488] T.A.S.M. Panhuysen, Opgravingen in de Sint Servaasbasiliek te Maastricht in het kader van de algehele restauratie 1981 - 1990 : Archeologie in Limburg 29 (1986) 167/72; ders., De archeoloog : De Sint Servaas (1985) 181f; (1986) 216f, 239f; (1988) 309/13.

[489] W. Boppert, Die frühchristlichen Grabinschriften aus der Servatiuskirche in Maastricht : Sint-Servatius (o. Anm. 477) 64/94.

[490] De Boe (o. Anm. 483) 47/9; neuestens A.M.T. Reinders, Zeugnisse der jungen Kirche im alten Bistum Tongern-Maastricht : Geschichte im Bistum Aachen 1 (Kevelaer 1992) 116/59.

IV. VÖLKERWANDERUNG UND KIRCHLICHE KONTINUITÄT

[491] Vgl. Angenendt 151f.

[492] Gregor von Tours, Historia Francorum 2,31; Übersetzung nach W. von Giese-brecht/M. Gebauer, Fränkische Geschichte 1 (Essen 1988) 143f.

[493] K. Schäferdiek, Remigius von Reims. Kirchenmann einer Umbruchszeit : ZKG 94 (1983) 264; ders. Germanenmission (o. Anm. 251) 536; Angenendt 170/3.

[494] Vgl. o. S. 82.   [495] K. Schäferdiek, Franken : TRE 11 (1983) 331f.

[496] Angenendt 31.   [497] Vgl. S. 49f; 76f.

[498] E. Hegel, Die rheinische Kirche in römischer und frühfränkischer Zeit : Eccle-siastica Rhenana (o. Anm. 378) 20; K. Böhner, Die Frage der Kontinuität zwi-schen Altertum und Mittelalter im Spiegel der fränkischen Funde des Rhein-landes : Trierer Zeitschr. 19/21 (1950/2) 82/106; H. von Petrikovits, Das Fort-leben römischer Städte an Rhein und Donau im frühen Mittelalter : ebd. 72/81; P.E. Hübinger, Kulturbruch oder Kulturkontinuität im Übergang von der Antike zum Mittelalter = Wege der Forschung 201 (Darmstadt 1968); H. Schönberger, Das Ende oder das Fortleben spätrömischer Städte an Rhein und Donau : Vor-und Frühformen der europäischen Stadt im Mittelalter 1 = Abh. Akademie der Wiss. Göttingen, Phil. hist. Klasse 3,83 (Göttingen 1973) 102/9.

[499] H. Büttner - J. Müller, Frühes Christentum im schweizerischen Alpenraum (Einsiedeln 1967) 14/9.

[500] Vgl. S. 159; weitere Beispiele bei Schäferdiek, Germanenmission (o. Anm. 251) 539f.

[501] K. Schäferdiek, Remigius (o. Anm. 493) 271.

[502] Von Petrikovits, Germania 623; Angenendt 147f.

[503] Vgl. S. 47f; 140.   [504] Vgl. S. 108.

[505] Von Petrikovits, Germania 624.

[506] Angenendt 152f; K. Böhner, Probleme der Kontinuität zwischen Römerzeit und Mittelalter in West- und Süddeutschland : Ausgrabungen in Deutschland (o. Anm. 112) 53/63.

[507] Übersetzung vgl. Frühchristliches Köln 16.

[508] E.J. Jonkers, Die Konzile und einige Formen alten Volksglaubens im fünften und sechsten Jahrhundert : VigChr 22 (1968) 49/53. W. Bordriot, Die altgermanische Religion in der amtlichen kirchlichen Literatur des Abendlandes vom 5. - 11. Jahrhundert (Bonn 1928 = Darmstadt 1964).

[509] Gregor von Tours, *Historia Francorum* 5,43; Übersetzung nach F.J. Dölger, Die Ehrfurchtsbezeugung beim Durchgang zwischen heidnischem Altar und christlicher Kirche : AuC 6 (1950) 70.

[510] G. Ristow, Religionen und ihre Denkmäler in Köln (Köln ²1979) 42/8; ders. Römischer Götterhimmel und frühes Christentum (Köln 1980) 38/43.

[511] J.M. Vermaseren, Der Kult des Mithras im römischen Germanien (Stuttgart 1974); K. Parlasca, Die Isis- und Serapisverehrung im römischen Köln : Kölner Jb. für Vor- und Frühgesch. 1 (1955) 18; G. Grimm, Die Zeugnisse ägyptischer Religions- und Kunstelemente im römischen Deutschland = Études préliminaires 12 (Leiden 1969); G. Ristow, Denkmäler hellenistischer Mysterienkulte in Kölner Museumsbesitz - Cybelekult : Kölner Jb. für Vor- und Frühgesch. 13 (1972/73) 116; zur *fossa sanguinis* in Neuss vgl. S. 157.

[512] Von Petrikovits, Germania 626.

[513] L. Stamer, Kirchengeschichte der Pfalz bis zur Vollendung des Kaiserdoms in Speyer (Speyer 1936) 31; 40/3; Angenendt 173; vgl. S. 57f.

[514] Zoepfl (o. Anm. 47) 19; Sauer (o. Anm. 24) 15/29.

[515] Vgl. S. 36.

[516] Schrickel (o. Anm. 111) 2/6; Müller-Karpe (o. Anm. 96) 19/23.

[517] Vgl. den Forschungsbericht bei Angenendt 37f.

[518] K. Schäferdiek, Germanisierung : TRE 12 (1983) 522.

[519] Angenendt 36f.

[520] Schäferdiek, Germanisierung (o. Anm. 518) 520; vgl. auch W. Bätke, Die Aufnahme des Christentums durch die Germanen = Libelli 48 (Darmstadt 1959).

V. ÜBERRESTE FRÜHCHRISTLICHER KUNST

[521] Vgl. S. 39f; 87f; 131.

[522] H. Laag, Der Trierer Noahsarkophag. Ein Erklärungsversuch seiner Sonderheiten : FS. A. Thomas (Trier 1967) 233.

[523] Frühchristliche Zeugnisse 18.

[524] R. Daut/Red., Noe : LCI 4 (1972) 612.

[525] Z.B. Münze aus Apamea; Kuppelfresko in El Bagawat; weitere Hinweise vgl. A.M. Di Nino, Noè : Dizionario Patristico 2 (Casale Monferrato 1983) 2411/3.

[526] Laag (o. Anm. 522) 236f.

[527] E. Dassmann, Sündenvergebung durch Taufe, Buße und Märtyrerfürbitte in den Zeugnissen frühchristlicher Frömmigkeit und Kunst = Münsterische Beiträge zur Theologie 36 (Münster 1973) 63/75.

528 F. Gerke, Die christlichen Sarkophage der vorkonstantinischen Zeit = Studien zur spätantiken Kunstgeschichte 11 (Berlin 1940) 303/5; Dassmann, 417f.

529 Dassmann, 208/22; bes. 215.　　　　　530 Vgl. S. 92.

531 F. Gerke, Der Trierer Agricius-Sarkophag. Ein Beitrag zur Geschichte der altchristlichen Kunst in den Rheinlanden (Trier 1949) 14.

532 Vgl. F.W. Deichmanns Rezension : Gnomon 25 (1953) 479; Frühchristliche Zeugnisse 18f.

533 Dassmann (o. Anm. 527) 257f.

534 Deichmann (o. Anm. 532) 479/83; S. Loeschke, Frühchristliche Denkmäler aus Trier : Zeitschrift des Rhein. Vereins für Denkmalpflege und Heimatschutz 29 (1936) 102/4; Th. Kempf, Die altchristliche Bischofsstadt Trier : ebd. 44 (1952) 59.

535 Frühchristliche Zeugnisse 74f.

536 Josephus, Antiquitates 1,13.　　　　　537 Neuß, Anfänge 43f.

538 Vgl. J. Engemann, Anmerkungen zu spätantiken Geräten des Alltagslebens mit christlichen Bildern, Symbolen und Inschriften : JbAC 15 (1972) 154/73.

539 Dassmann (o. Anm. 527) 185.

540 O. Doppelfeld, Vom unterirdischen Köln (Köln 1979) 115.

541 Frühchristliches Köln 73f; Frühchristliche Zeugnisse 129f; Wolff 81; F. Fremersdorf, Die römischen Gläser mit Schliff, Bemalung und Goldauflagen aus Köln = Die Denkmäler des Römischen Köln 8 (Köln 1967) 168f, Tafelband 226f; Ristow, Römischer Götterhimmel (o. Anm. 510) 77.

542 Frühchristliches Köln 67; F. Fremersdorf, Ältestes Christentum mit besonderer Berücksichtigung der Grabungsergebnisse unter der Severinskirche in Köln : Kölner Jb. f. Vor- und Frühgesch. 2 (1956) 7/26; ders. Römische Gläser 215/7, Tafelband 298f; Ristow, Römischer Götterhimmel 80f.

543 Frühchristliches Köln 70/3; Frühchristliche Zeugnisse 130f; Wolff 79f; Fremersdorf, Römische Gläser 203/7, Tafelband 285/93; Ristow, Römischer Götterhimmel 84f.

544 Frühchristliches Köln 67f; Ch. Morey - G. Ferrari, The Gold-Glass Collection of the Vatican Library. Catalogo del Museo Sacro 4 (Rom 1959) Nr. 349; Fremersdorf, Römische Gläser 217f, Tafelband 300/3; Ristow, Römischer Götterhimmel 81/3.

545 Frühchristliches Köln 89f; Ristow, Römischer Götterhimmel 77f; Fremersdorf, Römische Gläser 168, Tafelband 224f.

546 Neuß, Anfänge 42.　　　　　547 Ebd. 35.

548 E. Dassmann, Hesekiel : RAC 14 (1988) 1186f.

549 Paulusakten 33/8 (Schneemelcher, Neutestamentliche Apokryphen 2⁵, 222f).

550 Neuß, Anfänge 36/8.　　　　　551 Dassmann (o. Anm. 527) 196/208.

552 C. Nauerth - R. Warns, Thekla. Ihre Bilder in der frühchristlichen Kunst = Göttinger Orientforschungen II/3 (Wiesbaden 1981) 22/4; abgelehnt von K. Painter, Die Goldglasschale von St. Severin : Glas der Caesaren (1988) 281.

553 Vgl. S. 179.

554 Ps.-Cyprian, Oratio I (CSEL 3,3,145); Oratio II,2 (149).

555 Gallien in der Spätantike. Von Kaiser Konstantin zu Frankenkönig Childerich (Mainz 1980) 109.

556 Ristow, Römischer Götterhimmel (o. Anm. 510) 82f.

557 Ebd. 83.

558 Neuß, Anfänge 43; vgl. Ristow, Römischer Götterhimmel (o. Anm. 510) 77.

559 Neuß, Anfänge 44 u. Abb. 18.
560 Ebd.; Ristow, Römischer Götterhimmel (o. Anm. 510) 79; Frühchristliches Köln 89.
561 Neuß, Anfänge 44f; Ristow, Römischer Götterhimmel 77f; Frühchristliches Köln 89.
562 Neuß, Anfänge 45.
563 Nach F. Fremersdorf, Christliche Leibwächter auf einem geschliffenen Kölner Glasbecher des 4. Jahrhunderts : Beiträge zur älteren europäischen Kirchengeschichte. FS. R. Egger 1 (Klagenfurt 1952) 66.
564 Rheinisches Landesmuseum Bonn. Führer durch die Sammlungen = Kunst und Altertum am Rhein 79 (Bonn 1977) 72f; W. Schmitz, Grabstein der Rignedrudis: Spätantike und frühes Mittelalter (o. Anm. 319) 118/20.
565 Fremersdorf, Leibwächter (o. Anm. 563) 71/9; vgl. F.W. Deichmann, Zur Erscheinung des Sterns von Bethlehem : Vivarium. FS. Th. Klauser = JbAC, Erg.-Bd. 11 (1984) 103/6.
566 Fremersdorf, Leibwächter 66, Anm. 1; ders., Römische Gläser (o. Anm. 541) 175; den christlichen Charakter des Bechers bezweifelt H. Hellenkemper, Glas (o. Anm. 552) 235.
567 So P. la Baume : Frühchristliches Köln 89f; 74/7.
568 Fremersdorf, Römische Gläser (o. Anm 541) 212f; W. Neuß in Oediger, Bistum Köln 67f, Anm. 6.
569 E. Dassmann, Hiob : RAC 15 (1991) 428/33.
570 Neuß, Anfänge 40f.   571 Vgl. S. 95/7.
572 Frühchristliche Zeugnisse 123.
573 H. Buschhausen, Die spätrömischen Metallscrinia und frühchristlichen Reliquiare. I. Teil. Katalog = Wiener Byzantinische Studien 9 (Wien 1971) 112.
574 Frühchristliche Zeugnisse 124f; Buschhausen 122/4 u. Taf. A 70.
575 Dassmann, Sündenvergebung (o. Anm. 527) 362.
576 Buschhausen (o. Anm. 573) 107; E. J. Clauß-Thomassen, Fragmente eines Kästchenbeschlages : Spätantike und frühes Mittelalter (o. Anm. 319) 305/12.
577 Neuß, Anfänge 45f.
578 S. 175; Buschhausen (o. Anm. 573) 129f.
579 Ebd. 114/6; Ristow, Römischer Götterhimmel (o. Anm. 510) 75.
580 Frühchristliches Köln 77f; Taf. 16,4.
581 Ristow, Römischer Götterhimmel (o. Anm. 510) 75f; vgl. Buschhausen (o. Anm. 573) 131f.
582 Buschhausen 78; 105f; 121f.
583 Frühchristliche Zeugnisse 125.
584 Gallien in der Spätantike (o. Anm. 555) 117.
585 Frühchristliche Zeugnisse 220f; Gallien in der Spätantike 238/40; F.W. Volbach, Elfenbeinarbeiten der Spätantike und des frühen Mittelalters (Mainz ³1976) 95f; W. Weber, Die Reliquienprozession auf der Elfenbeintafel des Trierer Domschatzes und das kaiserliche Hofzeremoniell : Trierer Zeitschrift 42 (1979) 135/51.
586 H. Herrmann, Mit der Hand singen. Ein Beitrag zur Trierer Elfenbeintafel : JbAC 1 (1958) 105/8.
587 Dieses Datum bevorzugt W. Weber im Ausstellungskatalog Spätantike und frühes Christentum (Frankfurt 1983) 676.
588 So K. Weidemann : Gallien in der Spätantike (o. Anm. 555) 238. Auch die

Übertragung einer Armreliquie des heiligen Stephanus im Jahre 421 ist erwogen worden; Vgl. L. Schwinden : Die Römer an Mosel und Saar (Mainz 1983) 352; eine spätere Datierung nach 843 vertritt P. Speck, Weitere Überlegungen und Untersuchungen über die Ursprünge der byzantinischen Renaissance mit einem Nachtrag: Das Trierer Elfenbein und andere Unklarheiten : Varia II = Poikilia Byzantina 6 (Bonn 1987) 275/8.

589 Weidemann 238/40.
590 Frühchristliche Zeugnisse 72f; Volbach (o. Anm. 585) 105; Neuß, Anfänge 34.
591 Frühchristliche Zeugnisse 118f; Volbach 104; Neuß, Anfänge 34.
592 Volbach 108.
593 Ebd. 107f; vgl. noch 88; 91f (Abraham mit sieben Kriegern im Rheinischen Landesmuseum Trier); 108f; 110; 115f; 119.
594 Frühchristliche Zeugnisse 116f; Volbach 118.
595 Ähnliches konstatiert für die Malerei Angenendt 313/5.
596 Vgl. o. Anm. 387; W. Schulten, Kostbarkeiten in Köln (Köln 1978) 46/8; H. Steuer, Die Franken in Köln (Köln 1980) 49/55.
597 Vgl. Müller-Karpe (o. Anm. 96) 25/52; Werner, Reliquiarschnalle (o. Anm. 319) 364/8; Frühchristliche Zeugnisse 133/141; an Grabsteinen vgl. Faha an der Mosel, einen Grabstein in Bonn vom Friedhof an der Kasernenstraße, die Deckplatte des Odalricus unter dem Bonner Münster sowie einen Grabstein von Leutesdorf am Rhein; dazu K. Böhner, Rheinische Grabmäler der Merowingerzeit als Zeugnisse frühen fränkischen Christentums : Das erste Jahrtausend. Textband 2 (Düsseldorf 1964) 661f; 668; 672f; D. Herrmann, Grabstein in Leutesdorf : Spätantike und frühes Mittelalter (o. Anm. 319) 137/9.
598 Böhner 661/6; V.H. Elbern, Die Stele von Moselkern und die Ikonographie des frühen Mittelalters : BoJ 155/6 (1955/6) 184/214; Rheinisches Landesmuseum (o. Anm. 564) 83; A. Bormann, Die Stele von Moselkern : Spätantike und frühes Mittelalter (o. Anm. 319) 56f.
599 Böhner 663/5.
600 Beschreibung und Interpretation nach Böhner 666/72; vgl. Rheinisches Landesmuseum (o. Anm. 564) 81f. Vergleichbare Darstellungen stammen aus Köln-Meschenich und Leutesdorf : Spätantike und frühes Mittelalter (o. Anm. 319) 137/9; 164. C. Krause, Der fränkische Grabstein von Niederdollendorf : ebd. 149, läßt den christlichen oder heidnischen Charakter des Denkmals offen.

Ortsregister

Personenregister

Abbildungsnachweis

1 Aus: Antike Welt 16 (1985), Abb. 1. (Raggi-Verlag, Jona/Schweiz.)

2 Aus: Engemann/Rüger (Hrsg.), Spätantike und Frühes Mittelalter, Abb. 219. (Rheinland-Verlag GmbH, Köln - Dr. Rudolf Habelt GmbH, Bonn 1991.) © Landschaftsverband Rheinland. Rheinisches Landesmuseum Bonn

3 Aus: L. Weber, Als die Römer kamen …, Abb. S. 780. © Brigg Verlag GmbH, Augsburg 1973

4 Aus: Historischer Atlas von Bayern, Teil Schwaben 10. © Bayer. Landesamt für Denkmalpflege, München

5 Aus: J. Werner, Die Ausgrabungen in St. Ulrich und Afra in Augsburg, Abb. 236. (Beck, München 1977.) © Prof. Dr. Dr. h.c. Joachim Werner

6 Aus: F. Zoepfl, Das Bistum Augsburg und seine Bischöfe im Mittelalter, Taf. 1, Abb. 2. (Schnell & Steiner, München - Winfried-Werk, Augsburg 1955.) © Städtische Kunstsammlungen Augsburg

7 Aus: K. Böhner u.a., Das Frühe Mittelalter. Führer durch das Röm.-Germ. Zentralmuseum, S. 117. (Verlag Philipp von Zabern, Mainz 1970.) © Römisch-Germanisches Zentralmuseum Mainz

8 Aus: Führer zu den vor- und frühgeschichtlichen Denkmälern, Bd. 11: Mainz, S. 148. (Verlag Philipp von Zabern, Mainz 1973.) © s. 7

9 Aus: W. Boppert, Die frühchristlichen Inschriften des Mittelrheingebietes, S. 99. (Verlag Philipp von Zabern, Mainz 1971.) © s. 7

10 Aus: H. Eiden in: Ausgrabungen in Deutschland. Monogr. Röm.-Germ. Zentralmuseum I,2, Mainz 1975. © s. 7

11 Aus: Joachim Werner und Eugen Ewig, VON DER SPÄTANTIKE ZUM FRÜHEN MITTELALTER (Vorträge und Forschungen, Band XXV) Jan Thorbecke Verlag Sigmaringen 1979

12 Aus: Th. Kempf, Die Entwicklung des Stadtgrundrisses von Trier. Trierisches Jahrbuch 4 (1953), S. 12. © Kurtrierisches Jahrbuch Trier

13 Aus: F. Ronig, Der Dom zu Trier, S. 3. (Langewiesche, Königstein 1982.) © Prof. Dr. Franz Ronig

14 Aus: Die Römer an Mosel und Saar, S. 238. (Verlag Philipp von Zabern, Mainz 1983.) © Bischöfliches Dom- und Diözesanmuseum Trier

15 Aus: Führer zu den vor- und frühgeschichtlichen Denkmälern, Bd. 32,2: Trier, Beilage 5 (Abb. links). (Verlag Philipp von Zabern, Mainz 1977.) © Rheinisches Landesmuseum Trier

16 Aus: Kempf/Reusch (Hrsg.), Frühchristliche Zeugnisse im Einzugsgebiet von Rhein und Mosel, Abb. 53. (Trier 1965.) © s. 15

17 Aus: s. 16, Abb. 53 b. © s. 15

18 Aus: Trier. Kaiserresidenz u. Bischofssitz, Abb. 91 a. (Verlag Philipp von Zabern, Mainz 1984.) © s. 15

19 Aus: s. 18, Abb. 92. © s. 15

20 Aus: H. H. Anton, Trier im frühen Mittelalter, S. 214. © Verlag Ferdinand Schöningh, Paderborn 1978

21 Aus: Führer zu den vor- und frühgeschichtlichen Denkmälern, Bd. 37,1: Köln I,1, Abb. 9. (Verlag Philipp von Zabern, Mainz 1980.) © Römisch-Germanisches Zentralmuseum Mainz

22 Aus: Das Römisch-Germanische Köln, Abb. 93. (Verlag J. P. Bachem, Köln 1981.) © Gerta Wolff

23 Aus: A. Wolff, Vorbericht über die Kölner Domgrabung 1946-1983, Fig. 4. (Opladen 1983.) © Prof. Dr.-Ing. Arnold Wolff

24 Aus: s. 22, Abb. 94. © s. 22

25 Aus: Frühchristliches Köln. Schriftenreihe der Archäologischen Gesellschaft Köln Nr. 12, Abb. 9 (Greven Verlag, Köln 1965.) © Römisch-Germanisches Museum Köln

26 Aus: s. 22, Abb. 110. © s. 22

27 Aus: H. Borger, Die Abbilder des Himmels in Köln. Kölner Kirchenbauten als Quelle zur Siedlungsgeschichte des Mittelalters, Band 1, Abb. 49. (Greven Verlag, Köln 1979.) © Prof. Dr. Hugo Borger

28 Aus: s. 27, Abb. 50. © s. 27

29 Aus: s. 27. © Rheinisches Bildarchiv Köln

30 Aus: s. 22, Abb. 106. © s. 22

31 Aus: s. 27, Abb. 79. © s. 27

32 Aus: s. 27, Abb. 80. © s. 27

33 Aus: Rheinisches Landesmuseum Bonn. 150 Jahre Sammlungen (1820-1970), 1971, S. 83. (Kunst und Altertum am Rhein, 38.) © s. 2

34 Aus: s. 27. © s. 27

35 Aus: H. G. Horn (Hrsg.), Die Römer in Nordrhein-Westfalen, Abb. 550. (Konrad Theiss Verlag, Stuttgart 1987.) © s. 2

36 Aus: W. Bader, Der Dom zu Xanten. Erster Teil, Abb. 39. (Verlag Butzon & Bercker, Kevelaer 1978.) © Verein zur Erhaltung des Xantener Domes e.V. Xanten

37 Aus: Neuss im Wandel der Zeiten, Abb. 25. Neuss 1969. Foto: Rudolf Eimke

38 Aus: Rheinisches Landesmuseum Bonn. Führer durch die Sammlungen, Abb. 39. (Kunst und Altertum am Rhein, 79.) © s. 2

39 Aus: s. 14, Abb. 358. © s. 15

40 Aus: s. 16, Abb. 3. © s. 14

41 Aus: s. 16, Abb. 56. © s. 15

42 Aus: s. 25, Abb. 190. © s. 25

43 Aus: G. Ristow, Römischer Götterhimmel und frühes Christentum, Abb. 93. (Wienand Verlag, Köln 1980.). © s. 29

44 Aus: s. 43, Abb. 97a. © s. 43

45 Aus: s. 43, Abb. 94a. © s. 43

46 Aus: s. 25, Abb. 32. © s. 25

47 Aus: s. 25, Abb. 35,1. © s. 25

48 Aus: Neuss im Wandel der Zeiten, Abb. 28. Neuss 1969. Foto: Joseph Lange

49 Aus: H. Buschhausen, Die Spätrömischen Metallscrinia und frühchristlichen Reliquiare. I. Teil: Katalog, Tafel A 70, Nr. A 60. (Wiener Byzantinische Studien, hrsg. von H. Hunger, Bd. IX.) (In Kommission bei Hermann Böhlaus Nachf., Wien u.a. 1971.) © s. 7

50 (S. 190/191) Aus: s. 2, Abb. 228 u. 230. © s. 2

51 Aus: s. 43, Abb. 91. © s. 29

52 Aus: s. 16, Abb. 115 a. © Musée des Antiquités Nationales, Château de Saint-Germain-en-Laye

53 Aus: s. 14, Abb. 319. © s. 15

54 Aus: s. 16, Abb. 54. © s. 15

55 Aus: s. 16, Abb. 106 a. © Staatliche Museen zu Berlin. Preußischer Kulturbesitz. Museum für Spätantike und Byzantinische Kunst

56 Aus: s. 16, Abb. 102. © Musée National des Thermes et de l'Hôtel de Cluny, Paris

57 Aus: s. 2, Abb. 27. © s. 2

58 Aus: s. 2, Abb. 86 b u. e. © s. 2

„Reiterstein von Hornhausen" *aus dem 7. Jh. (gefunden 1874 bei Oschersleben) zeigt einen Krieger auf einem Pferd aus thüringischer Zucht.*

Die Thüringerkönige

Der erste schriftlich bezeugte Thüringerkönig ist Bisin. Er war ein Zeitgenosse des Frankenkönigs Chlodwig, der im Jahre 495 für sein Volk das Christentum annahm. Vermutlich trugen Bisins Vorgänger den selben Namen. Wenn Gregor von Tours einen Bisin erwähnt, zu dem der abgesetzte (Chlodwig vorangegangene) Frankenkönig Childerich geflohen sei, muss dieser der Vater (oder ein naher Verwandter) des bezeugten Bisin gewesen sein. Als der Franke seine Königsherrschaft wiedererlangte, soll er Bisins Gemahlin Basena mitgenommen und geehelicht haben. Wenn dies zutrifft, ist die Thüringerin die Mutter Chlodwigs geworden. Dieses Ereignis muss dann um das Jahr 460 stattgefunden haben. Ob allerdings der im großen Gräberfeld von Weimar gefundene Silberlöffel mit der Inschrift „Basenae" (der Basena gehörig) der Mutter Bisins gehörte, wurde schon mehrfach angezweifelt, da im Adel solche Traditionsnamen immer wieder gegeben wurden. Es existiert auch kein Hinweis darauf, dass sich Bisins Königshof in Weimar befunden hätte. Vielmehr haben ihn Forscher in Bösenburg (bei dem heutigen Eisleben), in Beesenstedt (in der Nähe von Halle) und um Bösenrode (bei Sangerhausen) zu lokalisieren gesucht, also immer in Orten, die auf den Königsnamen verweisen. Funde konnten diese Vermutungen allerdings nicht bestätigen.

Doch gehörte das Land westlich der mittleren Saale mit Sicherheit zum Machtschwerpunkt des Thüringer Königtums, das sich unter Bisins Führung eines hohen Ansehens erfreute und mit drei germanischen Großreichen – mit dem der Franken, der Ostgoten und der Langobarden – verwandtschaftliche Bindungen eingegangen war. In diesen Gegenden wurden auch wichtige Zeugnisse der Thüringer Königszeit ausgegraben, so auch ein aus Kupfer gefertigter vergoldeter Spangenhelm, dessen Träger ein hoher Adeliger war.

Vergoldeter Spangenhelm *aus dem 1. Viertel des 6. Jh.s; er entstammt einem Adelsgrab in Stößen bei Weißenfels.*

An der Stirnseite des Helms ist ein christliches Kreuz eingraviert. Das spricht dafür, dass sein Besitzer bereits dem Christentum angehörte. Das Original befindet sich im Landesmuseum für Vorgeschichte Halle (Saale), eine Nachbildung im Weimarer Museum für Ur- und Frühgeschichte Thüringens. Es wird vermutet, dass der Helm aus einer byzantinischen Werkstatt stammt und für einen hohen Offizier bestimmt war. Sein thüringischer Träger muss – worauf auch die Grabbeigaben hindeuten – ein hoher Adeliger, vielleicht einer der Brüder des Königs gewesen sein.

Besonderen Wert scheint Bisin auf eine Verbindung zu den mächtigen Ostgoten gelegt zu haben. Deshalb verheiratete er seinen Sohn Hermenefred (in der Heldensage Irminfried) mit der Amalerprinzessin Amalaberga, einer Nichte Theoderichs des Großen (in der Heldensage Dietrich von Bern), des Herrschers über Italien und Widersachers der oströmischen Kaiser. Ihre Ehe mit dem Thüringerprinzen sollte den nach Osten gerichteten Expansionsdrang des aufstrebenden Frankenreiches zügeln. In einem durch den in ostgotischen Diensten stehenden römischen Chronisten Cassiodor überlieferten Brief Theoderichs an Hermenefred nennt der Ostgote seine Nichte „das teuerste Pfand", das er besitze, und bringt einen schönen Vergleich: „Was Italien sorgsam gepflegt, wird fortan das glückliche Thüringen besitzen." Wenn es dann weiter in dem Schreiben heißt, Amalaberga solle „ihre besseren Kenntnisse" dafür verwenden, die Thüringer „auf(zu)klären und (zu) erleuchten", wird der dem arianischen Christentum anhängende König wohl an Missionierung gedacht haben. Wie erfolgreich die Königin diese Aufgabe erfüllte, wissen wir nicht. Doch dürfte es keinen Zweifel darüber geben, dass der größere Teil des (zahlenmäßig sicher nicht sehr großen) thüringischen Adels während der Regierungszeit Hermenefreds bereits christianisiert war.

Das arianische Christentum
Die Ostgoten und ihr König Theoderich gehörten dem arianischen Christentum an. Es war im 4. Jahrhundert im ägyptischen Alexandria aus einem Dogmenstreit mit dem römischen Kaiser Konstantin hervorgegangen. Bei dieser Abspaltung ging es um die Frage, ob Christus in seiner vorirdischen Existenz mit Gott wesensgleich war. Im Unterschied zu den römisch-katholischen Christen, die die Dreieinigkeitslehre von Vater, Sohn und Heiligem Geist immer mehr dogmatisierten, sah Arius in Christus ein aus dem Nichts erschaffenes Geschöpf. Deshalb wurde er 320 auf der Synode von Alexandria abgesetzt. Der Arianismus behielt aber im orientalischen Christentum noch lange Anhänger. Um sich von den Römern abzugrenzen, nahmen zahlreiche Germanenfürsten das arianische Christentum an. So kam es über die Ostgoten auch nach Thüringen. Da aber der Frankenkönig Chlodwig sich 496 zum römischen Christentum bekannt hatte, war ihr Gegensatz zu den Thüringern auch ein religiöser. Vermutlich hat diese Differenz den Untergang des Thüringerreiches noch beschleunigt.

Die Thüringerkönige

Bisin	um 460
Bisin	um 480
Bisin	um 480-vor 510
Hermenefred	vor 510-531

Anfangs wird sich der zweitgeborene Hermenefred das Königsamt mit seinen Brüdern Baderich und Berthachar geteilt haben. Alle drei regierten das große Land von ihrem jeweiligen Hof aus. Da von Baderich nichts weiter bekannt ist, dürfte ein früher Tod wahrscheinlich sein. Berthachar dagegen wird 529 in der ersten Frankenschlacht gefallen sein. Dessen Kinder, darunter die später heiliggesprochene Radegunde, wurden an Hermenefreds Hof erzogen. Wo sich dieses Machtzentrum des späten thüringischen Königtums befand, ist bis heute unklar. Manches spricht dafür, den Königshof in dem nördlich des heutigen Erfurt und in Unstrutnähe liegenden Herbsleben (germanisch Herfriedesleba) zu suchen, während in der nahen Tretenburg (bei Gebesee) die wichtigste thüringische Gerichtsstätte vermutet werden kann.

Hermenefred hat sein Reich mit Geschick regiert und die von seinem Vater geknüpften Bande zu den Ostgoten weiter ausgebaut. Das Verhältnis zu dem ihm benachbarten Frankenreich dürfte seine Politik bestimmt haben. Solange Theoderich lebte, hielten die Franken Distanz. Als der Ostgotenkönig aber 526 plötzlich starb und der Kampf um seine Nachfolge entbrannt war, nahmen die Nachbarn keine Rücksichten mehr und ließen es zum Krieg kommen. Der 529 erfolgte erste fränkische Angriff auf die Thüringer konnte noch abgeschlagen werden, der zweite von 531 dagegen nicht mehr. Hermenefred ging in der Entscheidungsschlacht an der Unstrut (vielleicht bei dem heutigen Burgscheidungen) mit seinem Reich unter. Gregor von Tours hat den Verlauf der Kämpfe eindrucksvoll geschildert.

Gregor von Tours: Die Schlacht an der Unstrut (575)

Als die Franken nun heranzogen, stellten die Thüringer ihnen eine Falle. Auf dem Felde nämlich, wo gekämpft werden sollte, gruben sie Löcher; deren Öffnungen wurden mit dichtem Rasen bedeckt, so dass es eine ebene Fläche zu sein schien. In diese Löcher nun stürzten viele der fränkischen Reiter, als es zum Schlagen kam, und wurden schwer behindert; nachdem man aber die List bemerkt hatte, fing man an, achtsam zu sein. Als aber die Thüringer sahen, dass sie großen Verlust erlitten, wandten sie, da auch ihr König Hermenefred schon die Flucht ergriffen hatte, den Rücken und kamen bis zur Unstrut. Dort wurden so viele Thüringer niedergemacht, dass das Bett des Flusses von der Masse der Leichname zugedämmt wurde, und die Franken über sie, wie über eine Brücke, auf das jenseitige Ufer zogen. Nach diesem Siege nahmen diese sofort das Land in Besitz und brachten es unter ihre Botmäßigkeit.

Nach dem fränkischen Geschichtsschreiber konnte Hermenefred noch rechtzeitig in einen entlegenen Teil seines Reiches
fliehen und bis 534 unbehelligt bleiben, während die meisten seiner Krieger (und damit die Mehrheit der Thüringer
Adeligen) niedergemetzelt wurden. Verlockt durch die Aussicht, fränkischer Vizekönig zu werden, und mit der Zusiche-
rung auf Geleit muss er seinen Fluchtort verlassen und sich
zu König Theudebert I. in die alte niederrheinische Römerstadt Culpiacum (dem heutigen Zülpich) begeben haben. Dort
soll er, wie Gregor glaubhaft berichtet, von der Stadtmauer
gestürzt worden sein und dabei den Tod gefunden haben.

Die Ereignisse um den Untergang des Thüringerreiches liefern auch den Stoff
für das (verloren gegangene) germanische Iring-Lied, einem Heldenlied,
mit dem die überlieferte Literatur Thüringens einsetzt.

Die bekannteste Persönlichkeit der Thüringer Königszeit ist
Hermenefreds Nichte Radegunde. Vor allem in der Gegend
des nordfranzösischen Poitiers, wo sie in dem von ihr gegründeten Kloster starb, lebt der Name der Heiligen (St.
Radegundis) bis in die Gegenwart fort. Dorthin ist die
Thüringerprinzessin allerdings nicht freiwillig gekommen.
Da die Franken den thüringischen Königsschatz nach der
Unstrutschlacht nicht finden konnten, dürfte Radegunde für
sie die wichtigste Beute gewesen sein. Wer sie heimführte,
würde der rechtmäßige Besitzer Thüringens sein. Deshalb
wurde sie die Gemahlin Chlotars (der zusammen mit Theudebert regierte) und damit Frankenkönigin. Als Theudebert ihren Bruder Hermenefred ermorden ließ, trennte sie sich von
dem ihr verhassten Gemahl, veräußerte ihr gesamtes Hab
und Gut und wurde Nonne. Dem in der Nähe von Poitiers
lebenden Gregor von Tours erzählte sie von ihrem Schicksal.

Bekannt war Radegunde auch mit dem spätrömisch-fränkischen Dichter
Venantius Fortunatus, der den Untergang des Thüringer Königsgeschlechts in
einer erschütternden lateinsprachigen Elegie, dem „Klagelied der Radegunde",
bedichtete.

Venantius Fortunatus: Das Klagelied der Radegunde (Auszug)

O du trauriges Los des Krieges, du neidisches Schicksal,
In wie plötzlichem Sturz sinken doch Reiche dahin,
Lange gesicherte Stätten des Glücks, hochragende Giebel
Liegen, vom Sieger verbrannt, kläglich in Trümmern und
Schutt.
Und das Gehöft des Palastes, das einst von Leben erfüllt
war,
Ist von Gebäuden nicht mehr, nein nur von Asche bedeckt,
Und die Firsten der Dächer, die sonst rotgolden geschim-
mert,
Sind nun zu Boden gestürzt, sind nur noch Asche und Staub.
Männer von fürstlichem Rang, beraubt vom Feinde der Frei-
heit,
Stürzten in schimpfliches Los nieder vom Gipfel des Ruhms.
(...)
Wie war das Gefilde bedeckt von den Körpern der Toten,
Ach, ein einziges Grab barg nun ein einziges Geschlecht!
Jetzt kann Troja allein nicht mehr sein Ende beweinen,
Denn auch Thüringen litt ebenso blutigen Mord.
Weg schleppt man gefesselte Frauen an flatternden Haaren,
Keiner wurde vergönnt trauriger Abschied vom Heim.
Küssen durfte die Schwelle nicht noch der Gefangene, auch
nicht
Schaun zu den Stätten zurück, die ihn gern länger geschaut.
Nacktes Fußes die Gattin schritt im Blute des Gatten,
Über des Bruders Leib schritt da die Schwester hinweg.
(...)
Nicht vermag ich zu weinen, obgleich barbarischen Ur-
sprungs,
So wie sie, kann ich nicht schwimmen in Tränenerguss.
Jeglicher hatte sein eigenes Leid, ich weinte für alle.
Alles, was jene geschmerzt, war mein persönliches Leid.
Glücklich die Männer, die tödlich die Waffe des Feindes
getroffen,
Ich alleine nur blieb, sie zu beweinen zurück.

Die Mühlburg, *im Bildvordergrund das Dorf Mühlberg.*

Wie bekannt Radegunde noch mehr als 400 Jahre nach ihrem Tode war, zeigt Kaiser Otto der Große, wenn er um 950 in Helfta bei Eisleben eine Radegundis-Kapelle errichten ließ. Man vermutet, dass dieser Ort mit ihrem Leben in Zusammenhang stehen könnte.

Im heutigen Thüringen hat Radegunde nur eine Spur hinterlassen, und zwar auf der Mühlburg in der Nähe von Gotha. Dort hat es im 14. Jahrhundert ebenfalls eine Radegundis-Kapelle gegeben. Heute existieren von diesem vermutlich im 16. Jahrhundert aufgegebenen Gotteshaus nur noch die Grundmauern. Seit 1987 erinnert dort ein Gedenkstein an die thüringische Prinzessin, die mit Sicherheit mit diesem Ort verbunden war. Vielleicht hat sie dort einen Teil ihrer Kindheit und Jugend verbracht.

Die Merowinger in Thüringen

Seit der Unstrutschlacht war Thüringen die östlichste Provinz des Frankenreiches. Die erzwungene Heirat Radegundes mit Chlotar begründete den rechtlichen Anspruch seiner Dynastie auf das eroberte Gebiet. Wie die Merowinger (genannt nach ihrem in der Mitte des 5. Jahrhunderts lebenden Ahnherrn Merowech) die neue Provinz regierten, wissen wir nicht. Sie besaßen zwar Güter in Thüringen, so auch im Erfurter Becken, doch sehr gefestigt soll ihre Herrschaft nicht gewesen sein. Den jährlichen Zins von 500 Schweinen, den die Besiegten den neuen Herren entrichten mussten, werden die Thüringer als demütigend empfunden haben. Trotz der spärlichen Überlieferungen wird deutlich, dass es mehrfach Aufstände gegen die fränkischen Eroberer gegeben haben muss. Diese wurden zwar niedergeschlagen, führten aber offensichtlich nicht zu einer dauerhaften militärischen Besetzung des Landes. Thüringen war für die Merowinger lange nur ein Nebengebiet.

***Fränkische Krieger**, Darstellung aus dem 19. Jh.*

Die Franken und das Christentum

Ende 495 oder Anfang 496, vermutlich während eines Feldzuges gegen die Alemannen, nahm König Chlodwig das römische Christentum an. Dieser Schritt erfolgte, wie der Geschichtsschreiber Gregor von Tours mitteilt, eher zögerlich, obwohl Chrodechilde, seine Gemahlin und Tochter des Burgundenherrschers, bereits Anhängerin des neuen Glaubens war. Das Abendland erhielt mit dieser Entscheidung Chlodwigs seine grundlegende kulturelle Ausrichtung. Dass sich das römische Christentum spätestens seit dem frühen 8. Jahrhundert auch in Thüringen durchsetzte, geht unmittelbar auf die Franken zurück.

Die Merowingerkönige
(die Thüringen regierten)

Chlodwig I.	481-511
Chlotar I.	511-561
Chilperich I.	561-584
Chlotar II.	584-628
Dagobert I.	628-638
Chlodwig II.	636-656
Chlotar III.	656-670
Childerich II.	670-673
Theoderich III.	673-691
Chlodwig III.	691-695
Childebert III.	695-711
Dagobert III.	711-715
Chilperich II.	715-719
Theoderich IV.	720-737
Bonifacius	743
Childerich III.	743-752

Wirklich wichtig wurde Thüringen für die Merowinger erst im 7. Jahrhundert, als es durch die vom Osten her vorrükkenden Slawen bedroht schien. König Dagobert I., der letzte bedeutende Merowingerkönig, hielt sich deshalb zwischen 623 und 630 in Begleitung des Bischofs Arnulf von Metz in Thüringen auf. Er soll auf dieser Heerfahrt in Thüringen nur wenige Christen getroffen haben. Deshalb setzte er bald darauf einen Statthalter ein, der neben der Abwehr der Slawen auch die christliche Mission fördern sollte. In dem bezeugten Herzog (dux Thoringiae) Radulf ist ein fränkischer Adeliger burgundischer Herkunft zu vermuten. Er konnte durch eine Reihe von Siegen über die Slawen (so 633 bei dem späteren

Rudolstadt) seine Stellung festigen. Als Dagobert starb, nutzte Radolf die vorübergehende Schwäche der Merowinger aus und rebellierte gegen den neuen König. Als er Sigibert III. (von Aquitanien) in offener Feldschlacht überwand, soll er, obwohl er die Oberhoheit der Merowinger nie abgeschüttelt hat, in Thüringen wie ein König geherrscht haben. Eine eigene Dynastie konnte er indessen nicht begründen. Auch unter seinen Nachfolgern blieb Thüringen weitgehend unabhängig.

Die volle Integration Thüringens in das Frankenreich vollzog sich erst im 8. Jahrhundert, und zwar unter den Hedenen, Herzögen aus Mainfranken. Diese nahmen auch die christliche Missionierung wieder auf. Eine besondere Rolle auch für Thüringen spielte dabei das von Willibrord, Bischof von Utrecht, gegründete luxemburgische Kloster Echternach. Wenn es dem Kirchenmann auch noch nicht gelang, in Thüringen feste kirchliche Strukturen zu schaffen, so bereitete er aber doch dafür den Boden. Herzog Heden II. stellte 704 in Würzburg eine Schenkungsurkunde aus, die Willibrord Höfe in Arnstadt, in dem nahen Mühlberg und in einem nicht genau zu bestimmenden Monra zuweist. Darin erscheint auch Hedens Gemahlin Theotrada, eine Thüringerin, und der (vermutlich auf den Stamm bezogene) Name eines Sohnes Tiringus (Thuring). Wahrscheinlich stammten die verschenkten thüringischen Besitzungen aus dem Erbgut Theotradas.

Als Bonifatius, der Schüler Willibrords, 719 mit seiner Mission begann, gab es in Thüringen keine Herzöge mehr. Hedens Geschlecht scheint im Mannesstamme schon erloschen gewesen zu sein. Bonifatius handelte bereits im Auftrage des Hausmeiers Karl Martell, des neuen starken Mannes im Merowingerreich. Die Könige hatten zu diesem Zeitpunkt bereits jeglichen Einfluss verloren. Unter der Herrschaft der Hausmeier, der späteren Karolinger, wurde Thüringen wieder der Zentralmacht unterstellt.

Die Sachsenburg hatte am Unstrutdurchbruch durch Hainleite und Schmücke für Nordthüringen eine große strategische Bedeutung; ein Vorläufer der abgebildeten Anlage wurde von den Merowingern im 7. Jh. errichtet. Der Bergfried
der Unterburg (Hakenburg) stammt aus dem 11. Jh.

Die Rolle des Kurerzstifts Mainz

Bonifatius gründete 724 auf dem Johannisberg am Rande des Thüringer Waldes bei Altenbergen die erste Kirche und 725 in dem nicht weit davon entfernten Hof Ohrdruf das erste Kloster in Thüringen. Hauptort seiner Missionstätigkeit wurde aber der Handelsplatz Erfurt, den er 742 mit Unterstützung von Papst Zacharias zum Bistum erhob und auf dem Marienberg einen Dom bauen ließ. Da Bonifatius bald darauf vom Papst die Diözese Mainz erhielt, konnte er sein bischöfliches Amt in Erfurt nicht antreten. So kam es zur Bindung Erfurts an die seit 346 bezeugten Bischöfe von Mainz. Dass dies eine der folgenreichsten Entscheidungen in der thüringischen Geschichte sein würde, war damals noch nicht abzusehen.

Unter Bischof Lullus wurde das Stift Mainz 781/82 zum Erzbistum erhoben. Seit dem 13. Jahrhundert stand es im Rang eines Kurfürstentums, was Kaiser Karl IV. 1356 in der „Goldenen Bulle" bestätigte. Die Fürstbischöfe von Mainz, die zugleich Kanzler waren, gehörten jahrhundertelang zu den einflussreichsten Politikern des Reiches. Das blieb auch für Thüringen nicht ohne Folgen, wenngleich Erfurt lange Zeit Freizügigkeit genoss.

Im späteren Gebiet von Erfurt, vor allem in der Nähe der Gerafurten, lagen bereits im 1. Jahrhundert mehrere hermundurische Siedlungen. Wahrscheinlich gab es dort zur Zeit des Thüringerreiches auch einen Königshof, aus dem nach 531 ein fränkischer Verwaltungsstützpunkt erwuchs. Auch im 7. Jahrhundert nahm dieser Siedlungsraum einen herausragenden Platz ein. Als Bonifatius dorthin kam, sah er in Erfurt bereits den Mittelpunkt Thüringens. In einem Brief an den Papst spricht er „von einer Stadt ackerbau- und handeltreibender Heiden", die wie keine andere in Thüringen für einen Bischofssitz geeignet erscheint. Zudem verlief die seit dem 8. Jahrhundert nachweisbare Hohe oder Königsstraße (lat. Via regia), die wichtigste West-Ost-Verbindung im damaligen Mitteleuropa, durch den Ort. Seit dem 10. Jahrhundert war Erfurt auch königliche Pfalz und damit Schauplatz wichtiger reichspolitischer Ereignisse. Erfurt hatte also von Anfang an alle Voraussetzungen für die Entwicklung zu einer Haupt- und Residenzstadt. Die Anbindung an Mainz verhinderte dies. Die thüringische Geschichte verlief in eine andere Richtung; und andere Orte wurden politische Zentren.

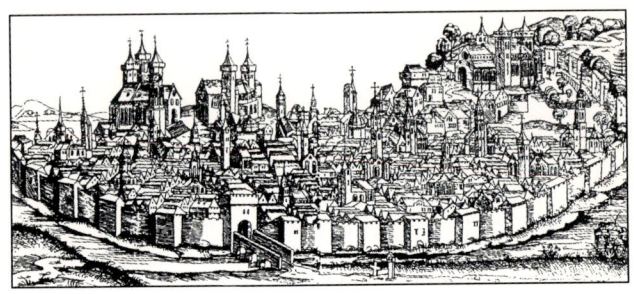

Darstellung Erfurts in der „Schedelschen Weltchronik"
von 1493. Der Domhügel und St. Peter sind deutlich hervor-
gehoben. Martin Luther, der im „thüringischen Rom" Student
war, sprach vom „Erfordia turrita", dem türmereichen Er-
furt. Und Nikolaus von Siegen, der 1494/95 im Peterskloster
ein „Chronicon ecclesiasticum" schrieb, meinte: „Tota Thurin-
gia ex Erfordia se nutrit et fovet." - Ganz Thüringen nährt
und wärmt sich aus Erfurt.

Unter der Führung der Mainzer Fürsterzbischöfe stieg Erfurt
zum geistlichen und bald auch zum geistigen Mittelpunkt
Thüringens auf. Aufbauend auf die schon früh bestehenden
Klosterschulen, gründeten die Erfurter Bürger 1392 eine Universität. Das war nach Prag, Wien, Heidelberg und Köln die
fünfte im Reich. Als Stadtherren von Erfurt und Grundherren
im nördlichen Thüringen (mit dem Gebiet um Sömmerda
und dem Eichsfeld) waren die Mainzer Erzbischöfe nahezu
ein Jahrtausend lang bedeutende und einflussreiche Fürsten
in Thüringen. Erst 1803, kurz vor der Auflösung des Heiligen
Römischen Reiches, mussten sie auf Betreiben des Franzosen-
kaisers Napoleon I. die von ihnen verwalteten Länder an
Preußen abgeben.

Die Karolinger und die Liudolfinger (Ottonen) in Thüringen

Noch einmal zurück in das frühe Mittelalter. Karl Martell, der Sieger über die Araber und Großvater Karls des Großen, war der erste regierende Hausmeier; die Königswürde bekleidete er aber noch nicht. Erst sein Sohn Pippin d.J. wurde 751 Frankenkönig. Karl der Große und dessen Sohn Ludwig der Fromme folgten ihm.

Die Hausmeier der Merowinger

Pippin II., der Mittlere	687-714
Karl Martell	714-741
Pippin III., der Kleine	741-751

Die Karolingerkönige

Pippin der Kleine	751-768
Karl der Große	768-814
Ludwig der Fromme	814-840
Lothar	840-843

Im 8. und 9. Jahrhundert stellte Thüringen innerhalb des karolingischen Großreiches (und später des Ostfränkischen Reiches) einen klar abgegrenzten und von der Zentralregierung aus verwalteten Reichsteil dar. Obwohl auch in Thüringen als Folge der Einführung der fränkischen Grafschaftsverfassung landsässige Adelige belehnt wurden, gelang es keinem von ihnen, die herzogliche Obergewalt zu ergreifen. Allein den Zehnten durften die „Grafen" für den jeweiligen Frankenherrscher erheben. Vor allem in der Regierungszeit Karls des Großen wurden von ihnen an der Saale Burgen erbaut, die von ihrer Größe und vom verwendeten Material her freilich noch sehr bescheiden waren. Die darauf untergebrachten Besatzungen sollten das Land vor den Slawen schützen. Lange herrschte jedoch Frieden; und in Erfurt trieben Thüringer und Sorben miteinander Handel.

An den meisten Feldzügen Karls des Großen waren auch Thüringer beteiligt; und Karl selbst hat seine östliche Provinz mehrmals bereist. Manches spricht dafür, dass Thüringen in seinem Reich sogar eine Sonderstellung einnahm. So ließ der nunmehrige Römische Kaiser das Recht der Thüringer 802 als „Lex Thuringorum" aufzeichnen.

Nach dem 843 geschlossenen Vertrag von Verdun wurde Thüringen Teil des Ostfränkischen Reiches. In dieser Zeit kam es an der Saalegrenze mehrmals zu Unruhen, verschiedentlich wurden auch Feldzüge ins Slawenland unternommen. Bestellte Markherzöge, darunter ein Thakulf, ein Ratolf und ein Poppo, alle aus dem Geschlecht der österreichischen Babenberger, sollten die lange Grenze befrieden. An der Wende vom 9. zum 10. Jahrhundert regierte der Ostfranke Burchard in Thüringen. 908 fiel er im Kampf gegen die Ungarn. Er sollte der letzte Thüringer Herzog gewesen sein.

Sächsische Krieger, *Miniatur aus dem „Goldenen Psalter" von St. Gallen, 10. Jh.*

Die ostfränkischen Könige

Ludwig II., der Deutsche	843-876
Ludwig III., der Jüngere	876-882
Karl III., der Dicke	882-887
Arnulf von Kärnten	887-899
Ludwig IV., das Kind	900-911
Konrad I.	911-918

Als die sächsischen Liudolfinger die Herrschaft übernahmen, setzten sie keine Herzöge mehr ein. An eine selbstständige Entwicklung Thüringens war nun nicht mehr zu denken. Zudem war der nordthüringische Raum zwischen Harz und Unstrut einer der Machtschwerpunkte des Liudolfingerherzogs Heinrich, der seit 919 auch die deutsche Königskrone trug. Als Stammvater dieses Geschlechts gilt Liudolf, der über das östliche Sachsen gebot und als Markgraf ins Sorbenland geschickt wurde. Da Heinrichs Nachkommen in drei Generationen den Namen Otto trugen, hat es sich eingebürgert, dieses sächsische Geschlecht deshalb auch als Ottonen zu bezeichnen.

Der König belehnt einen Ritter mit Land östlich der Saale, dieser verpflichtet sich, gegen die Slawen zu kämpfen. Nach der Heidelberger Bilderhandschrift des „Sachsenspiegels" (13. Jh.).

27

Das Herzogtum Sachsen

Als Sachsen wird seit dem 2. Jahrhundert ein germanischer Großverband bezeichnet, der im heutigen Niedersachsen, in Westfalen und an der unteren Elbe bis hin zum Harz zu Hause war. Der Stammesname geht auf das germanische Wort Sahsaz, was Schwert bedeutet, zurück.

Die Sachsen hatten unter ihrem Fürsten Widukind lange Karl dem Großen widerstanden. Letztlich wurden sie aber doch besiegt und kamen als Stammesherzogtum Anfang des 9. Jahrhunderts an das Frankenreich. Dass aus dem spät eingegliederten Sachsen schon hundert Jahre später der erste deutsche König hervorging, gehört zu den erstaunlichsten Tatsachen des frühen Mittelalters. In der Stauferzeit stellte sich das nun von dem Geschlecht der Welfen beherrschte Sachsen erneut gegen die Zentralmacht. Mit dem Sturz Heinrichs des Löwen 1180 endete das alte Herzogtum Sachsen. Das große Land wurde in ein Herzogtum Westfalen unter den Erzbischöfen von Köln, in ein Herzogtum Braunschweig-Lüneburg unter den Welfen und ein Herzogtum Sachsen unter den Askaniern geteilt. Aus letzterem ging das Herzogtum Sachsen-Wittenberg hervor, das 1356 in dem von Kaiser Karl IV. erlassenen Reichsgrundgesetz, der „Goldenen Bulle", mit der Kurwürde bedacht wurde. 1423 fiel Sachsen-Wittenberg an das die Markgrafschaft Meißen regierende Haus Wettin. So wurde der norddeutsche Landesname auf ein mitteldeutsches Territorium übertragen. Aus dieser „Wanderung" von Nordwesten nach Südosten erklärt sich, dass heute gleich drei Bundesländer die alte Stammesbezeichnung in ihrem Namen führen.

Doch zurück zu König Heinrich: Am 15. März 933 schlug der Sachse bei dem vermeintlichen Unstrutort Riade (vielleicht bei den heutigen Dörfern Ritteburg und Kalbsrieth) mit einem aus Sachsen und Thüringern bestehenden Heer die ins Land eingefallenen Ungarn. Mit diesem von Heinrich I. in Thüringen (und dem 955 von Otto I. auf dem bayerischen Lechfeld) erfochtenen Siegen legten die Sachsenkönige den Grundstock für den späteren Aufstieg des von ihnen gegründeten Heiligen Römischen Reiches zu einer universalen Macht. 1024 starben die Liudolfinger (Ottonen) im Mannesstamme aus. Die fränkischen, vor allem in den Rheingegenden gebietenden Salier folgten ihnen im Königsamt.

Das Kloster Memleben

Die heutige Klosterruine geht auf eine Königspfalz zurück, in der König Heinrich I. 936 und sein Sohn Otto I. 973 starben. Kaiser Otto II. gründete hier auf Betreiben seiner Mutter Adelheid zwischen 976 und 979 eine Benediktinerabtei, die in der Folge reich ausgestattet wurde. 1551 wurde das Kloster nach dem Ableben der letzten Insassen aufgehoben und die Güter der Landesschule Pforta übereignet. Erhalten ist insbesondere die frühromanische Krypta. Die vielbeschriebenen Königsbildnisse, darunter wohl auch eines Heinrichs I., auf den Pfeilern des als Ruine erhaltenen Langhauses sind heute kaum noch zu erkennen.

Heinrich I., Zeichnung aus dem „Hortus deliciarum", um 1170.

Das Langhaus des Klosters Menleben.

Die ottonischen Könige

Heinrich I., der Vogler	919- 936
Otto I., der Große	936- 973
Otto II.	973- 983
Otto III.	983-1002
Heinrich II.	1002-1024

Ein Zentrum der Machtausübung der Liudolfinger in Thüringen war die Dornburg. In der Urkunde vom 13. Januar 937, in der diese Burg erstmals genannt wird, schenkt der junge König (und spätere Kaiser) Otto I. auf Fürbitte seiner Mutter Mathilde dem reich begüterten Kloster Quedlinburg den „Gewandzehnten" (an Lodenstoff) der Burgen Kirchberg (bei dem späteren Jena) und Dornburg.

Vermutlich war diese nach und nach im Laufe des 10. Jahrhunderts ausgebaute Anlage bedeutend größer als das heute an diesem Platz stehende Alte Schloss aus dem 15. Jahrhundert. Auf dieser ottonischen Burg hielten sich im 10. und 11. Jahrhundert mehrere deutsche Könige und römisch-deutsche Kaiser auf. Sie urkundeten hier, verhandelten in wichtigen Staatsgeschäften und feierten hohe Feste. So war Otto der Große 952, 955, 958 und 965 auf der Dornburg, sein Sohn Otto II. 980 anlässlich eines Reichstages und Otto III. 999.

Die reisende Hofhaltung wird auf 200 bis 300 Personen geschätzt. Die Verweildauer betrug sommers nur wenige Tage, seltener einige Wochen, winters konnten es aber Monate sein. Auf dem Hof warteten Dutzende Bedienstete, Knechte und Mägde, die das Vieh versorgten und die Äcker bestellten; hinzu kamen noch zahlreiche Handwerker. Die Burg war in dieser Zeit ein riesiger Wirtschaftsbetrieb, in dem es aber erst richtig lebendig wurde, wenn sich der Hof angesagt hatte. Dann wurde die Königswohnung bezogen, füllten sich die prächtigen Rittersäle, unter ihnen die große „Aula", es wurde getafelt und gesungen und in der Kapelle Messen zelebriert.

Die Dornburg war unter den Ottonen einer der politischen Mittelpunkte des Heiligen Römischen Reiches. Auch die Burg Kirchberg spielte eine gewisse Rolle. So zog Kaiser Otto III. im Jahre 1000 von hier aus, wo er Abschied von seinen Schwestern nahm, ins polnische Gnesen und schloss mit Boleslaus dem Tapferen (Boleslaw Chrobry) Frieden. Kaiser Heinrich II.

ließ sich auf Kirchberg am 20. Juli 1002 vom Thüringer Adel huldigen und erließ durch die Fürsprache Graf Wilhelms II. von Weimar-Orlamünde dem Land den 531 auferlegten demütigenden Schweinezins.

Huldigung Kaiser Ottos des Großen, *zeitgenössische Darstellung.*

Die salischen Könige

Konrad II.	1024-1039
Heinrich III.	1039-1056
Heinrich IV.	1056-1106
Heinrich V.	1106-1125
Lothar III.	1125-1137

Die Ekkehardinger

Unter den zahlreichen Thüringer Grafengeschlechtern in ottonischer Zeit ragte allein das der Ekkehardinger hervor. Ahnherr ist ein noch nicht zu lokalisierender und 949 urkundlich genannter Graf Ekkehard, der dem Geschlecht den Namen gab. Dessen Sohn Günther zog mit Kaiser Otto I. nach Italien, muss dann aber einem wechselvollen Schicksal ausgesetzt gewesen sein. Im Kampf mit den Sarazenen soll er den Tod gefunden haben.

Erst Günthers Sohn Ekkehard I., der in Großjena an der Unstrut saß, unweit der Mündung des Flusses in die Saale, ist wirklich fassbar. Er hat sich als nüchterner und entschlossener Mann in der Umgebung Kaiser Ottos III. hervorgetan, diesen bei der Niederwerfung eines Aufstandes in Rom unterstützt und im Jahre 1000 zum Friedensschluss mit Polen beigetragen. Zudem war der Ekkehardingergraf der wichtigste Wächter an der Saalegrenze. Als Otto III. 1002 starb, war seine Macht so groß, dass er in den Kampf um dessen Nachfolge eingreifen konnte. Bevor er aber richtig zum Zuge kam, wurde er von Neidern ermordet. Thietmar von Merseburg, der wichtigste Chronist der Zeit, nennt ihn eine „Zierde des Reiches" und „Herzog von Thüringen", doch ist über diese Amtsstellung nichts weiter bekannt.

Vermutlich war es auch schon Ekkehard I., der die neue (heute allerdings nicht mehr vorhandene) Burg an der Saale erbauen ließ und damit den Grund für die frühe Stadtentwicklung Naumburgs legte. Wie schon die von ihm um das Jahr 1000 gegründete Eckartsburg (auf der Finne beim heutigen Eckartsberga) sollte sie die von Erfurt nach Leipzig führende Hohe Straße sichern.

Graf Ekkehard I. war seit 985 Besitzer der vereinten Marken Meißen, Merseburg und Zeitz sowie Burgwart von Kirchberg (bei dem späteren Jena). Und wenn die von ihm gegründete Steinsburg mit der Rudelsburg identisch ist, wofür einiges spricht, wäre er auch der Erbauer der in der Zeit der Romantik („An der Saale hellem Strande / stehen Burgen stolz und kühn") berühmt gewordenen Saaleburg. Verdienste erwarben sich er und sein Sohn Ekkehard II. auch um die Koloni-sierung des noch slawischen Osterlandes und um die Festi-gung der Zentralgewalt, was ihnen allerdings nun die auf Selbstständigkeit bedachten Grafen von Weimar zu Feinden machte. Nach dem Aussterben der Ekkehardinger 1046 wur-den diese das dominierende Grafenhaus im östlichen Thü-ringen.

Die Ruine der Rudelsburg *(beim heutigen Bad Kösen) in einem Kupferstich aus dem frühen 19. Jh.*

Die Ekkehardingergrafen

Ekkehard	gen.	949
Günther	gest.	982
Ekkehard I.	gest.	1002
Hermann	gest.	1032
Ekkehard II.	gest.	1046

Durch ihre kulturstiftende Rolle haben die Ekkehardingergrafen auch nach fast tausend Jahren noch einen Platz im öffentlichen Bewusstsein. Die Brüder Hermann und Ekkehard II. sind die Stifter des ersten Naumburger Domes. Um 1250, also mehr als 200 Jahre nach ihrem Hinscheiden, haben sich die Erbauer des zweiten Naumburger Domes ihrer erinnert und sie in den Stifterfiguren als Menschen des 13. Jahrhunderts darstellen lassen. Durch den hohen Kunstwert der Plastiken sind ihre Namen, insbesondere der von Ekkehards Gemahlin Uta, die als Ballenstedterin zu den Stammmüttern des Fürstenhauses der Aska-nier gehört, in die Weltkunst eingegangen und noch heute vielen Menschen geläufig. Die lebensgroßen Skulpturen Ekkehards II. und seiner Gemahlin Uta von Ballenstedt (wie auch die übrigen zehn Statuen) befinden sich im West-chor des Naumburger Domes und sind Arbeiten des mit Namen unbekannt gebliebenen „Naumburger Meisters" und seiner Werkstatt. Um 1250 müssen sie fertiggestellt worden sein.

Ekkehard II. und Uta.

***Reglindis**, die Gemahlin des Ekkehardingers Hermann, des älteren Bruders Ekkehards II.*

Das Fürstenhaus der Askanier

Der Stammort ist das spätere Harzstädtchen Ballenstedt. Der Sage nach soll ein Ritter dort Bären und Wölfe gejagt haben. Um das von ihm errichtete Blockhaus entstand das Dorf Balkenstädt (also Ballenstedt). Um 1030 lebte dort ein Graf Esiko. Ob der eine Generation später erwähnte Adalbert von Ballenstedt, der Stammvater des späteren Fürstengeschlechts, direkt auf ihn zurück geht, ist nicht sicher, aber möglich. Adalbert war mit einer Orlamünderin verheiratet, wodurch sein berühmter Enkel Albrecht der Bär der Erbe der Weimar-Orlamünder Grafen wurde. Adalberts Sohn Otto der Reiche, der Erbauer der Burg Anhalt im Selketal, nennt sich zuerst Graf von Askanien. Der Name verweist auf seinen Besitz in Aschersleben. Albrecht der Bär unterwarf die Sorben an Saale und Elbe und wurde Markgraf von Brandenburg, während sein Sohn Hermann die Grafschaft Weimar-Orlamünde und sein Sohn Bernhard die Stammlande um Ballenstedt und Aschersleben bekam. Bernhards Nachkommen wurden Herzöge von Sachsen-Wittenberg. Als ihre Linie 1423 ausstarb, fiel ihr Land an die Wettiner. Geblieben sind den Askaniern nur die Stammlande, in denen zu verschiedenen Zeiten mehrere Linien regierten, u.a. in Aschersleben, Bernburg, Köthen, Zerbst und Dessau (dort bis 1918). In der Neuzeit bestanden zwischen den askanisch-anhaltinischen und den ernestinisch-sächsischen (also thüringischen) Fürstenhäusern enge geistige Kontakte.

Die Staufer in Thüringen

Das staufische Jahrhundert – 1150-1252 – gilt allgemein als der Höhepunkt und die Glanzzeit des deutschen Mittelalters. Das aus Schwaben stammende Fürstengeschlecht, das die salischen Kaiser beerbte, hatte zunächst mit Thüringen nur wenig zu tun. Unter Friedrich I. Barbarossa zogen die Staufer aber ihre in Thüringen gelegenen Reichsgüter wieder mehr an sich und begannen mit Hilfe von Ministerialen, die bestehenden Burgen auszubauen. So wurde auch die schon unter den Salierkaisern errichtete Burg Kyffhausen am Rande der Goldenen Aue zu einer der größten Anlagen ihrer Art im Reich erweitert. Zwischen Saale und Pleiße entstand mit dem Osterland sogar ein geschlossenes Reichsterritorium, in dem die Stadt Altenburg eine besondere Rolle spielte.

Die staufischen Könige

Konrad III.	1138-1152
Friedrich I. Barbarossa	1152-1190
Heinrich VI.	1190-1197
Philipp	1198-1208
Otto IV./Gegenkönig	
Friedrich II. (Federico)	1212-1250
Heinrich VII.	1237-1254
Heinrich Raspe/Gegenkönig	
Wilhelm von Holland/Gegenkönig	

Friedrich I. Barbarossa weilte oft in Altenburg. Auch als 1172 die Kirche des Augustiner-Chorherrenstifts geweiht wurde, war er dabei. Der örtlichen Überlieferung nach gehen die beiden ungleichen Türme – als „Rote Spitzen" bis heute ein Wahrzeichen der Stadt – auf Friedrichs langen, zweigeteilten roten Bart zurück. Barbarossa, Rotbart, sollen die Kinder von Mailand gerufen haben, als Friedrich dort einzog. Auf einem Hoftag verlieh der Kaiser in Altenburg 1180 das Heinrich dem Löwen abgesprochene Herzogtum Bayern an Otto von Wittelsbach.

Kaiser Friedrich I. Barbarossa *als Kreuzfahrer. Aus der Handschrift des Petrus de Ebulo, 13. Jh.*

Als Friedrich I. Barbarossa mit dem Welfenherzog Heinrich dem Löwen in Konflikt geriet, hielt er sich oft in Erfurt auf. 1180/81 begann er hier seine Feldzüge gegen die Konkurrenten. Heinrich der Löwe kam ihm darauf entgegen und ließ dabei Mühlhausen und Nordhausen niederbrennen. Da sich die Erfurter Bürger unter den Schutz des Staufers stellten, nahmen die Erzbischöfe von Mainz eine antikaiserliche Haltung ein, denn sie fürchteten die Erhebung Erfurts zur Freien Reichsstadt und damit den Verlust ihrer Macht in Thüringen. Der Thüringer Landgraf Ludwig III. unterstützte den Kaiser, weil er in den Mainzer Erzbischöfen Konkurrenten sah. Er geriet dabei sogar in die Gefangenschaft Heinrichs des Löwen und wurde auf der Weißenseer Runneburg festgehalten. Als Heinrich im Sommer 1181 vom Kaiser besiegt wurde, schickte er den Landgrafen als Unterhändler zu Friedrich. Dieser konnte allerdings nichts ausrichten. Heinrichs Schicksal entschied sich im November 1181 auf einem Gerichtstag in Erfurt. Die Auseinandersetzungen mit dem Welfen eskalierten erneut 1197 nach dem frühen Tod Kaiser Heinrichs VI. Als sich der Thüringer Landgraf Hermann I. daraufhin in die Reichspolitik einmischte und mehrfach die Seiten wechselte, wurde auch Thüringen zum Kriegsschauplatz. Die Kämpfe endeten erst, als sich der Landgraf 1212 dem neuen Stauferkönig Friedrich II. anschloss.

Die Reichsburg Kyffhausen

Sie gehörte mit ihren 600 Metern Länge zu den größten deutschen Burgen. Es wird angenommen, dass die Salierkaiser Heinrich IV. und Heinrich V. die erste Anlage in der zweiten Hälfte des 11. Jahrhunderts in Nachfolge der am Nordhang des Kyffhäusers benachbarten alten Königspfalz Tilleda erbauen ließen. Während der Sachsenkriege wurde die Burg 1118 zerstört. Ihren Wiederaufbau als dreiteilige Anlage und ihre größte Blüte erlebte die Burg in der Regierungszeit Kaiser Friedrichs I. Barbarossa. Ob der „Rotbart" Kyffhausen überhaupt je betreten hat, ist nicht gewiss. Die Goldene Aue hat er aber auf jeden Fall besucht. Verwaltet wurde die Reichsburg durch Reichsministeriale. Als diese nach 1239 abgezogen wurden, erhielten die Grafen von Beichlingen das Burggrafenamt. Im 14. Jahrhundert gehörte die Burg den Wettinern, diese verpfändeten sie aber schon 1378 an die Schwarzburger. Im 15. Jahrhundert verfiel sie.

Der Kyffhäuser: Von der Sage zum deutschen Mythos

Der Mythos hat eine lange Vorgeschichte. Doch bezeichnenderweise beginnt er erst, als die mittelalterliche Burganlage aufgegeben wird. In der Mitte des 15. Jahrhunderts war die Burg bereits von ihren Bewohnern verlassen und das Gemäuer dem Verfall preisgegeben. Ohne die in derselben Zeit von dem Eisenacher Chronisten Johannes Rothe niedergeschriebene Sage wäre die Burg genauso der Vergessenheit anheimgefallen wie die anderen Burgen Nordthüringens. Mehr noch: Durch den das alte Gemäuer umrankenden Sagenkranz – der bis weit in die heidnische Zeit zurückreicht – hat sie eine Bedeutung erhalten, wie sie die Burg in der Zeit ihres mittelalterlichen Glanzes nie besessen hat. Zu dessen großer Popularität hat beigetragen, dass der Kyffhäuser der bekannteste Sagenberg Thüringens ist.

Das Bemerkenswerte an Rothes offenbar aus verschiedenen Volkserzählungen übernommener Mär ist der Bezug auf den Ketzerkaiser Friedrich II. Obwohl der Enkel Barbarossas nie in Thüringen geweilt hat, muss die Mythe vor allem hier fest verwurzelt gewesen sein. Man nimmt an, dass dies mit den spätmittelalterlichen Ketzerbewegungen zusammenhängt, die vor allem in den nordthüringischen Städten zahlreiche Anhänger hatten. Einer der Ketzerführer, er wurde 1369 in Nordhausen hingerichtet, hat sich selbst als auferstandenen Kaiser Friedrich bezeichnet.

Tatsächlich waren die Herrschaftsjahre des letzten Staufers als eine glückliche Friedenszeit lange im Bewusstsein der Menschen geblieben. Als Friedrich II. 1250 in Italien starb, begannen langwierige Kriege um sein Erbe. Etwa zur gleichen Zeit war auch das Thüringer Landgrafenhaus ausgestorben, was auch hier kriegerische Auseinandersetzungen zur Folge hatte. 1289 hatte Kaiser Rudolf von Habsburg bei einem Besuch in Thüringen von chaotischen Verhältnissen gesprochen. In Thüringen war am Ende des 13. Jahrhunderts die Sehnsucht nach ruhigen Zeiten besonders groß und Friedrich II. in guter Erinnerung geblieben. Doch erst im 16. Jahrhundert verschmolzen beide Kaisergestalten zu einer Mythenfigur, von der, so das Volksbuch von 1519, „niemand weiß, wo er hinkommen noch begraben, die Bauern und Schwarzen Künstler sagen, er sei noch lebendig in dem hohlen Berg Kyffhäuser". Dort würde er schlafend an einem steinernen Tisch sitzen und wenn der Bart zum dritten Mal um den Tisch gewachsen sei und die Raben aufhörten um den alten Turm zu fliegen, wolle er wiederkommen und ein Reich des Friedens errichten.

Friedrich I. Barbarossa *auf dem 1896 errichteten Kyffhäuser-Denkmal.*

Wenn auch diese Sage im 17. und 18. Jahrhundert nie völlig in Vergessenheit geraten war, so hatte sie aber doch nach dem im Schatten des Kyffhäusers niedergeschlagenen Bauernkrieg ihre Massenwirksamkeit eingebüßt. Als Goethe sich im Mai 1776 in Tilleda aufhielt und die Burgruinen zeichnete, scheint für ihn die Kaiser-Legende keine Rolle gespielt zu haben. Bedeutung erlangte die Sage erst wieder im frühen 19. Jahrhundert, als infolge der Napoleonischen Kriege die Erneuerung des Reiches ein Thema der national empfindenden Jugend würde. 1810 fand in Frankenhausen ein patriotisches Musikfest statt, wo die Teilnehmer den Kaiser Barbarossa „zu baldigem Erwachen und zur endlichen Befreiung Deutschlands" aufriefen. Von ähnlichen Gedanken ist auch Friedrich Rückerts bald darauf entstandene Ballade „Barbarossa" erfüllt, die Generationen deutscher Schüler auswendig lernten. Die Kaiser-Sage hat mit diesem Gedicht nicht nur eine neue literarische Gestalt erhalten, sie ist durch Rückert auch wahrhaft volkstümlich geworden.

Friedrich Rückert: Barbarossa (1817)

Der alte Barbarossa
Der Kaiser Friederich,
Im unterird'schen Schlosse
Hält er verzaubert sich.

Er ist niemals gestorben,
Er lebt darin noch jetzt;
Er hat im Schloss verborgen
Zum Schlaf sich hingesetzt.

Er hat hinab genommen
Des Reiches Herrlichkeit,
Und wird einst wiederkommen,
Mit ihr, zu seiner Zeit.

Der Stuhl ist elfenbeinern,
Darauf der Kaiser sitzt:
Der Tisch ist marmelsteinern,
Worauf sein Haupt er stützt.

Sein Bart ist nicht von Flachse,
Er ist von Feuersglut,
Ist durch den Tisch gewachsen,
Worauf sein Kinn ausruht.

Er nickt als wie im Traume,
Sein Aug' halb offen zwinkt;
Und je nach langem Raume
Er einem Knaben winkt.

Er spricht im Schlaf zum Knaben:
Geh hin vor's Schloss, o Zwerg,
Und sieh ob noch die Raben
Herfliegen um den Berg.

Und wenn die alten Raben
Noch fliegen immerdar,
So muss ich auch noch schlafen
Verzaubert hundert Jahr'.

Kaiser
Friedrich II.,
Darstellung in
seinem Buch über
die Falknerei, 13. Jh.

Freie Reichsstädte in Thüringen

Sie unterstanden nur dem Kaiser und wurden quasi wie Republiken regiert. Etliche gingen aus Königsgütern hervor, andere erlangten ihre Unabhängigkeit durch Gewalt oder mittels Vertrag mit dem ehemaligen Stadtherrn. Die Staufer unterstützten diese Entwicklung und gewährten vor allem den Hansestädten im Norden und den reichen Handelsstädten im Süden diese Stellung. Anfangs übte in der Reichsstadt noch ein kaiserlicher Vogt oder Schultheiß die Hoheitsrechte aus. Ab 1250 brachten aber die meisten Reichsstädte die Vogteien in ihren Besitz. Seit dem Interregnum, der kaiserlosen Zeit nach dem Ende der Staufer, wurden die Reichsstädte auch zu den Reichstagen hinzugezogen und damit den Fürstentümern gleichgestellt. In Thüringen gab es mit Mühlhausen und Nordhausen nur zwei Freie Reichsstädte. Anfang des 13. Jahrhunderts wurde auch Saalfeld als Reichsstadt genannt. Das heute noch vorhandene sog. „romanische Haus" war vermutlich die Vogtei. Und in der Münzstätte wurden Brakteaten mit dem Bild des thronenden Kaiser Friedrich I. geprägt.

Mühlhausen war seit der Herrschaft der Karolinger Mittelpunkt eines Reichsgutes gewesen. Vor allem die Ottonen hielten sich dort häufig auf. Etwa seit 1220 war die Stadt Nutznießerin der staufischen Städtepolitik und seit 1231/37 Trägerin der hohen Gerichtsbarkeit. Seit 1348 galt Mühlhausen auch offiziell als Freie Reichsstadt und beherrschte ein Gebiet mit 19 Dörfern. Auch Nordhausen ist vor allem aus einem ottonischen Königsgut erwachsen. 1220 erlöste Kaiser Friedrich II. die Stadt aus der Abhängigkeit des Domstiftes. Seitdem galt sie als Freie Reichsstadt.

Die Herrschaft der Ludowinger –
Glanzzeit des Mittelalters in Thüringen

Die Errichtung einer eigenen Landesherrschaft war das Ziel vieler mittelalterlicher Grafengeschlechter. In Thüringen gelang dies zuerst den Ludowingern (genannt nach ihrem Leitnamen Ludwig, den immer der erstgeborene Sohn erhielt, während der zweitgeborene den Namen Heinrich Raspe trug). Im Laufe des späten 11. und frühen 12. Jahrhunderts stiegen sie zum bedeutendsten Fürstengeschlecht Thüringens auf. Um 1200 erlebten die Ludowinger eine weithin wirksame Glanzzeit. Doch schon zwei Menschenalter später starben sie im Mannesstamme aus und verabschiedeten sich aus der Geschichte. Den freigewordenen Platz nahmen die sächsischen Wettiner ein, die bis zum Ende der Monarchien in Thüringen herrschten.

Trotz der nur knapp zwei Jahrhunderte währenden politischen Wirksamkeit der Ludowinger ist ihr Andenken bis heute bewahrt geblieben. Ihr Löwen-Wappen und ihre Schildfarben weiß-rot sind eingegangen in die Hoheitszeichen des heutigen Freistaates. Mehr noch: Ihr Herrschaftsbereich, der längst nicht ganz Thüringen umfasste, zu dem aber auch ein großer Teil Hessens gehörte, hat durch seine einheitliche Ausgestaltung unsere geografische Vorstellung von Thüringen geprägt. Hinzu kommt noch, dass die Wartburg, die Hauptburg der Ludowinger, durch ihre Erneuerung im 19. Jahrhundert und die mit ihr verbundenen kulturellen und politischen Ereignisse für das deutsche Selbstverständnis eine eigenwillige Symbolkraft erlangt hat.

Das Thüringer Landeswappen

Nach dem vom Thüringer Landtag am 10. Januar 1991 angenommenen „Gesetz über die Hoheitszeichen Thüringens" zeigt das Thüringer Landeswappen „in Blau einen goldgekrönten und bewehrten, achtfach von Rot und Silber quergestreiften Löwen, umgeben von acht silbernen Sternen". Der bunte ludowingische Löwe war zuerst auf dem Wappen Landgraf Hermanns I. abgebildet. Dieser hat ihn offensichtlich von den Staufern übernommen. Die Sterne im Landeswappen sind allerdings neuzeitlichen Ursprungs: sie verweisen auf die thüringischen Fürstentümer, die bis 1918 existierten.

Die Ludowinger kommen nicht aus dem alteingesessenen Adel. Sie sind aus den eher unbedeutenden mainfränkischen Grafen von Rieneck hervorgegangen. Diese dienten als Burggrafen von Mainz den salischen Kaisern; vermutlich waren sie mit diesen verwandt.

Um 1030 wurde Ludwig der Bärtige, der Stammvater der späteren Landgrafen von Thüringen, mit einem Lehen am Nordrande des Thüringer Waldes ausgestattet. Nördlich von der von ihm gegründeten (und heute nur noch in kümmerlichen Resten vorhandenen) Schauenburg wuchs eine Rodungsherrschaft mit den Orten Friedrichroda, Finsterbergen, Engelsbach, Altenbergen und dem heute wüsten Espenfeld. Durch Heirat mit der wohlhabenden Cäcilie von Sangerhausen konnte er seinen Besitz schon bald bis zum Harz hin ausdehnen. Schon die zeitgenössischen Chronisten sahen in Ludwig dem Bärtigen einen findigen Politiker und tatkräftigen Siedlungsorganisator.

Der Sohn des ersten Grafen von Schauenburg ist der um 1040 geborene Ludwig der Springer. Auch er war politisch rege und am Ausbau seines Landes sehr interessiert. Er gründete mit der Wartburg (1067) und der Neuenburg (ab 1062) die wichtigsten Burgen der späteren Landgrafen. Die eine sollte sein Land im Westen, die andere im Osten schützen. Der ludowingische Besitz reichte jetzt von der Werra bis an die Saale. Die Sage von der Gründung der Wartburg zeigt, dass Ludwig selbst vor Landraub nicht zurückschreckte.

Um bequem von einer Burg zur anderen gelangen zu können, bauten die Ludowinger im 12. Jahrhundert an der beide verbindenden Straße weitere Burgen: so entstanden die Creuzburg (vor 1180), die Runneburg (um 1150) und die Eckartsburg (nach 1121).

Die Sage von der Gründung der Wartburg

Ludwig war ein begeisterter Jäger. Einst verfolgte er ein Wild viele Meilen weit durch den Wald und fand sich plötzlich auf einem hohen Berg. Dort setzte er sich nieder und genoss die herrliche Sicht in die Weite des Thüringer Landes. Begeistert rief er aus: „Wart, Berg, du sollst mir eine Burg tragen!"

Der Berg aber gehörte ihm nicht. Da er ihn aber besitzen wollte, ersann er mit seinen Getreuen eine List. Des Nachts ließ er seine Esel Körbe voller Erde von seinem eigenen Grund und Boden auf diesen Berg tragen und darauf eine Burg bauen. Der Besitzer des Berges verklagte ihn darauf vor dem Kaiser wegen Landraubes. Ludwig erschien vor diesem mit zwölf Vertrauten und leistete den Schwur, dass die Bauten auf seinem eigenen Grund und Boden stünden. Da man ihm glaubte, konnte er nun den ganzen Berg sein eigen nennen. Er nannte ihn Wartberg.

Die Grafen von Schauenburg

Ludwig I., der Bärtige	um 1030-1056
Ludwig II., der Springer	1056-1123
Ludwig III. (I.)	1123-1130/31

Die Regierungsjahre Ludwig des Springers waren äußerst ereignisreich. Dazu zählt auch der antikaiserliche Sachsenkrieg 1073/75, der mit der Gefangennahme des Thüringers endete. Als 1085 Pfalzgraf Friedrich III. von Sachsen ermordet wurde, sah man in Ludwig den Springer den Anstifter zu dieser Tat, da dieser sich in Adelheid, die Gemahlin Friedrichs, verliebt hatte. Daraufhin wurde Ludwig auf dem Giebichenstein bei Halle gefangengesetzt. Von dort soll er sich mit einem kühnen Sprung in die Saale gerettet haben. Die spätere Geschichtsschreibung hat ihm deshalb seinen eigenartigen Beinamen gegeben.

Ludwig heiratete nach seiner Selbstbefreiung zwar die Angebetete, ihr Seelenheil haben beide aber dennoch nicht gefunden. Adelheid verbrachte ihre letzten Lebensjahre im Kloster Oldisleben, Ludwig in dem von ihm gegründeten Kloster Reinhardsbrunn. Dort ist er 1123 hochbetagt gestorben.

1085 gründete Ludwig der Springer unweit von Friedrichroda das Benediktinerkloster Reinhardsbrunn als Hauskloster und Grablege seines Geschlechts. Schon 1097 wurde die Klosterkirche, der erste Bau der Hirsauer Reform in Thüringen, geweiht und 1092 stellte Papst Urban II. das Kloster unter seinen Schutz. In der ersten Hälfte des 14. Jahrhunderts wurden in Reinhardsbrunn im Auftrag des Abtes von dem Mönch Erasmus Postar für alle sieben dort bestatteten Grafen bzw. Landgrafen neue Grabplatten gefertigt. Sie erscheinen in der Art eines versenkten Reliefs, die bildlichen Darstellungen sind aber als Standfiguren gearbeitet worden, doch ruht der Kopf auf einem Kissen, in das er tief einsinkt. Diese sog. Landgrafensteine haben ein wechselvolles Schicksal gehabt. Nach der Zerstörung des Klosters im Bauernkrieg wurden sie auf den Gothaer Grimmenstein gebracht, später im dortigen Gießhaus gelagert. 1613 ließ die Weimarer Herzogin-Witwe Dorothea Maria die Steine zurück nach Reinhardsbrunn bringen, wo sie zunächst an der südlichen Außenfront des neuen Schlosses Aufstellung fanden, später dann in der Kirche. 1952 wären die wertvollen Grabplatten beinahe im Klosterteich versenkt worden. Rettung kam vom damaligen Thüringer Landesbischof Moritz Mitzenheim, der sie in einer spektakulären Aktion nach Eisenach bringen und im Chor der St. Georgenkirche aufstellen ließ.

Ludwig der Springer, _Grabplatte._

Die Landgrafen von Thüringen

Ludwig I. (III.)	1130/31-1140
Ludwig II., der Eiserne	1140-1172
Ludwig III., der Fromme	1172-1190
Hermann I.	1190-1217
Ludwig IV., der Heilige	1217-1227
Heinrich Raspe IV.	1227-1247

Als König Lothar III. das Thüringer Landgrafenamt schuf, wollte er den Landfrieden sichern und gleichzeitig die Macht der verschiedenen Adelshäuser begrenzen. Da sich die Belehnung eines landfremden Adeligen mit Thüringen schon 1030 als Fehlschlag erwies und dieser abgesetzt werden musste, betraute er spätestens im Februar 1031 auf dem Reichstag zu Goslar den Ludowinger Ludwig III. (als Landgraf Ludwig I.), Ludwig des Springers Sohn, mit der Wahrnehmung dieses neugebildeten Amtes. Dieses wurde, gewissermaßen als königliche Stellvertreterschaft in Thüringen, oberhalb des gewohnten Grafentums angesiedelt, war jedoch nicht mit dem Herzogstitel ausgestattet. Der „lantgravius de Thuringia" stand nun über allen anderen Adeligen in dem vom Kaiser eingegrenzten Gebiet. Auf dem obersten thüringischen Landgericht von Mittelhausen bei Erfurt hatte er den Vorsitz; die anderen Adelsgeschlechter stellten dort höchstens die Schöffen und die Beisitzer.

Als der erste Landgraf mit Hedwig von Gudensberg die Tochter des Grafen Giso IV. heiratete, sicherte er sich beträchtliche Besitzungen im benachbarten Hessen. Diese „Gisonische Erbschaft" führte 1122 und 1137 zu einer Vereinigung des Hessengaus und seines Hauptortes Marburg mit Thüringen. Die Wartburg – bis dahin an der westlichen Grenze gelegen – wurde nun der Mittelpunkt eines großen Machtbereiches. Als Landgraf Ludwig II., der Eiserne, mit Jutta von Schwaben eine nahe Verwandte des Stauferkaisers Friedrich I. Barbarossa heiratete, stiegen die Ludowinger zu einem der einflussreichsten Geschlechter des Reiches auf.

Die Sage vom Eisernen Landgrafen

Landgraf Ludwig II., der Enkel Ludwig des Springers, soll ganz das Gegenteil seines Großvaters gewesen sein. Er war freundlich und gütig gegenüber jedermann, was allerdings viele Adelige mißbrauchten. So erhoben sie eigene Steuern und gaben vor, im Auftrage des milden Landgrafen zu handeln.

Als sich Ludwig während einer Jagd in der Gegend von Ruhla verirrte, bat er in einer Waldschmiede um ein Nachtquartier. Er stellte sich als Jäger des Landgrafen vor. Darauf verfluchte der Schmied den Landesherrn auf das übelste. Ludwig fand keinen Nachtschlaf und hörte, wie der Schmied bei jedem Schlag auf den Amboss vor sich hin sprach: „Landgraf, Landgraf, werde hart, hart wie dieses Eisen! Deine Edelleute schmeicheln dir ins Angesicht und brandschatzen dein Volk. Landgraf Ludwig, werde hart, werde hart!"

Aus dem jungen, leichtgläubigen und gutmütigen Landgrafen wurde ein strenger aber gerechter Fürst, der mit seinen Edelleuten, die Unrecht taten, nun scharf ins Gericht ging. Als er erfuhr, dass einige von ihnen den Bauern das letzte Zugvieh weggenommen hatten, bestellte er sie zu sich auf die Neuenburg und sprach: „Wohlan, was ihr von meinem Volke gefordert, das soll euch zuteil werden!" In Ketten mussten die aufrührerischen Junker paarweise einen Pflug durch ein großes Brachfeld ziehen. Er selbst, immer an die Worte des Schmieds von Ruhla denkend, trieb sie dabei an. Der so bereitete Acker hieß von Stund an „der Edelacker". Die bestraften Adeligen schwuren dem Landgrafen heimlich Rache. Ludwig trug darum stets eine Rüstung und erhielt so den Beinamen „der Eiserne".

Hermann I., der bedeutendste Thüringer Landgraf, griff nach dem Tod des Kaisers in die Reichspolitik ein und versuchte – nicht immer zum Besten seines Landes – in dem staufisch-welfischen Thronstreit eine eigene Rolle zu spielen. Der Nachwelt ist Hermann I. vor allem, wie Richard Wagners Oper „Tannhäuser" emotional eindrucksvoll zeigt, als Förderer der

Künste in Erinnerung geblieben. Der Thüringer Landgrafenhof, an dem die bedeutendsten mittelhochdeutschen Dichter verkehrten, hatte vor allem deshalb zu Beginn des 13. Jahrhunderts europäische Geltung.

Wo sich dieser Hof wirklich befand, ist bis heute eine vieldiskutierte und immer noch unbeantwortete Frage. Sicher auch auf der Wartburg. Aber nicht nur dort, sondern auch auf dem Eisenacher Steinhof (nahe bei der Georgenkirche und dem im 16. Jahrhundert errichteten Residenzhaus), auf der an der Werra gelegenen Creuzburg, auf der Weißenseer Runneburg, auf der Eckartsburg und auf der mächtigen Neuenburg. Wie alle anderen war auch der Thüringer Landgrafenhof ein Reisehof. Feste Residenzen gab es nicht. Zu ihrer Herausbildung kam es erst im 14. Jahrhundert und dann auch zu neuen, festeren (und schon in die Neuzeit weisenden) Formen der höfischen Repräsentation. Im frühen 13. Jahrhundert war die höfische Gesellschaft noch klein, das höfische Zeremoniell bescheiden, das kulturelle Leben regional sehr unterschiedlich.

Die Neuenburg

Die oberhalb der Unstrutstadt Freyburg gelegene Neuenburg galt den Zeitgenossen als „Schwester der Wartburg", umgriffen doch beide Anlagen Thüringen von der Saale bis zur Werra. Dass die Burg von Bedeutung war, zeigt der Aufenthalt des Staufers Friedrich I. Barbarossa im Jahre 1172. Der Kaiser war von der Größe der Burg sehr angetan, nur die Mauern schienen ihm nicht stark genug gewesen zu sein. Der sagenhaften Überlieferung nach ließ der Landgraf daraufhin über Nacht alle Thüringer Ritter zur Neuenburg kommen und hieß sie, sich als menschliche Schutzschilde aufzustellen. Barbarossa war beeindruckt und sagte: „Fürwahr, eine festere Mauer als die aus treuen Mannen habe ich zeitlebens nicht gesehen." Allerdings sah die Burg damals noch anders aus als heute. Bald nach 1190 hatten Umbauten begonnen, die der schon mächtigen Anlage eine noch größere Wucht verliehen. Auch der weithin sichtbare Wohnturm ist erst 1220 gebaut worden, ebenso die berühmte romanische Doppelkapelle.

Landgraf Hermann I. und seine Gemahlin Sophie.
Miniatur aus dem um 1210/13 vermutlich in Hildesheim ent-
standenen Landgrafenpsalter, dessen Auftraggeber Hermann
selbst war. Dabei handelt es sich um die einzige bildliche Dar-
stellung des bekanntesten Thüringer Landgrafen. Da er nicht
in Reinhardsbrunn beigesetzt wurde, konnte er dort auch
keine Grabplatte erhalten.

Die Neuenburg
oberhalb Freyburgs.

Neben der Herrscherfamilie und den diensttuenden Adeligen (Rittern) gehörten zum Hof der Truchsess, der Kämmerer, der Marschall und die Schenke, meist Dienstadelige, Ministerialen. Um sie gruppierte sich das höhere Personal, darunter Notare und Schreiber, aber auch die Künstler. Der bedeutendste mittelalterliche deutsche Dichter, Walther von der Vogelweide, gehörte zeitweilig zum Hofstaat Landgraf Hermanns. Über allen stand die Geistlichkeit. Sie alle waren Träger der höfischen Kultur, wobei das Wort „höfisch" (alles was zum Hof und der dort lebenden Gesellschaft gehört) erstmals in der Mitte des 13. Jahrhunderts auftaucht. Es wurde „zum Programmwort für ein Gesellschaftsideal, in dem äußerer Glanz, körperliche Schönheit, vornehme Abstammung, Reichtum und Ansehen mit edler Gesinnung, feinem Benehmen, ritterlicher Tugend und Frömmigkeit verbunden waren". (J. Bumke)

Es spricht für den hohen Rang des Thüringer Landgrafenhofes, dass er seit Ludwig III. als Förderer der Literatur und anderer Künste hervortrat. Unter dessen Bruder Hermann I. wurde der Hof zum berühmten Mittelpunkt der höfischen Dichtung in Deutschland. So sind mit der „Eineide" Heinrichs von Veldeke, dem „Trojanerkrieg" Herborts von Fritzlar und dem „Willehalm" Wolframs von Eschenbach drei herausragende mittelhochdeutsche epische Dichtungen nachweislich in Hermanns Auftrag entstanden.

Am Beginn der Literaturpflege am Thüringer Landgrafenhof stand allerdings ein kriminelles Ereignis. Der im Limburgischen beheimatete Sänger Heinrich von Veldeke hat 1174 seine noch unfertige „Eineide" einer Klever Prinzessin geliehen. Als diese den Thüringer Landgrafen Ludwig III. heiratete, wurde das Manuskript gestohlen. Es wird angenommen, dass es sich bei dem Dieb um Ludwigs jüngeren Bruder Heinrich Raspe III. handelt. 1183 holte Hermann den unglücklichen Dichter auf die Neuenburg, gab ihm das Epos zurück und ermöglichte damit seine Vollendung. Der spätere Landgraf erwies sich somit schon früh als Mäzen und seine Neuenburg als eine Pflegestätte der Literatur.

Zwischen 1201 und 1214/16 werden mehrere Aufenthalte Walthers von der Vogelweide, des bedeutendsten Lyrikers des deutschen Mittelalters, am Landgrafenhof angenommen. Einige seiner kunstvollen Sprüche reflektieren das Leben am Hofe recht kritisch; erst später sah der Dichter in dem kunstfreudigen Landgrafen die „Blume Thüringens".

Walther von der Vogelweide: Preislied auf Landgraf Hermann von Thüringen (1214/16)

Ich bin des gebefrohen Landgraf' Ingesinde:
es ist mein Brauch, dass man mich immer bei den Besten
finde.
Auch andere Fürsten teilen Gaben aus, jedoch
sie bleiben nicht dabei: er gab und gibt auch heute noch.
Darum versteht er besser sich als sie darauf,
und keiner Laune lässt er freien Lauf.
Wer heuer prahlt und ist dann übers Jahr so karg wie eh,
dem grünt der Ruhm – und welkt dann wie der Klee.
Die Blume Thüring's leuchtet aus dem Schnee:
sein Ruhm wächst alle Zeit wie in den ersten Jahren auf.

Die Wartburg

Die Burg Ludwig des Springers wird eine bescheidene, weitgehend aus Balkenwerk bestehende Anlage gewesen sein. Von ihr hat nichts die Zeiten überdauert. Die ältesten erhaltenen Bauteile stammen aus dem dritten Viertel des 12. Jahrhunderts. Es sind dies der äußere Bogen des Burgtores und der berühmte Palas, das Hauptgebäude der Wartburg. Er gilt heute als ein Zeugnis der Blüte romanischer Kunst und Architektur in der Mitte Deutschland und Europas. Nach dendrologischen Analysen des Bauholzes aus dem Jahre 1992 muss er kurz vor 1157, also unter der Regierung Landgraf Ludwigs II., begonnen worden sein. Die Bäume für die Deckenbalken des Kellergeschosses waren im Winter 1157/58 gefällt worden, das für Erd- und Obergeschoß verwendete Holz wurde 1162 eingeschlagen.

Eine herausragende Fürstengestalt, gleichermaßen als Landesherr wie als Ritter, war Ludwig IV., Hermanns Sohn. Unter seiner Regierung hat sich der Kunstgeschmack verändert. Von Minnesang und höfischer Epik war kaum noch die Rede, von religiöser Kunst aber um so mehr. So ist bezeugt, dass Ludwig IV. „zum Zeichen seiner großen Frömmigkeit" 1227 ein Passionsspiel aufführen ließ. Seine Gemahlin war die fromme ungarische Königstochter Elisabeth, die nach ihrer Heiligsprechung 1235 durch den Papst weit über die Reichsgrenzen hinaus als Elisabeth von Thüringen berühmt wurde. Noch heute ist ihr Name allgegenwärtig.

Elisabeths Vater war König Andreas II., ihre Mutter Gertrud von Andechs-Meranien, eine Schwester der Heiligen Hedwig, der Schutzpatronin Schlesiens, die mit dem Piastenherzog Heinrich von Liegnitz verheiratet war.

Elisabeth kam früh mit neuen religiösen Bewegungen in Berührung, die an die Ideale des Urchristentums anzuknüpfen suchten und neue Lebensformen durchsetzen wollten. Besonders angezogen fühlte sich die Landgräfin von den radikalen Zielen der religiösen Armutsbewegung, wie sie in den neuen Bettelorden, vornehmlich dem der Franziskaner, zum Ausdruck kamen. Auch von der Frauenfrömmigkeit der Beginen in Flandern muss sie gewusst haben. Da Elisabeth ihren fürstlichen Pflichten nachkam und von ihrem Gemahl vor Übergriffen ihrer Standesgenossen geschützt wurde, konnte sie wirksam tätig werden. Erst als ihr dies nach dem Kreuzzugstod des Landgrafen unmöglich gemacht wurde, brach sie mit ihrer Herkunft. „Sie war die einzige Königstochter und Fürstin, die diesen Schritt wagte. Niemand anders in ihrer Zeit ist aus solcher Höhe in die Tiefen wirklicher Armut und echten Elends herabgestiegen, niemand anders sah sich vor solche Kontraste zwischen den Verpflichtungen von Herkunft und Stand und dem Streben nach einer wirklichen Nachfolge Christi gestellt." (M. Werner)

Der Brautzug Elisabeths nach Thüringen. *Holzschnitt aus der „Cronica sant Elisabeth ...", nach der lat. Elisabeth-Vita des Dietrich von Apolda, gedruckt von Mathes Maler, Erfurt 1520.*

Elisabeth speist die Armen. *Holzschnitt aus der „Legenda Aurea", Nürnberg 1488.*

***Grabplatte Landgraf Ludwigs IV.**, des Gemahls der Heiligen Elisabeth.*

Die Sage vom „Rosenwunder"

Nicht nur bei Hungersnöten suchte Elisabeth ihren bedürftigen Untertanen zu helfen. Die Sorge um die Kranken und Armen trieb sie ständig um. Unterhalb der Wartburg baute sie ein Spital, und Tag für Tag ließ sie an Notleidende milde Gaben verteilen. Manchem am Hofe erschien das Tun Elisabeths als des Guten zu viel, und der Landgraf hörte immer öfter: „Eines Tages verschenkt sie auch noch die Wartburg!" Da begab es sich, dass Ludwig bei einem Ausritt seiner Gemahlin unterhalb der Burg begegnete, als sie mit einigen Dienerinnen zur Stadt hinabschritt und schwere Körbe bei sich trug. Ludwig fragte sie sogleich, was sie denn in den Körben trage, und öffnete einen der Korbdeckel. Wie groß war aber seine Verwunderung, als er anstelle der vermuteten Gaben für die Armen lauter Rosen im Korb erblickte.

Thüringen und der Deutsche Ritterorden

Eng verknüpft mit dem Schicksal der Heiligen Elisabeth ist das hessisch-thüringische Engagement des erst 1190 in Akkon gegründeten Deutschen Ordens. Elisabeths Schwager Konrad von Marburg siedelte die Deutschherren hier an und betrieb die Heiligsprechung der Thüringer Landgräfin. 1209 oder 1210 war der Thüringer Ministeriale Hermann von Salza (aus der Gegend des heutigen Bad Langensalza) zum Hochmeister des Ordens gewählt worden. Als erfolgreicher Mittler zwischen Kaiser Friedrich II., dessen Freund und Berater er war, und dem Papst gehört der thüringische Adelige zu den großen politischen Gestalten des europäischen Hochmittelalters. Durch sein diplomatisches Geschick stellte er früh die Weichen für die Politik des Ordens. Elisabeths Vater, der Ungarnkönig Andreas II., belehnte diesen 1211 mit dem Burzenland, und der Polenherzog Konrad von Masowien holte ihn nach Preußen, wo ein Menschenalter später der Ordensstaat gegründet wurde. Konrad, ein Bruder des Landgrafen Heinrich Raspe, wurde Hochmeister.

Unter dem Landgrafen Heinrich Raspe IV. spielten die Ludowinger in der Reichspolitik noch einmal eine bedeutende Rolle. Zeitweilig übte der Landgraf sogar das Amt des Reichsprokurators aus. Und sein Neffe und designierter Nachfolger Hermann wurde (allerdings als Kind) mit der Tochter des Stauferkaisers Friedrich II. verlobt. Schließlich wurde Heinrich Raspe 1246 auf Betreiben des Papstes zum deutschen Gegenkönig (gegen Friedrich II.) gewählt. Da der Ludowinger aber bald darauf starb, musste der sich anbahnende Konflikt nicht mehr ausgetragen werden. Bruder und Neffe (dieser auf nicht ganz geklärte Weise) waren ihm im Tod bereits vorangegangen. So erlosch 1247 das mächtige Geschlecht der Ludowinger im Mannesstamme. Schon die zeitgenössische Geschichtsschreibung sah darin eine tiefe Zäsur in der thüringischen Geschichte und den Beginn großen Unheils für das Land.

Landgraf Heinrich Raspe IV. *Sog. Raspe-Figur, Eichenholz, Ende des 13. Jh.s (Thüringer Museum Eisenach).*

Die Eroberung von Eisenach durch die Wettiner im Jahre 1262. Zeichnung in der „Landeschronik von Hessen und Thüringen" des Wigand Gerstenberg, Ende des 15. Jh.s.

Anspruch auf die Nachfolge in Thüringen erhoben sowohl Ludwigs und Elisabeths Tochter Sophie (verheiratet mit Heinrich II. von Brabant) als auch der aus der Ehe Juttas, der Tochter Hermanns I., mit Dietrich von Wettin stammende meißnische Markgraf Heinrich der Erlauchte. Im thüringischhessischen Erbfolgekrieg (1247/64), aus dem Hessen unter Sophie als selbstständige Landgrafschaft hervorging, konnte sich mit Unterstützung des Kaisers das Haus Wettin durchsetzen und für seine Markgrafen und späteren Kurfürsten das thüringische Landgrafenamt sichern. Thüringen wurde nun Teil des aufstrebenden wettinischen Territorialstaates, die Markgrafen von Meißen auch Landgrafen von Thüringen. Wenn die Landgrafschaft auch formal weiterbestand und einige Wettiner sich auch dauernd in Thüringen aufhielten, eine eigenständige politische Rolle spielte sie nur noch in einem äußerst begrenzten Maße.

Die Grafen von Weimar-Orlamünde

Als Ahnherrn des Grafengeschlechts wird ein Otto von Weimar vermutet, der im 9. Jahrhundert gelebt haben soll. Ins Licht der Geschichte rückt das Geschlecht aber erst unter einem Grafen Wilhelm im Jahre 975, als auf der Weimarer Burg ein von Kaiser Otto II. einberufener Conventus magnus stattfand. Neben dem Gebiet um Weimar gebot Wilhelm auch über Ländereien an der oberen Unstrut und an der Wipper. Doch schon sein Sohn stand gegen die Ottonen, so dass 984 Anhänger Kaiser Ottos III. seinen Weimarer Stammsitz, das „Hus tu Wymar", belagerten wie später auch die Ekkehardinger. Dabei handelte es sich um eine Wasserburg an einem leicht erhöhten Platz an der Ilm, die später zum ansehnlichen Hornstein ausgebaut wurde und an dessen Stelle heute das Weimarer Stadtschloss steht. Wie Kirchen immer wieder an dem selben (oft schon in vorchristlicher Zeit für Kultzwecke ausgesuchten Ort) errichtet wurden, so haben auch die adeligen Herrschaftssitze selten ihren Standort gewechselt. Deshalb ist es gut möglich, dass an gleicher Stelle im frühen 6. Jahrhundert schon die Thüringerkönige Hof hielten.

Auf dem hoch über der Saale gelegenen Orlamünder Bergsporn, also an der damaligen fränkischen Ostgrenze, existierte seit dem 9. Jahrhundert ebenfalls eine Wehranlage. Bereits in der ersten Hälfte des 11. Jahrhunderts war sie das Zentrum einer eigenständigen Grafschaft, die zunächst das Saaletal von Kahla bis Uhlstädt umfasste. Um 1060 überließ Erzbischof Siegfried I. von Mainz der Kirche in Orlamünde den Zehnten von 22 Dörfern. Als Gegenleistung erklärte sich der Orlamünder Graf bereit, den Zehnten von seinen Gütern an das Erzstift zu entrichten und die übrigen Thüringer Fürsten gleichfalls zu solchen Abgaben anzuhalten. Da diese das Ansinnen des Orlamünders zurückwiesen, kam es zur Auslösung des folgenreichen Thüringer Zehntstreites, in den neben dem Erzbistum Mainz, den Klöstern Fulda und Hersfeld fast alle Thüringer Adeligen verwickelt waren. Da auch Kaiser Heinrich IV. die Mainzer Forderungen unterstützte, gerieten die Thüringer Fürsten in eine schwierige Lage. Zusammen mit ihren Bauern setzten sie sich schließlich 1073/75 im sächsisch-thüringischen Aufstand zur Wehr.

1062 fiel das gesamte Gebiet der Orlamünder an den Weimarer Grafen Otto II., der als Symbol seiner Macht den Löwen im Wappen führte. Vermutlich hat er sein Land von dem ihm zugefallenen Orlamünde aus regiert. Als sein Bruder Ulrich II. 1112 söhnelos starb, wollte König Heinrich V. die Grafschaft als erledigtes Lehen einziehen. Zu dieser Zeit war die Orlamünder Burg schon so wehrhaft, daß sie 1115 der Belagerung durch den mächtigen letzten Salier standhielt und auch danach nicht eingenommen wurde. Welche Bedeutung die von Ulrich II. ausgebaute Burg damals hatte, zeigt ihre Einzeichnung als einzige Thüringer Verteidigungsanlage in die um 1284 entstandene „Ebstorfer Weltkarte".

Nach dem Tod Graf Wilhelms IV. kam es 1140 abermals zu Streitigkeiten, die schließlich dadurch beigelegt wurden, dass der brandenburgische Markgraf Albrecht der Bär, der Sohn Ottos des Reichen von Ballenstedt, als nächster Anverwandter die Grafschaft zum Lehen erhielt. Da er selbst nicht nach Thüringen gehen konnte, betraute der einflussreiche Askanier seinen zweiten Sohn Hermann mit der Verwaltung des Landes. Dieser nannte sich ab 1167 Graf von Weimar-Orlamünde, obgleich auch er, in die Kriege gegen Heinrich den Löwen verwickelt, kaum in Orlamünde gewesen sein dürfte. Seitdem sind die Grafen von Weimar-Orlamünde eine Linie des mächtigen askanischen Fürstenhauses.

Unter Siegfried III. und seinem Sohn Hermann II. scheint die Grafschaft eine Blütezeit erlebt zu haben. Aktivitäten wie die Gründung des Klosters Oberweimar als Orlamünder Grablege und die Erhebung Weimars zur Stadt deuten auf den Versuch hin, die noch schwache Landesherrschaft zu festigen und gegenüber den allmächtigen Thüringer Landgrafen abzugrenzen. Dies dürfte um so mehr zugetroffen haben, als es Hermann gelang, die Herrschaft Plassenburg mit Kulmbach sowie die Burg Lauenstein zu erwerben und damit sein Territorium bis nach Franken hin auszudehnen. Doch schon 1247 kam es unter Hermanns Söhnen zur Teilung der Orlamünder Lande und damit zur Schwächung des Grafenhauses. Ein übriges taten die hohen Schulden und die unglückliche Hand in der Politik. Schließlich mussten die Orlamünder 1344 ihr Land an die Wettiner verkaufen. Von der einstigen Macht und dem großen Einfluß des Grafenhauses, das 1486 endgültig erlosch, zeugt heute nur noch die wuchtige Orlamünder Kemenate.

Übersicht zu den Herrschaftsgebieten der Orlamünder

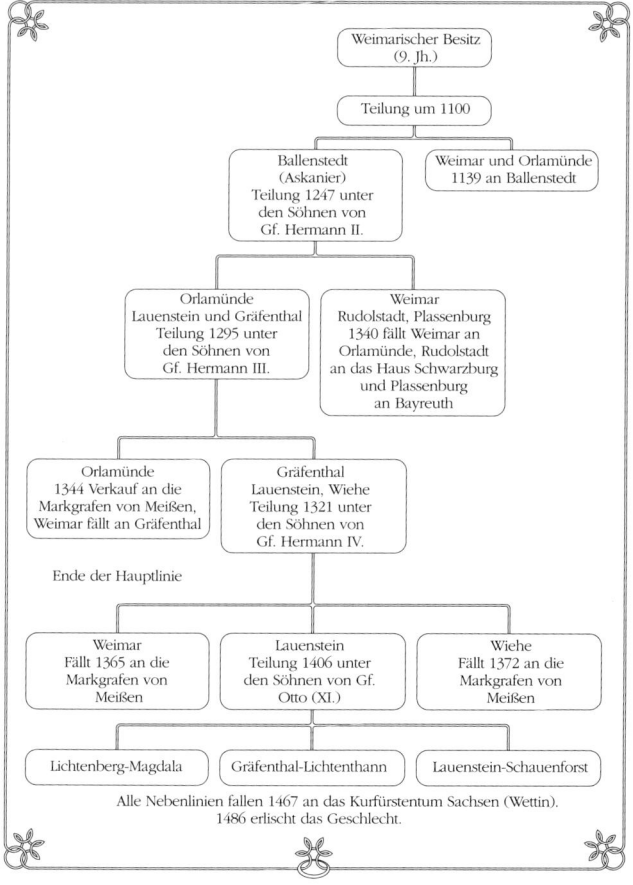

Weimarischer Besitz
(9. Jh.)

Teilung um 1100

Ballenstedt
(Askanier)
Teilung 1247 unter
den Söhnen von
Gf. Hermann II.

Weimar und Orlamünde
1139 an Ballenstedt

Orlamünde
Lauenstein und Gräfenthal
Teilung 1295 unter
den Söhnen von
Gf. Hermann III.

Weimar
Rudolstadt, Plassenburg
1340 fällt Weimar an
Orlamünde, Rudolstadt
an das Haus Schwarzburg
und Plassenburg
an Bayreuth

Orlamünde
1344 Verkauf an die
Markgrafen von Meißen,
Weimar fällt an Gräfenthal

Gräfenthal
Lauenstein, Wiehe
Teilung 1321 unter
den Söhnen von
Gf. Hermann IV.

Ende der Hauptlinie

Weimar
Fällt 1365 an die
Markgrafen von
Meißen

Lauenstein
Teilung 1406 unter
den Söhnen von Gf.
Otto (XI.)

Wiehe
Fällt 1372 an die
Markgrafen von
Meißen

Lichtenberg-Magdala

Gräfenthal-Lichtenthann

Lauenstein-Schauenforst

Alle Nebenlinien fallen 1467 an das Kurfürstentum Sachsen (Wettin).
1486 erlischt das Geschlecht.

Die Kemenate von Orlamünde, Zustand nach der Restaurierung.

Die Kemenate von Orlamünde

Sie gehört zu den wenigen Baudenkmälern in Thüringen, die aus der ersten Hälfte des 11. Jahrhunderts stammen. Vermutlich war der 20 Meter aufragende, kastenförmige Turm der Burg – darauf verweisen die zahlreichen in Orlamünder Wohnhäusern verbauten romanischen Säulen – in seinem Innern kunstvoll gestaltet. Da in ihm aber Spuren von Kaminen (daher überhaupt die Bezeichnung Kemenate) fehlen, wird er wohl hauptsächlich zu Wehrzwecken genutzt worden sein. Größere kulturelle Ereignisse werden hier kaum stattgefunden haben. Das höfische Leben der Orlamünder wird sich auf anderen Burgen abgespielt haben.

Mit den Orlamünder Grafen und ihren Burgen ist auch die Sage von der „Weißen Frau" verbunden. Hinter dieser schauervollen Gestalt verbirgt sich die Witwe Ottos VII., Kunigunde, eine Lobdeburgerin aus der Leuchtenburger Linie, die im 14. Jahrhundert lebte. Aus Liebe zu dem Nürnberger Burggrafen Albrecht dem Schönen, einem Hohenzoller, soll sie ihre zwei Kinder kaltblütig ermordet haben und (so die heutige Lesart) dazu verurteilt worden sein, als ewige Büßerin zu mitternächtlicher Stunde an ihren ehemaligen Wohnstätten, vor allem auf der Plassenburg und auf der Burg Lauenstein, ihr Unwesen zu treiben. Auch auf den preußischen Königsschlössern will man sie gesehen haben, und zwar immer dann, wenn bei den Hohenzollern ein Todesfall bevorsteht.

Ludwig Bechstein: Die Gräfin von Orlamünde (1858)

Als der Orlamünder Graf gestorben war, geschah es, dass sie eine heftige Liebe gewann zu Albrecht dem Schönen, Markgrafen von Brandenburg und Burggrafen von Nürnberg, und heimlich forschen ließ, ob dieser wohl geneigt sei, sich mit ihr zu verbinden. Es war aber schon zwischen dem Markgrafen und der Gräfin Sophia von Henneberg eine Verbindung im Gange, welche des Markgrafen Eltern lebhaft wünschten, und Albrecht ließ die Äußerung fallen, als ihm unter der Hand von der Neigung der Gräfin Orlamünde zuging: Wenn vier Augen nicht wären. Dieses hörte die Gräfin und deutete es auf ihre zwei schuldlosen Kindlein, das eine, ein Söhnlein, von drei, das zweite, ein Töchterlein, von zwei Jahren, und ward von unsinniger Liebe zu dem Markgrafen also verblendet, dass sie den schwarzen Entschluss in ihrer Seele fasste, die Kindlein aus dem Wege zu räumen. Darauf gewann sie mit Gaben einen Dienstmann, Haider, die Kindlein umzubringen, und als dieser zur Tat schritt, soll der kleine Graf gefleht haben:

> *Lieber Haider, lass mich leben,*
> *Ich will dir Orlamünde geben;*
> *Auch Plassenburg, das neue,*
> *Auf das es dich nicht reue!* -

und das Töchterlein:

> *Lieber Haider, lass mich leben,*
> *Ich will dir alle meine Docken geben!* -

aber der Mörder ließ sich nicht erflehen und vollbrachte die Untat, hat aber nachher auf der Folter bekannt, das sie ihn schrecklich gereut habe, wenn er der Worte der unschuldigen Kinder, insonderheit des Mägdleins, gedacht. Da nun die Gräfin ihren Zweck dennoch nicht erreichte, fiel sie in Reue und Verzweiflung, übte schwere Buße und fand auch nach ihrem Tode keine Ruhe, sondern wandelt als die bekannte weiße Frau auf dem Schlosse Plassenburg umher. Sie rutschte auf ihren Knien bis zum Kloster Himmelkron und liegt alldort begraben.

Im 18. und frühen 19. Jahrhundert ist diese Sage von zahlreichen Schriftstellern aufgegriffen worden. Zuerst geschah dies bei dem Weimarer Pagenhofmeister und späteren Gymnasialprofessor Johann Karl August Musäus. In seinem Kunstmärchen „Die Nymphe des Brunnens" (1782) lässt er Kunigunde die Kinder nicht töten, um die Zuneigung eines anderen Mannes zu gewinnen, sondern um sich die Liebe ihres Gatten zu bewahren. Die „weiße Frau" gibt sich schließlich in Gestalt einer Nymphe als gute Fee zu erkennen und führt die Knaben ins Leben zurück. Musäus hat diesem publikumswirksamen Stoff noch ein zweites Mal in seinem Märchen „Die Entführung" (1787) Gestalt gegeben. Daran lehnt sich Theodor Körner in seiner vielstrophigen Schauerballade „Wallhaide" an, in deren erster, stimmungsvoller Strophe der phantasievolle Leser die Orlamünder Kemenate wiedererkennen mag. Auch der Berliner Romantiker E.T.A. Hoffmann verzichtete auf das Thema nicht. Im 2. Band der „Serapionsbrüder" (1819/21) hat er eine kurze unbetitelte Geschichte eingefügt, in der der Tochter des Schlossherrn, Adelgunde, die „weiße Frau", „wie in Nebel gehüllt ... und die Hand nach ihr erstreckend", erscheint.

Titelkupfer der Erstausgabe von Stolbergs Balladen.

Theodor Körner: Wallhaide (1810)
> Wo dort die alten Gemäuer stehn
> Und licht im Abendrot schimmern,
> Erhob sich ein Schloß in waldichten Höhn.
> Nun liegt's versunken in Trümmern,
> Nun pfeift der Sturm
> In Saal und Turm
> Nachts wandeln durch Türen und Fenster
> Gespenster.

Grabstein für Kunigunde von Orlamünde in der
Stiftskirche des Klosters Himmelkron.

Die Grafen von Käfernburg-Schwarzburg

Auf Dauer konnten sich in Thüringen nur die Grafen von Käfernburg-Schwarzburg halten, deren dynastische Tradition bis ins 8. Jahrhundert zurückreicht. So wird in einem im Jahre 722 von Papst Gregor II. verfassten Schreiben, das in der Briefsammlung des Bonifatius überliefert ist, neben vier weiteren Adeligen auch ein Gundhareus (was Gundar oder Gunther heißt) angesprochen. Dieser ist mit einiger Sicherheit der Ahnherr der Schwarzburger, deren Leitname Günther ist. Sie sind damit das älteste edelfreie Geschlecht Thüringens. Dem Schreiben ist zu entnehmen, dass Gunther erst kurz vorher zum Christentum bekehrt wurde, darauf möglicherweise in Beziehung stand zum Kloster Ohrdruf, in dessen Gegend er auch über Hausbesitz verfügte.

Die ersten Schwarzburger *in einer Radierung aus der 2. Hälfte des 19. Jh.s – (von links nach rechts) die Grafen Gundar, Sigerus und Sizzo. Die Darstellung geht zurück auf das sog. Käfernburger Gemälde aus dem frühen 16. Jh., das sich im Schloßmuseum Arnstadt befindet.*

**Das Wappen der Schwarz-
burger.**

Die urkundlich gesicherte Geschichte der Schwarzburger
beginnt 1123 mit Graf Sizzo III., der in unmittelbarer
Nachbarschft des ludowingischen Hausklosters Reinhardsbrunn 1143 das Kloster Georgenthal gründete. Er und seine
Vorfahren geboten im sogenannten Längwitzgau, jenem Teil
des südöstlichen Thüringen, der von der Gegend um Arnstadt
mit der Käfernburg bis ins Schwarzatal reichte. Zu Sizzos
Besitz gehörte auch das abgelegene Kloster Paulinzella, an
dessen Gründung er vermutlich schon beteiligt war; und Berta
von Groitzsch, die 1133 das Kloster Bürgel stiftete, war eine
nahe Verwandte von ihm. Sein nach und nach gewachsener
Besitz stammte aus Reichs- und Kirchenlehen, Ausdruck seiner bedeutenden Stellung unter den Großen in Thüringen.
Sizzo, der über einen ungewöhnlich langen Zeitraum politisch wirksam war, er starb 1160, ist auch der Erbauer der im
Schwarzatal gelegenen Schwarzburg, die dem Geschlecht den
zweiten Namen gab. 1221, 1280, 1285 und 1340 kam es zu
Landesteilungen. Die 1285 gebildete Blankenburger Linie
wurde die bedeutendste und dauerhafteste. Aus ihr gingen
1571 die vier neuzeitlichen Linien hervor.

Schon im 13. Jahrhundert erwarben die Schwarzburger Ländereien an der mittleren Saale um Rudolstadt und an der Schwarza bei Blankenburg, wo sie eine der größten thüringischen Burgen errichteten. Im 14. Jahrhundert beerbten sie die Grafen von Beichlingen mit Frankenhausen und dem Kyffhäuser sowie die Grafen von Honstein mit Sondershausen und der Hainleite. Damit herrschten sie auch in Nordthüringen. Es gelang ihnen aber nie, die weit voneinander entfernt liegenden Besitzungen miteinander zu verbinden. Im „Thüringer Grafenkrieg" (1342/46) konnten die Schwarzburger ihren großen Besitz als nahezu einziges Geschlecht ohne Verluste gegen die Wettiner behaupten.

Die Blankenburg

Die nördlich der gleichnamigen Stadt gelegene Anlage gehört mit ihrem weiträumigen Verteidigungssystem zu den größten ihrer Art in Thüringen. Wann sie gegründet wurde, ist unbekannt. 1137 wird sie erstmals genannt. Um die Mitte des 14. Jahrhunderts wurde die Hauptburg mit Rundturm, Kapelle sowie Wohn- und Wirtschaftsgebäuden ausgebaut. 1304 wurde dort der spätere Graf Günther XXI. geboren. Ab dem 16. Jahrhundert verfiel die Blankenburg zur Ruine. Seit dem 17. Jahrhundert ist der Name Greifenstein, wie sie auch heute meist genannt wird, geläufig. In der Zeit der Romantik begannen Instandsetzungs- und Sicherungsarbeiten.

Die Blankenburg.

Graf Günther XXI.
*von Schwarzburg als
deutscher König. Majestäts-
siegel von 1349.*

Wie groß das Ansehen der Schwarzburger war, zeigt 1349 die Wahl Günthers von Schwarzburg zum deutschen Gegenkönig. Er war ein Anhänger Kaiser Ludwigs des Bayern und sollte dessen Nachfolger werden. Der Papst und drei Kurfürsten favorisierten jedoch Karl IV. aus dem Hause Luxemburg. Von seinen Verbündeten im Stich gelassen, erlag er nur fünf Monate nach seiner Wahl der Pest. Der Sieger ließ ihn mit königlichen Ehren im Bartholomäus-Dom zu Frankfurt am Main beisetzen. Sein Grabmal ist noch heute in der Wahlkirche der deutschen Könige zu sehen.

***Die Grabplatte
Günthers XXI.***
*im Frankfurter
Bartholomäus-Dom.*

Die Grafen von Henneberg

Ihr Gegenstück fanden die thüringischen Schwarzburger südlich des Thüringer Waldes in den fränkischen Grafen von
Henneberg. Ihr Herrschaftsgebiet war das Grabfeld, das sich
nach Süden hin bis zur Rhön, dem Spessart und dem Ober-
main erstreckt. Die namensgebende Stammburg befindet sich
im Zentrum des Grabfeldes an der Straße von Würzburg nach
Meiningen.

Die Henneburg

Sie erhebt sich auf einem steilen, über 100 hohen Bergkegel hoch über dem
Dorf Henneberg. Sie wurde seit dem 11. Jahrhundert zu einer der größten
Anlagen ihrer Art im südthüringisch-fränkischen Raum ausgebaut. Nachdem
die Henneberger im 13. Jahrhundert ihren Machschwerpunkt an die untere
Schleuse verlegten, diente die Burg nur noch militärischen Zwecken. Im Bauernkrieg wurde sie niedergebrannt. Seitdem ist sie eine Ruine. Doch existieren
noch die gesamte 10 bis 15 Meter hohe Ringmauer und der Bergfried, sowie
die Reste des Palas und einer Kemenate.

*Die Ruine der
Henneburg*, der
*Stammsitz des
Grafengeschlechtes.*

Als Ahnherren des späteren (gefürsteten) Grafengeschlechts galten lange die seit dem 9. Jahrhundert im Grabfeldgau gebietenden Popponen, die nach ihrer Burg Bamberg auch Babenberger genannt wurden. Neueren genealogischen Forschungen zufolge sollen die in der annalistischen Überlieferung erstmals 1096 genannten Henneberger aber auf eine der Abtei Fulda nahestehende edelfreie Familie zurückgehen. Als Rivalen des Hochstifts Würzburg konnten sie sich zeitweilig bis zum Main hin ausdehnen. Mit der Gründung des Hausklosters Veßra 1131/35 und der späteren Residenz Schleusingen verlagerte sich ihr Machtschwerpunkt zum Thüringer Wald hin.

Der erste Henneberger, der weithin auf sich aufmerksam machte, war Graf Otto II. von Botenlauben. Sein Beiname bezieht sich auf die gleichnamige im Maintal bei Kissingen gelegene hennebergische Burg. Der 1244 gestorbene Sohn Graf Poppos VI. war ein berühmter Minnesänger. 14 Lieder sind von ihm überliefert. Seine Kindheit hat er am literaturfreundlichen Hof König Heinrichs VI., dem Sohn Kaiser Friedrich I. Barbarossa, verbracht. Als Kreuzzugsteilnehmer war er lange in Akkon.

Graf Otto II. von Botenlauben. *Miniatur aus der kurz nach 1300 in Zürich entstandenen „Manessischen Handschrift".*

Die Grafen der Linie Henneberg-Schleusingen

Berthold III. (V.)	1262-1284
Berthold IV. (VII.)	1284-1340
Heinrich VIII.	1340-1347
Johann I.	1347-1359
Heinrich X.	1359-1405
Wilhelm I.	1405-1426
Wilhelm II.	1426-1444
Wilhelm III.	1444-1480
Wilhelm IV.	1485-1559
Georg Ernst	1543-1583

Als die „Alte Herrschaft" unter den Söhnen Heinrichs III. 1274 geteilt wurde, entstanden drei Linien: Schleusingen, Aschach (bei Kissingen) und Hartenberg (bei Römhild). Die Hauptlinie beherrschte das Schleuse- und das Haselgebiet, die anderen Linien geboten über Räume um Themar, Maßfeld, Wasungen und Römhild. Später kamen noch das Salzunger Land und das obere Werragebiet mit Coburg sowie die Gegenden um Heldburg und Sonneberg hinzu. Damit gehörte den Hennebergern, was einem Geschlecht selten gelungen ist, ein geografisch zusammenhängender und geschlossener Raum. Noch heute ist es üblich, dieses Gebiet als Henneberger Land zu bezeichnen.

Unter Graf Berthold IV. (nach anderer Zählung VII.) erlangten die Henneberger im frühen 14. Jahrhundert ihre größte politische Bedeutung. Berthold war eine gestaltende Kraft der Reichspolitik. Als solche stand er an der Seite dreier Kaiser: des Habsburgers Albrecht I., des Luxemburgers Heinrich VII. und der Wittelsbachers Ludwig des Bayern. Als der Luxemburger seinen unmündigen Sohn Johann zum König von Böhmen einsetzte, bestimmte er Berthold zusammen mit dem Erzbischof von Mainz zu dessen Vormund und kaiserlichen Stellvertreter in Böhmen. 1314 bewarb er sich selbst um die deutsche Königskrone. Als Dank für die erbrachten Leistungen wurden die Henneberger 1310 gefürstet. Trotz des stetigen Machtzuwachses gelang es ihnen aber nicht, ihr großes Territorium zusammenzuhalten. So musste die von Berthold

Graf Berthold IV. (VII.) von Henneberg-Schleusingen *mit seiner Gemahlin Adelheid. Aus einer Kopie des „Chronicon Hennebergense de Monachus Vesserensis", um 1700.*

erworbene (jedoch zeitweilig askanisch verwaltete) „Pflege" Coburg, die sog. „Neue Herrschaft", über die weibliche Erbfolge schon sein Nachfolger Heinrich VIII. 1354 an die Wettiner abtreten, in deren Besitz sie bis zum Ende der Monarchien blieb. Die zeitweilig verlorene Herrschaft Schmalkalden dagegen konnte 1360 gemeinschaftlich mit Hessen zurückgekauft werden. Sie wurde fortan im Kondominat regiert, woran in der Stadt noch heute der Hessenhof erinnert. 1406 setzte sich die Landgrafschaft Hessen auch im hennebergischen Vacha fest. Andere Gebiete – so Mellrichstadt – gingen an das Hochstift Würzburg, dem größten Konkurrenten der Henneberger.

Übersicht zu den hennebergischen Ländern

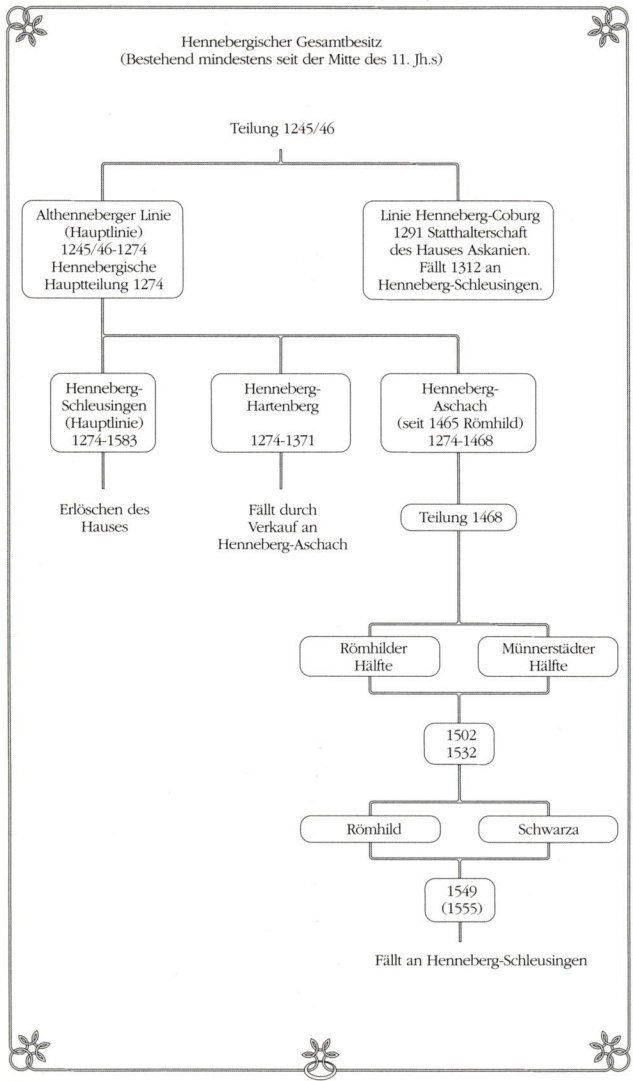

Hennebergischer Gesamtbesitz
(Bestehend mindestens seit der Mitte des 11. Jh.s)

Teilung 1245/46

Althenneberger Linie
(Hauptlinie)
1245/46-1274
Hennebergische
Hauptteilung 1274

Linie Henneberg-Coburg
1291 Statthalterschaft
des Hauses Askanien.
Fällt 1312 an
Henneberg-Schleusingen.

Henneberg-
Schleusingen
(Hauptlinie)
1274-1583

Henneberg-
Hartenberg
1274-1371

Henneberg-
Aschach
(seit 1465 Römhild)
1274-1468

Erlöschen des
Hauses

Fällt durch
Verkauf an
Henneberg-Aschach

Teilung 1468

Römhilder
Hälfte

Münnerstädter
Hälfte

1502
1532

Römhild

Schwarza

1549
(1555)

Fällt an Henneberg-Schleusingen

Die Vögte von Weida, Gera und Plauen

Dieses 1122 erstmals genannte Reichsministerialenge-
schlecht residierte in Weida. Es wird vermutet, dass es
aus der Gegend von Mühlhausen stammte und im Zuge der
Ostkolonisation mit Gebieten östlich der Saale belehnt wurde. Das sich bis hin ins Fränkische erstreckende Vogtland
verdankt den Weidaern, die sich später offiziell „Vögte" nannten, seinen Namen. Ihr erster bedeutender Vertreter, Heinrich II., der Reiche, wurde noch von den Ludowingern mit
einer kleinen Herrschaft belehnt, die er durch seine Teilnah-
me an der Erschließung von slawischen Gebieten beträchtlich erweitern konnte. Obwohl von niedrigstem Adel und
geringem politischen Einfluss genoss Heinrich ein hohes Ansehen, was er vermutlich auch seinen verwandtschaftlichen
Verbindungen zum sächsischen Pfalzgrafenhaus und zu den
Schwarzburgern zu danken hatte. Als der erste bedeutende
Vertreter des späteren Hauses Reuß auf die Seite der Staufer
übertrat, konnte er seine Macht festigen und den Grundstein
für die spätere Landesherrschaft seines Geschlechts legen.
Mit der planmäßigen Ansiedlung von deutschen Bauern und
der Anlegung von Dörfern stellte er die Weichen für die künf-
tige zivilisatorische Entwicklung. Sein Besitz konzentrierte sich
zunächst im Elstergebiet um Gera, Ronneburg, Greiz und Plau-
en. Die spätere Residenz Greiz erhob er 1209 zur Stadt.
Einer seiner Nachfolger, Heinrich I., Vogt von Plauen, trug
den Beinamen „Ruthenus" oder „der Russe", wovon sich der
spätere Name des Geschlechtes Reuß ableitet. Er war mit
Marie Swihowska verheiratet, in der die Tochter eines polni-
schen Magnaten und einer russischen Großfürstin gesehen
wird. Der Vorname aller männlichen Erben des Geschlechtes
war immer Heinrich, vermutlich zu Ehren des Staufer-Kaisers
Heinrich VI., der Heinrich den Reichen zum quedlinburgischen
Stiftsvogt erhob. Die Zählung wurde so praktiziert, dass jede
Linie neu begann.
Im 15. Jahrhundert war der Reuße Heinrich von Plauen Hochmeister des Deutschen Ritterordens. Er war der Nachfolger
des glücklosen und 1410 bei Tannenberg gefallenen Ulrich

Ansicht des Prämonstratenser-Stiftes Mildenfurth, *das Heinrich der Reiche 1193 gegründet hat. Darstellung aus dem 19. Jh.*

von Jungingen. Dem Reußen kam es zu, mit dem siegreichen Polenkönig Jagiello den 1. Thorner Frieden auszuhandeln und das geschlagene Land neu aufzurichten. Dass der Ordensstaat dabei kaum Zugeständnisse machen musste und seine territoriale Integrität wahren konnte, war dem diplomatischen Geschick des Reußen zu danken. In seinen Stammlanden konnte das immer noch schwache Geschlecht solche Erfolge allerdings nicht verbuchen. Um so verwunderlicher wird es sein, dass die reußische Landesherrschaft dauerhaften Bestand haben, wirkliche Bedeutung aber erst in der Neuzeit erlangen wird.

Die Herren von Lobdeburg

Dieses Herrengeschlecht, das sich nach der oberhalb von Lobeda (heute Stadtteil von Jena) errichteten und 1166 erstmals bezeugten spätromanischen Burg nannte, saß ursprünglich in Auhausen an der Wirnitz bei Dinkelsbühl. Als Gefolgsmann des Kaisers wird ein Hartmann von Auhausen erstmals 1133 in Thüringen erwähnt, und zwar in der Stiftungsurkunde des Benediktiner-Klosters Bürgel. Spätestens 1166 tauchen die Brüder Hartmann und Otto von Lofdeburch an der Saale als Burgherren auf. In welchem Verwandtschaftsverhältnis sie zu Hartmann standen, ist unbekannt. Zu dieser Zeit ist eine Familie gleichen Namens auch am Neckar bekannt. Ob diese mit den Thüringer Lobdeburgern verwandt war, kann nur vermutet werden. Es liegt aber nahe, dass die ins Saaletal übergesiedelte Adelsfamilie ihre Burg nach jener Lobdenburg (heute Ladenburg) am Neckar benannte und damit einen ursprünglich keltischen Namen ins Saalegebiet verpflanzte.

Schon bald waren die Lobdeburger das aktivste Adelsgeschlecht zwischen Saale und Weißer Elster. Der Aufbau eines geschlossenen Herrschaftskomplexes scheiterte jedoch, weil sie sich schon zu Beginn des 13. Jahrhunderts in mehrere Linien aufspalteten. Die noch lange mächtige Stammlinie residierte auf der Lobdeburg und auf der Leuchtenburg bei Kahla, die Nebenlinien, deren Herrschaftsgebiete relativ selbständig waren, im benachbarten Burgau (was nicht ganz sicher ist), auf der Burg Arnshaugk bei Neustadt an der Orla, auf der Saalburg und in Elsterberg. Es ist zu vermuten, dass die Leuchtenburg bald der Hauptsitz der Familie wurde.

An der Erschließung der slawisch besiedelten ostsaalischen Gebiete hatten die Lobdeburger einen herausragenden Anteil. Früh interessierten sie sich auch für das nahe Jena, wo sie eine Münzstätte unterhielten. Um 1230 erhoben sie den inzwischen zu einem wichtigen Gewerbe- und Handelsplatz aufgestiegenen Ort zur Stadt Jena.

Im 14. Jahrhundert ereilte die Lobdeburger das gleiche Schicksal wie die Orlamünder. Ihr Besitz fiel an die Wettiner. 1426 erlosch ihr Geschlecht im Mannesstamm.

Die Lobdeburg

Es gibt kaum eine mit der Lobdeburg vergleichbare Anlage in Thüringen, wenngleich es sich heute um eine Ruine handelt. Da es aber nie um An- und Umbauten gegeben hat, ist alles noch Vorhandene Originalsubstanz aus dem 12. Jahrhundert. Gut erhalten ist der zwischen 1170 und 1180 erbaute romanische Wohnturm mit Resten von Kaminen und einer Kapelle. Die Ruine ist Vorbild für Goethes volksliedhaftes Gedicht „Bergschloss" (1802), in dessen ersten beiden Strophen es heißt: „Da droben auf jenem Berge, / Da steht ein altes Schloss, / Wo hinter Toren und Türen / sonst lauerten Ritter und Ross. / / Verbrannt sind Türen und Tore, / Und überall ist es so still; / Das alte verfallne Gemäuer / Durchklettr'ich, wie ich nur will."

Die Ruine der Lobdeburg.

Die Leuchtenburg

Sie gilt als die „Königin des Saaletals". Ihr sprechender Name kommt vom hellleuchtenden (lichten), als nicht bewaldeten Gebirge her. 1221 wird die Burg das erste mal erwähnt, als Hartmann IV. von Lobdeburg-Leuchtenburg in Dornburg einen Rechtsstreit beilegte. In der zweiten Hälfte des 13. Jahrhunderts wurde die Burg ausgebaut. Heute ist davon nur noch der 30 Meter hohe Bergfried erhalten. Vom Palas existieren nur noch Mauerreste. 1333 verpfändeten die Lobdeburger ihre Burg an die Grafen von Schwarzburg. Diese übergaben sie 1389 den Erfurtern, 1396 fiel sie endgültig an die Wettiner, die später auf der Burg ein Zuchthaus einrichteten, das unter den Herzögen von Sachsen-Altenburg bis 1871 Bestand hatte. Die heutigen Bauten stammen zumeist aus dem 17. und 18. Jahrhundert.

Blick zur Leuchtenburg.

Die Burggrafen von Kirchberg

Zeitweilig hatten auch die Burggrafen von Kirchberg Bedeutung. Ihr Hauptsitz war die längst aufgegebene (und vermutlich in Teilen schon verfallene) Kaiserpfalz Kirchberg auf dem Hausberg bei Jena. Kaiser Konrad III. hatte 1149 den aus Kapellendorf stammenden Adeligen Dietrich (I.) als Burggrafen eingesetzt. Er ist der Stammherr der Grafen von Kirchberg, die mit dem Greifberg und dem Windberg noch zwei weitere Burgen auf dem Hausberg errichteten und schon am Ende des 12. Jahrhunderts zwischen Jena und Weimar über stattliche Ländereien verfügten. Das spätere Jena beherrschten sie aber nicht, denn das war lobdeburgisch. Dafür kontrollierten sie die vom Westen her ins Saaletal führende Straße, weshalb sie vor allem den Erfurter Kaufleuten ein Dorn im Auge waren.

Als die Kirchberger den Landfrieden brachen, nutzte der mächtige Erfurter Rat im Frühjahr 1304 die Gelegenheit und belagerte mit einem Heer des Thüringer Dreistädtebundes Kirchberg. Im Kampf wurden zwei Burgen zerstört. Greifberg blieb vorerst noch erhalten, geriet aber in die Hände der Belagerer. Diese sollen als Zeichen ihres Triumphes Samen des Färberwaids an den Hausberghängen ausgestreut haben.

Otto I. von Kirchberg, in der Sage „als gerecht und großmütig, tapfer und freigebig" geschildert sowie „als Beschützer von Kirchen, Klöstern und Schulen gerühmt", erhielt Windberg 1307 zurück. Die Macht seines Geschlechtes aber war gebrochen. 1331 verloren die Kirchberger ihre verbliebenen Besitzungen an die Grafen von Schwarzburg, diese mussten sie schließlich 1358 an die aufstrebenden sächsischen Wettiner abtreten. Seit 1350 finden wir die Kirchberger in Camburg, vorübergehend auch in Kranichfeld und seit 1418 in Altenberga bei Kahla, später in der Herrschaft Farnroda bei Eisenach. 1799 starb das Geschlecht aus.

Der Fuchsturm auf dem Jenaer Hausberg. Er ist neben den Mauerresten und einem Brunnenschacht einziges Überbleibsel der Hausbergburgen Greifberg, Kirchberg und Windberg.

reges thartis et iníule munera afferunt.

Wandbild an der Nordseite des Chores der Ziegenhainer Kirche unterhalb des Fuchsturmes. Leider ist es stark verblasst und durch unsachgemäße Behandlung beschädigt worden. In den abgebildeten Bauwerken sind die drei Hausbergburgen zu vermuten. Im oberen Teil ist der Zug der Könige und die Verkündigung an die Hirten dargestellt, im unteren Teil der Stall von Bethlehem mit der Anbetung der Könige.

Siegel und Wappen der Burggrafen Hartmann von Kirchberg (gest. 1327) und Georg von Kirchberg (gest. 1519).

Wie der Fuchsturm zu seinem Namen kam?

1126 wurde Konrad I., Markgraf von Meißen, von seinem Bruder Friedrich gefangengenommen und auf die Burg Kirchberg gebracht. Wie die Sage wissen will, ließ er ihn in einen eisernen Käfig stecken und zum Bergfried der Burg heraushängen. Fliegen und Ungeziefer sollten Konrad genauso plagen wie die neugierigen Blicke der Bewohner. Weil er nach dem ihm nicht zustehenden Lande gegiert und intrigiert hatte, nannte man Konrad den „Fuchs". Der Turm wurde, seit er den „Fuchs" im Käfig trug, „Fuchsturm" genannt." – Ob der Name des 22 Meter hohen Turmes, der in der Sage als „Riesenfinger" bezeichnet wird, von der historisch verbürgten Gefangenschaft des meißnischen Markgrafen herrührt, ist eher zu bezweifeln. Da der Name schon im 16. Jahrhundert gebräuchlich war – also lange, bevor hier die Burschenschafter zu feuchtfröhlichen Gelagen zusammenkamen – wird er wohl auf die in den Felsspalten des Hausberges ansässigen Raubtiere zurückgehen.

Die Grafen von Beichlingen

Die Grafen von Beichlingen nennen sich nach der am Westhang der Finne gelegenen und schon in der 2. Hälfte des 8. Jahrhunderts bezeugten Burg im heutigen Beichlingen (bei Kölleda). Offensichtlich war das Geschlecht in der 2. Hälfte des 10. Jahrhunderts in den Besitz der Anlage gekommen. Welche Rolle dabei die schwarzburgische Verwandtschaft spielte, ist nicht bekannt. Später kamen Reichs- und landgräfliche Lehen hinzu, so dass sich das Beichlinger Gebiet im 12. Jahrhundert unter Graf Friedrich I. bis hin zum Kyffhäuser erstreckte. Nach dem Untergang der staufischen Macht geboten sie sogar über die Reichsburg Kyffhausen. Zeitweilig gehörten ihnen auch Ländereien im Eichsfeld und in der Mühlhäuser Gegend. Als die Wettiner in Thüringen Fuß fassten, zeigte es sich aber, dass die Grafen von Beichlingen viel zu schwach waren, um sich an der Seite dieser starken Fürsten behaupten zu können. 1519 verkauften die entmachteten und überschuldeten Grafen von Beichlingen ihre Burg an die Herren, seit 1702 Grafen von Werthern. Diese bauten die weiträumige mittelalterliche Anlage im 17. Jahrhundert zu einem noch heute beeindruckenden Renaissance-Schloss um.

Die Grafen von Klettenberg und die Grafen von Ilfeld-Honstein

Noch episodischer für die thüringische Fürstengeschichte blieben die Grafen von Klettenberg, die vermutlich auf einen Albert von Ballhausen zurückgehen, der 1144 in der Umgebung des Mainzer Erzbischofs genannt wird und über Ländereien am südlichen Rand der Goldenen Aue verfügte. Im thüringisch-hessischen Erbfolgekrieg ist das Geschlecht untergegangen, sein Land an die Honsteiner gefallen.

Der Überlieferung nach gehen die Grafen von Ilfeld-Honstein auf einen nicht weiter bestimmbaren Ilger (oder Elger) von Bilstein zurück. Dieser soll von der Werra in den südlichen Harz gekommen sein und die Burg Ilfeld erbaut haben. Dafür muss er in den Grafenstand erhoben worden sein. Zwischen 1119 und 1140 wird ein Graf Adelger mit Ilfeld in Verbindung gebracht, vielleicht war er der Sohn Ilgers. 1182 taucht dann erstmals der Herkunftsname Honstein auf. In der „Reinhardsbrunner Chronik" wird ein Konrad von Honstein als Neffe Ludwig des Springers bezeichnet. Ob die Ilfeld-Honsteiner tatsächlich mit dem Landgrafenhaus verwandt waren und sich deshalb so lange halten konnten, ist nicht belegt, doch möglich. Der Ausgangspunkt ihrer Herrschaft waren die Wälder des südlichen Harzes und das fruchtbare Land der Goldenen Aue. 1295 verfügten sie auch über mainzische Lehen, und 1325 gingen sie mit den Schwarzburgern eine Erbverbrüderung ein, die nach dem Tode Dietrichs V. von Honstein-Sondershausen wirksam wurde. Deshalb fiel das honsteinische Gebiet um Sondershausen an die Blankenburger Linie des Hauses Schwarzburg. Die übriggebliebene und mehrfach aufgespaltene Linie Honstein-Klettenberg erlosch erst 1593 im Mannesstamm und wurde vom Bistum Halberstadt aus verwaltet, mit dem es 1648 an Brandenburg kam. Die Gebiete der Heringer Nebenlinie wurden schon 1417 an die Grafen von Stolberg verkauft, die länger bestehende Kelbraer Nebenlinie gelangte über die eingeheirateten Grafen von Schwedt im 17. Jahrhundert ebenfalls an Brandenburg.

Die Grafen von Tonna-Gleichen

Eine nicht unbedeutenden Rolle im nordthüringischen Raum spielten die Grafen von Tonna, die seit 1099 mit einem Grafen Erwin I. in Gräfentonna, am Fuße der Fahner Höhe gelegen, nachweisbar sind. Schon 1162, unter Graf Ernst II., einem Vertreter der dritten Generation, wurden sie mit der im Gothaischen gelegenen Burg Gleichen belehnt. Fortan fügten sie den Namen ihres neuen Besitzes dem bisherigen zu.

Burg Gleichen

Die Ringburg wurde 1089 im Zusammenhang mit der Belagerung durch Kaiser Heinrich IV. erstmals genannt. 1130 kam die Burg in Besitz des Kurerzstifts Mainz, das sie 1162 an die Grafen von Tonna weitergab. Von 1378 bis 1455 ist sie Residenz der jüngeren Gleichenlinie. Seit Ende des 16. Jahrhunderts ließen die Grafen die Burg verfallen. Die gut gesicherte Ruine wird heute gern zusammen mit der benachbarten Mühlburg und der nahen Wachsenburg genannt. Gleichenburgen waren die beiden aber nie.

Burg Gleichen bei Wandersleben.

Die Sage vom Grafen von Gleichen

Als Kaiser Friedrich II. 1227 den Kreuzzug begann, bei welchem Landgraf Ludwig IV. zu Tode kam, zog auch Graf Ernst III. von Gleichen, nachdem er sich auf seiner Burg von seiner Gemahlin und seinen beiden Kindern ganz herzlich verabschiedet hatte, in das Heilige Land und kämpfte tapfer gegen die Heiden. Nach dem Waffenstillstand mit dem Sultan ließ der Kaiser den Gleichengrafen in Akkon zurück, damit dieser die alte Veste beschütze. Auf einem Erkundungsritt in die Wüste wurde er aber gefangen genommen und als Sklave gehalten. Während er im Garten des Sultans arbeiten musste, erblickte er dessen schöne Tochter und verliebte sich in sie. Als diese den wirklichen Stand des Gärtners erfuhr, versprach ihm die Sultanstochter die Befreiung. Doch müsse er sie mitnehmen und zu seinem ehelichen Weibe nehmen. Da er sonst nur den Tod zu erwarten hatte, willigte er ein. Da die schöne Heidin bereit war, dem Grafen zuliebe eine Christin zu werden, hoffte er, der Papst werde ihm diese zweite Ehe bewilligen. Die Flucht gelang, und in Rom wurden die beiden tatsächlich vom Papst getraut. Hierauf setzten sie ihre Reise fort und kamen glücklich nach Thüringen und an den Fuß der Gleichenburg, wo Ernsts Gemahlin den Totgeglaubten freudiglich empfing. Als er der Eheliebsten alles entdeckt hatte, segnete diese dankbar die Fremde, hatte sie ihr doch den Gemahl und den Vater ihrer Kinder wiedergegeben. Wie eine Schwester wollte sie die schöne Sarazenin lieben. Fortan nannte man diese Stätte das Freudental, denn die drei Verbundenen blieben einträchtiglich und liebevoll beisammen. Das dreischläfrige Bette, das sie sich haben richten lassen, soll noch vor 150 Jahren auf der Burg gestanden haben. Und ihr Grabstein im Dom zu Erfurt ist sogar heute noch vorhanden. Er zeigt den Grafen zwischen seinen beiden Gemahlinnen.

Grabmal eines Grafen von Gleichen *und seiner zwei Frauen an der südlichen Längshauswand des Erfurter Domes. Ursprünglich befand sich die Grabtafel im Peterskloster, zu Beginn des 19. Jh.s wurde sie hierher verbracht. Vermutlich gehörte die Tafel zum Grab Graf Lamberts II., der 1228 starb und tatsächlich an der Seite von zwei Ehefrauen beigesetzt wurde, doch hatte er die zweite erst nach dem Tode der ersten geehelicht! Seit dem 16. Jh. ist die Geschichte vom angeblich zweibeweibten Grafen immer wieder kolportiert worden. Sie regte aber auch die Fantasie der Dichter an.*

***Darstellung des Grafen von Gleichen** im Erfurter Rathaus von Peter Janssen (1884).*

Dadurch dass die Grafen von Tonna-Gleichen die Vogtsrolle in Erfurt wahrnahmen, berührte sie der Aufstieg des Thüringer Landgrafenhauses nur wenig. Zeitweilig war ihre Macht im Gefolge des Kurerzstifts so groß, dass man in ihnen die Konkurrenten der Landgrafen sehen konnte. Ohne die Zustimmung der Grafen von Tonna-Gleichen wurde in Erfurt keine wichtige Entscheidung getroffen. Wenn sie durch die Stadt ritten, hatten ihnen die Ratsherren die Pferde zu führen. Wie hoch ihr Ansehen war, zeigen mehrere Kaiserurkunden aus dem 12. Jahrhundert, in denen Lambert II. von Tonna-Gleichen als Graf von Erfurt bezeichnet wird. Offiziell gab es diesen Titel nie.

Die Grafen von Tonna-Gleichen mussten sich dem Erfurter Rat erst unterordnen, als sie gegenüber dem Kurerzstift in Ungnade fielen und ihre Schulden ins Unermessliche wuchsen. Um diese zu begleichen, zwang man sie, ihre beträchtlichen Besitzungen im Eichsfeld 1294 an Mainz abzutreten.

Die geschwächten Grafen konnten diese nie wieder auslösen. Bis zum Ende seiner weltlichen Macht zu Beginn des 19. Jahrhunderts verblieb deshalb das Eichsfeld beim Kurerzstift. 1343 teilten die Grafen Hermann VI. und Ernst VII. ihren geschrumpften Besitz in eine Blankenhainer und in eine Tonnaer Linie. Der politische Einfluss des Hauses ging dadurch noch mehr zurück. 1599 übersiedelte der Tonnaer Graf von Gräfentonna nach Ohrdruf. Neuer Sitz des Hauses wurde das Schloss Ehrenstein. Der letzte Graf von Tonna-Gleichen starb 1631. Das Gebiet um Ohrdruf – der letzte Besitz der Grafen – kam unter die Herrschaft der Fürsten von Hohenlohe, die es bis 1918 unter gothaischer Oberhoheit besaßen.

Schloss Ehrenstein in Ohrdruf
Die reich verzierte unregelmäßige Vierflügelanlage wurde zwischen 1550 und 1590 unter Einbeziehung des mittelalterlichen Chorherrenstiftes von den Baumeistern Georg und Valentin Kirchhof im Renaissancestil für die Grafen von Tonna-Gleichen errichtet.

Schloss Ehrenstein, (1550/90) mit bemerkenswertem Erker und Portal.

Die Schenken und Vitztume von Apolda

In dem seit 1119 bezeugten Ort gab es eine Burg, auf der 1123 ein Graf Wichmann als Burgherr saß. Dieser stand in enger Beziehung zu Erzbischof Adalbert I. von Mainz. Ob er oder der Vertreter einer anderen Adelsfamilie der Ahnherr der Mainzer Schenken ist, kann nicht mit Sicherheit gesagt werden. Doch schon die auf Wichmann folgende Generation nennt sich Schenken von Apolda und hatte das wichtige Amt des Erfurter Vicedominus inne. Seit Dietrich IV. von Apolda, der 1199 starb, führte die Familie den Titel Vitztum (abgeleitet vom lat. Vicedominus) von Apolda. Zeitweilig standen vier Mitglieder dieser Familie im Dienst der Mainzer Erzbischöfe. Die meisten von ihnen trugen den Namen Dietrich.

Ein Dietrich von Apolda lebte als Dominikaner in der zweiten Hälfte des 13. Jahrhunderts in Erfurt und verfasste eine lateinische Elisabeth-Legende (1289/90). Dietrich soll dafür eigene Nachforschungen angestellt haben. Vielleicht war dem Werk deshalb ein so großer Erfolg beschieden. Das meiste was wir heute über die Heilige Elisabeth wissen, entstammt der Dichtung Dietrichs.

Im 15. Jahrhundert fiel die Oberlehnsherrschaft über Apolda an die Wettiner, was einer Entmachtung der Vitztume gleichkam. Zu einer eigenen Landesherrschaft hatten sie es also nur in Ansätzen gebracht. Erst 1631 erlosch das Geschlecht der Vitztume von Apolda. Ihre heute noch vorhandene (wenn auch baulich stark zu einem bescheidenen Schloss veränderte) Burg wurde von den Wettinern eingezogen und der Universität Jena als Dotalgut übergeben. Diese bewirtschaftete es bis 1922.

Die Schenken von Vargula und die Schenken von Tautenburg

Im 10. und 11. Jahrhundert erwuchs aus dem Kreis der Bediensteten des Königs das Erzamt des Mundschenken. Seit dem 13. Jahrhundert war der jeweilige Mundschenk an allen Fürstenhöfen immer ein niedriger Adeliger. Dieser durfte für sich und seine Familie den erblichen Titel Schenk führen. Dieser entsprach dem eines Herren. Etwa seit der Mitte des 12. Jahrhunderts hatte das Schenkenamt am Thüringer Landgrafenhof ein Ministerialengeschlecht aus Großvargula unweit von Langensalza inne. 1178 taucht erstmals die Standesbezeichnung Schenken von Vargula auf.

Die Wasserburg der Schenken befand sich auf einer von der Unstrut gebildeten halbinselartigen Flussschleife. Sie wurde 1385 an die Stadt Erfurt verkauft und im 18. Jahrhundert zu einem heute noch existierenden Amtshaus umgebaut. Später gehörte es dem Herrengeschlecht von Sommerfeld.

Schenk Rudolf II. genoss seit 1203 das Vertrauen Landgraf Hermanns I. In dessen Auftrag brachte er 1211 die vierjährige Elisabeth, die spätere Frau Landgraf Ludwigs IV., von Ungarn nach Eisenach auf die Wartburg. Schwierige diplomatische Aufträge erfüllte er 1216 im Gefolge Kaiser Friedrichs II. in Würzburg und 1224 bei der Kurie in Rom. Seine Söhne Rudolf III. und Heinrich wurden für die Verdienste ihres Geschlechtes 1243 von Kaiser Friedrich II. mit Schloss und Forst Tautenburg belehnt. Seitdem nannten sich die Schenken von Vargula nach ihrem neuen, nördlich von Jena gelegenen Stammsitz.

Im 13. und 14. Jahrhundert erwarben die Schenken umfänglichen Besitz an der Saale. Sie waren in dieser Zeit auf dem Weg zu einer eigenen Landesherrschaft. Im Thüringer Grafenkrieg büßten sie allerdings den größten Teil ihrer Macht wieder ein. Schließlich wurden sie – wie die meisten anderen Herrengeschlechter – den siegreichen Wettinern lehnspflichtig. Darauf verließen einige Mitglieder der inzwischen weitverzweigten Familie Thüringen und gründeten eigene Linien, so in der Oberpfalz, im Egerland, in Schweden und in den Niederlanden. Schenk Georg von Tautenburg erlangte unter Kaiser Karl V. als Gouverneur dreier niederländischer Provinzen hohe Würden und wurde 1531 mit dem Orden vom Goldenen Vlies ausgezeichnet. Dagegen verblieb die entmachtete jüngere Linie bis zu ihrem Erlöschen 1640 in Tautenburg und im benachbarten Frauenprießnitz.

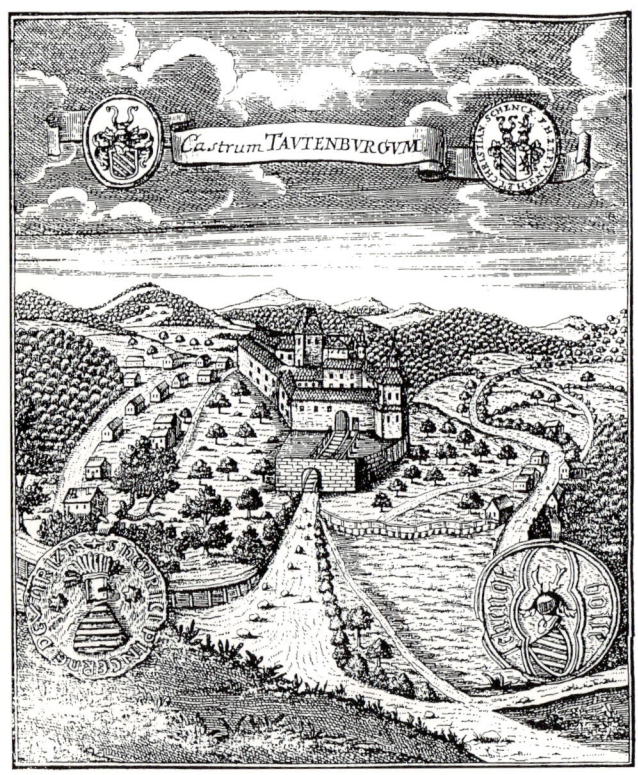

Die Tautenburg. *Kupferstich von J. Chr. Friderici in seiner „Historia Pincernarum Varila-Tautenborgicorum" (1722).*

Die Wettiner – Weichenstellung für die Neuzeit

Vorfahren dieses bedeutenden Fürstenhauses gehörten vermutlich schon in karolingischer Zeit zur Reichsaristokratie. Im Zuge der Ostkolonisation kamen sie zu Macht und Ansehen. Als Träger des sächsischen Pfalzgrafenamtes saßen sie auf der Burg Goseck zwischen Naumburg und Weißenfels, später auf der 961 erstmals genannten und ihrem Geschlecht den Namen gebenden Saaleburg Wettin nordöstlich von Halle.

1089 war das einflussreiche Adelshaus erstmals mit der neugebildeten Markgrafschaft Meißen belehnt worden. Nach dem Aussterben der Landgrafen im Mannesstamme wurden sie auch die Herren des größeren Teils von Thüringen. Seitdem regierten sie Gebiete, die später zu den Ländern Sachsen, Sachsen-Anhalt und Thüringen gehören werden. Wenigstens seit 1423, als ihnen Kaiser Sigismund die Kurfürstenwürde übertrug, gehörten die Wettiner zu den bedeutendsten Fürstengeschlechtern des Reiches, ja Europas. Nur die mit ihnen verwandten Habsburger verfügten über mehr Einfluss. Trotz mehrfacher Teilungen ihrer Lande und damit verbundener Machteinbußen konnten sie die Geschicke des mitteldeutschen Raumes bis in das 20. Jahrhundert hinein mitbestimmen. Vor allem in der Kultur haben sie der von ihnen gestalteten Landschaft ein unverwechselbares und heute noch nacherlebbares Aussehen gegeben.

Auch bei den Wettinern liegt die frühe Genealogie im Dunkeln. Ein Burchard oder Bukko, Graf im Grabfeldgau und von den Karolingern mit der sorbischen Mark belehnt, wird vielfach als ihr Ahnherr angesehen. Ob die Wettiner aber tatsächlich auf die Bukkonen (oder Burcharde) zurückgehen, ist verschiedentlich bezweifelt worden. Wenn das der Fall sein sollte, ist Dedo, unter Kaiser Otto I. Markherzog an der unteren Saale, ein Enkel Burchards. Sicher ist das aber nicht. Es gibt aber auch Anzeichen für eine süddeutsche Abstammung der Wettiner. So ordnete Eike von Repgow, der berühmte Verfasser des zwischen 1220 und 1235 entstandenen „Sachsenspiegels", dieses Geschlecht den Schwaben zu. Für diese These spricht auch der von den Wettinern häufig benutzte Name Friedrich. Aber auch noch eine dritte Variante, eine Herkunft aus dem Harzgau, wurde schon diskutiert. Bleiben wir bei der ersten Variante. Dedos Söhne Burchard, Dedo und Dietrich saßen demnach auf der Burg Goseck. Die Nachkommen des ältesten stellten in fünf Generationen die sächsischen Pfalzgrafen, bis das Amt an das Haus Sommerschenburg überging und schließlich durch Heirat 1181 an den Ludowinger und späteren Thüringer Landgrafen Hermann I. kam. Der Besitz der Pfalzgrafschaft hatte zwar politisches Gewicht, doch bestand sie nur aus kleinen Gebieten um Goseck, Sangerhausen und Allstedt.

Während der jüngere Dedo in Italien bei einem Feldzug ums Leben kam, setzte Dietrich, gestorben vor 976, das Geschlecht fort. Er muss als der wirkliche Stammvater des Hauses Wettin angesehen werden. Seine Nachkommen dienten den Ottonen. Dietrich II., der gegen die Polen kämpfte und die Lausitz kolonisierte, wurde 1031 mit der Ostmark (also Gebieten an der unteren Mulde, der mittleren Elbe und in der Niederlausitz) belehnt. Seine Ermordung 1034 bremste den Aufstieg des nunmehr in die Linien Eilenburg, Brehna und Wettin aufgespaltenen Geschlechtes. Hundert Jahre später konnte Konrad I. die wettinische Macht wiederherstellen. 1135 war ihm sogar das Erbe Wiprechts von Groitzsch zugefallen. Dieser war der wichtigste Adelige im Mittelelbegebiet, später gebot er auch über die Marken Lausitz und Meißen. Als er sich 1123 gegen den Kaiser stellte, brach sein Herrschaftsbereich auseinander. Die Wettiner, die ihn nach seinem Tode beerbten, hatten mehr Glück bei der Errichtung ihrer Landesherrschaft.

Wenn sich das Geschlecht bald darauf auch erneut zersplitterte – in die Markgrafschaft Meißen sowie in die Grafschaften Eilenburg, Wettin, Groitzsch-Rochlitz und Brehna –, gilt doch Konrad I. als der eigentliche Begründer des wettinischen Staates. Im 19. Jahrhundert erhielt er sogar den Beinamen „der Große". Dabei hat er manche entwürdigende Niederlage einstecken müssen – wie seine Gefangennahme auf der Burg Kirchberg 1126 durch seinen Bruder zeigt. Auch verlor er das wichtige Milzenerland um Bautzen an die böhmische Krone. Doch gehörte Konrad schon zu jenen wettinischen Fürsten, die ihre politischen Unternehmungen mit festen religiösen Absichten verbanden. Folgerichtig starb der erste bedeutende Wettiner als Mönch. Sein Sohn Otto I., der Reiche, erwarb sich große Verdienste bei der Besiedlung und Erschließung des Landes. Der von ihm geförderte Silberbergbau um die Neugründung Freiberg wurde später das wirtschaftliche Rückgrat Sachsens.

Konrad I., der Große. – Dieser Markgraf gilt als der eigentliche Begründer des wettinischen Staates. Deshalb beginnt auch der zwischen 1872 und 1876 von Adolf Wilhelm Walter für das Dresdener Schloss geschaffene „Fürstenzug" (hier ein Ausschnitt) mit diesem Wettiner.

Da die anderen wettinischen Linien ausstarben, blieben die meißnischen Markgrafen als die einzigen Vertreter ihres Geschlechtes übrig. Brehna mussten sie an die Askanier abgeben, und Wettin fiel an das Erzbistum Magdeburg. Niemals haben sie versucht, ihre Stammburg wiederzuerlangen. Der Herrschaftsbereich der Wettiner ist seit Konrad und Otto identisch mit der Markgrafschaft Meißen. Erst 1247 werden die wettinischen Lande durch den Anfall Thüringens beträchtlich nach Westen hin erweitert.

Zustande gebracht hat diesen Machtzuwachs Heinrich der Erlauchte, einer der bedeutendsten Wettiner des Mittelalters. Als Minnesänger ist der Neffe Landgraf Hermanns auch eine Gestalt der Literaturgeschichte. Am Meißner Hof seines Vaters hatten Walther von der Vogelweide und Heinrich von Morungen gesungen. Er selbst hatte als Kind auch das reiche literarische Leben am hennebergischen Hof kennengelernt. Schon 1242/43 erhielt Heinrich die Eventualbelehnung von Thüringen. Als sie nach dem Tod Heinrich Raspes wirksam wurde, meldeten Sophie von Brabant und Siegfried von Anhalt gleichermaßen ihre Ansprüche an. Da die Reichsgewalt am Ende der Stauferherrschaft schwach war, kam es zum Krieg, aus dem Heinrich schließlich als Sieger hervorging. Dass er 1262 in Eisenach einziehen konnte, hatte er auch dem Schenken Rudolf von Vargula zu verdanken, der für den nach Böhmen geflohenen Markgrafen dessen Widersacher bei Besenstedt entscheidend schlug. Der Erbfolgekrieg war damit entschieden.

Die Wettiner vom Erwerb der Landgrafschaft Thüringen bis zur Leipziger Teilung

Heinrich der Erlauchte	1247-1288
Albrecht der Entartete	1288-1307
Friedrich der Freidige	1307-1323
Friedrich der Ernsthafte	1323-1349
Friedrich der Strenge	1349-1381
Friedrich der Streitbare	1381-1428
Friedrich der Sanftmütige	1428-1464
Ernst	1464-1485

***Die Markgrafen Dietrich der Bedrängte und Heinrich
der Erlauchte*** *im Dresdener Fürstenzug.*

Albrecht der Entartete (sein Beiname verweist auf seine moralischen Unzulänglichkeiten), Heinrichs Sohn, hätte die
wettinische Herrschaft über Thüringen beinahe verspielt. Zu
sehr schwächten untereinander ausgetragene Zwistigkeiten die
Familie. So stellte sich Kaiser Rudolf I. von Habsburg gegen

die Wettiner und hielt sich 1289/90 fast ein ganzes Jahr lang in Erfurt auf. Über Altenburg setzte er sogar einen Burggrafen ein. Die Landgrafschaft Thüringen wollte er seiner eigenen Hausmacht unterstellen. Die Wettiner waren dem Bankrott nahe. 1307 erfochten sie aber bei Lucka einen wichtigen Sieg über den deutschen König und retteten damit ihre Herrschaft. Ihrem Aufstieg als Territorialmacht in Mitteldeutschland stand nun nichts mehr im Wege. Eine Zeit der Konsolidierung und Stabilisierung begann.

Die Schlacht bei Lucka (1307)

Nachdem König Albrecht I. sich Böhmen gefügig gemacht und seinen Sohn mit dem reichen Land belehnt hatte, wollte er die gegen die Zentralgewalt gerichtete Macht der meißnischen Markgrafen brechen und Thüringen seiner Hausmacht unterstellen. Auf dem Hoftag von Fulda im Juli 1306 aberkannte er den Wettinern den thüringischen Landgrafentitel. Zuerst belagerte Albrecht die Wartburg. Als Friedrich der Freidige (der ihm von Johannes Rothe gegebene Beiname bedeutet soviel wie stark und mutig) mit seinem Bruder Diezmann aber entkam, verfolgte er die beiden und stellte sie am 31. Mai 1307 auf der „Streitstatt" nordwestlich von Lucka. Der Habsburger unterlag aber dem meißnischen Markgrafen, sein Heerführer Heinrich von Nortenberg geriet sogar mit einer großen Anzahl Adeliger in Gefangenschaft. Mit Bezug auf den schwäbischen Kern der Reichstruppen lebte im Altenburger Land noch lange der Spruch: „Es wird dir glücken wie den Schwaben bei Lücken."

Mit dem Sieg der Wettiner bei Lucka war die deutsche Krone in ihrem Ringen um eine starke Zentralgewalt einmal mehr an einer aufstrebenden Partikulargewalt gescheitert, im mitteldeutschen Raum sogar endgültig. König Albrecht I. zog aus Mitteldeutschland zurück und rief zu einer Reichsversammlung auf der in der Schweiz gelegenen Habichtsburg, dem Stammsitz seines Geschlechts. Auf dem Wege dorthin wurde er von seinem Neffen Johann von Schwaben (genannt Parricida) erschlagen, weil diesem das rechtmäßige Erbe vorenthalten wurde. Schiller lässt diesen Meuchelmörder in seinem „Wilhelm Tell" (1804) auftreten und verurteilen. Nur wenn es um die Freiheit eines Volkes gehe wie in seinem Schauspiel, sei eine solche Tat zu dulden.

Albrecht der Entartete lebte lange auf der Wartburg, und zwar sommers wie winters. Auch sein Sohn Friedrich der Freidige bevorzugte die alte Landgrafenburg als Aufenthaltsort. Diesem bedeutenden Fürsten kommt das Verdienst zu, die Herrschaft der Wettiner zwischen Elbe und Thüringer Wald durch einen Landfrieden wieder auf feste Füße gestellt zu haben. 1310 erkannte König Heinrich VII. das Erbrecht der Wettiner auf Thüringen endgültig an. Friedrich hatte sich damit als der eigentliche Landgraf erwiesen. Um seine Macht zu festigen, verbannte er seinen Vater aus der Politik. Albrecht der Entartete starb als einfacher Bürger in Erfurt.

Wie Albrecht der Entartete zu seinem Namen kam

Der Markgraf war ein zügelloser Mensch. Vor allem hatte seine Gemahlin Margarethe von Hohenstaufen schwer unter ihm zu leiden. Schließlich verliebte er sich in seine Hofdame Kunigunde von Eisenberg und beschloss, sich seiner Gemahlin zu entledigen. Er beauftragte einen Eseltreiber, sie des Nachts zu erwürgen und ihr anschließend das Genick zu brechen. Es sollte so aussehen, als wenn der Teufel sie geholt habe. Der treue Eseltreiber aber entdeckte seiner Herrin den geplanten Anschlag und riet ihr zur Flucht. Margarethe bereitete sich mit Hilfe ihres Haushofmeisters Rudolf Schenk von Vargula darauf vor. Bevor sie die Wartburg heimlich verließ, ging sie ins Schlafgemach ihrer Söhne. Weinend sprach sie: „Ich will sie zeichnen, damit sie meiner gedenken, solange sie leben." Dann biss sie den dreijährigen Friedrich in die Wange. Wegen dieser Begebenheit erhielt Albrecht den Beinamen „der Entartete". Sein Sohn Friedrich aber hieß fortan „der Gebissene" oder „der mit der gebissenen Wange". Auf der Wartburg wird noch heute das „Eseltreiberstübchen" gezeigt und einer der Wehrgänge als „Margarethengang" bezeichnet.

Auch Friedrich der Freidige fand ein ungewöhnliches Ende. Es ist mit einer Theateraufführung verbunden, der er am 4. Mai 1321 in Eisenach beiwohnte. Das von einem unbekannten Eisenacher Dominikaner als Parabel von der Prophezeiung des Jüngsten Gerichtes verfasste „Spiel von den zehn Jungfrauen" muss den alternden Landgrafen mit seinen moralischen Konsequenzen, nämlich dass die Vergebung allein bei Gott liege, in Angst und Schrecken versetzt haben. Jedenfalls ereilte ihn kurz darauf ein Schlaganfall, von dem er sich bis zu seinem Tode zwei Jahre später nicht mehr erholte.

Das um 1320 auf der Wartburg errichtete Fachwerkhaus *Friedrichs des Freidigen. Zeichnung von Johann Wolfgang von Goethe, 1777 (Ausschnitt).*

Friedrich der Ernsthafte, der Sohn Friedrichs des Freidigen, sah in Thüringen sein Hauptland. Gern hielt er sich in Altenburg auf, residierte aber auch auf der Wartburg und auf dem Grimmenstein in Gotha. Die Stadt rückte unter seiner Regierung erstmals in den Vordergrund. Der unter seinem Sohn Friedrich dem Strengen 1369 erbaute Leinakanal zur Trinkwasserversorgung zeugt noch heute vom Ausbau der Stadt zur Residenz. Friedrich konnte 1353 durch seine Ehe mit Katharina von Henneberg-Schleusingen Coburg erwerben. Damit dehnten die Wettiner ihre Herrschaft bis ins Fränkische hin aus. Als Friedrichs Bruder Balthasar 1374 durch Margarethe von Hohenzollern ins Nürnberger Burggrafenhaus einheiratete, kamen noch Heldburg, Hildburghausen und Eisfeld hinzu, im Jahre 1400 durch Kauf auch das fränkische Amt Königsberg. Damit waren die Wettinern den Hennebergern sehr nahe gerückt.

Auch andere Fürstengeschlechter wollten ihre Landesherrschaft festigen. Dass sie dabei mit den mächtigen Wettinern in Konflikte geraten würden, war nur eine Frage der Zeit. Als sich die Schwarzburger, die Orlamünder und die Honsteiner gegen die Wettiner verschworen, kam es zum „Thüringer Grafenkrieg" (1342/46); als sich auch die Vögte von Weida, Gera und Plauen weigerten, die wettinische Oberherrschaft anzuerkennen, zum „Vogtländischen Krieg" (1354/59). Während die mit aller Härte geführten kriegerischen Auseinandersetzungen für die Grafen von Weimar-Orlamünde das Ende bedeuteten, konnten die Schwarzburger und die Vögte ihren Besitzstand zwar weitgehend wahren, an einen Ausbau ihrer Territorien war aber nun nicht mehr zu denken. Sie mussten die Oberherrschaft der Wettiner anerkennen und auf eine eigene Machtpolitik weitgehend verzichten.

Als 1423 die askanische Linie Sachsen-Wittenberg ausstarb, belehnte Kaiser Sigismund die Wettiner mit dem herrenlosen Land. Dies war als Dank für die gewährte Hilfe gegen die böhmischen Hussiten zu verstehen. Da der Kurtitel als höchster nun stets zuerst genannt wurde, verband sich der Landesname Sachsen fortan mit allen wettinischen Besitzungen. Als im 16. Jahrhundert dann die ältere wettinische Linie, die ernestinische, in Thüringen residierte, wurde der neue Landesname auch auf Thüringen übertragen. Während er nach und nach den angestammten Namen Meißen verdrängen konnte, gelang dies im Falle Thüringens nicht. Das ludowingische Erbe wog immer noch schwer. Die Erinnerung an die einstige politische Selbstständigkeit Thüringens ist nie völlig verlorengegangen.

Blick in den Altenburger Schlosshof. *Der Turm stammt noch von der mittelalterlichen Burg.*

Friedrich der Streitbare, Friedrich des Strengen Sohn, war der erste Wettiner, der Altenburg zu seiner ständigen Residenz erhob. Mit großem Eifer wirkten er und sein Nachfolger Wilhelm der Reiche an der Verschönerung der sich immer mehr zu einem Schloss wandelnden Burg. Die Erhebung der Kapelle St. Georg 1413 zu einer reich geschmückten Stiftskirche mit großem spätgotischen Chorraum gehen auf ihn zurück.

Friedrich der Sanftmütige, Friedrich des Streitbaren Sohn, war mit Margarethe von Habsburg verheiratet. Sie gilt als eine der bedeutendsten Fürstinnen im Hause Wettin. Sie nahm auf politische Entscheidungen Einfluss und führte in Abwesenheit ihres Gemahls alle Regierungsgeschäfte. Auch an der Beilegung des Bruderzwistes hatte sie Anteil. Nach dem Tod des Landgrafen 1464 blieb sie in Altenburg und wirkte segensreich für die Stadt. In dem von ihr auf der Burg errichteten Kornhaus ließ sie Vorräte lagern, die in Hungerzeiten verteilt werden sollten. Margarethe ist die Mutter der Prinzen Ernst und Albrecht, die 1485 das Haus Wettin in zwei Linien aufspalteten.

Margarethe von Habsburg, *die Gemahlin Friedrichs des Sanftmütigen.*

Kurfürst Friedrich der Sanftmütige *und seine Söhne Ernst und Albrecht im Dresdener „Fürstenzug".*

Der „Sächsische Bruderkrieg" (1446/51)

1440 starb Landgraf Friedrich der Friedfertige kinderlos. Damit erlosch die von seinem Vater Balthasar begründete Nebenlinie. Der Landgrafentitel fiel wieder an den ältesten Wettiner zurück. Kurfürst Friedrich der Sanftmütige regierte das Land zunächst zusammen mit seinem Bruder Wilhelm dem Tapferen. 1445 wurde Thüringen Wilhelm übertragen. Der erkannte diese Teilung aber nicht an. Die Streitigkeiten zwischen den Brüdern führten im Sommer 1446 zum Krieg, der von beiden Seiten mit äußerster Rücksichtslosigkeit geführt wurde. Der Angriff Friedrichs begann, als Wilhelm im Jenaer Schloss mit Anna von Österreich Hochzeit feierte. Erst im Januar 1451 einigte man sich in Naumburg auf einen Frieden, der die Länderaufteilung von 1445 bestätigte. Eine wichtige Rolle spielte in diesem Krieg Wilhelms Rat Apel Vitztum von Apolda. Als der Landgraf nach dem Friedensschluss erfuhr, dass dieser im Krieg beiden Herren gedient hatte, ließ er die Dornburg, wo sich der Verräter verschanzt hatte, belagern und (übrigens erstmals in Thüringen) mit Kanonen beschießen. Apel floh nach dem Fall der Mauern und die Besatzung wurde gefangen genommen. Auf den Trümmern der Burg entstand zwischen 1485 und 1522 das heutige Alte Schloss von Dornburg.

Noch spektakulärer als der „Bruderkrieg" war ein anderes Ereignis in der Regierungszeit Friedrichs des Sanftmütigen. Der „Prinzenraub" von 1455 erfreut sich noch heute einer gewissen Popularität und ist das bekannteste Ereignis der mittelalterlichen sächsischen Geschichte. Immer wieder haben Dichter und Historienmaler dieses frühe „Kidnapping" aufgegriffen und dem Zeitgeist entsprechend ausgeschmückt.

Ritter Kunz von Kauffungen, der Entführer der beiden Söhne des Kurfürsten, Ernst und Albrecht, hatte im Bruderkrieg treu an der Seite seines Herrn gekämpft, geriet dann aber in einen Hinterhalt und in die Gefangenschaft des Gegners. Seine Familie musste, um ihn zu befreien, ein hohes Lösegeld zahlen. Das forderte Kunz nun von Friedrich zurück. Als dieser ihn immer wieder vertröstete, wollte der sich betrogen fühlende Ritter mit den beiden entführten Söhnen als Faustpfand die Begleichung der Schulden erzwingen. Kunz erkletterte in der Nacht vom 7. zum 8. Juli 1455 das hochgelegene Schloss, wo ihn ein unzufriedener Küchenknecht einließ. Der Zeitpunkt war günstig gewählt, da der Kurfürst sich in Leipzig aufhielt und sich die meisten Hofleute auf einem Fest vergnügten. So konnte der Ritter unbemerkt in die Prinzengemächer eindringen und die beiden Knaben rauben. In einer Höhle im Erzgebirge wurden sie versteckt. Bevor sie aber außer Landes gebracht werden konnten, entdeckte sie ein treuer Köhler und übergab sie dem Abt des Klosters Grünhain. Kunz von Kauffungen fiel am 14. Juli 1455 zu Freiberg unter dem Schwert des Henkers.

Darstellung vom „Sächsischen Prinzenraub"
aus dem 19. Jh.

Als Wilhelm der Tapfere 1482 kinderlos starb, setzte Kurfürst
Ernst, der Sohn Friedrichs des Sanftmütigen, trotz warnender
Stimmen 1485 eine erneute Teilung seiner Lande durch.
Während ähnliche Unternehmungen vorher wieder rückgän-
gig gemacht wurden, zerriss die Leipziger Teilung die Wettiner
auf Dauer und zu ihrem Nachteil in zwei Linien. Ernst als der
Ältere erhielt neben anderen Gebieten den Kurkreis mit der
Hauptstadt Wittenberg und den größeren (aus drei nicht zu-
sammenhängenden Gebieten bestehenden) Teil Thüringens,

Albrecht (im weitesten Sinne) die alte Markgrafschaft. Seitdem sprechen wir von einer ernestinischen – zunächst in Wittenberg – und einer albertinischen – bald in Dresden residierenden – Linie.

Die Grafen von Stolberg

Sie gehen zurück auf die Zeit um 1200. Zu ihrem Stammort im südlichen Harz kam 1341 die Herrschaft Roßla in der Goldenen Aue und 1417 die Grafschaft Honstein mit den Südharzorten Ilfeld, Kelbra und Heringen. Damit wurde das Geschlecht auch in Thüringen beheimatet, orientierte sich aber schon ab 1429 durch den Anfall der Grafschaft Wernigerode nach Norden hin. 1645 teilte es sich in die Linien Stolberg-Wernigerode und Stolberg-Stolberg. Dieser Linie entstammen die Dichter Christian Graf zu Stolberg und Friedrich Leopold Graf zu Stolberg, die mit Goethe befreundet waren.

Die Grafen von Mansfeld

Das seit 1063 bezeugte Geschlecht nennt sich nach der um 1075 erbauten Burg Mansfeld an der Wipper am Ostrand des Harzes. Da die Mansfelder Güter in Eisleben, Hettstedt, Querfurt und Sangerhausen besaßen, hatten sie für das Ostharzgebiet eine erhebliche Bedeutung. Ihr Geschlecht erlosch aber schon 1229 im Mannesstamm. Es kam über die weibliche Erbfolge an die Herren und späteren Burggrafen von Querfurt, die sich seit 1262 Grafen von Mansfeld nannten. Durch den Kupferbergbau kamen sie im 14. Jahrhundert zu erheblichem Reichtum, büßten aber durch eine ungeschickte Politik und die 1420, 1475 und 1501 vorgenommenen Landesteilungen an Bedeutung ein. Hinsichtlich des Bergregals wurde ihre Grafschaft schon 1484 ein sächsisches Lehen.

Martin Luther, der 1483 in Eisleben geboren wurde und seine Kinderjahre in Mansfeld verbrachte, fühlte sich zeit seines Lebens mit seinen schwierigen Landesherren verbunden. Um einen geharnischten Rechtsstreit unter den Grafen von Mansfeld zu schlichten, reiste der kranke Reformator noch in seinem Todesmonat von Wittenberg, der Residenzstadt der sächsischen Ernestiner, wo er vierzig Jahre gelebt hatte, nach Eisleben. Wenige Tage nach seiner Ankunft starb er in seiner Geburtsstadt. Durch Luther ist die Grafschaft Mansfeld allgemein in der Erinnerung geblieben. Durch Luthers Reformation sind die Grafen von Mansfeld in die Nähe der sächsischen und thüringischen Fürsten gerückt worden.

Die Fürstenhäuser
der Neuzeit

Die Ernestiner und Thüringen

An der Randlage Thüringens hatte sich auch nach der Leipziger Teilung nichts geändert. Erst nach 1513, als Weimar zur ernestinischen Nebenresidenz erhoben wurde, spielte Thüringen in der Politik wieder eine bescheidene Rolle. Kurfürst Friedrich der Weise richtete seinem Bruder Johann, als dieser zum zweiten Mal heiratete, auf dem umgebauten Hornstein, der Wasserburg der ausgestorbenen Grafen von Weimar-Orlamünde, eine eigene Hofhaltung ein. Dadurch kam auch der 10-jährige Erbprinz Johann Friedrich, Johanns Sohns, nach Weimar. Da der Kurfürst unverheiratet geblieben war, ruhten von Anfang an alle Hoffnungen der Dynastie auf dessen Neffen. Aus diesem Bewusstsein heraus erhielt der Prinz, dessen Mutter im Kindbett gestorben war, die Namen von Vater und Onkel. Da sich beide Brüder hervorragend verstanden und von Anfang an auch gemeinsam regierten, wuchs Johann Friedrich gewissermaßen unter der Aufsicht zweier Väter heran.

Kurfürst Friedrich der Weise, *Kupferstich von Albrecht Dürer, 1523.*

Die ernestinischen Kurfürsten von Sachsen

Ernst	1485-1486
Friedrich der Weise	1486-1525
Johann der Beständige	1525-1532
Johann Friedrich I.	1532-1547

Friedrich der Weise war eine herausragende Herrscherpersönlichkeit. Auch in der Reichspolitik spielte er eine bedeutende Rolle. Nach dem Tod des Habsburgers Maximilian I. wurde ihm als ältestem Kurfürsten die Kaiserkrone angetragen. Friedrich lehnte jedoch ab. Dass ihm dennoch bald eine weltgeschichtliche Rolle zuwachsen würde, war 1519 bestenfalls erahnbar. Das ernestinisch regierte Kursachsen wurde das Mutterland der Reformation, und Martin Luther, Professor an der von Friedrich 1502 gegründeten Universität Wittenberg, ihr Protagonist. Ohne Friedrich den Weisen, der schützend seine Hand über den Reformator hielt, als der Kaiser diesen 1521 in Acht und Bann setzte, hätte sich die Reformation nicht so schnell und so erfolgreich durchsetzen lassen. Unter seiner Regierung stieg Kursachsen, dessen südlicher Teil Thüringen ist, zum führenden protestantischen Fürstentum auf, obwohl der Kurfürst selbst dem alten Glauben treu blieb. Erst Johann der Beständige und dessen Sohn Johann Friedrich I. schufen die Bedingungen für die Entwicklung des Luthertums zur Landeskirche.

Johann der Beständige erkannte früh in dem Reformator die einzige Autorität in Glaubensfragen. Allen Abweichlern erklärte er damit den Kampf. Sein erstes Opfer war der Theologe Karlstadt, der im September 1524 aus Kursachsen ausgewiesen wurde. Schon vorher hatte er Thomas Müntzer nach Weimar zitiert. Am 1. August wurde dieser auf dem Schloss verhört. Der Allstedter Pfarrer wusste nun, dass er von den Ernestinern nichts zu erwarten hatte. Mit seiner Übersiedlung nach Mühlhausen versuchte er, der drohenden Gefangennahme zu entgehen. Als Luther ein Jahr später ins Bauernkriegsgebiet reiste, machte er zuerst in Weimar Station, um sich mit dem Herzog abzusprechen. Er wusste bei seinem Treffen am 3. Mai 1525, dass er kaum auf eine gegenläufige Meinung stoßen würde. Nach der Niederschlagung des Thüringer Aufstandes wurde im ernestinischen Thüringen die lutherische Lehre auch offiziell als einzige verbindliche Religion angenommen.

Wer nur auf Gott vertrauen kann der bleibt ein unverdorben Mann. Dr. M. L.

Johann der Beständige, *Ölbild eines unbek. Künstlers (Cranach-Werkstatt), 1. Drittel des 16. Jh.s.*

Auch Erbprinz Johann Friedrich hatte schon frühzeitig zu Martin Luther ein intensives Vertrauensverhältnis entwickelt. So dankte dieser ihm schon im Oktober 1520 für die Fürsprache beim Kurfürsten nach dem Bekanntwerden der Bannandrohungsbulle. Bald erblickte der Prinz in dem Reformator einen „geistlichen Vater". Auch in der Beurteilung von Karlstadt und Thomas Müntzer stimmten beide überein. Nachdem er Müntzers „Fürstenpredigt" in Allstedt mitangehört hatte, bemühte sich Johann Friedrich, seinen Vater zum Eingreifen gegen die „Schwärmer" zu bewegen. Als er 1532 die Regierung übernahm, konnte Kaiser Karl V. sicher sein, dass in dem neuen Kurfürsten ein treuer Verteidiger der Sache Luthers den Thron bestiegen hatte.

Wie in seiner Familie üblich hat Johann Friedrich eine sorgfältige Erziehung erhalten und eine hohe Bildung erworben. Anfangs gehörte noch das Sammeln von Büchern zu seinen Lieblingsbeschäftigungen. Bald hatte er aber auch Freude an der Jagd und am Glücksspiel, das sich immer mehr zu einer wirklichen Leidenschaft entwickelte. Dass dabei getrunken wurde, versteht sich von selbst. Je älter er wurde, desto mehr sprach er dem Bier zu.

Der Bauernkrieg in Thüringen (1525)
Der Bauernkrieg gehört zu den großen Volksbewegungen der deutschen Geschichte. Er hatte im Sommer 1524 im südlichen Schwarzwald begonnen. Dass er auch auf Thüringen übergreifen und die Reformation gefährden würde, glaubte zu diesem Zeitpunkt noch niemand. Die Ernestiner hatten sich für seine Schauplätze kaum interessiert. Ihre Gegner waren die „Schwarmgeister" Karlstadt und Müntzer. Im April 1525 kam es aber in einigen Teilen Thüringens – ausgehend vom Werratal und den hennebergischen Landen bis hin zum zu Schwarzburg gehörenden Kyffhäuser-Gebiet – zu Aufständen, die sich vor allem gegen die Klöster und die Beseitigung von althergebrachten Rechten richteten. Die meisten Bauernhaufen wurden bald aufgerieben. Übrig blieb nur ein um Frankenhausen operierendes Bauernheer. Dort standen auch die kampfbereiten Truppen Landgraf Philipps von Hessen und Herzog Georgs von Sachsen. Am 15. Mai vernichteten sie das kampfunerfahrene Bauernheer vor den Toren Frankenhausens. Die Streitmacht Herzog Johanns befand sich zu diesem Zeitpunkt vor der Stadt Mühlhausen, die die Aufständischen lange unterstützt hatte. Nach ihrem Sieg über das Bauernheer nahmen die Fürsten blutige Rache. 6000 Bauernkrieger wurden im wahrsten Sinne des Wortes abgeschlachtet. Die Ernestiner waren daran zwar nicht unmittelbar beteiligt, dem entgegen gestellt haben sie sich aber auch nicht.

Aufgrund geleisteter Dienste konnten sich die Ernestiner berechtigte Hoffnungen machen, Teile der niederrheinischen Herzogtümer Kleve, Jülich und Berg zu erhalten. Doch dazu brauchten sie das Wohlwollen der Habsburger. Johann Friedrich war aber auf das Kaiserhaus nicht gut zu sprechen, denn Karl V. hatte ihn durch die Zurücknahme eines Eheangebots seiner Schwester zutiefst beleidigt. Daran änderte sich auch nichts, als seinem Sohn eine Tochter König Ferdinands in Aussicht gestellt wurde. Das Engagement der Ernestiner für die Reformation machte eine Verbindung der beiden mächtigen Adelshäuser nunmehr unmöglich. Der später zwischen

Preußen und Österreich ausgetragene Konflikt erlebte jetzt seine früheste Stufe. Deshalb entschloss sich Johann Friedrich, die einzige Tochter Herzog Johanns III. von Kleve zu heiraten. Sibylles Mutter war eine Prinzessin aus dem Hause Jülich und Berg, das bald an den Klever Herzog fallen sollte. Da auch dieser söhnelos war, würde das gesamte Erbe bei dessen Tod an die Ernestiner kommen. Die Entwicklung verlief jedoch anders, als Johann Friedrich es erwartete. Die niederrheinischen Herzogtümer fielen an Brandenburg und halfen später Preußens Macht im Rheinland zu begründen. Doch zunächst wurde der Konflikt zwischen den beiden christlichen Glaubensrichtungen auf den Schultern Kursachsens ausgetragen.

Johann Friedrich I. und Sibylle von Kleve

Obwohl die 1527 geschlossene Ehe rein politisch motiviert war, verstanden sich beide Partner gut. Auch in ihrem Engagement für die Reformation waren sie sich einig. Nach der für den Kurfürsten verlorenen Mühlberger Schlacht zeigte Sibylle Mut und trat dem siegreichen Kaiser am Grab Luthers energisch gegenüber. Zur Zeit der Gefangenschaft des Kurfürsten war sie ihm eine treue Gemahlin und fürsorgliche Landesmutter. Als Braut ist sie durch die Darstellung Lucas Cranachs d.Ä. weltberühmt geworden. Das Bild gehört zum reichen Cranach-Bestand der heute im Schloss untergebrachten Weimarer Kunstsammlungen.

Johann Friedrich und seine Gemahlin Sibylle, *Kopie nach Lucas Cranach d.Ä., vermutlich 17. Jh.*

In dem 1530 unter Führung des sächsischen Kurfürsten und des hessischen Landgrafen geschlossenen „Schmalkaldischen Bundes" hatte sich die übergroße Mehrheit der protestantischen Fürsten und ein beträchtlicher Teil der sich zur lutherischen Lehre bekennenden Städte vereinigt. Als die militärisch überlegenen „Schmalkalder" dazu übergingen, ausländische Bündnispartner zu suchen und mit ihnen Verträge zu schließen, fühlte sich der katholische Kaiser endgültig herausgefordert und zum Handeln aufgerufen. Unter dem Vorwand des Ungehorsams gegenüber seinem Herrn begann Kaiser Karl V., übrigens im Bündnis mit dem protestantischen sächsischen Herzog Moritz, den Krieg. Das Ziel des Kaisers war der Sturz Johann Friedrichs. Nachdem sich ganz Süddeutschland auf die Seite des Kaisers geschlagen hatte, unterlag Johann Friedrich in der Schlacht bei Mühlberg der Übermacht des vereinigten kaiserlich-herzoglichen Heeres. Gefangen genommen, unterschrieb er am 19. Mai 1547 die „Wittenberger Kapitulation". Sie war für den Ernestiner eine politische Katastrophe. Mit der Kurwürde, den Kurlanden und anderen Territorien hatte er auch die Möglichkeit eingebüßt, in den kommenden machtpolitischen Auseinandersetzungen ein bestimmendes Wort mitzureden.

Die Gründung der Universität Jena

Als leidenschaftlicher Verfechter der Reformation war Johann Friedrich I. stets für die Belange der Wittenberger Universität eingetreten. Schon wenige Wochen nach der Mühlberger Niederlage äußerte er den Gedanken, einen Ersatz für die verlorene (und infolge des Krieges geschlossene) Hochschule zu schaffen oder diese selbst nach Thüringen zu verlegen. Philipp Melanchthon hat sich dafür ausgesprochen und Jena als künftigen Hochschulort vorgeschlagen. Am 19. März 1548 wurde die Hohe Schule eröffnet; zehn Jahre später erfolgte ihre Erhebung zur Universität.

Aus diesem Anlass wurde an der Südwestwand des Treppenturmes der ehemaligen Klosterkirche (also im Hof des Collegium Jenense) das ernestinische Staatswappen angebracht. Darunter „erzählt" in einer Inschriftentafel Johann Stigel, der Melanchthon-Schüler und erste Rektor der Hohen Schule, in fünf elegischen Distichen von der Schulgründung, von der Not im Schmalkaldischen Krieg und der Gefangenschaft des Kurfürsten.

Das „Große
ernestinische
Staats-
wappen",
geschaffen von
Hermann von
Freibergk, 1557.

Das Collegium Jenense, die Gründungsstätte der Universität Jena, Kupferstich von Caspar Junghanß, 1710.

Johann Friedrich I.
auf dem gültigen Siegel
der Universität Jena.

Geduldig ertrug Johann Friedrich die Gefangenschaft. Erst nach fünf Jahren erhielt er seine Freiheit zurück, und zwar durch Kurfürst Moritz, der, als er sein politisches Ziel erreicht hatte, Gegner des Kaisers wurde. Er zwang 1552 Karl V. im Vertrag von Passau, den Protestanten Religionsfreiheit zu gewähren und Johann Friedrich freizulassen. Am 26. August kehrte dieser nach Thüringen zurück.

Johann Friedrich und das Schloss „Fröhliche Wiederkunft"

Sein Weg führte ihn zunächst nach Coburg, wohin auch die Herzogin reiste und ihren Gemahl in Empfang nahm. Bald traf das Paar mit seinem Gefolge in dem südöstlich von Jena gelegenen Waldort Wolfersdorf ein und nahm Quartier in einem erst kurz vorher fertiggestellten Schlösschen. Denn das Jagdhaus Johann Friedrichs hatten die Spanier unter ihrem Herzog Alba im Juni 1547 niedergebrannt. Am 2. Dezember genehmigte Johann Friedrich von Augsburg aus den Bau eines neuen Jagdhauses. Der Hummelshainer Jagdmeister Wolf Goldacker hat den Platz dafür bestimmt – „auf einer großen Wiese, von der man in 4 Waldgründe weit und lustig sehen kann". Nikolaus (Nickel) Gromann, der spätere Erbauer des berühmten Altenburger Rathauses und der beeindruckenden Veste Heldburg, lieferte den Entwurf. Im März 1548 wurde der Grundstein gelegt, im Oktober war es in seinem Äußeren fertig. Doch kostete der Bau schon weit mehr, als der Kurfürst genehmigt hatte. Als ihn der Kämmerer um weitere 600 Taler bat, schrieb er nach Weimar: „Wir haben ein Jagdhaus, aber kein Fürsten- oder Lusthaus dahin machen zu lassen befohlen oder bewilligt, und hätten wir gewusst, dass soviel Kosten darauf gehen, wäre es besser gewesen, dass es unterblieben." Johann Friedrich stimmte dem Antrag dann aber doch noch zu. Anfang 1551 war das Schloss fertig. Bald darauf wurde der Kurfürst entlassen. Von 2. bis 23. August hielt sich das Herzogspaar in Wolfersdorf auf. Seither heißt das Schloss erinnerungsschwer „Fröhliche Wiederkunft".

Blick über den Hof zum Schloss „Fröbliche Wiederkunft", *wie es seit den im 19. Jh. erfolgten Umbauten aussieht.*

An einer Quelle (dem heutigen Fürstenbrunnen) im Jenaer Pennickental wurde Johann Friedrich von Bürgern, Professoren und Studenten „seiner" Hohen Schule am 24. September 1552 empfangen.

Johann Friedrich in der Kahlaer Kirche. Eine Anekdote

Nach seinem Sieg im Schmalkaldischen Krieg kam 1547 Kaiser Karl V. durch Kahla. Im Gefolge befand sich der gefangene Kurfürst Johann Friedrich I. Gottesfürchtig wie er war, wollte er die Kirche besuchen und beten. Die Kahlaer stellten ihm einen Sessel vor den Altar. Fünf Jahre später, nach seiner Entlassung aus kaiserlichem Gewahrsam, weilte er wieder in Kahla und nahm am Gottesdienst teil. Der ihm wiederum dargebotene Sessel war nun viel zu eng. So platzierte man den fülligen Landesherrn auf zweien, indem man die mittleren Lehnen herausschnitt. Als er im Jahr darauf abermals in die Kahlaer Kirche kam, sollen auch diese beiden nicht mehr ausgereicht haben. Johann Friedrichs Leibesumfang war inzwischen zu gewaltig. Als sich neben ihn dann der kleine, schmalbrüstige Kantor stellte, hat die ganze Gemeinde herzlich gelacht. Der Herzog soll mit einem verschmitzten Lächeln geantwortet haben.

Das Jenaer Johann-Friedrich-Denkmal

Das 1554 verliehene, noch heute gültige Universitäts-Siegel und das 1858 auf dem Jenaer Marktplatz aufgestellte Standbild zeigen Johann Friedrich nicht als Herzog, sondern als Kurfürsten in kämpferischer Haltung mit erhobenem Schwert in der einen und der aufgeschlagenen Luther-Bibel in der anderen Hand. Darauf ist der zweite Vers des 121. Psalms zu lesen: „Meine Hilfe kommt vom Herrn / der Himmel und Erde gemacht hat." Das von Friedrich Drake geschaffene Standbild hat dazu beigetragen, dass dieser Fürst – und das ungebrochen auch durch die DDR-Jahrzehnte – bei den Jenensern eine seltene Popularität genießt. Allerdings muss der „Hanfried", wie das Denkmal liebevoll genannt wird, heute für die verschiedensten Reklamezwecke herhalten; seine Abbildung auf Bier-Etiketten in der DDR-Zeit war da noch harmlos.

Das Johann-Friedrich-Denkmal auf dem Jenaer Markt, geschaffen von Friedrich Drake, 1858.

1553 legte Johann Friedrich testamentarisch die Unteilbarkeit seines Landes fest, womit er durchaus noch politische Ansprüche anmeldete, grundsätzlich aber auf einen Ausgleich mit dem albertinischen Sachsen setzte. Erst aus der abenteuerlichen Revisionspolitik seines Sohnes erwuchs die politische Bedeutungslosigkeit des ernestinischen Herzogtums. Die wirkungsmächtigste Folge der sogenannten Grumbachschen

Händel von 1567 war die Teilung des Landes 1572. Wie schon der Vater, geriet nun auch der Sohn in die Gefangenschaft des Kaisers, doch sollte dieser ihr nicht mehr entkommen.

Johann Friedrich II. hatte sich von der politisch fragwürdigen Verbindung mit dem Ritter Wilhelm von Grumbach, dem persönlichen Feind des einflussreichen Bischofs von Würzburg, eine Wiedererlangung der Kurwürde erhofft und dadurch sich selbst und sein Fürstenhaus in Verruf gebracht. Zu allem Unglück schenkte der ansonsten nüchterne und hochgebildete Herzog Visionen eines orakelnden Bauernjungen und den sich auf sein Geheiß hin auf dem Gothaer Grimmenstein niederlassenden Alchimisten mehr Glauben als den Räten und seinem Bruder Johann Wilhelm.

Johann Friedrich II., *zeitgen. Holzschnitt.*

Wilhelm von Grumbach kurz *vor seinem Hinrichtungstod, Holzschnitt, 1567.*

WILHELM VON
GRVMPACH.
ÆTAT. SVÆ. LXX
ANNO 1567

Johann Wilhelm, der Kaiser und Reich Gehorsam geschworen hatte, war bis zuletzt darum bemüht, Johann Friedrich von seinem verderblichen Weg abzubringen. Als der Kaiser über Grumbach die Reichsacht verhängt hatte und der Ernestiner nicht einlenkte, nahm die Katastrophe ihren Lauf. Im Dezember 1566 rückte das von Kurfürst August I. von Sachsen geführte Reichsaufgebot auf Gotha zu. 10 000 Fußsoldaten und 6000 Reiter begannen mit der Belagerung des Grimmenstein. Nach drei Monaten meuterte die herzogliche Besatzung, schließlich versagten auch die Stadt und das Landvolk den Gehorsam.

Am 13. April 1567 musste sich die Festung ergeben. Johann Friedrich wurde verhaftet und in einem hohen, mit schwarzen Tüchern verhängten, von sechs Schimmeln gezogenen Wagen hinweggeführt. Zu seiner Schande waren die Mähnen und die Schwänze der Pferde rot gefärbt und deren Körper mit schwarzen Decken umhüllt worden. Die Reise ging ins ungarische Preßburg, später wurde der Herzog in Wiener Neustadt gefangengehalten. Erst 1595 starb er in seinem letzten Gefängnis im oberösterreichischen Steyr.

Die ernestinischen Herzöge von Sachsen

Johann Friedrich I.	(1532-)	1547-1554
Johann Friedrich II.		1554-1567
Johann Wilhelm		1567-1572 (-1573)

Im Laufe der nächsten Jahrzehnte wurde Thüringen kulturell um- und neugestaltet. Da dies ein – wenn auch kein vorhersehbares und schon gar nicht planbares – Ergebnis der Reformation war, kann man sagen, dass diese große Umwälzung des 16. Jahrhunderts Thüringen mehr geprägt hat als alle anderen Ereignisse seiner Geschichte zusammengenommen. Dabei gehört es zu den großen Merkwürdigkeiten, dass dieser Prozess eng verknüpft ist mit den politisch schwachen Ernestinern.

Das Ende der Grafen von Henneberg

Unter den Brüdern Wilhelm IV. und Georg Ernst, den letzten ihres Geschlechtes, erlebte das Henneberger Land im 16. Jahrhundert noch einmal einen weithin wirksamen Aufschwung. Suhl entwickelte sich in dieser Zeit zur „Waffenschmiede Europas" und Schmalkalden wurde das Zentrum der thüringischen Eisenverarbeitung. Daneben stieg die Residenzstadt Schleusingen durch die 1577 erfolgte Gründung eines noch heute bestehenden Gymnasiums zu einem bedeutenden Schulort auf.

__Die letzten Henneberger Wilhelm IV. und Georg Ernst__, Epitaphien in der Ägidien-Kapelle der Stadtkirche zu Schleusingen, 2. Hälfte des 16. Jh.s.

Schloss Bertholdsburg in Schleusingen

Die mächtige Anlage im Zentrum von Schleusingen geht auf eine zwischen 1226 und 1232 erbaute und nach 1284 nocheinmal erweiterte Burg zurück, die im 14. Jahrhundert zusammen mit der kleinen Stadt niederbrannte. Um 1450 bauten die Henneberger die Ruine in Form einer Vierflügelanlage wieder auf. Als die Burg immer mehr den Charakter einer Residenz annahm, wurde sie nach 1525 im Renaissancestil umgebaut und mehrfach erweitert. Ihr heutiges Aussehen erhielt das zum Schloss veränderte Anlage im 19. Jahrhundert; damals bekamen auch die einst „welschen Hauben" der Türme ihre spitze Form. Unter den Hennebergern erlangte die Bergstadt Schmalkalden europäische

Schloss Bertholds-burg, *Fotografie aus den 50-er Jahren des 20. Jh.s.*

Bis zu ihrem Aussterben 1583 erfüllten die Henneberger im fränkisch-thüringisch-hessischen Grenzraum eine wichtige kulturelle Brückenfunktion. Obwohl das Henneberger Land bald darauf aufgeteilt wurde, wirkt diese bis heute nach. Schmalkalden fiel an die Landgrafen von Hessen-Kassel, die schon seit 1360 in der Hälfte der Herrschaft mitregierten. Die anderen Landesteile kamen – wie im Kahlaer Vertrag von 1554 festgelegt – an die Wettiner beider Linien, die auch die Schulden übernahmen. Da diese sich nicht einigen konnten, blieb die alte Grafschaft bis 1660 (im reichsrechtlichen Sinne sogar bis 1806) als Verwaltungseinheit unter einer in Meiningen eingesetzten gemeinschaftlich wettinisch-„sächsischen" Regierung erhalten. Dagegen konnte die Abtei Fulda das Amt Geisa weiterhin behaupten und die Hoheit über Stadtlengsfeld ausüben. Erst 1815 kamen diese Gebiete mit dem ganzen Salzunger Land an Sachsen-Weimar. Andere Teile, darunter Suhl und Schleusingen, wurden dagegen preußisch.

Die Landgrafen von Hessen-Kassel und Thüringen

Aufgrund des bestehenden Erbvertrages fiel die seit 1247 den Hennebergern gehörende Herrschaft Schmalkalden 1583 an Hessen. Hatten unter den Ludowingern Thüringer über Hessen geherrscht, so regierte jetzt mit Landgraf Wilhelm IV. erstmals ein Hesse einen kleinen Teil Thüringens. Da er Schmalkalden sofort zu seiner Nebenresidenz erhob und sich seine Nachfolger dort oft aufhielten, kommt den hessischen Landgrafen auch für Thüringen ein gewisse Bedeutung zu.

Wilhelm IV., der Sohn des aus dem Bauernkrieg bekannten Landgrafen Philipp, ließ die aus dem 12. Jahrhundert stammende Schmalkalder Burg Waltaff sofort niederreißen und an ihrer Stelle ab 1584 das nach ihm benannte Schloss errichten. Am 23. Mai 1590 wurde es eingeweiht, wenngleich es noch längst nicht völlig fertiggestellt war.

Schloss Wilhelmsburg in Schmalkalden

Die fast quadratische, über der Stadt thronende Vierflügelanlage gehört zu den bedeutendsten Schlossbauten im Renaissance-Stil im mitteldeutschen Raum und hat bis heute kaum Veränderungen erfahren. Für den Bau der prächtigen Schlosskirche war vor allem der Niederländer Willem Vernukken zuständig. Alle Säle des Schlosses wurden mit dekorativen Malereien und zeittypischem Roll- und Beschlagwerk ausgestattet. Die Raumanordnung folgt dem eines repräsentativen Residenzschlosses. Das Mobiliar ließ der Bauherr aus Kassel herbeischaffen. Wilhelms Sohn Moritz vollendete das Bauwerk bis 1618. Unter seinen Nachfolgern wurde es nur noch selten genutzt, Anfang des 19. Jahrhunderts schließlich aufgegeben. 1873 übernahm es der Verein für Hennebergische Geschichte und Landeskunde und führte es nach und nach einer musealen Nutzung zu.

Unter Landgraf Moritz dem Gelehrten gehörte der Kasseler Hof zu den kulturell reichsten und vielgestaltigsten in Deutschland. Vor allem in der Musikpflege und beim Theater hatte er eine Mittlerrolle übernommen zwischen den katholischen westdeutschen Territorien und den sich seit der Reformation in einer Wandlung befindenden mitteldeutschen Fürstentümern. Dass Thüringen davon schon früh profitierte, war vor allem der neuen Rolle Schmalkaldens zu danken. Manchmal hielt sich Landgraf Moritz mit seinem Hofstaat wochenlang in seiner thüringischen Besitzung auf, vor allem während der jährlichen „Hirschessen" im Herbst. Aufzüge und Turniere gaben dann der sonst eher geschäftigen Stadt ein festliches Gepräge.

Schloss Wilhelmsburg, *Stadtseite.*

Landgraf Moritz der Gelehrte *mit Familie, Kupferstich, 1638.*

Die Landgrafen von Hessen-Kassel

Wilhelm IV., der Weise	1567-1592
Moritz der Gelehrte	1592-1627
Wilhelm V., der Beständige	1627-1637
Wilhelm VI.	1637-1663
Wilhelm VII.	1663-1670
Karl	1670-1730
Friedrich I.	1730-1751
Wilhelm VIII.	1751-1760
Friedrich II.	1760-1785
Wilhelm IX. (I.)	1785-1803 (-1821)

Die Musikpflege der Landgrafen von Hessen

Obwohl Moritz 1605 zum Calvinismus übergetreten war, schenkte er der Musik-feindlichkeit dieser protestantischen Glaubensrichtung keine Beachtung. Eher war das Gegenteil der Fall, denn er hatte seine Residenz nach dem Vorbild des katholischen Münchener Hofes zu einem führenden deutschen Musikzentrum ausgebaut. Georg Otto, der in seiner Jugend noch die Musikpflege des aus dem thüringischen Kahla stammenden Luther-Freundes Johann Walther erlebt hatte, war seit 1586 Kapellmeister in Kassel. Wie kein zweiter hatte es der Torgauer dort verstanden, den Impuls, den die Reformation der allgemeinen Musikentwicklung gegeben hatte, auf die Wünsche des Hofes zu übertragen und diese für den mitteldeutschen Raum neuartige Musik mit italienischen Einflüssen zu verbinden. Nach Kasseler Vorbild wurden 1593 in Altenburg und 1603 in Coburg die ersten thüringischen Hofkapellen gegründet. Nachdem die Altenburger Kapelle 1603 nach Weimar verlegt wurde, war dort für kurze Zeit der berühmte Liederkomponist und spätere Thomaskantor Johann Hermann Schein Kapellmeister, am aufstrebenden Coburger Hof der Hans-Leo-Haßler-Schüler Melchior Franck. Beide Orchester entwickelten sich in kurzer Zeit zu den ersten leistungsfähigen Klangkörpern in Thüringen. Nicht wenige der hier wirkenden Musiker hatten in Kassel wichtige Bildungsjahre verbracht. Der aus dem reußischen Köstritz stammende Heinrich Schütz ist der berühmteste. Der Landgraf, der Schützens Begabung selbst entdeckt hatte und ihn in Kassel aus-bilden ließ, schickte den begnadeten Musiker 1608 nach Venedig und gab ihm damit die Möglichkeit, Anschluss an die europäische Entwicklung zu finden.

Das Kassel Moritz' des Gelehrten war auch ein wichtiger Theaterort. Schon 1604 hatte der Landgraf mit dem Ottonium in seiner Residenz das erste feste Theatergebäude Deutsch-lands errichten lassen. Seit 1580 gastierten in Kassel regelmä-ßig englische Komödianten. 1594 ließ sie der Landgraf erst-mals auf dem Schmalkalder Schloss auftreten. 1597 feierte man dort die Hochzeit von Moritz' Schwester. Für dieses hohe

Fest hatte der Landgraf eigens eine Komödie verfasst und aufführen lassen. Moritz war in jeder Hinsicht eine bemerkenswerte Persönlichkeit. So beschäftigte er sich auch mit Naturstudien, betätigte sich als Chirurg und Alchemist. Der in Prag residierende Kaiser Rudolf II. war ihm Vorbild. Wie der Habsburger korrespondierte auch der Hesse mit den bedeutendsten Gelehrten der Zeit.

Englische Komödianten waren die Vorbilder für das nachfolgende deutsche Wandertruppenwesen. Sie spielten während der Messen auf den Jahrmärkten und schlugen nicht selten ihre Bühnen auch in Rathaussälen und in Gasthöfen auf. Immer hatten sie sich aber den strengen Stadtordnungen zu fügen, und nicht selten verboten Kirche und Rat aus moralisch-religiösen Vorbehalten ihr Spiel. Die Fürsten dagegen waren ihnen meist gewogen, so dass manche Truppe an einem Hof fest engagiert wurde. Eine der erfolgreichsten war die von Robert Browne. Zwei Jahre lang spielte sie am Wolfenbütteler Hof, wo Landgraf Moritz sie erlebt hatte. Als der Prinzipal 1594 nach London zurückkehrte, engagierte Moritz die Schauspieler. Noch im selben Jahr trat die Truppe auch in Schmalkalden auf. Welche Stücke die Engländer dort gaben, ist nicht überliefert. Man weiß aber ungefähr, was sie anderenorts spielten. So führten sie 1626 während ihres halbjährigen Dresdner Gastspiels nacheinander 29 verschiedene Dramen auf, darunter welche von Thomas Kyd, Christopher Marlowe und – William Shakespeare!

Obwohl Moritz die Theatertruppen nicht dauernd an seinen Hof binden konnte, gingen von dem von ihm geförderten Theater mannigfache Impulse aus. Dabei zeigte sich aber, dass zwischen den bürgerlich denkenden Berufsschauspielern und ihrem festen Repertoire, das zudem noch auf die Unterhaltungsbedürfnisse eines sehr breiten Publikums ausgerichtet war, und dem höfischen Bedürfnis nach Repräsentation eine tiefe Kluft bestand. Der Hof entwickelte in den folgenden Jahrzehnten mit dem szenischen Festspiel und der italienischen Oper seine eigenen Gattungen. Die Fürsten waren dabei bereit, sich den europäischen Entwicklungen zu öffnen, oft auch im Widerspruch zu ihren Theologen. Musik und Theater gingen in dieser Entwicklung der Literaturförderung voraus.
Die hessische Herrschaft über Schmalkalden dauerte bis 1866. Da Hessen-Kassel im Deutsch-deutschen Krieg an der Seite der Habsburger stand, wurde das Land (und mit ihm die Herrschaft Schmalkalden) von Preußen annektiert und zur ohnehin schon preußischen Provinz Hessen-Nassau geschlagen.

Die Schwarzburger im 16. Jahrhundert

Die Schwarzburger hatten im 16. Jahrhundert den Höhepunkt ihrer dynastischen Entwicklung erreicht. Am Schmalkaldischen Krieg nicht beteiligt, profitierten sie in hohem Maße vom politischen Niedergang der Ernestiner. Graf Günther XL. regierte in der Mitte des 16. Jahrhunderts fast alle Teile des schwarzburgischen Besitzes, was ihm die Beinamen „mit dem fetten Maule" und „der Reiche" einbrachte. Er ist der Stammvater beider neuzeitlicher Linien des Hauses Schwarzburg.

Graf Günther XL., der Reiche, von Schwarzburg, Ölbild, 16. Jh.

Günther XL. ließ ab 1533 anstelle einer Burg das Sondershäuser Renaissance-Schloss erbauen und prächtig ausgestalten. Der Süd-, Ost- und Nordflügel der heutigen Anlage erinnern noch an diesen frühen Thüringer Schlossbau. Auf Günther XL. geht auch eine besondere Kuriosität des heutigen Sondershäuser Schlossmuseums zurück. Er erwarb den sog. „Püsterich", eine altertümliche kultische hohle Erzfigur, die im Munde mit einer Öffnung versehen ist und Dampf ausstoßen kann. Man fand diese Figur in der verschütteten Kapelle der Rothenburg im Kyffhäuser.

Zu der selben Zeit wie das erste Sondershäuser Schloss wurde auch in Frankenhausen ein Renaissance-Schloss errichtet, das noch heute existiert. Von 1531
bis 1537 residierte dort Graf Heinrich XXXIV. Nach seinem frühen Tod fiel
Frankenhausen wieder an Günther XL. Nach dessen Tod residierte sein Sohn
Graf Wilhelm auf dem Frankenhäuser Schloss.

Schloss Frankenhausen, *Blick von Westen her.*

In die ersten Jahre der Regentschaft Günthers XL. fällt auch
ein Ereignis, bei dem zum ersten Mal eine Schwarzburgerin
als Friedensstifterin in Erscheinung trat. Nach der Mühlberger
Schlacht kamen kaiserliche Truppen, mit ihnen auch der spa-
nische Herzog von Alba, nach Rudolstadt. Die Gräfin Katharina, eine geborene Hennebergerin und Witwe des 1538 verstorbenen Grafen Heinrich XXXII., der für das Haus Schwarzburg 1531 die Reformation angenommen hatte, schloss mit
den Heerführern einen Vertrag, der den Soldaten das Plündern untersagte. Als diese sich nicht daran hielten, drohte sie
den Besatzern mit Waffengewalt, bis diese das Recht wieder
herstellten. Friedrich Schiller hat 1788, als er sich einen ganzen Sommer in Volkstedt, in der Nähe von Rudolstadt, aufhielt, der mutigen Schwarzburgerin in der anekdotischen Erzählung „Herzog von Alba bei einem Frühstück auf dem
Schlosse zu Rudolstadt im Jahr 1547" ein literarisches Denkmal gesetzt.

Friedrich Schiller: Herzog von Alba bei einem Frühstück auf dem Schlosse zu Rudolstadt im Jahr 1547 (1788, Auszug)

(...)

Ein freundlicher Empfang und eine gut besetzte Tafel erwarten den Herzog auf dem Schlosse. Er muss gestehen, dass die thüringischen Damen eine sehr gute Küche führen und auf die Ehre des Gastrechts halten. Noch hat man sich kaum niedergesetzt, als ein Eilbote die Gräfin aus dem Saal ruft. Es wird ihr gemeldet, dass in einigen Dörfern unterwegs die spanischen Soldaten Gewalt gebraucht und den Bauern das Vieh weggetrieben hätten. Katharina war eine Mutter ihres Volks; was dem Ärmsten ihrer Untertanen widerfuhr, war ihr selbst zugestoßen. Aufs äußerste über diese Wortbrüchigkeit entrüstet, doch von ihrer Geistesgegenwart nicht verlassen, befiehlt sie ihrer ganzen Dienerschaft, sich in aller Geschwindigkeit und Stille zu bewaffnen und die Schlosspforten wohl zu verriegeln; sie selbst begibt sich wieder nach dem Saale, wo die Fürsten noch bei Tische sitzen. Hier klagt sie ihnen in den beweglichsten Ausdrücken, was ihr eben hinterbracht worden, und wie schlecht man das gegebene Kaiserwort gehalten. Man erwidert ihr mit Lachen, dass dies nun einmal Kriegsgebrauch sei und dass bei einem Durchmarsch von Soldaten dergleichen kleine Unfälle nicht zu verhüten stünden. „Das wollen wir doch sehen", antwortete sie aufgebracht. „Meinen armen Untertanen muss das Ihrige wieder werden, oder, bei Gott!" – indem sie drohend ihre Stimme anstrengte, „Fürstenblut für Ochsenblut!" Mit dieser bündigen Erklärung verließ sie das Zimmer, das in wenigen Augenblicken von Bewaffneten erfüllt war, die sich, das Schwert in der Hand, doch mit vieler Ehrerbietigkeit, hinter die Stühle der Fürsten pflanzten und das Frühstück bedienten. Beim Eintritt dieser kampflustigen Schar veränderte Herzog Alba die Farbe; stumm und betreten sah man einander an. Abgeschnitten von der Armee, von einer überlegenen handfesten Menge umgeben, was blieb ihm übrig, als sich in Geduld zu fassen und, auf welche Bedingungen es auch sei, die beleidigte Dame zu versöhnen? Heinrich von Braunschweig fasste sich zuerst und brach in ein lautes Gelächter aus. Er ergriff den vernünftigen Ausweg, den ganzen Vorgang ins Lustige zu kehren, und hielt der Gräfin eine große Lobrede über ihre landesmütterliche Sorgfalt und den entschlossenen Mut, den sie bewiesen. Er bat sie, sich ruhig zu verhalten, und nahm es auf sich, den Herzog von Alba zu allem, was billig sei, zu vermögen. Auch brachte er es bei dem letztern wirklich dahin, dass er auf der Stelle einen Befehl an die Armee ausfertigte, das geraubte Vieh den Eigentümern ohne Verzug wieder auszuliefern. Sobald die Gräfin von Schwarzburg der Zurückgabe gewiss war, bedankte sie sich aufs schönste bei ihren Gästen, die sehr höflich von ihr Abschied nahmen.

(...)

Der Sohn Günthers XL., Graf Günther XLI., der Streitbare, ist eine der bedeutendsten Persönlichkeiten, die das Haus Schwarzburg hervorgebracht hat. Er stand im Dienst zweier Kaiser. Zuerst hatte er an der Seite Karls V. an der Belagerung von Metz teilgenommen, dann war er zusammen mit Maximilian II. nach Ungarn gezogen und hat gegen die Türken gekämpft. Für seine Leistungen als militärischer Führer wurde er großzügig entlohnt. Seine größten Verdienste erwarb er sich aber in den Niederlanden, wo er maßgeblich am Unabhängigkeitskampf gegen die Spanier beteiligt war. Dies war möglich, weil er seit seinen Jugendjahren, die er zum Teil am Hof zu Nassau-Dillenburg verbracht hat, mit Wilhelm von Nassau, der später als Wilhelm von Oranien Generalstatthalter der Niederlande werden sollte, befreundet war. Später wurde er auch dessen Schwager.

Graf Günther XLI. und die Niederlande
Der Schwarzburger hat dort einen großen Teil seines Lebens verbracht. Schon 1553 war er nach Brüssel gegangen, um im Auftrag des damals noch in kaiserlichen Diensten stehenden Wilhelm von Oranien Truppen zu werben. Als sich die Lage unter dem Herzog von Alba zuspitzte, bat der Kaiser Günther um Mittlerdienste. Da der Spanier nicht einzulenken bereit war, scheiterten diese.

Nach der Hinrichtung der Grafen Egmont und Hoorn quittierte Günther den Dienst und trat zu den Aufständischen über. Dennoch behielt der Schwarzburger das Vertrauen des Kaisers und war als Ratgeber geschätzt. Am Ende seines Lebens nahm er als niederländischer General aktiv am Unabhängigkeitskampf teil. 1583 starb er in Antwerpen. Sein Leichnam wurde nach Arnstadt überführt. Günthers Sohn Albrecht VII. war mit Juliane, der jüngsten Schwester Wilhelms von Oranien, verheiratet und als Militär gleichfalls am Unabhängigkeitskampf der Niederländer beteiligt. Die engen Beziehungen der Schwarzburger zu den Niederlanden schlugen sich auch in der Architektur nieder. So errichtete der niederländische Baumeister Erhard von der Mere ab 1553 im Auftrag von Günther XLI. das heute nicht mehr existierende Schloss Neidecksburg in Arnstadt. Von der einstigen reichen Ausstattung sind nur noch zwei Brüsseler Teppiche erhalten.

Günther XLI.,
*Ölbild, 2. Hälfte
des 16. Jh.s.*

Seit 1567 stritt sich Günther XLI. mit seinen mündig gewordenen jüngeren Brüdern Johann Günther I., Wilhelm und Albrecht VII. um die Einkünfte des Landes. Schließlich kam man 1571 im Einvernehmen mit Kaiser Maximilian II. überein, die Grafschaft aufzuteilen. Da man sich aber über viele Fragen nicht einig wurde, änderte sich 1571 noch nicht viel. Erst 1599 entstanden im Teilungsvertrag von Ilm (das ist das heutige Stadtilm) aus dem schwarzburgischen Gesamtbesitz die bis 1918 bestehenden Grafschaften bzw. Fürstentümer Schwarzburg-Rudolstadt und Schwarzburg-Sondershausen. Letzteres war zeitweilig in die Linien Arnstadt, Sondershausen und Ebeleben untergliedert. Johann Günther I. und sein Sohn Anton Heinrich wurden die Begründer der Sondershäuser Linie, Albrecht VII. der der Rudolstädter Linie. Beide schwarzburgische Staaten bestanden fortan jeweils aus einer im Thüringer Wald gelegenen Oberherrschaft und einer nordthüringischen Unterherrschaft, also aus zwei weit voneinander entfernt liegenden Besitztümern.

1573 brannte die Rudolstädter Heidecksburg ab. Graf Albrecht VII. ließ an deren Stelle eine dreiflüglige Schlossanlage errichten. Das Figuren-Portal am Nordflügel erinnert heute noch an dieses Renaissance-Schloss.

Blick in die Schlossauffahrt *unter dem Südflügel.*

Figurenportal am Nordflügel der Heidecksburg, 1573.

Übersicht zu den schwarzburgischen Ländern

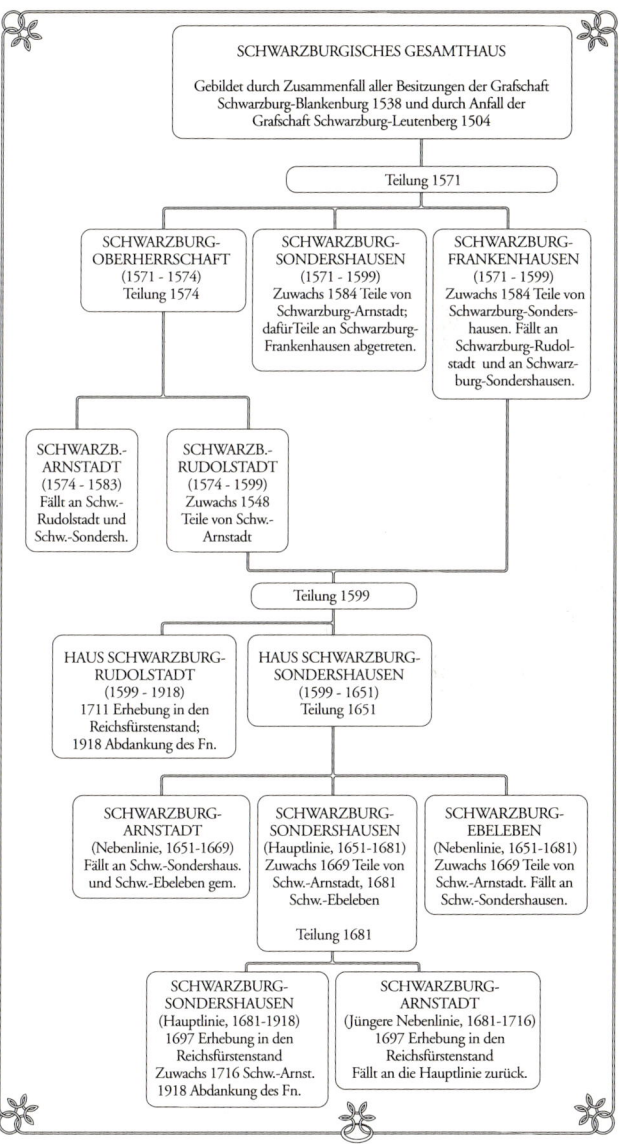

SCHWARZBURGISCHES GESAMTHAUS

Gebildet durch Zusammenfall aller Besitzungen der Grafschaft
Schwarzburg-Blankenburg 1538 und durch Anfall der
Grafschaft Schwarzburg-Leutenberg 1504

Teilung 1571

SCHWARZBURG-
OBERHERRSCHAFT
(1571 - 1574)
Teilung 1574

SCHWARZBURG-
SONDERSHAUSEN
(1571 - 1599)
Zuwachs 1584 Teile von
Schwarzburg-Arnstadt;
dafür Teile an Schwarzburg-
Frankenhausen abgetreten.

SCHWARZBURG-
FRANKENHAUSEN
(1571 - 1599)
Zuwachs 1584 Teile von
Schwarzburg-Sonders-
hausen. Fällt an
Schwarzburg-Rudol-
stadt und an Schwarz-
burg-Sondershausen.

SCHWARZB.-
ARNSTADT
(1574 - 1583)
Fällt an Schw.-
Rudolstadt und
Schw.-Sondersh.

SCHWARZB.-
RUDOLSTADT
(1574 - 1599)
Zuwachs 1548
Teile von Schw.-
Arnstadt

Teilung 1599

HAUS SCHWARZBURG-
RUDOLSTADT
(1599 - 1918)
1711 Erhebung in den
Reichsfürstenstand;
1918 Abdankung des Fn.

HAUS SCHWARZBURG-
SONDERSHAUSEN
(1599 - 1651)
Teilung 1651

SCHWARZBURG-
ARNSTADT
(Nebenlinie, 1651-1669)
Fällt an Schw.-Sondershaus.
und Schw.-Ebeleben gem.

SCHWARZBURG-
SONDERSHAUSEN
(Hauptlinie, 1651-1681)
Zuwachs 1669 Teile von
Schw.-Arnstadt, 1681
Schw.-Ebeleben

SCHWARZBURG-
EBELEBEN
(Nebenlinie, 1651-1681)
Zuwachs 1669 Teile von
Schw.-Arnstadt. Fällt an
Schw.-Sondershausen.

Teilung 1681

SCHWARZBURG-
SONDERSHAUSEN
(Hauptlinie, 1681-1918)
1697 Erhebung in den
Reichsfürstenstand
Zuwachs 1716 Schw.-Arnst.
1918 Abdankung des Fn.

SCHWARZBURG-
ARNSTADT
(Jüngere Nebenlinie, 1681-1716)
1697 Erhebung in den
Reichsfürstenstand
Fällt an die Hauptlinie zurück.

133

Die ernestinischen Herzogtümer im 17. und im frühen 18. Jahrhunderts

Der von Weimar aus regierte ernestinische Gesamtbesitz wurde 1572 aufgeteilt in die Herzogtümer Sachsen-Weimar und Sachsen-Coburg, von denen sich 1596 bzw. 1603 noch einmal die Herzogtümer Sachsen-Eisenach und Sachsen-Altenburg abspalteten. Die Entstehung dieser Kleinstaaten war nicht nur die Folge fehlender Erbfolgeregelungen, sondern das handgreifliche Ergebnis einer gescheiterten Machtpolitik. Dass die Ernestiner nach den Grumbachschen Händeln ihre Staatlichkeit überhaupt behielten, verdankten sie dem Interessengegensatz zwischen dem von den Albertinern regierten Kursachsen und dem Kaiser. Die einen konnten an ihrer westlichen Flanke Kleinstaaten gerade noch akzeptieren, während dem anderen ein weiterer Machtzuwachs Sachsens äußerst ungelegen erscheinen musste. Solange diese Gegensätze Bestand hatten, waren die ernestinischen Staaten in ihrer Existenz gesichert.

Während das von den Albertinern regierte Kursachsen im letzten Drittel des 16. Jahrhunderts in Mitteldeutschland die politische Führungsrolle übernommen hatte, spielten die Herzogtümer der Ernestiner von nun an – auch innerhalb Thüringens – als Machtfaktoren keine Rolle mehr. Zwischen den einzelnen thüringischen Fürstentümern – die der Schwarzburger und die der Reußen eingeschlossen – hatte sich bereits zu Beginn des 17. Jahrhunderts ein relatives Kräftegleichgewicht herausgebildet, das durch weitere Teilungen nur noch ausgeglichener werden konnte.

Die weitere Entwicklung hat gezeigt – von dem Engagement Bernhards von Weimar im 30-jährigen Krieg einmal abgesehen –, dass die Ernestiner diese Situation kaum als Unglück begriffen und deshalb jede Möglichkeit, die Lage grundlegend zu verändern, ausgeschlagen haben. So konnte der Gothaer Herzog Ernst der Fromme 1672 durch den Anfall des Herzogtums Sachsen-Altenburg den größeren Teil der ernestinischen Territorien vereinigen. Anstatt die ihm auf diese

Weise zugefallene Führungsrolle gesetzlich zu festigen, verzichtete er im sogenannten „Nexus Gothanus" auf die Einführung der Primogenitur (also dem Vorrecht des ältesten Sohnes auf die Regentschaft) und wies im Testament jedem seiner sieben Söhne eine eigene Hofhaltung zu. Damit forderte er sie geradezu auf, das umfängliche Erbe aufzuteilen, was dann 1680 mit der Begründung von sieben Gothaer Nebenlinien auch geschah. Damit war Thüringen auf lange Sicht hin in Kleinstaaten aufgeteilt. Erst Herzog Carl August von Sachsen-Weimar und Eisenach hat auf dem Wiener Kongress 1815 davon geträumt, den wettinischen Gesamtstaat auf Kosten der napoleonfreundlichen Albertiner unter seiner Führung wiederherstellen zu können.

Blick zum hochgelegenen Residenzschloss Altenburg.

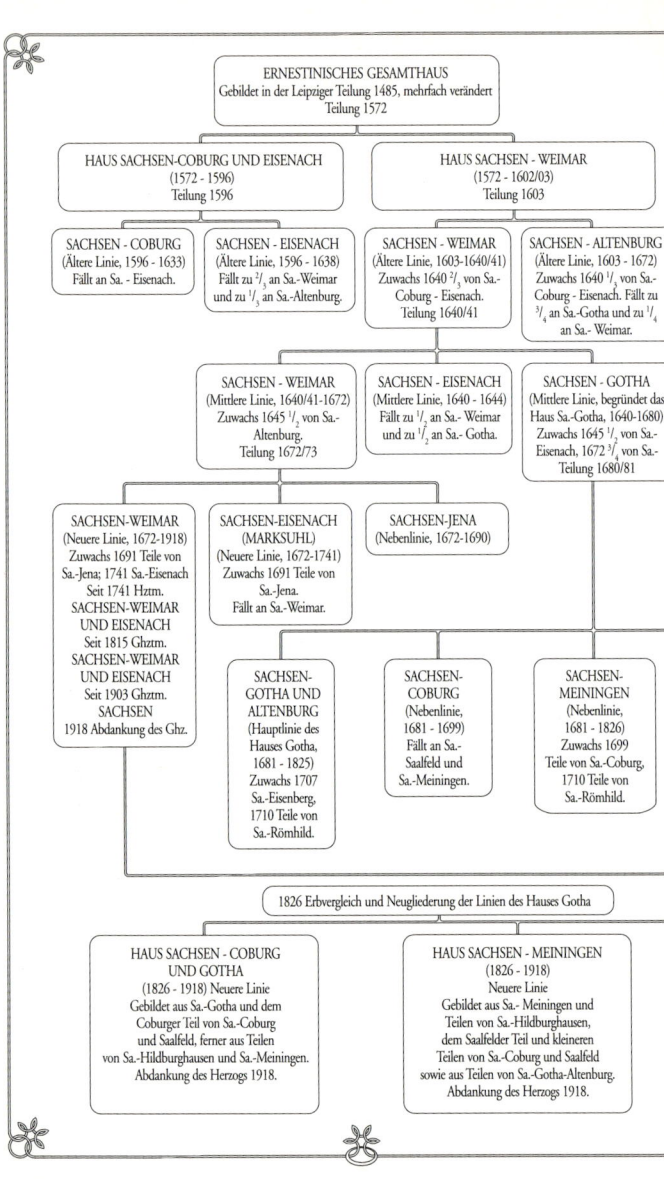

ERNESTINISCHES GESAMTHAUS
Gebildet in der Leipziger Teilung 1485, mehrfach verändert
Teilung 1572

HAUS SACHSEN-COBURG UND EISENACH
(1572 - 1596)
Teilung 1596

HAUS SACHSEN - WEIMAR
(1572 - 1602/03)
Teilung 1603

SACHSEN - COBURG
(Ältere Linie, 1596 - 1633)
Fällt an Sa.- Eisenach.

SACHSEN - EISENACH
(Ältere Linie, 1596 - 1638)
Fällt zu ²/₃ an Sa.-Weimar
und zu ¹/₃ an Sa.-Altenburg.

SACHSEN - WEIMAR
(Ältere Linie, 1603-1640/41)
Zuwachs 1640 ²/₃ von Sa.-
Coburg - Eisenach.
Teilung 1640/41

SACHSEN - ALTENBURG
(Ältere Linie, 1603 - 1672)
Zuwachs 1640 ¹/₃ von Sa.-
Coburg - Eisenach. Fällt zu
³/₄ an Sa.-Gotha und zu ¹/₄
an Sa.- Weimar.

SACHSEN - WEIMAR
(Mittlere Linie, 1640/41-1672)
Zuwachs 1645 ¹/₂ von Sa.-
Altenburg.
Teilung 1672/73

SACHSEN - EISENACH
(Mittlere Linie, 1640 - 1644)
Fällt zu ¹/₂ an Sa.- Weimar
und zu ¹/₂ an Sa.- Gotha.

SACHSEN - GOTHA
(Mittlere Linie, begründet das
Haus Sa.-Gotha, 1640-1680)
Zuwachs 1645 ¹/₂ von Sa.-
Eisenach, 1672 ³/₄ von Sa.-
Teilung 1680/81

SACHSEN-WEIMAR
(Neuere Linie, 1672-1918)
Zuwachs 1691 Teile von
Sa.-Jena; 1741 Sa.-Eisenach
Seit 1741 Hztm.
SACHSEN-WEIMAR
UND EISENACH
Seit 1815 Ghztm.
SACHSEN-WEIMAR
UND EISENACH
Seit 1903 Ghztm.
SACHSEN
1918 Abdankung des Ghz.

**SACHSEN-EISENACH
(MARKSUHL)**
(Neuere Linie, 1672-1741)
Zuwachs 1691 Teile von
Sa.-Jena.
Fällt an Sa.-Weimar.

SACHSEN-JENA
(Nebenlinie, 1672-1690)

**SACHSEN-
GOTHA UND
ALTENBURG**
(Hauptlinie des
Hauses Gotha,
1681 - 1825)
Zuwachs 1707
Sa.-Eisenberg,
1710 Teile von
Sa.-Römhild.

**SACHSEN-
COBURG**
(Nebenlinie,
1681 - 1699)
Fällt an Sa.-
Saalfeld und
Sa.-Meiningen.

**SACHSEN-
MEININGEN**
(Nebenlinie,
1681 - 1826)
Zuwachs 1699
Teile von Sa.-Coburg,
1710 Teile von
Sa.-Römhild.

1826 Erbvergleich und Neugliederung der Linien des Hauses Gotha

**HAUS SACHSEN - COBURG
UND GOTHA**
(1826 - 1918) Neuere Linie
Gebildet aus Sa.-Gotha und dem
Coburger Teil von Sa.-Coburg
und Saalfeld, ferner aus Teilen
von Sa.-Hildburghausen und Sa.-Meiningen.
Abdankung des Herzogs 1918.

HAUS SACHSEN - MEININGEN
(1826 - 1918)
Neuere Linie
Gebildet aus Sa.- Meiningen und
Teilen von Sa.-Hildburghausen,
dem Saalfelder Teil und kleineren
Teilen von Sa.-Coburg und Saalfeld
sowie aus Teilen von Sa.-Gotha-Altenburg.
Abdankung des Herzogs 1918.

Übersicht zu den ernestinischen Ländern

SACHSEN-RÖMHILD
(Nebenlinie,
1680 -1710)
Fällt an Sa.-
Gotha, an Sa.-
Meiningen, an
Sa.-Hildburgh.
und an Sa.-
Saalfeld.

SACHSEN-EISENBERG
(Nebenlinie,
1680 - 1707)
Fällt an Sa.-
Gotha.

SACHSEN-HILDBURGHAUSEN
(Nebenlinie,
1680 - 1826)
Zuwachs 1710
Teile von Sa.-
Römhild.

SACHSEN-SAALFELD
(Nebenlinie,
1680 - 1735)
Zuwachs 1710
Teile von Sa.-Römhild,
1735 der größte Teil
des ehem. Sa.-Coburg, seitdem
SACHSEN-COBURG
UND SAALFELD
(1735 - 1826)

HAUS SACHSEN - ALTENBURG
(1826 - 1918)
Neuere Linie
Gebildet aus dem Altenburger
Teil von Sa.-Gotha und Altenburg.
Abdankung des Herzogs 1918.

Trotz dieser kleinteiligen Entwicklung gingen von den thüringischen Fürstenstaaten vor allem im 17. und 18. Jahrhundert beachtliche Impulse für die Kulturentwicklung aus. Spätestens seit der 1617 in Weimar erfolgten Gründung der Fruchtbringenden Gesellschaft durch den Weimarer Herzog Johann Ernst d.J. sprengten die Ernestiner ihren regionalen Wirkungskreis. In der traditionellen Kulturgeschichtsschreibung wurde diese Tatsache damit erklärt, dass sie ihre fehlenden politischen Potenzen durch Aktivitäten auf kulturellem Gebiet zu kompensieren suchten. Spektakuläres hätte sich so sicherlich erreichen lassen, Kontinuität über Jahrhunderte hin aber wohl kaum. Bis zur Entstehung des Weimarer Musenhofes im letzten Drittel des 18. Jahrhunderts war es jedoch noch eine lange Wegstrecke.

Die Herzöge von Sachsen-Weimar I

Johann Wilhelm	(1567-)	1572-1573
Friedrich Wilhelm I.		1586-1602
Johann		1602-1605
Johann Ernst I., d.J.		1615-1626
Wilhelm IV.		1626-1662
Johann Ernst II.		1662-1683
Wilhelm Ernst		1683-1728
Ernst August I.		1728-1741 (-1748)

Obwohl die Ernestiner wie ihre albertinischen Vettern 1577 Pfarrer, Lehrer und Beamte mit der sog. Konkordienformel auf ein strenges Luthertum verpflichtet hatten, unterhielten sie von Anfang an (bedingt auch durch verwandtschaftliche Bindungen) dauerhafte Kontakte zu den benachbarten calvinistischen Höfen, oft sogar in Opposition zu ihren eifernden Theologen. Diese konnten nicht nachvollziehen, dass es den Fürsten auch aus Gründen eines sich möglicherweise ändernden Kräfteverhältnisses geraten erschien, in Glaubensdingen offen zu bleiben und ein Mindestmaß an Toleranz zu üben. So war Herzog Johann von Sachsen-Weimar mit einer Calvinistin, Dorothea Maria von Anhalt, verheiratet. Gerade am Weimarer Hof zeigte es sich deutlich, dass sich der ethische Auftrag eines gesellschaftlich engagierten Luthertums aufs kräftigste mit den auf staatsutopische Konzepte aufbauenden sezessionistischen Bestrebungen einer „Zweiten Reformation" verband. So fand der Reformpädagoge Wolfgang Ratke durch Dorothea Maria nicht nur Förderung bei der Umsetzung seines nach dem Grundsatz „Omnia primum in Germanico" – alles zuerst in deutsch – aufgebauten Schulprogramms, sondern auch offene Ohren für seine eng damit verknüpften politisch-religiösen Zielvorstellungen, wonach einer im „Ganzen Reich" eingeführten „einträchtige(n) Sprache ... auch ein(e) einträchtige Regierung, und endlich auch ein(e) einträchtige Religion" folgen sollten.

Herzog Ernst d. J. *von Sachsen-Weimar, Kupferstich, 1621.*

Die Fruchtbringende Gesellschaft

Dorothea Marias Sohn, Herzog Johann Ernst d.J., ist der Mitbegründer der ersten deutschen Akademie, die nach ihrem Emblem schon von den Zeitgenossen auch Palmenorden genannt wurde. Ihre Einrichtung erfolgte am 24. August 1617 auf dem Hornstein, dem Residenzschloss der weimarischen Herzöge „bei einer vornehmen / wiewohl trauriger Fürstlicher und Adelicher Personen-Zusammenkunft", womit die Beisetzung der plötzlich verstorbenen Herzoginmutter gemeint ist. Der Überlieferung nach machte der Hofmarschall Caspar von Teutleben den Gründungsvorschlag. Nach den fürstlichen Stiftern Johann Ernst d.J. und Dorothea Marias Bruder Ludwig I. von Anhalt-Köthen sollten die meist adeligen Mitglieder „Liebhaber aller Ehrbarkeit / Tugend und Höflichkeit" sein, aber auch über den Ständen und den Religionsauseinandersetzungen stehen. Ihr Vorbild war die 1582 in Florenz gegründete humanistische Accademia della crusca. Wie die Florentiner die italienische so wollten die Weimarer die deutsche Sprache fördern sowie Literatur aus den romanischen Ländern übersetzen lassen. Die Gesellschaftsimprese mit ihrem Sinnspruch „Alles zu Nutzen" verweist aber auf ein noch weit größeres Betätigungsfeld.

Gesellschaftsimprese *der Fruchtbringenden Gesellschaft, Kupferstich von Matthäus Merian d.Ä., 1622.*

Mit den Nachkommen Johann Wilhelms, darunter sein Enkel Johann Ernst d.J., regierte in Sachsen-Weimar die ernestinische Hauptlinie. Der jeweilige Herzog galt als primus inter pares, als erster unter gleichen. Dennoch wurde von den Vertretern der Nebenlinien immer wieder versucht, wenigstens eine partielle Selbstständigkeit zu erlangen. Die Universität und der Schöppenstuhl in Jena blieben aber als Gemeinschafts-einrichtungen aller ernestinischer Herzogtümer bestehen. Obwohl Sachsen-Weimar dominierte, gingen wichtige staats-politische Innovationen auch von anderen Herzogtümern aus, zuerst von dem kurzlebigen älteren Sachsen-Coburg, dessen einziger Regent Johann Casimir der älteste Sohn des unglück-lichen Johann Friedrich II. war.

Als erster Fürst in Thüringen hatte Johann Casimir schon Ende der 90-er Jahre mit dem Geheimen Rat eine wirksame und effiziente Zentralbehörde geschaffen, in der er selbst zwar die letzte Entscheidung hatte, letztendlich aber gut ausgebildete und von einem hohen Ethos geleitete, aus dem Bürgertum stammende Beamte regierten. Die Aufgaben des Geheimen Rates erstreckten sich auf die Außenpolitik, die (herzoglichen) Haussachen und auf die allgemeine Verwaltung. Die Kirchen-verwaltung, zu der auch das gesamte Unterrichtswesen gehör-te, unterstand dem Konsistorium. Für die Jurisdiktion hatte der Herzog 1598 sowohl ein eigenes Appelationsgericht als auch ein Hofgericht mit Schöppenstuhl installieren lassen, was aller-dings das Verhältnis zu Weimar belasten musste, die Selbst-ständigkeit Coburgs aber festigte. Johann Casimir beschäftigte sich sogar mit der Gründung einer eigenen Universität. Da-für reichten aber weder die eigenen Mittel, noch ließ sich ein solches Vorhaben beim Kaiser durchsetzen. Das vom Herzog 1605 dafür als Ersatz gegründete und nach ihm benannte Gymnasium genoss aber einen guten Ruf. Mit den Theolo-gen Johann Gerhard und Johann Matthäus Meyfart wirkten dort weit über Thüringen hinaus bekannte Gelehrte. Das Schulgebäude gehört zu den schönsten Renaissance-Bauwer-ken im thüringisch-fränkischen Raum. Bis heute hat sich am Casimirianum der Brauch gehalten, am Schuljahresende das Haupt des Herzogs nach antikem Brauch zu bekränzen.

Das Standbild Herzog Johann Casimirs am Gymnasium.

Für die Unterbringung der Regierungskanzlei ließ Johann Casimir ab 1597 am Marktplatz ein würdiges Gebäude errichten, das sich von der Bauform und der auffälligen Eleganz der Giebel und Zwerchhäuser her noch heute wie ein Komplementärstück zum Schloss ausnimmt. Wie dieses diente auch das Regierungsgebäude der landesherrlichen Repräsentation. Mit der Planung beauftragte er Peter Sengelaub, der später auch das Gymnasium und das Zeughaus errichtete. Wie kaum ein anderer der nach ihm regierenden Coburger Herzöge hinterließ er in der Stadt tiefe Spuren. Mehr noch: Die Silhouette Coburgs scheint noch heute casimirianisch geprägt.

Johann Casimirs Verwaltungsreformen haben – längerfristig gesehen – die Residenz grundlegend verändert. Die Bürgerlichen waren durch ihre hohen Ämter in die Nähe des Adels gerückt oder sogar nobilitiert worden. Da sie ihre angestammten Rechte in Gefahr sahen, wollten sich Teile des Landadels diesen neuen Gegebenheiten nicht fügen. Der Herzog war für sie plötzlich nicht mehr der Vertreter ihrer Interessen. Viele wurden deshalb zu heimlichen Frondeuren. 1613 unterwarf Johann Casimir die Ritterschaft und legte die Rechte neu fest. Mit dieser Maßnahme trug er nicht unwesentlich zur Disziplinierung des Adels bei und damit zur Festigung des von ihm geschaffenen modernen Staates. Mustergültig war auch die 1626 in Kraft getretene neue Kirchen- und Schulordnung, deren Mitverfasser Johann Gerhard war. Diese sog. „Casimiriana" war Vorbild für alle thüringischen Fürstenstaaten und hat mit ihren Bestimmungen fast bis in die Gegenwart überdauert.

Dass in Coburg glanzvolle Hoffeste abgehalten wurden, ging vor allem auf die lebenslustige und aus Kursachsen stammende Herzogin Anna zurück. Zu den Festen gehörten auch Theateraufführungen. Da es keine Berufsschauspieler gab, ließ der Herzog die Gymnasiasten spielen. Das Coburger Schultheater wirkte richtungsweisend für alle Höfe in Thüringen. Johann Casimir selbst liebte mehr die Jagd, von alters her das eifersüchtig gewahrte Privileg des Adels. Seine Leidenschaft dafür war so groß, dass er oft wochenlang fortblieb und in dieser Zeit die Regierungsgeschäfte vernachlässigte.

Obwohl Johann Casimir friedfertig im politischen Umgang und tolerant in religiösen Fragen war, konnte er gegenüber seinen Nächsten unduldsam und unnachgiebig, nicht selten grausam sein. Als seine Gemahlin Anna die Ehe brach, setzte er sofort die Scheidung durch und ließ deren Liebhaber lebenslang im Kerker schmachten. Auch die Herzogin wurde gefangengesetzt und gedemütigt. Als Johann Casimir eine zweite Ehe einging, ließ er die Münze prägen, die auf dem Avers ein sich innig küssendes Paar zeigt mit der Umschrift: „Wie küssen sich die zwei so fein", auf der anderen Seite war Anna abgebildet mit den Worten: „Wer küsst mich armes Nünnelein".

1595 starb Herzog Johann Friedrich II. in kaiserlicher Gefangenschaft. Drei Jahre später ließ Johann Casimir über seinem Grab in der Coburger Morizkirche ein Grabmonument von 13 Metern Höhe errichten. Es gehört mit seiner Schmuckfülle zu den beeindruckendsten Leistungen der Bildhauerkunst der deutschen Spätrenaissance. Der schmerzliche Verlust des Vaters und die tiefe Demütigung des ernestinischen Fürstenhauses fanden in diesem von Nikolaus Bergner geschaffenen Grabmal ihre künstlerische Umsetzung. Die Größe des Denkmals musste ersetzen, was den Ernestinern in Wirklichkeit versagt geblieben ist. Andererseits mahnt Johann Casimir in diesem Erinnerungsmal aber auch zu Frieden und Ausgleich, wenn er den geschlagenen Herzog in tiefer Demut kniend im Kreise seiner Familie darstellen lässt.

Grab-
monument
für Herzog
Johann
Friedrich II.
in der
Stadtkirche
St. Moriz,
1598.

Die fürstenstaatliche Entwicklung Thüringens im 17. Jahrhundert kann als Sonderweg bezeichnet werden. Dieser zeigte sich zuerst in den Veränderungen, die sich in der Sozialstruktur der Städte seit dem Ende des 16. Jahrhunderts vollzogen. Längerfristig führten diese zu einer Neuformierung der sozialen Hierarchien. An die Stelle der Ratsbürger war schon früh der Hofstaat getreten, zu dem vor allem in der ersten Hälfte des 17. Jahrhunderts überdurchschnittlich viele Bürgerliche Zugang hatten.

Dabei waren diese sozialen Umschichtungen eng verknüpft mit dem Ausbau der zumeist kleinen Residenzstädte zu Verwaltungszentren der neuen Territorialstaaten, in denen immer mehr gut ausgebildete Beamte benötigt wurden. Für die ernestinischen Herzogtümer konnte nachgewiesen werden, dass der Anteil Bürgerlicher in den höheren Verwaltungsämtern schon am Ausgang des 16. Jahrhunderts größer war als in anderen vergleichbaren Territorialstaaten, sich bei den Mitgliedern des Geheimen Rates sogar Uradel und Bürgerliche die Waage hielten.

In das Umfeld der politischen Schwierigkeiten gesetzt, denen sich die Ernestiner auch noch Jahrzehnte nach der Gefangennahme Johann Friedrichs II. gegenübergestellt sahen, hätte sie – wie dies bei vielen Adeligen geschah – die fortlaufende Statuserhöhung und der soziale Aufstieg der bürgerlichen Intelligenz in eine tiefe Legitimationskrise stürzen müssen. Doch deutet vieles darauf hin, dass sie früher und besser als andere in der funktionstüchtigen und standesbewussten Beamtenschaft das Rückgrat des modernen Staatswesens erkannten. Wenigstens seit den Herzögen Johann Ernst d.J. und Johann Casimir setzten sie auf einen veränderten Adelsbegriff, in dem der aus dem Mittelalter überkommenen Vasallentreue und der traditionellen ritterlichen Loyalität nur noch ein Platz am Rande zukam.

Ein solcher in Bewegung geratener Ständebaum hat bereits im 16. Jahrhundert die Autoren der Traktatliteratur herausgefordert. Dass die protestantischen Theologen dabei voran gingen, erklärt sich aus der sozialen Grundorientierung der Reformation. Luthers stolzer Satz, wonach „ein Christenmensch ... ein freier Herr über alle Dinge und niemand untertan" sei, wurde gerade im Zeitalter der Gegenreformation nicht nur theologisch gelesen. Cyriakus Spangenberg, der aus der Reichsstadt Nordhausen kommende und noch von Melanchthon gebildete Kirchenmann, hatte im mansfeldischen Fürstendienst genug Möglichkeiten gehabt, die lutherische Soziallehre auf ihre Anwendung hin zu prüfen. Sein 1591/94 in Schmalkalden herausgegebenes zweibändiges Kompendium „Adels-Spiegel" kann als eine Bilanz und Summe des Diskussionsstandes zu diesem Thema in Deutschland gelten. Der Autor geht zwar von den Adeligen als den Vertretern einer „göttlichen Ordnung" aus, leitet daraus aber das Recht der Fürsten ab, Nichtadelige aufgrund von Verdiensten in den erblichen Adelsstand zu erheben. Auch Uradel, schlussfolgert der Nordhäuser Theologe historisch korrekt, sei einmal Verdienstadel gewesen und stamme von einem gemeinen Manne ab. Spangenbergs Auffassung zufolge machen allein „Kunst und Geschicklichkeit" den Menschen „edel". In der auf den Fruchtbringer und Landadligen Friedrich von Kospoth 1632 in Jena gehaltenen Leichpredigt wird herausgehoben, dass der verstorbene „Herr" von Geburt zwar „adelig", in gleicher Gestalt aber auch „christlich und gelehrt" war und seine „Zucht und Erziehung" dahingehend erfolgte, dass er „nicht zum Müßiggang / nicht zur Hoffart / nicht zu weltlicher Üppigkeit / und noch viel weniger zu der leidigen Saufkunst gewehnet worden". Und über Caspar von Teutleben heißt es, dass er weder „im Katzbalgen" noch in „Schlägereien /

Herzog Ernst der Fromme, *Kupferstich von Johann Jacob von Sandrart, um 1690.*

darinnen von vielen die ritterliche adelige Tugend gesetzt", sich hervorgetan habe, vielmehr sei er „von Herzen solchen Stücken und Tücken Freund gewesen / aus welchen nichts anders als große Sünden und unwiderbringlicher Schade zu erfolgen pflegt".

Seit den Schwarzburger Grafen Günther XLI. und Albrecht VII. in der Mitte des 16. Jahrhunderts hatten fast alle thüringischen Prinzen eine akademische Ausbildung erhalten. Meist hatten sie in Jena studiert, einige aber auch in Leipzig oder in Straßburg. Wieder andere bereicherten ihre Weltkenntnis durch ausgedehnte Kavalierstouren, die sie auch an die berühmten Universitäten Oberitaliens führten. Bei allen hatte die Bildung einen hohen Stellenwert. 1621 ließ Johann Ernst d.J. von Sachsen-Weimar eine Kupfermünze prägen, deren Revers seinen Wahlspruch zeigte: „Das Lesen, Rechnen, Schreiben macht / Dass mancher wird gar hoch geacht."

Wie Luther hatte auch Cyriakus Spangenberg (und mit ihm die meisten Fürsten in Thüringen) auf die mehr klassifizierende als analysierende aristotelische Staatslehre gesetzt, sie jedoch an die protestantische Kirchenlehre gebunden. Dabei wurden sie jedoch schon frühzeitig durch die anhaltenden Schulstreitigkeiten innerhalb der Orthodoxie wie auch durch notwendige Abgrenzung von der katholischen Theologie zur Anerkennung einer auf die Lebenspraxis ausgerichteten Philosophie gezwungen. Unter der Ägide des Philosophen Wolfgang Heider erhielten die Disziplinen Ethik und Politik an der Universität Jena schon zu Beginn des 17. Jahrhunderts ihren festen Platz. Wie für andere Staatspraktiker der Zeit gewann auch für Heider die ganz auf die Lebenspraxis orientierte stoische Philosophie immer mehr an Bedeutung. Die von dem Römer Seneca erhobenen stoischen Forderungen nach Pflichterfüllung und tiefer innerer Sittlichkeit entsprachen ganz den Ansprüchen der sich etablierenden ernestinischen Kleinstaaten nach religiöser und politischer Konformität.

Als der junge Johann Gerhard 1606 seine unter dem unmittelbaren Leseeindruck von Johann Arndts „Wahrem Christentum" niedergeschriebenen „Meditationes sacrae" veröffentlichte, verdächtigte ihn ein Teil der etablierten Theologen als „einen Schwärmer, Weigelianer und Rosenkreuzer". Wenn diese Zuordnung des später zu hohem Ansehen gelangten protestantischen Theologen auch nur wenig begründet erscheint, wird in dem Vorwurf aber doch das bestehende Spannungsverhältnis zwischen Schultheologie und aufbrechender (nach sozialen Veränderungen rufender) „Zweiter Reformation" deutlich. An der Universität konnte sich Gerhard – zumindest vorerst – nicht etablieren, wohl aber im Fürstendienst.

Einer der geistig profiliertesten Ernestiner überhaupt und einer der bedeutendsten europäischen Fürsten des 17. Jahrhunderts war Herzog Ernst der Fromme, dem 1640 nach dem Aussterben der Coburger und Eisenacher Linie und der daraufhin vorgenommenen Teilung der Weimarer Lande das neugebildete Herzogtum Gotha zugefallen war. Unter seiner Regierung entwickelte sich das junge Gothaer Herzogtum zu

einem patriarchalisch geprägten Wohlfahrts- und Sicherheits-
staat, der aufgrund seines mustergültigen Schulsystems und
seiner beachtlichen Wissenschaftsförderung Bewunderer in
ganz Europa fand. – 1656 stellte Oliver Cromwell, der Repu-
blikaner und bedeutende englische Staatsmann, der sich ausführlich über die Vorgänge in Gotha unterrichten ließ, Herzog Ernst, und damit den Regenten eines deutschen Kleinstaates, in eine Reihe mit dem brandenburgischen Großen Kurfürsten (Friedrich Wilhelm) und dem Schwedenkönig Karl X.
Er nannte sie die drei klugen Fürsten Europas.

Wenn schon die Zeitgenossen dem Herzog den Beinamen „der Fromme" gaben, dachten sie dabei nicht nur an die Gottergebenheit Ernsts (wenn sie dies
meinten, nannten sie ihn eher etwas abschätzig „Bet-Ernst"), sondern auch an
Mut und Rechtschaffenheit, denn wie in der Sprache Luthers hatte das Wort
fromm auch noch im 17. Jahrhundert diese Doppelbedeutung.

Schloss Friedenstein

Am 23. Oktober 1643, als die Diplomaten in Münster und Osnabrück gerade
begannen, den Frieden auszuhandeln, ließ Ernst den Grundstein legen, drei
Jahre später bezog er die ersten Räume, 1654 kann der größte Schlossbau
Deutschlands unmittelbar nach dem 30-jährigen Krieg als vollendet gelten.
Noch heute bestimmt das auf den Trümmern der 1567 geschleiften Burg Grim-
menstein errichtete Schloss mit seiner architektonischen Wucht die Silhouette
Gothas. Hoffnungsvoll ließ der Bauherr mitten im Kriege in einem über dem
Hauptportal angebrachten steinernen Spruchband sein Programm verkünden:
„Als fünfzehn hundert Jahr man zählt sechzig sieben / Ward Grimmenstein
zerstört / zersprenget und zerrieben / Da viermal neunzehn Jahr verflossen /
ward darauf Erbaut der Friedenstein / in vollem Kriegeslauf. Hierbei erinnert
auch / dass wegen eurer Sünden mit Gott ihr Friede macht / so wird sich
Friede finden / Und die ihr nach uns kommt / was bös begangen flieht /
Damit des Untergangs ihr Euch hierdurch entziehst." – Gebaut wurde eine
ungewöhnlich weiträumige, ein Karree von 145 x 115 Meter umfassende
dreiflügige Anlage mit einem viergeschossigen, der Stadt zugewandten Corps
de logis, die sich daran anschließenden dreigeschossigen Seitenflügel werden
von zwei viergeschossigen, massigen pavillonartigen Türmen begrenzt. Ernst
hatte das Schloss von vornherein auf praktische Nutzung ausgerichtet: Reprä-
sentative Fest- und Wohnräume, eine große Kirche, angemessene Räumlichkeiten für die Landeskollegien und für die Verwaltung, die Bibliothek und die
Kunstkammer sowie das Zeughaus, der Marstall und die 1650 eröffnete Münzstätte sollten unter einem Dach vereinigt werden und das Staatsganze in einer
geschlossenen Form sichtbar werden lassen.

Prospekt des Friedensteins, *Federzeichnung von Andreas Rudolphi, nach 1654.*

Ernsts ältere Brüder waren die Weimarer Herzöge Johann Ernst d.J. und Wilhelm IV., der später Oberhaupt der Fruchtbringenden Gesellschaft wurde. Auch der berühmte Heerführer des 30-jährigen Krieges Bernhard von Weimar, für den sich später die Dichter Johann Wolfgang von Goethe und Jakob Michael Reinhold Lenz interessierten, war ein Bruder des Gothaer Herzogs. Als der Schwedenkönig Gustav Adolf am 6. November 1632 in der Schlacht bei Lützen fiel, übernahm Bernhard das Kommando und führte die Protestanten zum Sieg. Ernst hielt mit seinen Reitern das von Halle her heranstürmende Korps Pappenheims in offener Feldschlacht auf, dabei soll er den General sogar selbst vom Pferde geworfen haben. Doch das Kämpfen war Ernsts Sache nicht. Als Bernhard für den erfochtenen Sieg bei Lützen von den Schweden die eroberten Bistümer Würzburg und Bamberg als neugegründetes Herzogtum Franken zum Geschenk erhielt, bestellte er seinen Bruder zum Verwalter der geschundenen Lande, während er selbst wieder in den Kampf zog. Mit welchem Geschick Ernst die Verwaltung des Landes betrieben hatte, verdeutlicht das Zeugnis, das der nach dem Prager Frieden 1635 wiedereingesetzte Fürstbischof Franz von Hatzfeld dem Protestanten ausstellte: danach habe Ernst „in der kurzen Zeit besser hausgehalten, als er, wenn er zugegen gewesen wäre".

Bernhard von Weimar, *zeitgen. Kupferstich.*

Die Herzöge von Sachsen-Gotha

Ernst I., der Fromme	1640-1674/75
Friedrich I.	1674/75-1691
Friedrich II.	1691-1732
Friedrich III.	1732-1772
Ernst II.	1772-1804
August	1804-1822
Friedrich IV.	1822-1825

Hohes Ansehen genoss Ernst als Schulreformer. Darin war er der direkte Erbe Ratkes. Der von ihm in Auftrag gegebene und von Andreas Reyher verfasste Gothaer „Schulmethodus" kann als das erste moderne Schulpflichtgesetz angesehen werden, gewissermaßen als die „Gründungsurkunde der deutschen Volksschule" (W. Flitner). Im zweiten Kapitel heißt es dazu programmatisch: „Die Kinder sollen jedes Orts alle / keines ausgenommen / Knaben und Mägdlein das ganze Jahr stets nach einander in die Schule gehen / ohne allein in der Ernte / da man ihnen vier Wochen / dessgleichen auf die Kirchmessen etliche Tage soll feier geben." 1704 kann der Biograf Herzog Ernsts voller Stolz mitteilen, dass Fremde berichteten, in den Gothaer Landen „seien die Bauern gescheiter als die Landedelleute in anderen Gegenden Deutschlands". Mag diese Feststellung gewiss übertrieben sein, ein Bild von der Leistungsfähigkeit der Gothaer Schulen wird darin aber allemal gezeichnet. Die Pädagogen der Aufklärung, unter ihnen August Hermann Francke, der Schüler Reyhers und Gründer der Stiftungen in Halle, und Christian Gotthilf Salzmann, der drei Menschenalter später in Schnepfenthal eine eigene Schule gründete, haben das in Gotha erarbeitete Schulprogramm in die Welt getragen und mit ihm der deutschen Volksschule für zwei Jahrhunderte einen unverwechselbaren Stempel aufgedrückt. Diese Entwicklung setzt sich über Johann Gottfried Herder und Johann Daniel Falk fort bis hin zu Friedrich Fröbel und seinem Kindergarten im 19. Jahrhundert sowie zu den in Thüringen tätigen Reformpädagogen im frühen 20. Jahrhundert.

Blick von zwei Seiten auf Schloss Friedenstein. *Auf beiden Bildern ist der Schlossturm zu sehen, in dem Friedrich I.
das heute noch vorhandene Theater einrichten ließ.*

Literarischen Niederschlag fand Ernsts Politik in Veit Ludwig
von Seckendorffs „Teutsche(m) Fürstenstaat" (1656), einem
bis weit ins 18. Jahrhundert hinein wirksamen Werk. Das
darin entworfene Idealbild eines Fürsten trägt sichtlich die
Züge Ernsts. Und wie dieser war auch Seckendorff ein Freund
der Wissenschaften und trachtete danach, sie auf die Erfor-
dernisse des menschlichen Zusammenlebens auszurichten.
Wie die großen niederländischen Staatsrechtslehrer Justus
Lipsius und Hugo Grotius war auch der Gothaer Beamte darauf aus, politische Krisen frühzeitig sichtbar zu machen und
mit Hilfe der politischen Wissenschaften überwinden zu helfen; letztendlich hing er der vagen Hoffnung an, die Zukunft
kalkulierbar gestalten zu können. Dabei setzte er wie sein
Herzog auf einen patriarchalischen Wohlfahrts- und Sicher-
heitsstaat. Im Unterschied zu seinen niederländischen Vorbildern begründete Seckendorff unter dem Einfluss Ernsts
die Staatsgewalt rein theologisch, wonach der Regent keiner
säkularisierten Ethik unterworfen ist, sondern (ganz im Sinne einer „Zweiten Reformation") als „Gottes Amtmann" prak-
tisches Christentum zu verwirklichen habe.

Die Söhne
Herzog Ernsts des Frommen
Friedrich I., Herzog von Sachsen-Gotha-Altenburg
Albrecht, Herzog von Sachsen-Coburg
Bernhard, Herzog von Sachsen-Meiningen
Heinrich, Herzog von Sachsen-Römhild
Christian, Herzog von Sachsen-Eisenberg
Ernst, Herzog von Sachsen-Hildburghausen
Johann Ernst, Herzog von Sachsen-Saalfeld

Ernsts ältester Sohn Friedrich I. regierte nach dem Tod seines Vaters das angestammte Gothaer Land und das 1672 angefallene Herzogtum Sachsen-Altenburg. Er gründete 1683 das heute noch bestehende Schlosstheater und verfasste umfängliche „Tagebücher", die zu den wichtigsten Selbstzeugnissen der Epoche gehören. In dem nordwestlich von Gotha gelegenen Dorf Erffa, das nach ihm in Friedrichswerth umbenannt wurde, ließ er sich ein prächtiges, von einem weiten Garten umgebenes barockes Landschloss errichten.

Die anderen Söhne bekamen zunächst eigene Hofhaltungen, in der Teilung von 1680 dann die Landeshoheit. Die Einrichtung von sechs neuen Herzogtümern veränderte die politische Landkarte Thüringens nachhaltig, auch weil dreien von ihnen, das Meininger, das Hildburghäuser und das Saalfelder Herzogtum, eine Existenz bis zum Ende der Fürstenherrschaft, also bis ins 20. Jahrhundert hinein, beschieden war.

Der musisch hoch begabte Herzog Albrecht von Coburg war mit einer Tochter des Wolfenbüttler Herzogs August, dem Gründer der berühmten Bibliothek, verheiratet. Deren Bruder war der Romanschriftsteller Herzog Anton Ulrich von Braunschweig-Wolfenbüttel. Und Bernhards Gemahlin war eine Tochter Anton Ulrichs, die die Neigungen des Herzogs zu Musik und Literatur stark beförderte. Unter ihrem Sohn Ernst Ludwig I. wurde Meiningen ein Zentrum der Musikpflege in Thüringen.

Schloss Friedrichswerth *heute.*

Das Residenzschloss von Meiningen
Die frühbarocke dreiflüglige Anlage entstand zwischen 1682 und 1692, der
das Schloss nach der Stadt hin abschließende Rundbau nach 1697. Den Namen Elisabethenburg erhielt es nach Bernhards braunschweigischer Gemahlin.

Die Herzöge von Sachsen-Meiningen I

Bernhard	1680-1706
Ernst Ludwig I.	1706-1724
Ernst Ludwig II.	1724-1729
Carl Friedrich	1733-1743
Anton Ulrich	1743-1763
Karl August	1775-1783
Georg I.	1783-1803

Schloss Elisabethenburg, *Corps de Logis von Osten.*

Der Wasunger Krieg

Dabei handelt es sich um einen dynastischen Kleinkrieg zwischen Sachsen-Meiningen und Sachsen-Gotha-Altenburg. Der Meininger Herzog Anton Ulrich hatte Ende 1746 einen Wechsel im Rang seiner Hofdamen verfügt. An der Stelle der Frau des Landjägermeisters von Gleichen sollte die Frau des Regierungsrates von Pfaffenrath den ersten Platz an der Hoftafel einnehmen. Der Herzog begründete dies mit ihrem Herkommen aus dem Hochadel. Das ließ sich die Gleichin jedoch nicht gefallen und verunglimpfte die Erhöhte öffentlich. Als die Gleichin jede Entschuldigung ablehnte, nahm sie Anton Ulrich in Gewahrsam, wogegen sie beim Reichskammergericht in Wetzlar klagte und Recht bekam. Da sich der Meininger Herzog weigerte, das Urteil anzuerkennen, beauftragte das Gericht den Gothaer Herzog, für Recht zu sorgen. Friedrich III. ließ am 13. Februar 1747 knapp 300 Mann in das benachbarte Herzogtum einrücken und die Stadt Wasungen besetzen, wobei ein meiningischer Leutnant ums Leben kam. Da der Herzog nicht im Lande weilte, ließ die Meininger Regierung die Gleichin frei und schaffte damit den Anlass für den Krieg aus der Welt. Am Ende musste auch der Herzog klein beigeben und anerkennen, dass das Reichskammergericht durchaus in der Lage war, gegen fürstliche Willkür aufzutreten und individuelle Rechte gegen Ansprüche des Staates durchzusetzen.

Auch Heinrich und Christian hatten hohe kulturelle Ansprüche, ihre finanziellen Möglichkeiten waren jedoch stark begrenzt. Als seine Gemahlin starb, verausgabte Christian sich und ließ ihr zu Ehren eine prächtige Schlosskapelle in Eisenberg errichten. Ernst hatte militärische Ambitionen und war vor Wien 1683 wie in den anderen Türkenkriegen eingesetzt. Sein Sohn Joseph brachte es sogar zum kaiserlichen Feldmarschall und nahm an der Seite des legendären Prinzen Eugen an zahlreichen Türkenkriegen teil. Am 5. November 1757 befehligte er in der Schlacht bei Roßbach die Reichsarmee, verlor aber gegen Friedrich den Großen. Als Herzog Ernst Friedrich III. sein kleines Land ruiniert hatte, wurde Joseph als Leiter der kaiserlichen Debitkommission in die Residenz an der Werra geschickt. Es gelang dem nunmehrigen angesehenen hohen Wiener Beamten tatsächlich, die Hildburghäuser Finanzen wieder in Ordnung zu bringen. Johann Ernst ließ an der Stelle eines abgebrochenen Klosters in Saalfeld ein repräsentatives Schloss erbauen, zu dem ebenfalls eine ansehnliche Kapelle gehört. Der sparsame Herzog hat den Bergbau befördert und eine bedeutende Münzstätte begründet. Da dem Herzogtum Saalfeld schon 1699 Coburg zufiel, wurde die Residenz später dorthin verlegt. Mithin ist Johann Ernst der Stammvater des weitverzweigten und mit fast allen europäischen Fürstenhäusern verwandten Hauses Sachsen-Coburg.

Die Herzöge von Sachsen-Hildburghausen

Ernst	1680-1715
Ernst Friedrich I.	1715-1724
Ernst Friedrich II.	1724-1745
Ernst Friedrich III.	1748-1780
Friedrich	1787-1826(-1834)

Die Herzöge von Sachsen-Saalfeld bzw. Sachsen-Coburg und Saalfeld

Johann Ernst	1680-1729
Christian Ernst	1729-1745
Franz Josias	1745-1764
Ernst Friedrich	1764-1800
Franz Friedrich Anton	1800-1806
Ernst I.	1806-1826 (-1844)

Der bedeutendste Weimarer Herzog der Barockzeit ist Wilhelm IV., der 1651 Oberhaupt der Fruchtbringenden Gesellschaft wurde. Mit Georg Neumark, dem Bibliothekar und berühmten Poeten, stand ihm ein bedeutender Gelehrter und Schriftsteller zur Verfügung, der die umfangreiche Korrespondenz der Sprachgesellschaft führte. Abgesehen von dieser zwölf Jahre währenden Episode, in der die Fäden der deutschen Spracharbeit und Dichtkunst in Weimar zusammenliefen, hatte der Weimarer Fürstenhof seine kulturell führende Rolle in Thüringen bereits an Sachsen-Gotha abgegeben. Der junge Johann Sebastian Bach genoss zwar unter Wilhelms Enkel Wilhelm Ernst eine gewisse Förderung, halten wollte man ihn in Weimar aber nicht. So wechselte der mit seinem Herzog in Konflikt gekommene geniale Musiker ins anhaltinische Köthen.

Wilhelm IV. ließ das Weimarer Schloss zu einer barocken Dreiflügelanlage umbauen. Wenn auch diese Wilhelmsburg nie vollendet wurde, war sie doch das Vorbild für andere Schlossbauten in Thüringen, so für die von Weißenfels, Saalfeld, Eisenberg und Zeitz. 1774 brannte sie ab. Erst 1789 begann der Neuaufbau im klassizistischen Stil.

Herzog Wilhelm IV. von Sachsen-Weimar, Ölbild.

Das Weimarer Residenzschloss *nach 1730, Blick von Süden in die offene Anlage, Aquarell von einem unbek. Künstler.*

Die Herzogtümer Sachsen-Eisenach und Sachsen-Jena

Wilhelms Söhne Johann Georg und Bernhard wurden die Stifter zweier weimarischer Nebenlinien. Der Eisenacher Herzog beschäftigte den Dichter Kaspar Stieler als Kammer-, Lehns- und Gerichtssekretär. Unter Johann Georgs Sohn Johann Wilhelm, der von 1698 bis 1729 regierte, erlebte die Eisenacher Residenz eine Kulturblüte, zu der vor allem die Hofkapelle, zu der Georg Philipp Telemann gehörte, beitrug. Als Schloss diente der im 16. Jahrhundert umgebaute mittelalterliche Steinhof. Das heute noch vorhandene Stadtschloss am Markt wurde erst ab 1742 errichtet, da war aber das Herzogtum schon an die Weimarer Hauptlinie zurückgefallen.

Die Residenzperiode Jenas war noch kürzer. Bernhard starb schon 1678, der Erbprinz 1690. Dennoch hat die Herzogszeit in der Universitätsstadt Spuren hinterlassen. Bernhard und seine Prunk liebende französische Gemahlin holten die Weimarer Hofkapelle nach Jena und privilegierten die erste thüringische Zeitung. Das von Bernhard errichtete Schloss wurde allerdings 1905 abgebrochen, um dem neuen Universitätsgebäude Platz zu machen.

Blick in die Jenaer Fürstengruft *der Stadtkirche St. Michael.*

Die Schwarzburger im 17. und in der ersten Hälfte des 18. Jahrhunderts

Von den Sondershäuser Grafen und Fürsten sei vor allem Christian Wilhelm genannt, der das Renaissance-Schloss seiner Residenz barock umbauen ließ und Sondershausen zum kulturellen Mittelpunkt Nordthüringens machte.

Graf Christian Wilhelm *von Schwarzburg-Sondershausen, Ölbild, um 1670.*

Die Grafen und Fürsten von Schwarzburg-Sondershausen I

Johann Günther I.	(1552-)	1571-1586
Günther XLII.		1586-1593
Anton Heinrich		1593-1638
Christian Günther I.		1638-1642
Christian Günther II.		1642-1651
Anton Günther I.		1651-1666
Christian Wilhelm I.		1666-1729
Günther I.		1729-1740
Heinrich I.		1740-1758
Christian Günther III.		1758-1794

Auch das Residenzschloss seines Bruders Anton Günther in Arnstadt erfuhr eine tiefgreifende Umgestaltung. Zudem war dieser Fürst ein bewusster Sammler von Kunstgegenständen und Antiquitäten sowie ein Förderer der Musik. Zu seinem Organisten berief er den damals erst 17-jährigen Johann Sebastian Bach. Arnstadt entwickelte sich unter seiner Regierung zu einem wichtigen kulturellen Zentrum.

Seine Gemahlin Auguste Dorothea überlebte ihn um 35 Jahre. Auf der heute nicht mehr existierenden Augustenburg bei Arnstadt schuf sie in ihrer langen Witwenzeit mit ihren Hofdamen das berühmte Puppenkabinett „Mon plaisir". Heute wird es im Arnstädter Neuen Palais gezeigt.

Graf Anton Günther von Schwarzburg-Sondershausen, Ölbild, um 1670.

Der erhaltene Turm von Schloss Neideck in Arnstadt.

Die Residenz der Rudolstädter Linie hatte im 17. Jahrhundert den Charakter einer Ackerbürgerstadt und beherbergte kaum mehr als 1000 Einwohner. Graf Carl Günther, der älteste Sohn Albrechts VII., hatte sich zwar bemüht, dem abzuhelfen, doch verhinderte dies der 30-jährige Krieg.

Seine Witwe, Gräfin Anna Sophia, war eine der gebildetsten Frauen ihrer Zeit. Die Schwester von Fürst Ludwig I. von Anhalt-Köthen, dem Mitbegründer der Fruchtbringenden Gesellschaft, verlegte nach dem Tod des Grafen ihre Residenz nach Kranichfeld, wo sie die nur Frauen zugängliche Tugendliche Gesellschaft gründete und dem heimatlos gewordenen Pädagogen Wolfgang Ratke Asyl gewährte. Carl Günthers Nachfolger wurde dessen Bruder, der schon seit 1605 mitregierte. Ludwig Günther I., der als „schwarzburgischer Salomo" gepriesen wurde, reformierte das Schulwesen, gründete eine wissenschaftliche Bibliothek und eine Hofkapelle.

Gräfin Anna Sophia von Schwarzburg-Rudolstadt, Ölbild, Mitte des 17. Jh.s.

Als Ludwig Günther 1646 starb, übernahm seine Witwe Emilia Antonia die Regentschaft. Sie ließ ihre Kinder in den Formen der von der Tugendlichen Gesellschaft geprägten Religiosität erziehen. Dazu bestellte sie den später als kulturkritischen Schriftsteller zu Ruhm gekommenen Ahasverus Fritsch zum Hofmeister. Dieser konnte dann unter der Regierung ihres Sohnes, des Grafen Albert Anton, bis zum Kanzler aufsteigen.

Mit Albert Anton begann in Rudolstadt eine bemerkenswerte weltliche Kunstpflege, an der auch der nach Rudolstadt berufene Poet Kaspar Stieler Anteil hatte. Als aber 1672 Albert Antons poetisch hochbegabte Schwester Ludaemila Elisabeth plötzlich starb, trat ein Wandel hin zum Religiösen ein. Neben dem gräflichen Paar beförderte diese Entwicklung vor allem Fritsch. Im Sinne der Erbauungsschriften von Johann Arndt strebte man am Rudolstädter Hof nach einem „wahren Christentum", in dem die Untertanen ganz im Sinne einer „praxis pietatis" ein persönliches Verhältnis zu Gott finden sollten. Die Gräfin Ämilie Juliane und ihr Kanzler Fritsch verfaßten dazu die entsprechenden sehnsuchts- und hoffnungsorientierten Kirchenlieder. Gemeinsam entwickelten sie 1676 sogar den Plan zur Gründung einer außerhalb der institutionalisierten Kirche stehenden Fruchtbringenden Jesus-Gesellschaft, die die Keimzelle einer allgemeinchristlichen Erneuerungsbewegung werden sollte. Wie kaum an einem anderen Hof in Thüringen sympathisierte man in Rudolstadt mit dem Pietismus.

Die Grafen und Fürsten von Schwarzburg-Rudolstadt I

Albrecht VII.	1571-1605
Carl Günther	1605-1630
Ludwig Günther	(1605-) 1630-1646
Emilia Antonia vormundschaftl.	1646-1667
Albert Anton	1667-1710
Ludwig Friedrich I.	1710-1718
Friedrich Anton	1718-1744
Johann Friedrich	1744-1767

Älteste Ansicht des Rudolstädter Renaissance-Schlosses, *des Gymnasiums und der Stadtkirche, Kupferstich von Hans Häublein, 1669.*

1697 wurden beide Linien des Schwarzburger Grafenge-schlechtes von Kaiser Leopold I. in den Reichsfürstenstand erhoben. Im Gegensatz zu Christian Wilhelm von Schwarz-burg-Sondershausen nahm Albert Anton diese Standes-erhöhung nicht an. Ausschlaggebend war dafür seine pieti-stische, auf Bescheidenheit und Sparsamkeit ausgerichtete Orientierung. Auch wollte er einen Streit mit den Ernestinern vermeiden, wusste er doch, dass diese sich dagegen ausge-sprochen hatten. 1710, kurz vor Albert Antons Tod, wurde die Erhebung in den Reichsfürstenstand erneut ausgespro-chen. Dieser nahm die Würde jetzt zwar an, überließ die Ver-kündigung aber seinem Sohn Ludwig Friedrich I. Der tat dies aber erst nach dem Tode seines Vaters 1711.

Die Standeserhöhung der Schwarzburger festigte ihre Selbst-ständigkeit gegenüber den Wettinern und sicherte ihren Fort-bestand über die napoleonische Zeit hinaus. Der zwischen 1697 und 1719 südlich an das Schloss Schwarzburg angebau-te Kaisersaal zeugt heute noch von der Bedeutung, dem die Schwarzburger diesem Ereignis beimaßen. Von nun an ori-entierte sich auch die schwarzburgische Hofkultur an der allgemeinen barocken Prachtentfaltung im Reich. Sowohl in

Sondershausen als auch in Rudolstadt bauten die Fürsten nun ihre Renaissance-Schlösser zu Barockresidenzen aus.

Das Residenzschloss in Rudolstadt

Nachdem Teile des Renaissance-Schlosses 1735 einem Brand zum Opfer gefallen waren, begann man auch in Rudolstadt mit einem großzügigen Neubau. Die Fürsten Ludwig Friedrich I. und Johann Friedrich ließen die Heidecksburg zwischen 1737 und 1755 zu einer der schönsten barocken Schlossanlagen Thüringens umgestalten.

Fürst Johann Friedrich von Schwarzburg-Rudolstadt.

Die barocke Schlossfassade *des Westflügels von Schloss Heidecksburg, Bergseite.*

Die Reußen im 17. und
in der ersten Hälfte des 18. Jahrhunderts

Von allen thüringischen Fürstenhäusern wiesen die Reußen, die erst 1663 reichsgräflich wurden, die größte Zersplitterung auf. Greiz (zeitweilig in Ober- und Untergreiz geteilt), Burgk, Dölau und Rothenthal waren die Residenzorte der 1768 unter Heinrich XI. von Reuß-Obergreiz durch Zusammenlegung entstandenen Älteren Linie.

Das reußische Wappen am Schloss Burgk.

Unter den reußischen Herren, Grafen und Fürsten des 17. und 18. Jahrhunderts ragt Heinrich d.J. Posthumus, der Mitbegründer der jüngeren Linie, heraus. Der Landesherr des

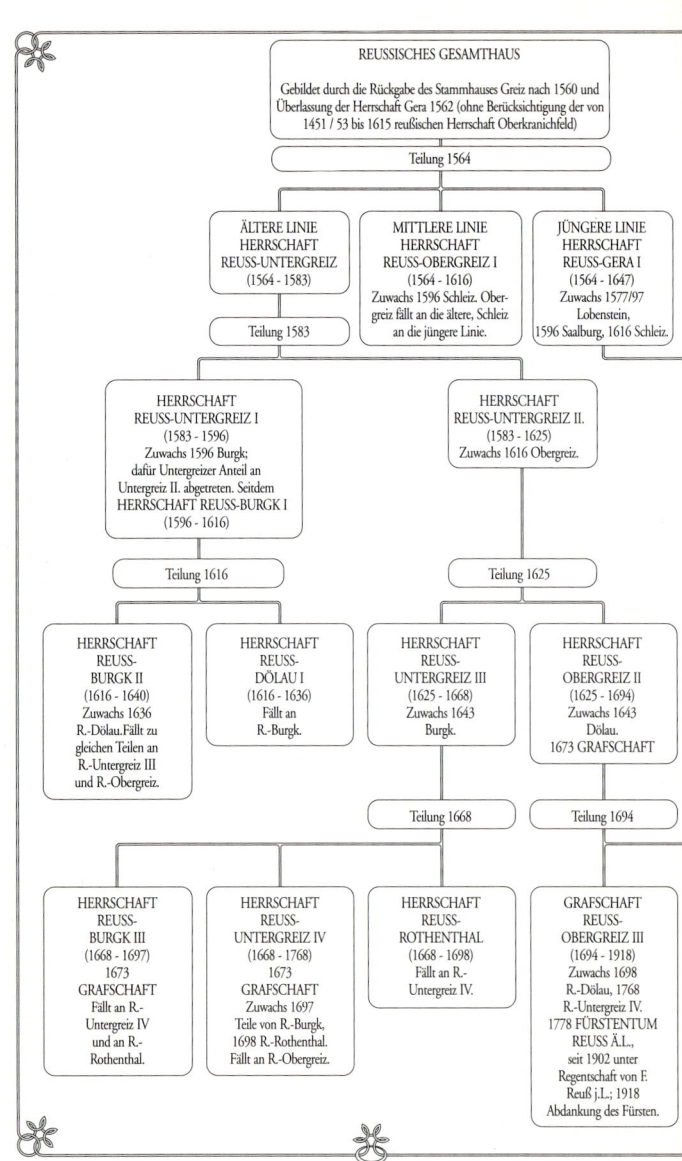

REUSSISCHES GESAMTHAUS

Gebildet durch die Rückgabe des Stammhauses Greiz nach 1560 und Überlassung der Herrschaft Gera 1562 (ohne Berücksichtigung der von 1451 / 53 bis 1615 reußischen Herrschaft Oberkranichfeld)

Teilung 1564

ÄLTERE LINIE HERRSCHAFT REUSS-UNTERGREIZ (1564 - 1583)

MITTLERE LINIE HERRSCHAFT REUSS-OBERGREIZ I (1564 - 1616) Zuwachs 1596 Schleiz. Obergreiz fällt an die ältere, Schleiz an die jüngere Linie.

JÜNGERE LINIE HERRSCHAFT REUSS-GERA I (1564 - 1647) Zuwachs 1577/97 Lobenstein, 1596 Saalburg, 1616 Schleiz.

Teilung 1583

HERRSCHAFT REUSS-UNTERGREIZ I (1583 - 1596) Zuwachs 1596 Burgk; dafür Untergreizer Anteil an Untergreiz II. abgetreten. Seitdem HERRSCHAFT REUSS-BURGK I (1596 - 1616)

HERRSCHAFT REUSS-UNTERGREIZ II. (1583 - 1625) Zuwachs 1616 Obergreiz.

Teilung 1616

Teilung 1625

HERRSCHAFT REUSS-BURGK II (1616 - 1640) Zuwachs 1636 R.-Dölau. Fällt zu gleichen Teilen an R.-Untergreiz III und R.-Obergreiz.

HERRSCHAFT REUSS-DÖLAU I (1616 - 1636) Fällt an R.-Burgk.

HERRSCHAFT REUSS-UNTERGREIZ III (1625 - 1668) Zuwachs 1643 Burgk.

HERRSCHAFT REUSS-OBERGREIZ II (1625 - 1694) Zuwachs 1643 Dölau. 1673 GRAFSCHAFT

Teilung 1668

Teilung 1694

HERRSCHAFT REUSS-BURGK III (1668 - 1697) 1673 GRAFSCHAFT Fällt an R.-Untergreiz IV und an R.-Rothenthal.

HERRSCHAFT REUSS-UNTERGREIZ IV (1668 - 1768) 1673 GRAFSCHAFT Zuwachs 1697 Teile von R.-Burgk, 1698 R.-Rothenthal. Fällt an R.-Obergreiz.

HERRSCHAFT REUSS-ROTHENTHAL (1668 - 1698) Fällt an R.-Untergreiz IV.

GRAFSCHAFT REUSS-OBERGREIZ III (1694 - 1918) Zuwachs 1698 R.-Dölau, 1768 R.-Untergreiz IV. 1778 FÜRSTENTUM REUSS ÄL., seit 1902 unter Regentschaft von F. Reuß j.L.; 1918 Abdankung des Fürsten.

Übersicht zu den reußischen Ländern

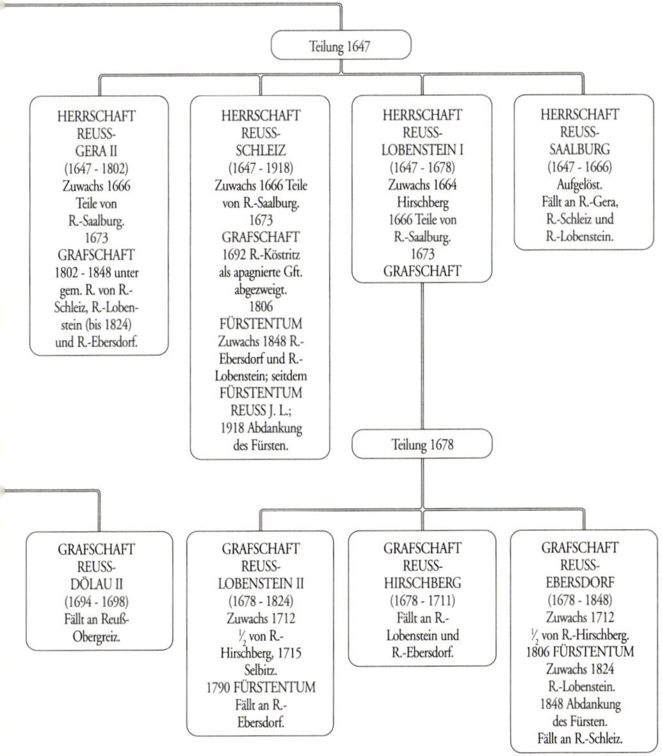

```
                              ┌─────────────────┐
                              │   Teilung 1647  │
                              └─────────────────┘
```

| HERRSCHAFT REUSS-GERA II (1647 - 1802) Zuwachs 1666 Teile von R.-Saalburg. 1673 GRAFSCHAFT 1802 - 1848 unter gem. R. von R.-Schleiz, R.-Lobenstein (bis 1824) und R.-Ebersdorf. | HERRSCHAFT REUSS-SCHLEIZ (1647 - 1918) Zuwachs 1666 Teile von R.-Saalburg. 1673 GRAFSCHAFT 1692 R.-Köstritz als apagnierte Gft. abgezweigt. 1806 FÜRSTENTUM Zuwachs 1848 R.-Ebersdorf und R.-Lobenstein; seitdem FÜRSTENTUM REUSS J. L.; 1918 Abdankung des Fürsten. | HERRSCHAFT REUSS-LOBENSTEIN I (1647 - 1678) Zuwachs 1664 Hirschberg 1666 Teile von R.-Saalburg. 1673 GRAFSCHAFT | HERRSCHAFT REUSS-SAALBURG (1647 - 1666) Aufgelöst. Fällt an R.-Gera, R.-Schleiz und R.-Lobenstein. |

```
                              ┌─────────────────┐
                              │   Teilung 1678  │
                              └─────────────────┘
```

| GRAFSCHAFT REUSS-DÖLAU II (1694 - 1698) Fällt an Reuß-Obergreiz. | GRAFSCHAFT REUSS-LOBENSTEIN II (1678 - 1824) Zuwachs 1712 ⅓ von R.-Hirschberg, 1715 Selbitz. 1790 FÜRSTENTUM Fällt an R.-Ebersdorf. | GRAFSCHAFT REUSS-HIRSCHBERG (1678 - 1711) Fällt an R.-Lobenstein und R.-Ebersdorf. | GRAFSCHAFT REUSS-EBERSDORF (1678 - 1848) Zuwachs 1712 ⅓ von R.-Hirschberg. 1806 FÜRSTENTUM Zuwachs 1824 R.-Lobenstein. 1848 Abdankung des Fürsten. Fällt an R.-Schleiz. |

Komponisten Heinrich Schütz leistete im Schulwesen und in der Wirtschaftsförderung Hervorragendes. Gegen den Willen seiner Theologen siedelte er in seiner Residenzstadt Gera calvinistische Glaubensflüchtlinge aus Flandern an. Sie brachten neue Techniken der Wollzeugfabrikation mit und sicherten dem kleinen Land auf lange Sicht eine wirtschaftliche Blüte. Posthumus' späterer Biograf schreibt dazu: „Der streng lutherische Fürst bewies dadurch, dass mit bewusst lutherischer Gesinnung nicht Engherzigkeit und Unduldsamkeit verbunden zu sein brauche und dass die Abwehr des Calvinismus nicht zur Schädigung des Landes zu führen brauche." Unter Posthumus' Regentschaft entwickelte sich Gera zum kulturellen Zentrum aller reußischen Territorien. Er selbst soll ein sehr lebensfroher Mensch gewesen sein und sich beim beliebten Ringstechen und bei Maskenaufzügen hervorgetan haben. Am Kaiserhof und in der Dresdner Residenz der Albertiner war er ein gern gesehener Gast.

Heinrich d.J., gen. Heinrich Posthumus Reuß, Ölbild von Johann Dobenecker, 1631.

Als Heinrich Posthumus 1635 starb, komponierte Heinrich Schütz zum Andenken seines musikliebenden Landesherrn die „Musikalischen Exequien". Er vertonte dabei jene Bibelworte, die der theologisch wohlgebildete Posthumus auf seinen Sarg hatte schreiben lassen. 1995 ist der jahrzehntelang provisorisch in der St.-Salvator-Kirche untergebrachte und dem Verfall preisgegebene wertvolle Sarkophag mit anderen Reußen-Särgen gesichert und in die neue St.-Johannis-Kirche überführt worden.

Das Residenzschloss in Gera

Schloss Osterstein wurde im 16. und 17. Jahrhundert an Stelle einer mittelalterlichen Burg auf einem Bergsporn am Hainberg errichtet. Heinrich XVI., der Begründer der jüngeren Linie Reuß, gestaltete die Burg nach 1564 zum Schloss um. Erweiterungen und Umbauten erfolgten vor allem im 18. und nocheinmal im 19. Jahrhundert. Am 6. April 1945 wurde der Osterstein zerstört.

Schloss Osterstein, *Holzschnitt, 1670.*

Europäischen Ruhm erlangte Graf Heinrich VI. von Reuß-Obergreiz, als er mit seinen Soldaten als kaiserlicher Generalfeldwachtmeister tapfer an der Seite des frisch berufenen kaiserlichen Oberbefehlshabers Prinz Eugen, genannt „der edle Ritter", gegen die Türken kämpfte und 1697 entscheidend zum legendären Sieg bei Zenta beitrug. Dass zwei Jahre später der säkular wirkende Friede von Karlowitz geschlossen werden konnte, ist in großen Teilen auf diese Entscheidung an der Theiß zurückzuführen.

Durch die Teilung der Herrschaft Reuß-Lobenstein 1678 entstand die Residenz Ebersdorf; das war insofern ein Kuriosum, da es sich nur um ein Dorf handelte. Als Graf Heinrich X. heiraten wollte, ließ er zwischen 1692 und 1694 das vorhandene Gutshaus zu einem bescheidenen Schloss umbauen und einen barocken Garten anlegen. Graf und Gräfin waren fromme Menschen. Erdmuthe Benigna aus dem wetterauischen Haus Solms-Laubach wurde im Sinne des Pietismus erzogen, und auch der Graf fühlte sich dem Hallischen Pietisten-Pädagogen August Hermann Francke freundschaftlich verbunden, später auch dem Grafen Nikolaus Ludwig von Zinzendorf. 1721/22 hielt sich dieser sogar in Ebersdorf auf, das längst zu einem Zentrum des Pietismus in Thüringen geworden war. Auch andere Reußen standen dieser aus der Aufklärung herausgewachsenen Frömmigkeitsbewegung nahe. Unter dem Grafen Heinrich XXIX. wurde in Ebersdorf nach dem Vorbild der von Zinzendorf in der Oberlausitz gegründeten Brüdergemeine Herrnhut eine eigene Gemeine ins Leben gerufen. Die Pietisten setzten sich für einen bescheidenen christlichen Lebensstil ein und für die Erziehung zu einer auf das Individuelle gerichteten Frömmigkeit. Standesunterschiede sollten dabei weitgehend aufgehoben werden. Deshalb traf sich im Festsaal des Schlosses das ganze Dorf zu gemeinsamem Gebet und Gesang. Graf und Knecht sollten sich dort als „Brüder" begegnen.

Ein anderes Zentrum des reußischen Pietismus war Köstritz, wo Heinrich XXIV. im Paragiat (also nicht als regierender Herr) residierte. Seine mustergültigen Verwaltungsreformen wurden auch von anderen reußischen Herrschaften übernommen, die von ihm 1733 im Zeulenrodaer Zuchthaus eingeführte Arbeitspflicht nach und nach von den meisten deutschen Fürsten. Dass Heinrich die Gefangenen auch ausbilden ließ, trug zur allgemeinen Humanisierung des Strafvollzugs bei. – Wie Ebersdorf war auch Köstritz im 18. Jahrhundert für die Aufklärer in ganz Deutschland das Vorbild für einen frommen und bescheidenen Fürstenhof.

Die Albertiner in Thüringen
und ihre Sekundogenituren

Bis zum Ende des Heiligen Römischen Reiches deutscher Nation 1806 regierten die Kurfürsten von Sachsen in weiten Teilen Thüringens. Diese befanden sich vor allem im Norden des Landes, etwa in einem Streifen, der von Langensalza, Tennstedt und Weißensee diesseits und jenseits der Unstrut bis Eckartsberga, Freyburg und Naumburg verläuft. Verwaltungsmäßig bildete dieses große Gebiet den Thüringischen Kreis, zu dem noch die Domkapitel von Merseburg und Naumburg-Zeitz kamen, die sich als ehemalige Reichsstandschaften noch lange eine begrenzte Unabhängigkeit bewahren konnten. Am Südhang des Thüringer Waldes gehörten den Albertinern seit 1583 ein Teil der hennebergischen Lande mit der Residenzstadt Schleusingen und im ostthüringischen Orlagau die Ämter Arnshaugk (Neustadt a.d. Orla), Weida und Ziegenrück.

Die Kurfürsten von Sachsen

Moritz	(1541-)1547-1553
August	1553-1586
Christian I.	1586-1591
Christian II.	1591-1611
Johann Georg I.	1611-1656
Johann Georg II.	1656-1680
Johann Georg III.	1680-1691
Johann Georg IV.	1691-1694
Friedrich August I., gen. August der Starke	1694-1733
Friedrich August II.	1733-1763
Friedrich Christian	1763
Friedrich August III.	1763-1806 (-1827)

Kurfürst Johann Georg I. hinterließ 1656 ein Testament, das zwar für seine drei jüngeren Söhne eigene Hofhaltungen und feste territoriale Ausstattungen vorsah, doch die Erben zugleich ausdrücklich zum Erhalt des sächsischen Gesamtstaates verpflichtete. Der 1657 ausgehandelte „freundbrüderliche Hauptvergleich" schuf drei Sekundogenituren, beließ diese aber „militärisch und politisch" bei der Hauptlinie. August, seit 1635 Administrator des Erzstiftes Magdeburg, wurde Herzog von Sachsen-Weißenfels, Christian Herzog von Sachsen-Merseburg und Moritz Herzog von Sachsen-Zeitz. Als die drei Nebenlinien 1746, 1738 und 1718 ausstarben, wurden ihre Territorien wieder mit denen der Hauptlinie vereinigt. Vor allem zu den Herzogtümern Sachsen-Weißenfels und Sachsen-Zeitz gehörten thüringische Gebiete, so dass ihre Geschichte eng mit der Thüringens verbunden ist. Als 1640 der letzte Schenk von Tautenburg gestorben war, fiel die Herrschaft an das Kurfürstentum Sachsen und bald darauf an die Sekundogenitur Sachsen-Zeitz.

Das Herzogtum Sachsen-Weißenfels

August hatte noch in Halle residiert. Da die Stadt aber an Brandenburg fallen sollte, ließ er in Weißenfels ein Residenzschloss erbauen und ein Gymnasium gründen. Bezugsfertig wurde die Neu-Augustusburg aber erst in seinem Todesjahr 1680, so dass erst sein Sohn Johann Adolf I. in Weißenfels residieren konnte. Spielte schon das Gymnasium durch seine dort wirkenden Professoren eine außerordentliche Rolle, so wurde der Weißenfelser Hof einer der glanzvollsten Mitteldeutschlands, insbesondere durch Opernaufführungen strahlte er bis Leipzig, Hamburg und Gotha aus. Unter Herzog Johann Georg, der in engem Kontakt zu August dem Starken stand und häufig am Dresdner Hof weilte, fanden in Weißenfels Hoffeste statt, die alles was es bis jetzt an Ähnlichem in Thüringen gab weit in den Schatten stellten. Vor allem der Gothaer Herzog profitierte davon.

Das kursächsische Amt Tautenburg

Nach der Aufhebung des Herzogtums Sachsen-Zeitz 1718 wurde das „Königlich polnische (August der Starke war seit 1697 auch König von Polen) und kurfürstlich sächsische" Amt Tautenburg gegründet. August der Starke übergab es 1730 seinem mit der Gräfin Aurora von Königsmarck gezeugten Sohn Moritz, dem er schon 1711 das Rittergut Schkölen geschenkt hatte. Da Augusts militärisch begabter Sohn in französischen Diensten stand und es darin bis zum Marschall von Frankreich brachte, wird er seine thüringischen Besitztümer kaum aufgesucht haben. Doch war der „Marschall Saxe" hier noch lange populär. Im Zuge der sich nach dem Wiener Kongress ergebenden territorialen Veränderungen fiel das Amt Tautenburg 1815 an das Großherzogtum Sachsen-Weimar-Eisenach. Goethe inspizierte es schon wenige Wochen danach und skizzierte die Schenkengruft in der Kirche von Frauenprießnitz.

Graf Moritz von Sachsen, *Marschall von Frankreich, Öl-bild von Maurice Quentin de la Tour, 1765.*

Die Schenkengruft, *Skizze von Goethe, 1815.*

Das Kurerzstift Mainz
im 17. und im 18. Jahrhundert

Johann Philipp von Schönborn, Erzbischof und Kurfürst von Mainz, errichtete 1664 über Erfurt, und zwar mit Hilfe französischer Truppen, die volle Landeshoheit und hob die bisher gewährte Selbstverwaltung der Stadt weitgehend auf. Für viele Zeitgenossen war Schönborn der freisinnigste und vorurteilsfreieste Kirchenfürst seiner Zeit, vielleicht seines Jahrhunderts. Für Erfurt wurde er aber der Vernichter der städtischen Freiheit.

Die Geschäfte des Erzstuhls wurden in Erfurt fortan von Statthaltern besorgt. Einige von insgesamt zwölf haben Beachtliches für die Stadt geleistet. Philipp Wilhelm Reichsfürst von Boineburg, ein Freund des Philosophen Gottfried Wilhelm Leibniz, stiftete eine bedeutende Bibliothek und erhob die in ihrer Wirtschaftskraft stagnierende Bürgerstadt zu neuer Bedeutung. In seinen Residentenjahren wurde die schlossähnliche und von den schweren Formen des süddeutschen Barock geprägte Statthalterei erbaut.

Die Kurmainzische Statthalterei in Erfurt.

Die Statthalter des Kurerzstifts Mainz in Erfurt

Philipp Ludwig Freiherr von Reiffenberg	1664-1667
Friedrich von Greiffenklau zu Vollrads	1667-1674
Johann Heinrich Daniel Freiherr von Groenestein	1675
Anselm Freiherr von Ingelheim	1675-1679
Johann Jakob Waldbott von Bassenheim	1679-1697
Gottlieb Philipp Josef Faust von Stromberg	1697-1702
Philipp Wilhelm Reichsgraf von Boineburg	1702-1717
Friedrich Wilhelm von Bicken	1717-1732
Anselm Franz Ernst von Warsberg	1732-1760
Karl Joseph Adolf Freiherr Schenk von Schmidtburg	1760-1766
Karl Wilhelm Joseph Adam Freiherr von Breitbach zu Bürresheim	1766-1770
Karl Theodor Anton Maria von Dalberg	1770-1802

Da die Universität seit der Reformation nicht mehr in Flor stand, dachte schon Boineburg an die Gründung einer Akadamie. „Die „Churfürstlich-Mayntzische Akademie nützlicher Wissenschaften" wurde jedoch erst 1754 von einem seiner Nachfolger ins Leben gerufen. Unter der Leitung von Statthalter Karl Theodor von Dalberg erlebte die einzige Akademie Thüringens eine Blütezeit und zählte bedeutende Männer, unter ihnen Goethe, zu ihren Mitgliedern. Auf die Universität wirkte sich dieser Aufschwung nur sehr zögerlich aus. Die meisten Professoren wollten von der Aufklärung nichts wissen, deshalb versuchten die Statthalter, junge Hochschullehrer für Erfurt zu gewinnen. Der bekannteste war der Schriftsteller Christoph Martin Wieland.

Unter Dalberg wurde auch die Statthalterei Mittelpunkt eines vielfältigen geistigen Lebens. Durch seinen freundschaftlichen Kontakt zu den Großen Weimars verlieh dieser Erfurt den Glanz einer Residenzstadt. Der Schriftsteller Georg Friedrich Rebmann, später leidenschaftlicher Sympathisant der Französischen Revolution, urteilte über ihn: „Der Coadjutor Freiherr von Dalberg gehört zu den Regenten in Deutschland, welche edel genug denken, um es zu verschmähen, über

Sklaven zu herrschen und welche die Liebe und Achtung freier Menschen zu gewinnen wissen."

Carl Theodor von Dalberg, *zeitgen. Ölbild.*

Ernestiner und Schwarzburger in klassischer Zeit

D ie politisch wichtigste und kulturell vielseitigste thüringische Residenzstadt war lange Zeit Gotha. In Louise
Dorothee, der Gemahlin Herzog Friedrichs III., und in Herzog Ernst II., dem hervorragenden Förderer der Wissenschaften und des Theaters, waren die Gedanken der Aufklärung
fest verwurzelt.

Louise Dorothee hat den größeren Teil ihrer Kindheit und
Jugend in Coburg verbracht, wo sie in der Obhut ihrer Stief-
mutter Elisabeth Sophie, einer Tochter des Großen Kurfürsten, heranwuchs. Wichtig für ihre Entwicklung zur Herzogin war die junge Hofdame Franziska von Buchwald. Diese
kam aus Paris, wo ihre elsässische Mutter Ehrendame der
Herzogin von Orléans war, also von Liselotte von der Pfalz,
der berühmten Briefeschreiberin, durch die wir so gut über
die Versailler Verhältnisse unterrichtet sind. Franziska von
Buchwald kam 1724 nach Coburg, 1735 folgte sie ihrer herzoglichen Freundin nach Gotha. Friedrich der Große sprach
von der Herzogin als von „einer Frau mit wirklichen Verdiensten, von wahrer Festigkeit des Charakters, die manchen Mann
beschämen könnte". Eine solche Meinung über eine Frau
will für den Preußenkönig schon etwas heißen.

Folgenreich für die deutsche Kultur war ihr Verhältnis zu
dem französischen Aufklärer Voltaire. Wie mit Friedrich dem
Großen korrespondierte Louise Dorothee auch mit dessen
Favoriten. Im April und Mai 1753 hielt sich Voltaire am Gothaer Hof auf, trug sich dort sogar mit dem Gedanken, ganz
nach Deutschland überzusiedeln. „Thüringen", schrieb er nach
seiner Abreise an die Herzogin, „ist das Asyl der Tugend, der
Großmut und des Geistes." Von allem hat er in Gotha reichlich erfahren. Beider Gedankenaustausch war auch deshalb
von Bedeutung, weil er den Urgrund von Voltaires epischem
Meisterwerk, dem „Candide", bildet. Obwohl viele Zeitgenossen diesen adels- und hofkritischen Roman als gotteslä-
sterlich verstießen und seinen Verfasser verdammten, sorgte
die Gothaer Herzogin für dessen Übersetzung ins Deutsche.
So begann die deutsche Voltaire-Rezeption in Gotha lange

vor dem Sturm und Drang, als Justus Möser den kritischen Franzosen neu entdeckte. Obwohl Louise Dorothee die französische Literatur bevorzugte, unterhielt sie auch mit dem deutschen „Literaturpapst" Johann Christoph Gottsched einen regen Briefwechsel und begrüßte den Leipziger Professor mehrmals auf Schloss Friedenstein.

Herzogin Louise Dorothee, *zeitgen. Ölbild.*

Zur Gothaer Hofkultur in der Mitte des 18. Jahrhunderts gehörte auch ein reiches Musikleben, das vor allem durch die Opern von Georg Benda bestimmt wurde. Schauplatz war das von Herzog Friedrich I. eingerichtete Theater. Zur gleichen Zeit feierte in dem kleinen Schloss Molsdorf der erst spät geadelte und bald darauf zum Grafen erhobene Gothaer Gesandte am Wiener Hof Gustav Adolf von Gotter rauschende Feste, von denen die Lebewelt ganz Europas sprach. Dabei entbehrt es nicht einer gewissen Ironie, dass der gleiche Graf von Herzog Friedrich III. damit beauftragt wurde, im benachbarten Neudietendorf Salzburger Glaubensflüchtlinge anzusiedeln und eine Herrnhuter Brüder-Gemeine zu gründen. Es scheint so, dass die galante Welt des Rokoko neben dem Glaubenseifer der Pietisten im Thüringen des 18. Jahrhunderts bestehen konnte.

Der Sohn Friedrichs III. und Louise Dorothees, Ernst II., stand schon im Schatten von Weimar, obwohl der Gothaer Hof keineswegs an Glanz verloren hatte. Seine Berufungspolitik im Kirchen- und Schulwesen hat deutlich gemacht, wie sehr der Herzog sich den Idealen von Toleranz und freimütigem Denken verpflichtet fühlte. So sind mit dem Wirken von Friedrich Christian Löffler eine Reihe grundlegender Schulreformen verbunden, die weit über Thüringen hinaus ihre Bewunderer fanden. Mit Interesse und Sympathie verfolgte der Herzog auch die Absicht Christian Gotthilf Salzmanns, im benachbarten Schnepfenthal ein Philanthropinum zu gründen. Schließlich hat er das Vorhaben mit beträchtlichen finanziellen Mitteln unterstützt. Fasziniert von dieser Einrichtung, in der das Nützliche und Vernünftige oberstes Gebot erzieherischer Bemühungen war, zog es Ernst immer wieder von seinem Sommerschloss in Reinhardsbrunn aus ins nahe Schnepfenthal, wo er mit Salzmann persönlichen, geradezu bürgerlichen Umgang pflegte.

Herzog Ernst II. von Sachsen-Gotha, *Medaillon*, *Ende des 18. Jh.s.*

Ernsts Hauptaugenmerk galt den Naturwissenschaften. Schon als Prinz hatte er mathematische Abhandlungen verfasst und auf dem Friedenstein ein physikalisches Kabinett eingerichtet. Darin experimentierte er selbst. Besonders hatte es ihm die Gewitterelektrizität angetan; auf dem Schlossturm ließ er dann nach dem Vorbild Benjamin Franklins den ersten Gothaer Blitzableiter anbringen. Für so herausragende Gelehrte wie den Göttinger Naturforscher Georg Christoph Lichtenberg und den Jenaer Physiker Johann Wilhelm Ritter war er ein willkommener Gesprächspartner. Eine rege Korrespondenz pflegte er auch mit nahezu allen namhaften Astronomen. Die von ihm auf dem Seeberg gegründete Sternwarte gehörte zu den bedeutendsten in Europa. Gotha selbst war am Ende des 18. Jahrhunderts eines der wenigen außeruniversitären Zentren der Naturwissenschaften in Deutschland und ist es noch lange geblieben.

Goethe und der Gothaer Hof
Häufiger Gast auf der Gothaer Sternwarte war Goethe. Daran erinnert die Astronomie-Szene im „Wilhelm Meister"-Roman, mit dem Goethe zu dieser Zeit beschäftigt war. Während der Arbeit an der „Farbenlehre" konnte Goethe optische Apparaturen, die ihm Ernst II. zur Verfügung stellte, nutzen. Umgekehrt stellte er dem Gothaer Hof Ergebnisse seiner wissenschaftlichen Versuche zur Verfügung. Auch in anderer Hinsicht waren für Goethe die Kontakte zum Gothaer Hof nützlich, traf er doch dort auf eine politisch interessierte und sehr gut informierte Hofgesellschaft. Man kann sogar sagen, dass Goethes Bild vom Hof eines funktionierenden Kleinstaates über lange Zeit hin von seinen Gothaer Erfahrungen geprägt wurde, denn in Weimar war 1775 mit Carl August ein sehr junger und noch unerfahrener Fürst zur Regierung gekommen, der zudem noch nicht einmal über ein Schloss verfügen konnte.

Ernsts Regierungszeit ist auch mit einem wichtigen Kapitel der deutschen Theatergeschichte verbunden, das allerdings in Weimar begann. Als das Weimarer Schloss 1774 vollständig niederbrannte, wurde abrupt auch der ständige Spielbetrieb für einige Jahre unterbrochen. Ernst nutzte die Gelegenheit und holte die in Weimar gastierende Theatertruppe nach Gotha. Unter der Leitung von Conrad Ekhof, dem im Umfeld Gotthold Ephraim Lessings groß gewordenen „Vater der deutschen Schauspielkunst", erwuchs 1775 daraus das erste ortsfeste und festengagierte Ensemble Deutschlands. Im berühmten Schlosstheater wurde nun 3-mal wöchentlich ge-

Die Insel im Gothaer Schloss-Park, wo auch Herzog Ernst II. seine letzte Ruhestätte gefunden hat. – Goethe bedichtete diese Anlage, nach deren Vorbild der Weimarer Park angelegt wurde: „Welch ein himmlischer Garten entspringt aus Öd' und aus Wüste / Wird und lebet und glänzt herrlich im Lichte vor mir."

spielt. Die Schauspieler erhielten feste Gagen und waren pensionsberechtigt, womit erstmals ihr sozialer Status gehoben wurde. Einer von Ekhofs Schülern war August Wilhelm Iffland, der spätere berühmte Autor und Intendant der Berliner Bühne am Gendarmenmarkt. Nach Ekhofs frühem Tod fiel das Ensemble schon 1778 auseinander, erst 1827, nachdem die Herzogtümer Coburg und Gotha miteinander verbunden worden waren, kam es zur Gründung eines neuen Hoftheaters, das abwechselnd in beiden Residenzstädten spielte. Während diese Bühne heute ncht mehr existiert, erfreut sich das alte Theater im Schloss (Ekhof-Theater) in den Sommermonaten, wenn es bespielt wird, einer großen Zuschauergunst.

Das Ekhof-Theater*, Blick auf die Bühne und in den Zu-
schauerraum.*

Nach der Französischen Revolution resignierte Ernst II. mehr und mehr. In
seinem Tagebuch notierte er: „Ärgerlicher und empfindlicher werde ich mit
jedem Tage, und dies tut weder wohl noch gut, denn ich leide davon nicht
allein, sondern auch diejenigen, die mit mir zu tun haben." Er trug sich sogar
mit dem Gedanken, auf den Thron zu verzichten und nach Amerika auszu-
wandern. Die Bücher, die er nach Ohio mitnehmen wollte, hatte er schon
ausgewählt.

Das größte und angesehenste Fürstentum Thüringens im 18. Jahrhundert war also Sachsen-Gotha und Altenburg. Alle Innovationen, insbesondere im Schulwesen, aber auch in der Musik und in den Naturwissenschaften, hatten hier ihren Ausgang genommen und der Stadt, an Urbanität Weimar noch lange überlegen, in ganz Deutschland zu Ansehen verholfen. Dagegen hatte das Weimarer Herzogtum nach anfänglichem starken kulturellen Engagement seit der zweiten Hälfte des 17. Jahrhunderts kaum mehr von sich reden gemacht. An dieser bescheidenen Stellung konnte auch die 1696 nach Gothaer Vorbild eingerichtete Opernbühne nichts ändern. Der junge Johann Sebastian Bach genoss zwar eine gewisse Förderung, halten wollte man ihn aber nicht. So wechselte der mit seinem Landesherrn Wilhelm Ernst in Konflikt gekommene Schlosskirchenorganist 1717 ins anhaltinische Köthen. Als Herzog Ernst August, der Erbauer der Rokokoschlösser von Belvedere und Dornburg, 1748 starb, war der dynastische Fortbestand des Landes sogar unsicher. Dass es nicht so weit kam, verdankt die Nachwelt Anna Amalia, der jungen Witwe Ernst August II. Constantin. Mit ihren beiden Söhnen sicherte sie die Zukunft des angeschlagenen Herzogtums.

Herzog Ernst August I. von Sachsen-Weimar (und Eisenach), *Kupferstich, 1. Hälfte des 18. Jh.s.*

Für Eduard Vehse, den Verfasser einer im 19. Jh. vielgelesenen „Geschichte der Höfe", war der hagere und ewig reizbare Sonderling Ernst August I. „einer der originellsten kleinen deutschen Fürsten des 18. Jh.". Wie kaum ein anderer Thüringer Regent machte er nahezu alle Unsitten seiner Zeit mit: der Jagdleidenschaft, der auch noch sein Enkel Carl August verfallen war, verdanken wir aber das Dornburger Rokokoschlösschen. Während andere Bauten dieses Herzogs bald wieder aufgegeben werden mussten, hat die Anlage von Dornburg die Zeiten überdauert. Als Herzog Ernst 1748 nur wenige Monate nach der Fertigstellung seines Dornburger Kleinodes starb, hinterließ er außer seinem körperlich äußerst schwachen Nachfolger nur noch drei Töchter. Im Gothaer Kabinett begann man schon, das Weimarer Erbe aufzuteilen. Dass daraus nichts wurde, hatte das Haus Weimar vor allem der lebenskräftigen und klugen braunschweigischen Prinzessin Anna Amalia zu danken.

Die geborene Prinzessin von Braunschweig-Wolfenbüttel, deren Mutter eine Schwester Friedrichs des Großen war, gehörte zu den außergewöhnlichsten Frauengestalten des 18. Jahrhunderts. Ohne sie kann man sich das klassische Weimar nur schwer vorstellen. Sie richtete die Bibliothek ein (die heute zu Recht ihren Namen trägt), gründete ein Theater und holte die ersten Dichter an ihren Hof. Unter der Regierung ihres Sohnes Carl August rückte Weimar dann nach und nach auf den bislang von Gotha eingenommenen Platz. Am Jahrhundertende waren Weimar und Jena unter seiner Ägide geistige Zentren von europaweiter Ausstrahlung. Keiner wusste dies besser als Goethe, wenn er in einem Epigramm Herzog Carl August in eine Reihe mit dem römischen Kaiser, der selbst eine Klassik begründete, und dem großen antiken Kunstförderer stellt.

Herzogin Anna Amalia von Sachsen-Weimar und Eisenach*, Öl auf Leinwand von Georg Ziesenis, um 1769.*

Damen der Gesellschaft im Park, *Silhouette von J. W. Wendt, Weimar um 1785.*

Anna Amalia *und ihre Begleiter in der Villa d' Este zu Tivoli, Aquarell von J. G. Schütz, undat.*

Anna Amalia reiste 1788 bis 1790, 22 Monate lang, auf Goethes Spuren durch Italien. Umgeben von Freunden, lebte sie vor allem in Rom und Neapel und vertiefte sich in die Kunst. Am 2. Mai 1790 traf sie Goethe in Venedig, gemeinsam reisten sie zurück nach Weimar.

Anna Amalia gehörte – wie Louise Dorothee – zu den herausragenden Frauengestalten des 18. Jahrhunderts. Goethe sagte von ihr: „Sie gefiel sich im Umgang geistreicher Personen, und freute sich, Verhältnisse dieser Art anzuknüpfen, zu erhalten und nützlich zu machen: ja es ist kein bedeutender Name von Weimar ausgegangen, der nicht in ihrem Kreise früher oder später gewirkt hätte." Was Louise Dorothee fast nur auf dem Wege der Korrespondenz möglich war – nämlich mit den vornehmsten Geistern ihrer Zeit Umgang zu pflegen –, das war für Anna Amalia, eine Generation später, so möchte man salopp sagen, Weimarer Alltag. Im Jahre 1772 verpflichtete die Herzogin Christoph Martin Wieland an ihren Hof. Er sollte die Ausbildung des Erbprinzen Carl August vollenden. Mit der Ankunft des damals bekanntesten deutschen Schriftstellers in Weimar wurde die Stadt zu einem Mittelpunkt der deutschen Literatur.

Für den zweiten Sohn wählte Anna Amalia einen anderen Lehrer: Carl Ludwig von Knebel, ein Franke, der als Gardeleutnant in Potsdam gedient, sich mit den interessantesten philosophischen Themen der Zeit befasst hatte, Lukrez übersetzte und Gedichte schrieb. Ende 1774 unternahm Knebel mit den beiden Prinzen eine Bildungsreise nach Frankreich. In Karlsruhe verlobte sich Carl August mit der Prinzessin Luise von Hessen-Darmstadt, die Anna Amalia als zukünftige Herzogin ausgewählt hatte. Ein folgenreiches Ereignis war die Begegnung Knebels mit Johann Wolfgang Goethe in Frankfurt, denn sie hatte die Berufung des Dichters im Herbst 1775 nach Weimar zur Folge. Und im Jahr darauf kam bereits auf Goethes Veranlassung Johann Gottfried Herder nach Weimar. Wenn auch Anna Amalia von nun an in den Hintergrund trat, hatte sie doch die Grundlagen für die Entwicklung Weimars zum Mittelpunkt der deutschen Literatur geschaffen.

Auch an der Neuprofilierung wichtiger kultureller Institutionen hatte Anna Amalia Anteil. Schon 1763 ließ sie das am Park gelegene Grüne Schloss zu einer Bibliothek ausbauen. Sie machte damit nicht nur die fürstliche Bibliothek der Öffentlichkeit zugänglich, sondern erwarb zielgerichtet auch große Privatbibliotheken und legte damit den Grundstock für eine Büchersammlung, die vor allem die Gesamtheit der deutschen Literatur im Auge hatte. Die Weimarer Bibliothek trägt heute den Namen dieser Herzogin.

Die Herzöge von Sachsen-Weimar II

Ernst August II. Constantin	1755-1758
Anna Amalia	
(für ihren unmünd. Sohn Carl August)	1758-1775
Carl August	1775-1815 (-1828)

Kurz nach Wielands Ankunft hat Anna Amalia auch eine Schaubühne gegründet, für die sie Privatmittel zur Verfügung stellte und dem Publikum kostenlos Eintritt gewährte. An dieser Bühne wurde Wielands „Alceste" uraufgeführt, die mit der Musik von Anton Schweitzer heute als die erste durchkomponierte Oper in deutscher Sprache gilt. Nachdem sich Anna Amalia von den Regierungsgeschäften zurückgezogen hatte, fand sie Zeit, sich ganz ihren künstlerischen und literarischen Interessen zu widmen. Zu ihrer „Tafelrunde" trafen sich Dichter, Musiker, Maler und Gelehrte zu lebhaften Gesprächen und kreativer Arbeit. Man kann sagen, dass alles, was später in Weimar sich an neuen künstlerischen Ideen Bahn brach, hier – also in einem elitären, nichtöffentlichen Zirkel – vorgedacht und diskutiert wurde. Dies war sehr produktiv und um so eher möglich, als Anna Amalia selbst Künstlerin war. Sie spielte mehrere Instrumente und komponierte. Dabei war sie mehr als eine Dilettantin.

Eine ähnliche Rolle wie die „Tafelrunde" spielte auch das Ettersburger Liebhaber-Theater, wo am 6. April 1779 „Iphigenie auf Tauris" uraufgeführt wurde. Die Hauptrolle spielte die berühmte Corona Schröter, den Orest gab Goethe selbst, Carl August den Pylades. Hier wurde geprobt, was mehr als zehn Jahre später im Hoftheater öffentlich gemacht wurde.

Großherzog Carl August dagegen fühlte sich keineswegs als Künstler, wenn er zuweilen auch eine sensible Natur zeigen konnte. Er war voller überschäumender Kraft und Leidenschaft und nicht selten voller Tatendrang. Mit Goethe verband ihn eine lebenslange Freundschaft, die – bezogen auf die kulturellen Folgen – zu den großen Glücksfällen in der deutschen Geistesgeschichte gehört. Nicht auszudenken, wenn Goethe auf einen Herzog getroffen wäre, mit dem er nicht hätte umgehen können. Oder umgekehrt: der manchmal ziemlich grobschlächtige Carl August verstand sehr wohl Kunst und, was nicht dasselbe ist, ihre Schöpfer. Und das war auch ein Glücksfall für Sachsen-Weimar. Dass Goethe mehr als 50 Jahre dort verblieb, ist auch seinem freundschaftlichen Verhältnis zum Herzog zu danken. Dieser erwies sich nicht nur als verständnisvoller und anregender Gesprächspartner, sondern in schwierigen Situationen auch als ein wahrer Freund. Goethes Verbindung mit Christiane Vulpius akzeptierte er von Anfang an uneingeschränkt. „Er hatte die Gabe", bemerkte Goethe einmal, „Geister und Charaktere zu unterscheiden und jeden an seinen Platz zu stellen. Das war sehr viel."

Dass Johann Wolfgang von Goethe und Friedrich Schiller in Weimar und Jena ihr klassisches Dichtungsprogramm entwickeln konnten, ist zu wichtigen Teilen auch dem Herzog zuzurechnen. Carl August, als preußischer General Teilnehmer an den Feldzügen gegen Frankreich, trug entscheidend dazu bei, dass seinem kleinen Land in den Wirren der Revolutionskriege und den ersten Jahren der Napoleonischen Expansion der äußere Friede erhalten werden konnte. In dem 1795 geschlossenen Frieden von Basel wurde für ganz Norddeutschland, wozu auch Thüringen gezählt wurde, der Status der Neutralität vereinbart. Was diese Festlegung für das „Klassische Weimar", und damit für die deutsche Literatur, bedeutete, hat der Historiker Leopold von Ranke, der aus Wiehe an der Unstrut stammte und wie Fichte und Nietzsche auf der Fürstenschule Pforta an der Saale ausgebildet wurde, deutlich gemacht.

Leopold von Ranke: Über den Frieden von Basel und das klassische Weimar (1880)

Durch den Frieden zu Basel und die Demarkation wurde nun aber inmitten der kämpfenden Weltmächte ein neutrales Gebiet geschaffen, in welchem man unter der Aegide des preußischen Adlers die Segnungen des Friedens genoß. Bezeichnend ist es, dass unter den weltlichen Fürsten Carl August von Weimar eigentlich der erste war, welcher die Aufnahme in die Neutralität begehrte und erhielt. Seine kleine Hauptstadt und die benachbarte Universität Jena bildeten einen der vornehmsten Mittelpunkte der Literatur. Ich wage zu behaupten, dass die Zeit der Neutralität dazugehörte, um den begonnenen Trieben zu ihrem Fortwachsen und ihrer Reife Raum zu verschaffen. Unleugbar ist es doch, daß die Unruhen und Gefahren des Krieges alles gestört und vielleicht allem eine andere Richtung gegeben haben würden.

Reiterstandbild Großherzog Carl Augusts vor dem ehemaligen Fürstenhaus, geschaffen von Adolf Donndorf, enthüllt am 3. September 1875, dem 100. Jahrestag der Thronbesteigung des Fürsten. Der Künstler zeigt ihn, in Bezug auf die Verse Goethes, als römischen Imperator.

Johann Wolfgang von Goethe
Venetianisches Epigramm
1789

Klein ist unter den Fürsten Germaniens freilich der meine;
  Kurz und schmal ist sein Land, mäßig nur, was er vermag.
Aber so wende nach innen, so wende nach außen die Kräfte
  Jeder; da wär's ein Fest, Deutscher mit Deutschen zu sein.
Doch was priesest du *ihn*, den Taten und Werke verkünden?
  Und bestochen erschien' deine Verehrung vielleicht;
Denn mir hat er gegeben, was Große selten gewähren,
  Neigung, Muße, Vertraun, Felder und Garten und Haus.
Niemand braucht ich zu danken als ihm, und manches bedurft
         ich,
  Der ich mich auf den Erwerb schlecht, als ein Dichter,
         verstand.
Hat mich Europa gelobt, was hat mir Europa gegeben?
  Nichts! Ich habe, wie schwer! meine Gedichte bezahlt.
Deutschland ahmte mich nach, und Frankreich mochte mich
         lesen.
  England, freundlich empfingst du den zerrütteten Gast.
Doch was fördert es mich, dass auch sogar der Chinese
  Malet mit ängstlicher Hand Werthern und Lotten auf Glas?
Niemals frug ein Kaiser nach mir, es hat sich kein König
  Um mich bekümmert, und *er* war mir August und Mäcen.

Die Universität Jena

Breiten Raum im Leben sowohl Goethes als auch des Herzogs nahm die Jena-er Universität ein. Um 1800 war sie mit ihren 900 Studenten die am meisten frequentierte Hochschule Deutschlands. Goethe brachte die Einzigartigkeit der Stadt in jenen Jahren auf den Punkt, wenn er am 28. März 1797 Carl Ludwig von Knebel wissen lässt: „Schiller ist fleißig an seinem `Wallenstein', der ältere Humboldt arbeitet an der Übersetzung des `Agamemnon' von Aischylos, der ältere Schlegel an einer des `Julius Cäsar' von Shakespeare, ... Nimmst Du nun dazu, daß Fichte eine neue Darstellung seiner `Wissenschaftslehre' im `Philo-sophischen Journal' herauszugeben anfängt und daß ich, bei der spekulativen Tendenz des Kreises, in dem ich lebe, wenigstens im ganzen Anteil daran nehmen muß, so wirst Du leicht sehen, dass man manchmal nicht wissen mag, wo einem der Kopf steht ..." Und wenig später spricht er gegenüber Schiller von Jena als einem „Stapelplatz des Wissens und der Wissenschaft". Trotz aller Gegensätze der Dichter untereinander – auch Goethe und Schiller

haben lange gebraucht, ehe sie im Juli 1794 in Jena zueinander fanden –
bewirkte das vielgestaltige geistig-literarische Leben im engen Raum Weimar-
Jena für alle von ihnen vielfältige Anregungen. Goethe hat damit den Hintergrund für sein eigenes klassisches Werk bestimmt, aber auch einsehbar gemacht, wie sich in dieser Stadt der frühromantische Dichterkreis als eine auf
bürgerliche Unabhängigkeit bedachte oppositionelle Literaturbewegung kon-
stituieren und Jena für einen kurzen Zeitraum zum Mittelpunkt der literarischen Welt in Deutschland aufrücken konnte.

Weltwirkungen gingen aber auch von den philosophischen
Lehrern an der Universität Jena aus, denen Carl August zwar
ein niedriges Gehalt, dafür aber eine uneingeschränkte Freiheit des Geistes gab. Begonnen hatte alles mit Wielands
Schwiegersohn Karl Ludwig Reinhold, der von 1787 bis 1794
hier die anderenorts abgewiesene Vernunftkritik Immanuel
Kants in systematischer Form lehrte. Für Schillers Entscheidung, nach Jena überzusiedeln, haben diese Vorlesungen eine
wichtige Rolle gespielt. Johann Gottfried Fichte als dessen
Nachfolger im Amt betrat also sorgsam bereiteten Boden, auf
dem er nun, ungleich radikaler, den Kantschen Dualismus
von sinnlicher Erfahrung und geistigem Erkennen in einem
eigenen System des absoluten, weltsetzenden Ich aufzuhe-
ben strebte. Fichtes Vorlesungen wurden zeitweilig von einem Drittel aller Studierenden besucht, führten sogar zu
Unruhen. Schließlich wurde Fichte des Atheismus angeklagt,
da er nicht Abbitte leistete, und von seinem Lehramt entbun-
den. Auch die Jenische Freiheit hatte also ihre Grenzen. Die
Eingriffe in die Lehrfreiheit aber auch. Fichtes Nachfolger
wurde der junge Joseph Schelling, und diesem zur Seite stand
Georg Friedrich Wilhelm Hegel. Und so ist kein Zufall, dass
die großen Manifeste der klassischen deutschen Philosophie
– Fichtes „Wissenschaftslehre" (1794), Schellings „System des
transzendentalen Idealismus" (1800) und Hegels „Phänome-
nologie des Geistes" (1807) – alle in dem kleinen Jena, in
Sachsen-Weimar also, zu Papier gebracht wurden.

Herzogin Luise und die Stiftung von Verbindungen nach Russland

Die Gemahlin Carl Augusts war eine Prinzessin von Hessen-Darmstadt. Sie brachte wichtige dynastische Verbindungen mit in die Ehe. Luises Mutter, eine musisch begabte und selbstbewusste Fürstin, hatte vier ihrer fünf Töchter gut verheiraten können, was bei den bescheidenen Mitgiften nicht ganz einfach gewesen sein dürfte. Ihre guten Beziehungen zu Friedrich dem Großen hatten dabei geholfen. So heiratete Friederike dessen Neffen Friedrich Wilhelm und wurde Königin von Preußen. Vor dem Hintergrund dieser dynastischen Aufwertung reiste sie nach Russland, wo sie den preußenfreundlichen Zarewitsch beeindrucken konnte. Wilhelmine wurde als Natalja Alexejewna dem Thronfolger Paul angetraut und sollte Zarin werden, was allein ihr früher Tod verhinderte. Damals war noch nicht vorauszusehen gewesen, dass diese kurze Ehe ein Menschenalter später weitere deutsch-russische Bande stiften würde. Für das kleine Weimar, in das die jüngste Darmstädter Prinzessin, also Luise, 1775 eingeheiratet hatte, musste dies eine ungeheure Aufwertung bedeuten. Zar Pauls Tochter (aus zweiter Ehe) Maria Pawlowna wurde dann 1804 Luises Schwiegertochter und damit eine russische Großfürstin und die Schwester des Zaren Alexander I. Weimarer Erbprinzessin.

Großherzogin Luise*, Öl auf Leinwand von J. F. A. Tischbein, 1810.*

Luise als Persönlichkeit

Dass Luise es an der Seite Carl Augusts nicht leicht haben würde, war früh zu ahnen, da sich der Herzog schon bald nach der Hochzeit die ersten Eskapaden leistete. Als er in den 90-er Jahren die Liaison mit der Sängerin Karoline Jagemann einging, war Luise erleichtert, schließlich hatte sie durch die Geburt zweier Söhne den Fortbestand der Dynastie gesichert und damit ihren Pflichten Genüge getan. Und leidenschaftlich war sie ohnehin nie gewesen. Da Carl August niemals den geringsten Zweifel aufkommen ließ, wer die erste Dame im Herzogtum sei, er seiner Gemahlin gegenüber ritterlich blieb, ihr mit zunehmendem Alter sogar wieder näher kam, wird Luise an der Seite ihres kraft- und ideenstrotzenden Gemahls nicht ganz unglücklich gewesen sein. Und eine lebensvolle Persönlichkeit war auch sie. Hinzu kam ihr für das Land so segensreicher politischer Instinkt und eine achtunggebietende persönliche Integrität, wie sie sich besonders in den Zeiten tiefster Erniedrigung gegenüber Napoleon zeigte, die ihr Ansehen über den Hof und über Weimar hinaus steigerte. „Welch eine Frau, welch eine Frau!", soll der alte Goethe immer wieder gerufen haben, wenn er von einer Audienz bei der Großherzogin zurückkehrte.

Der kulturelle und dynastische Aufstieg Weimars in den letzten Jahrzehnten des 18. Jahrhunderts spiegelt sich auch im Schlossbau wider. Lange hatte Carl August nicht daran gedacht, die 1774 abgebrannte Wilhelmsburg wiederaufzubauen. 1789 rief er endlich eine Schlossbaukommission ins Leben, in der Goethe die treibende Kraft wurde. Dieser gewann dann auch in Johann August Arens einen Architekten, dem an der Erhaltung der alten Bausubstanz gelegen war, ohne den modernen Stil des Klassizismus hintanzusetzen. Doch reichte das Geld nicht aus, um den Bau schnell zu vollenden. Erst 1797 konnte mit dem Innenausbau begonnen werden: Zu dieser Zeit hatte der Schlossbaumeister Weimar allerdings schon verlassen, so dass Goethe seine Ideen einbringen konnte. Unter dem Preußen Heinrich Gentz – auf ihn gehen der Festsaal, die Falkengalerie und das Treppenhaus zurück – wurde 1803, fast 30 Jahre nach der Brandkatastrophe, der Ostflügel des Schlosses bezogen. Jetzt konnte auch Maria Pawlowna in Weimar einziehen. Unter ihrer und Carl Friedrichs Regierung wurde ab 1830 weitergebaut.

Auch in Meiningen versuchte Herzog Georg I., ein Aufklärer per excellence, einen Kreis von Literaten und Künstlern um sich zu sammeln. „Hat der Fürst nur guten Willen genug, sein Land glücklich zu machen, so findet er immer auch Patrio-

ten, welche die Mittel zur Beförderung der allgemeinen Wohl-
fahrt ausfindig machen und dazu dienliche Vorschläge in die
Hand bieten werden." Pläne hatte Georg wie kaum ein anderer thüringischer Fürst. Bei der Kleinheit der Verhältnisse –
insbesondere in Meiningen – zeigte es sich aber doch, dass
all die schönen Vorhaben kaum mit den eigenen Kräften würden in die Tat umgesetzt werden können. Dennoch entwik-
kelte sich die kleine Residenzstadt an der Werra unter seiner
Regentschaft zu einem wichtigen kulturellen Zentrum. Die
Jahrzehnte später europaweit ausstrahlende Hofkapelle erlebte unter diesem Herzog ihre erste Blütezeit. Der von ihm
angelegte Englische Garten erinnert noch heute an seine
Vorstellungen von Landschaftsgestaltung. Unter ähnlichen
Gesichtspunkten ließ er auch Liebenstein zu einem Kurort
ausbauen.

Früh hat Georg I. Schillers Genie erkannt und dem rebellischen Dichter den
Titel eines Hofrats verliehen, der ihm schließlich in Weimar und Jena nützlich
war. Einen der Großen in Meiningen zu halten, vermochte Georg aber nicht.
Auch für einen Mann wie den Schriftsteller Jean Paul konnte Meiningen mit
seinem kleinen Kreis Gebildeter nur Zwischenstation sein. Im Juni 1803 kehrte er der Stadt nach nur 2-jährigem Aufenthalt den Rücken.

Die Meininger Herzöge Georg I. und Bernhard II. Erich Freund
haben es aber verstanden, begabte und bereits literarisch tätige Personen der zweiten Reihe auf Beamtenposten zu setzen, die sich mit ihren schriftstellerischen Ambitionen gut in
Einklang bringen ließen. Auf diese Weise ist ein fruchtbares
und ertragreiches, doch leises und wenig spektakuläres Mä-
zenatentum zustande gekommen. Ludwig Bechstein, der als
Schriftsteller, Altertumsforscher, Sagen- und Märchensammler
im 19. Jahrhundert unendlich viel für die Thüringer und ihr
sich entwickelndes regionales Selbstbewusstsein getan hat,
wäre ohne dieses selbstlose Meininger Engagement niemals
in den Genuss höherer Bildung gekommen und wohl kaum
als Schriftsteller und Wissenschaftler wirksam geworden.

Um 1800 erlebte auch das Herzogtum Sachsen-Hildburghausen seine klassische Zeit. Nach der Brandkatastrophe von
1779 wurde die Residenzstadt in einem eleganten Gleichmaß
wiederaufgebaut. Unter Herzogin Charlotte, der Schwester

Herzog Georg I. von Sachsen-Meiningen, *Öl auf Lein-wand, undat.*

der späteren berühmten Preußenkönigin Luise, entwickelte sich der Hof zu einem „Klein-Weimar". Vor allem den Schrift-steller Jean Paul beeindruckte die weltoffene Atmosphäre in Hildburghausen. „Ihr Kopf ist für mich so schön, dass ich immer vergesse, dass ein Fürstenhut darauf sitzt", schrieb er über die Herzogin.

Vielleicht war das kunstsinnige, feingeistige Klima an dem kleinen Hof ein Grund dafür, dass der bayerische Kronprinz und spätere König Ludwig I. („der Städtebauer"), selbst ein eifriger Förderer der Künste, sich eine Tochter Charlottes zur Gemahlin nahm. Therese von Sachsen-Hildburghausen wurde Königin von Bayern. Die 1810 begangene Hochzeit war Anlass für ein großes Volksfest, aus dem die Tradition des Münchner Oktoberfestes hervorging.

Blick über den Schlossparkkanal zum Schloss *(Anfang des 19. Jahrhunderts). Im rechten Bildhintergrund die 1781/85 erbaute Christuskirche.*

Unter den schwarzburgisch-rudolstädtischen Fürsten ragte Ludwig Friedrich II. hervor. Zusammen mit seiner hochgebildeten Gemahlin Karoline Luise entwickelte er seine kleine Residenz auf Schloss Heidecksburg zu einem weithin ausstrahlenden Hort der Künste. Das von ihm gegründete Rudolstädter Theater gehörte zwar zu den kleinsten in Deutschland, die Rudolstädter Fürsten haben es aber durch die Anbindung an Weimar zu einer wichtigen Spielstätte gemacht.

Herzogin Charlotte von Sachsen-Hildburghausen,
Rückseite eines Medaillons.

Der schwierige Weg der thüringischen Fürstenstaaten im frühen 19. Jahrhundert

Gleich zu Beginn des neuen Jahrhunderts wurden die thüringischen Fürstenhäuser erschüttert wie schon lange nicht mehr. Für kurze Zeit war sogar die Existenz einiger von ihnen in Frage gestellt. Im Unterschied zu den Ereignissen im Nachfeld des Schmalkaldischen Krieges lag diesmal die Schuld nicht bei ihnen, da sie kaum mehr politische Akteure waren. In diesem Falle kam die große Poltik zu ihnen und die thüringischen Fürstentümer waren darin ein Spielball.

Im Ergebnis des Friedens von Lunéville vom 9. Februar 1801 (der de facto die französischen Revolutionskriege abschloss) sollten die deutschen Fürsten für ihre an Frankreich abgetretenen Gebiete entschädigt werden. Dazu setzte der Regensburger Reichstag eine Reichsfriedensdeputation ein. Auf Drängen Frankreichs musste diese die Selbstständigkeit der geistlichen Fürstentümer und der meisten Reichsstädte aufheben und mit deren Territorien andere Staaten entschädigen.

Mit diesem Reichsdeputationshauptschluss endete 1802 auch die vielhundertjährige Herrschaft des Mainzer Kurerzstifts über Erfurt. An seine Stelle trat Preußen. Auch die beiden thüringischen Reichsstädte Mühlhausen und Nordhausen kamen an die Hohenzollern, die nun über weite Teile Nordthüringens herrschten. Allerdings mussten sie im Oktober 1806 die Erfurter Statthalterei schon wieder verlassen und den in der Doppelschlacht von Jena und Auerstedt siegreichen Franzosen das Feld überlassen. Ihr Kaiser, Napoleon I., unterstellte dabei das Gebiet von Erfurt direkt seiner Verwaltung. Das Jahr 1806 wurde für Thüringen zu einem Schicksalsjahr wie kaum eines vorher.

Die durch Napoleon eingeleitete neue Epoche stand im Zeichen des Mars. Das heitere Treiben an den Musenhöfen wurde mit einem Schlag beendet, die klassische Zeit schien endgültig vorbei zu sein. Louis Ferdinand wurde dafür das Symbol. Der kunstsinnige und musikalisch hoch begabte Preußenprinz hat auf Schloss Heidecksburg eine letzte beschwingte

Nacht verlebt, bevor er als Führer der preußisch-sächsischen Vorhut nach Saalfeld ritt und bei dem ersten Gefecht an der Straße nach Wöhlsdorf – etwa dort wo heute Schinkels schönes Denkmal steht – den Tod fand.

Die Niederlagen Preußens durch Napoleon bei Jena und Auerstedt erschütterten vor allem das Herzogtum Sachsen-Weimar-Eisenach. Als Carl August an jenem Abend des schicksalsschweren 14. Oktober in Arnstadt von der Katastrophe hörte, soll er, die Dinge nüchtern betrachtend, gesagt haben: „Herzog von Weimar und Eisenach wären wir einstweilen gewesen." Da wusste er noch nicht, dass die Franzosen bereits in Weimar einmarschiert waren, die Stadt plünderten und brandschatzten – und Goethe mit dem Tode drohten. Das Schlimmste für sich konnte der Herzog jedoch abwenden. Obwohl er preußischer General war, trat er aus Staatsräson dem von Napoleon bestimmten Rheinbund bei und ersparte damit seinem Land eine lang andauernde französische Besetzung. Ohne zwingende Gründe waren diesen Weg im Juli schon 16 Reichsfürsten gegangen. Diesen Verrat ließen sie sich von Napoleon mit Rangerhöhungen und Gebietszuwächsen bezahlen. Da sie sich mit diesem Schritt vom Reichsverband abgewendet hatten, stand das Heilige Römische Reich vor seiner Auflösung. Als Carl August wenige Monate später dem Rheinbund beitrat, existierte es nicht mehr. Franz II. hatte das Kaisertum für erloschen erklärt. Der neue Cäsar Europas war schon seit 1804 Napoleon I.

Auf dem Erfurter Fürstentag, der vom 27. September bis 4. Oktober 1808 glanzvoll abgehalten wurde, ließ sich der Franzosenkaiser von vier Königen und 34 Fürsten der Rheinbundstaaten, darunter auch Carl August, als dem tatsächlichen Herrscher Europas huldigen. Während der Versammlung hat Napoleon vergeblich versucht, den russischen Zaren Alexander I., dessen Schwester Maria Pawlowna mit dem weimarischen Erbprinzen Carl Friedrich verheiratet war, für seine weitreichenden Pläne einer Neuordnung des Kontinents zu gewinnen.

Theodor Fontane: Prinz Louis Ferdinand (1857)

Sechs Fuß hoch aufgeschossen,
Ein Kriegsgott anzuschaun,
Der Liebling der Genossen,
Der Abgott schöner Fraun,
Blauäugig, blond, verwegen
Und in der jungen Hand
Den alten Preußen-Degen –
Prinz Louis Ferdinand.

(...)

Das war nur bloßes Reiten,
Doch wer so reiten kann,
Der ist in rechten Zeiten
Auch wohl der rechte Mann;
Schon über Tal und Hügel
Stürmt ostwärts der Koloss, –
Prinz Louis sitzt am Flügel
Im Rudolstädter Schloss.

Es blitzt der Saal von Kerzen,
Zwölf Lichter um ihn stehn,
Nacht ist's in seinem Herzen
Und Nacht nur kann er sehn,
Die Töne schwellen, rauschen,
Es klingt wie Lieb und Hass,
Die Damen stehn und lauschen,
Und was er spielt ist *das*:

„Zu spät zu Kampf und Beten,
Der Feinde Rosses-Huf
Wird über Nacht zertreten,
Was ein Jahrhundert schuf,
Ich seh es fallen, enden,
Und wie alles zusammenbricht,
Ich kann den Tag nicht wenden,
Aber *leben* will ich ihn nicht."

Und als das Wort verklungen,
Rollt Donner schon der Schlacht,
Er hat sich aufgeschwungen,
Und sein Herze noch einmal lacht,
Vorauf den andern allen
Er stolz zusammenbrach,
Prinz Louis war gefallen
Und Preußen fiel – ihm nach.

NAPOLEON
Den Ersten des Jahrhunderts
Einzig als Held und Staatsmann
dem gegenwärtigen Zeitalter Zierde
dem künftigen Muster
Den Gründer des Germanischen Bundes
ein Schrecken seinen Feinden
den Seinen holde Liebe
Dessen
Hoheit
die Unsterblichkeit im voraus feyert
bringt
das durch Ihn sich wiedergegebene
von Ihm beglückte
dankbare Sachsen.

Rheinbündische Huldigung Napoleons.

In der Erfurter Statthalterei traf Napoleon am 2. Oktober 1808 auch mit Goethe zusammen. Als der Dichter die ihm gut bekannten Räumlichkeiten wiedersah, musste er mit Verwunderung feststellen, dass sich an den Äußerlichkeiten der Säle viel verändert hatte. Nicht nur die Möbel waren ausgetauscht worden, auch die Porträts an den Wänden waren andere, so dass das Ambiente den Eindruck erweckte, als hätte der Kaiser hier schon immer residiert. Um so erstaunlicher war es, dass Napoleon in dieser einstündigen Unterredung sich nicht nur sehr sachkundig über das in Erfurt gastierende französische Theater äußerte, sondern auch über den „Werther", den der Kaiser, wie Goethe festgehalten hat, „durch und durch mochte studiert haben". Der überlieferte Ausruf Napoleons Goethe gegenüber „Voilà un homme!" macht die Bewunderung deutlich, die der Franzose dem Deutschen gegenüber zum Ausdruck brachte. Wenn er dann Goethe aufforderte, nach Paris zu kommen und dort ein Caesar-Drama zu schreiben, besser als das von Voltaire, drückt sich darin auch die Wertschätzung des Kaisers für die deutsche Kultur aus – oder wie Goethe es verstand, für Weimar. Auf jeden Fall aber machte diese Unterredung deutlich, dass eine kleine thüringische Residenz ausgestrahlt hatte in die Welt – und selbst der Mächstigste dies zur Kenntnis nehmen musste.

Da sich Carl August rechtzeitig, noch vor dessen Niederlage im Oktober 1813 in der Völkerschlacht bei Leipzig, von Napoleon abgewendet hatte, konnte er sein Land auf dem Wiener Kongress flächenmäßig verdoppeln. Vor allem fielen ihm Gebiete im Westen zu, die vormals zur Abtei Fulda gehört hatten. Aber auch der albertinische Neustädter Kreis wurde nun weimarisch. Ihm selbst wurde der Titel Großherzog zuerkannt. Als einziger thüringischer Fürst konnte er nun die Anrede „Königliche Hoheit" für sich in Anspruch nehmen. Seine Hoffnungen auf das sächsische Erbe erfüllten sich indessen nicht. Das napoleontreue albertinische Sachsen büßte zwar die Hälfte seines Territoriums ein, behielt aber den ihm vom Franzosenkaiser gewährten Status eines Königreiches. Und Carl August blieb in Weimar, das „Unrecht" von 1547 (so empfand es der durchaus machtbewusste Ernestiner jedenfalls immer noch) ließ sich auch jetzt nicht revidieren. Niemand hatte ein Interesse daran, eine neue Mittelmacht in den Sattel zu heben.

Erfurt und die ehemals sächsischen Teile Nordthüringens kamen 1815 also nicht wie erhofft an Sachsen-Weimar, sondern an Preußen. Statt der Mainzer Kurerzbischöfe und der Albertiner regierten nun die Hohenzollern endgültig in weiten Teilen Thüringens. Aus dem sächsischen Thüringer Kreis und den Gebieten des Kurerzstifts wurde die preußische Provinz Sachsen gebildet. Das neue Verwaltungszentrum wurde Merseburg.

Die Könige von Preußen und (ab 1871) Deutschen Kaiser
(Hohenzollern)

Friedrich Wilhelm III.	1797-1840
Friedrich Wilhelm IV.	1840-1861
Wilhelm I.	1861-1888
Wilhelm II.	1888-1918

Die dynastische Verflechtung Sachsen-Weimars mit den Hohenzollern
Anna Amalias Mutter Philippine Charlotte, verheiratet mit Herzog Carl I. von Braunschweig-Lüneburg, war eine Schwester Friedrichs des Großen. Der berühmte Hohenzoller war also der Onkel der Weimarer Herzogin. Diese Verwandtschaft hat Sachsen-Weimar eng an Preußen gebunden und Herzog Carl August die Möglichkeit eröffnet, preußischer General zu werden. Zeitweise hat er sich öfter bei seinem Regiment in Aschersleben aufgehalten als in seiner Residenzstadt. Dass sich mit diesem Engagement ein weiterer dynastischer Aufstieg seines Hauses verbinden konnte, zeigte sich in der übernächsten Generation. Carl Augusts Enkelinnen Maria und Augusta heirateten 1827 und 1829 die preußischen Prinzen Karl und Wilhelm, Söhne König Friedrich Wilhelms III. Prinz Wilhelm wurde 1861 selbst König von Preußen und 1871 Deutscher Kaiser, die Weimarer Prinzessin also Königin und Kaiserin. Auch in Berlin engagierte sich Augusta für Kultur und Kunst. Als Enkelin Carl Augusts fühlte sie sich ohnehin den großen Traditionen ihres Hauses verpflichtet und neigte liberalen Ideen zu.

Großherzogin Maria Pawlowna ließ ihre beiden Töchter zwischen 1812 und 1821 von Goethe im Griesbachschen Gartenhaus in Jena im Zeichnen unterrichten. Seitdem wird das heute noch vorhandene Gebäude auch Prinzessinnenschlösschen genannt. Im Garten steht seit 1821 ein Goethe-Denkmal, mit dem sich Maria Pawlowna bei dem alten Dichter bedankte. Goethe hatte es vor allem die begabte Augusta angetan. „Sie verbindet frauenzimmerliche und prinzessliche Eigenschaften auf eine so vollkommene Weise, dass man wirklich in Verwunderung gerät und ein gemischtes Gefühl von Hochachtung und Neigung in uns entsteht."

Großherzogin Maria Pawlowna von Sachsen-Weimar-Eisenach, *Miniatur von J. W. Ch. Roux, undat.*

Augusta, Prinzessin von Sachsen-Weimar-Eisenach, *Stahlstich, undat.*

Ansonsten blieb nach 1815 in Thüringen alles beim Alten, obwohl in anderen Teilen Deutschlands die kleinstaatliche Gliederung zugunsten größerer Flächenstaaten erheblich eingeschränkt wurde. Thüringen kam zwar nun in den Verruf der Kleinstaaterei, seine Fürsten verloren dennoch nicht den Anschluss an die moderne Staats- und Wirtschaftsentwicklung. Oft war sogar das Gegenteil der Fall. Früher als anderswo setzten sich in den meisten Fürstentümern moderne Staatsverfassungen durch – so in Weimar schon 1816 –, und am Ende des 19. Jahrhunderts war Thüringen durchweg industrialisiert und verkehrsmäßig hervorragend erschlossen.

Carl August und das erste thüringische Parlament

Auf der Basis des „Grundgesetzes einer landständischen Verfassung" vom 5. Mai 1816 hatte der Großherzog von Weimar seinem Land am 2. Februar 1817 ein Parlament gegeben. Die 12 frei gewählten Abgeordneten des ersten Weimarer Landtages, darunter der Jenaer Historiker Heinrich Luden, versammelten sich zur konstituierenden Sitzung im Residenzschloss, hielten aber die gesamte erste Session im Winter 1817/18 im Rokokoschlösschen von Dornburg ab. Da sie entgegen den Vorstellungen Carl Augusts nicht öffentlich tagen wollten, stellte ihnen der Großherzog das damals noch wenig genutzte und kaum möblierte Schlösschen zur Verfügung. Tagungsraum war der kleine Festsaal. 1819 zogen die Abgeordneten dann ins Weimarer Wittumspalais um, später ins Fürstenhaus.

Die erste Seite der von Carl August erlassenen Landständischen Weimarer Verfassung.

Als 1825 Herzog Friedrich IV. von Sachsen-Gotha-Altenburg kinderlos starb, erlosch die seit 1640 bestehende Hauptlinie dieses Hauses. Ansprüche auf die Gradualnachfolge hatte die Nebenlinie Sachsen-Meiningen. Da sich aber bei Erfüllung dieses Anspruchs das Kräfteverhältnis zu Gunsten eines Herzogtums verschoben hätte, kam es 1826 unter Vermittlung des sächsischen Königs Friedrich August I. zu einem Erbvergleich, der die gothaischen Lande grundlegend neu gliederte. Dabei wurden die Herzogtümer Gotha und Coburg in Personalunion vereinigt und das Saalfelder Herzogtum zwischen Coburg und Meiningen aufgeteilt. Dagegen wurde die Selbstständigkeit des seit 1672 zu Gotha gehörenden Herzogtums Sachsen-Altenburg wiederhergestellt. Herzog von Altenburg wurde der Herzog von Hildburghausen, dessen kleines Land an Meiningen fiel. In der damals erfolgten Neugliederung bestanden die ernestinischen Herzogtümer bis zum Ende der Monarchien im Jahre 1918.

Auch bei den Reußen gab es im 19. Jahrhundert noch territoriale Veränderungen. Durch die bereits 1778 erfolgte Erhebung in den Reichsfürstenstand hatte zunächst die in Greiz regierende Ältere Linie an Ansehen gewonnen, 1806 dann aber auch die Jüngere Linie. Als 1848 Heinrich LXXII. von Reuß-Ebersdorf zugunsten von Heinrich LXII. von Reuß-Schleiz abdankte, wurde Gera die alleinige Residenzstadt der Jüngeren Linie.

Auf preußischen Druck schlossen sich 1833 die neun (ab 1848 acht) thüringischen Fürstentümer dem preußisch dominierten Deutschen Zollverein an, zu bloßen Anhängseln der deutschen Großmacht wurden sie jedoch nicht. Im Gegenteil: Sachsen-Meiningen sympathisierte mit Österreich, was Herzog Bernhard II. Erich Freund 1866 mit dem Verlust des Regentenamtes bezahlen musste. Der preußische Ministerpräsident Otto von Bismarck verzieh seinen „Zaunkönigen" solche eigenen Wege nicht. Während der 48-er Revolution gab es in Thüringen zwar den Plan, Erfurt wegen seiner zentralen Lage zur Hauptstadt eines geeinten Deutschlands zu erheben. Auf der Tagung des deutschen Unionsparlaments in der Erfurter Augustinerkirche im Frühjahr 1850 wurde darüber diskutiert, doch war Preußen nicht bereit, von seiner Führungsrolle irgendwelche Abstriche zu machen. Seit 1866 gehörten die thüringischen Staaten dem Norddeutschen Bund an, seit 1871 als gleichberechtigte Bundesstaaten dem neu gegründeten Reich.

Großherzog Carl August *in den 20-er Jahren, Kreidezeich-*
nung.

Ludwig Bechstein: Über die Grenzen zwischen den Fürstenstaaten (1835)

War der Rennsteig lange schon eine ziemliche Strecke Grenze zwischen Sachsen-Weimar und Sachsen-Meiningen, so wird nur ein Punkt erreicht, wo ein Dreiherrenstein verkündet, dass die Gebietsteile dreier Fürsten dort sich berühren, nämlich Sachsen-Meiningen, Sachsen-Gotha und Hessen-Kassel. Doch endet dort das Meiningische, und der Weg wird bloß Grenze zwischen Gotha und Hessen. Die Grenzsteine aus Granit, Sandstein und Waldwacken laufen im Zickzack abwechselnd zur Rechten und zur Linken fort, sind gothaischerseits mit S. G., hessischer mit H. d. H. S. (Herrschaft Schmalkalden) signiert und tragen zum Teil die Jahreszahl 1772; unter den gothaischen Steinen liegen als Marken Ziegelsteine, Glas, Kohlen und Bleiplättchen mit den Buchstaben S. G., unter den hessischen Blei mit H. und grüne Eisenschlacken."

Auch im 19. Jahrhundert bot die politische Landkarte Thüringens dem ungeübten Betrachter das Bild eines buntgemischten Flickenteppichs. Wie eh und je bestanden die Territorien der Fürstentümer auch noch nach 1826 aus mehreren, meist weit auseinander liegenden Teilen, die ohnedies noch ineinander verschachtelt waren.

Ein Jenenser Student konnte auf einem kurzen Nachmittagsausflug leicht mit der Polizei von drei ernestinischen Landesherren in Händel geraten: einmal mit der des Großherzogs von Sachsen-Weimar und Eisenach, zu dessen Fürstentum ja Jena gehörte; zog er aber, wie so oft, in das vor den Toren der Universitätsstadt liegende „Bierdorf" Lichtenhain, befand er sich schon auf meiningischem Territorium, und wenn er nach Kahla oder Roda fuhr, war er bereits im Herzogtum Sachsen-Altenburg.

HERZOGTUM - SACHSEN

MEININGEN

von
Meiningen
12,46 km ⟹

▽ 490,6 über dem Meere

Dieser restaurierte Grenzstein *kurz hinter Henneberg erinnert an das ehemalige Herzogtum Sachsen-Meiningen.*

Das Doppelherzogtum Sachsen-Coburg und Gotha

Seit 1826 wurden die Herzogtümer Sachsen-Coburg und Sachsen-Gotha in Personalunion regiert. Man achtete sehr darauf, dass keine der beiden Residenzstädte bevorzugt wurde. Der Hof hielt sich mal in dem südlichen, mal in dem nördlichen Landesteil auf. Alles existierte zweimal. War anfangs Gotha die ansehnlichere Residenzstadt, so holte Coburg bald auf.

Herzog Ernst I. begann unmittelbar nach dem Wiener Kongress in Coburg mit umfänglichen Baumaßnahmen. Er ließ das aus der Barockzeit stammende dreiflüglige Schloss Ehrenburg mit Hilfe des preußischen Architekten Karl Friedrich Schinkel im englisch-gotischen Stil umbauen und den Schlossplatz zu einer weiträumigen, in den Hofgarten großzügig übergehenden Anlage umgestalten. Coburg entwickelte sich unter Ernsts Regierung zu einer der städtebaulich beeindruckendsten Kleinresidenzen Deutschlands.

Schloss Ehrenburg in Coburg.

Die Herzöge von Sachsen-Coburg und Gotha

Ernst I.	(1806-)	1826-1844
Ernst II.		1844-1893
Alfred		1893-1900
Carl Eduard	(1900-)	1905-1918

Das Herzogtum Sachsen-Coburg und Gotha erlangte im Laufe des 19. Jahrhunderts durch seine Heiratspolitik – die der des Hauses Habsburg nicht ganz unähnlich war – weltweite Bedeutung. Otto von Bismarck nannte es sarkastisch das „Gestüt Europas". Coburg-Gothaer Prinzen regierten in Belgien, Großbritannien, Portugal und Bulgarien. Der kunstsinnige Coburg-Saalfelder Herzog Franz Friedrich Anton und seine Gemahlin Caroline Auguste Sophie, eine geborene Prinzessin von Reuß-Ebersdorf, sind die Stammeltern der Coburg-Gothaer in aller Welt.

Herzogin Auguste Caroline Sophie und Herzog Franz Friedrich Anton von Sachsen-Coburg-Saalfeld.

Die Coburg-Gothaer in aller Welt

Die Initiative für diese einzigartige Heiratspolitik hatte Auguste Caroline Sophie ergriffen. Denn ihr gelang es in gerade zu spektakulären Aktionen, die drei Töchter Antoinette, Juliane und Victoria nach Württemberg, Russland und England zu verheiraten. Aus der Ehe der früh verwitweten Victoria mit Eduard, Herzog von Kent und Bruder der englischen Könige Georg IV. und Wilhelm IV. aus dem Hause Hannover, entspross 1819 die spätere Königin Victoria, die dann ihrerseits im Jahre 1840 mit dem Coburg-Gothaer Prinzen Albert den Neffen ihrer Mutter ehelichte. Victorias Enkel, König Georg V., der Großvater der heutigen englischen Königin Elisabeth II., änderte im Kriegsjahr 1917 den Namen seines Hauses von Sachsen-Coburg und Gotha in Windsor um. Durch die zahlreichen Nachkommen von Königin Victoria und Prinz Albert ist das Haus Sachsen-Coburg und Gotha in direkter Linie mit den Hohenzollern und den Romanows sowie mit den heutigen Königen von Schweden, Carl XVI. Gustav, und von Spanien, Johann Karl I. (Juan Carlos I.) verwandt.

Als sich 1831 die südlichen Niederlande als selbstständiger Staat Belgien konstituierten, konnte Franz Friedrich Anton seinen Sohn Leopold als ersten König der Belgier durchsetzen. Der heute regierende König, Albert II., ist ein direkter Nachkomme Leopolds I. Das Haus Sachsen-Coburg und Gotha regiert das Königreich Belgien nunmehr schon in der fünften Generation.

Franz Friedrich Antons Enkel Ferdinand heiratete die portugiesische Königin Maria II. da Gloria, eine Tochter Kaiser Pedros I. von Brasilien. Als die Königin 1853 starb, wurde er Regent von Portugal. Das Haus Sachsen-Coburg-Gotha-Braganza regierte das iberische Land bis 1910, als dort die Monarchie abgeschafft und die Republik eingeführt wurde. Ein Urenkel Franz Friedrich Antons wurde 1887 als Ferdinand I. Zar von Bulgarien. Dessen Enkel Simeon II. musste 1946 abdanken, als die Kommunisten in dem Balkanland die Macht übernahmen.

Das Denkmal für Prinz Albert auf dem Coburger Marktplatz. Im Hintergrund die von Herzog Johann Casimir erbaute Regierungskanzlei.

Mit Herzog Ernst II., dem älteren Bruder des Prinzen Albert, regierte in der zweiten Hälfte des 19. Jahrhunderts in Coburg und Gotha einer der populärsten, wenn auch nicht unumstrittenen deutschen Fürsten. Er war der letzte thüringische Potentat, der versuchte, seiner Stimme in der großen Politik Gehör zu verschaffen. Dabei war er im Unterschied zu den Meiningern und den Reußen ein konsequenter Vertreter der preußischen Einigungspolitik, wenn auch kein Freund Bismarcks. Das alles hinderte ihn jedoch nicht daran, in Preußen verfolgte Liberale wie den Schriftsteller Gustav Freytag aufzunehmen und als Fürsprecher der Sänger, Turner, Schützen (weshalb er im Volksmund „Schützen-Ernst" genannt wurde) und studentischen Landsmannschaften aufzutreten. Gut verstand sich Ernst mit dem liberalen preußischen Kronprinzen Friedrich (dessen Gemahlin Victoria, genannt Vicky, eine Tochter von Prinz Albert und Königin Victoria war). Lange versuchte er noch, zwischen Preußen und Österreich zu vermitteln. Ende August 1863 trafen deshalb Kaiser Franz Joseph I. und Königin Victoria auf Schloss Ehrenburg zusammen, um über die deutsche Frage zu diskutieren. Tage darauf verhandelte die englische Königin auf Schloss Rosenau bei Coburg mit König Wilhelm I. Das Herzogtum war damals eine Drehscheibe der europäischen Politik. Als es 1866 dennoch zum Konflikt zwischen Preußen und Österreich kam, ergriff Ernst uneingeschränkt Partei für die Hohenzollern und nahm am böhmischen Feldzug teil. Nach der Reichseinigung zog er sich aus der Politik zurück.

In seiner langen Regierungszeit hat Ernst – wie es der Tradition seines Hauses entsprach – Künste und Wissenschaften unterstützt, oft auch mit Geldern aus seiner Privatschatulle. Allerdings ist in ihm wohl eher ein Bewahrer denn ein Neuerer zu sehen. So erhielt Gotha einen beispielgebenden Museumsneubau, der die Stadt als ein Zentrum der naturwissenschaftlichen Forschung festschrieb. Mit Anteilnahme verfolgte er auch die Bemühungen des Verlegers Justus Perthes um die Kartografie. 1862 unterstützte Ernst eine Expedition nach Afrika, an der auch der Zoologe Alfred Edmund Brehm und der Schriftsteller Friedrich Gerstäcker teilnahmen.

Ernst II. war einer der musikalischsten thüringischen Fürsten. Seine Oper „Santa Chiara" (1854), unter Franz Liszt in Gotha uraufgeführt, erlebte Aufführungen in ganz Deutschland und in Paris. Kein anderer thüringischer Herzog dürfte je einen größeren künstlerischen Erfolg errungen haben! Als Johann Strauß wegen einer Scheidungsgeschichte im konservativen Wien in Bedrängnis geriet und ihm eine neue Ehe nicht erlaubt wurde, bot Ernst ihm Asyl an. 1887 wurde der „Walzerkönig" Bürger von Sachsen-Coburg und Gotha (und blieb es bis zu seinem Tode) und vermählte sich in Coburg mit Adele Deutsch.

Da Ernsts Ehe kinderlos geblieben war, folgte ihm mit Herzog Alfred ein Sohn seines Bruders Albert und der Königin Victoria. Als dieser schon im Jahre 1900 starb, konnte sich sein Sohn nicht entschließen, für den Coburg-Gothaer Thron seine britische Militärkarriere aufzugeben. So kam dessen Neffe, der Herzog von Albany, als Herzog Carl Eduard genannt, zu monarchischen Ehren in Thüringen. Da dieser noch nicht volljährig war, führte bis 1905 Alfreds Schwiegersohn Ernst zu Hohenlohe-Langenburg die Regierung. Wurde das Vereinigte Königreich seit 1840 von Deutschen regiert, so kamen nun die beiden letzten Regenten Sachsen-Coburg-Gothas aus Großbritannien.

Königin Victoria selbst hielt sich oft und gern in der Heimat ihrer Vorfahren auf, so dass der englische Premierminister spötteln konnte, das Empire würde von Coburg aus regiert. Zum letzten Mal war die Königin im April 1894 in der thüringischen Residenzstadt. Der Anlass war die Hochzeit ihres Enkels, des Großherzogs Ernst Ludwig von Hessen-Darmstadt, mit ihrer Enkelin, der Prinzessin Victoria Melita von Sachsen-Coburg und Gotha. Der gesamte europäische Hochadel war zu dieser Fürstenhochzeit nach Coburg eingeladen. Darunter waren ihr Enkel Kaiser Wilhelm II. und der zukünftige Zar Nikolaus II.

Die Denkmäler für Herzog Ernst I. auf dem Schlossplatz und für Herzog Ernst II. im Coburger Hofgarten.

Die Coburger Fürstenhochzeit vom 19. 4. 1894; im Bild
links Wilhelm II. und mit Melone Nikolaus von Russland, in
der Bildmitte sitzend Königin Victoria.

Das Herzogtum Sachsen-Altenburg

In dem aus zwei Teilen – dem Ostkreis um die Residenz-stadt und dem Westkreis um Eisenberg, (Stadt)Roda und Kahla – bestehenden neuen Fürstentum regierte nun der ehe-malige Herzog von Sachsen-Hildburghausen. Friedrich fand zwar, als er nach Altenburg kam, ein wirtschaftlich prospe-rierendes Land vor, doch mangelte es einer kulturellen Infra-struktur. Es gab kein Hoftheater, keine öffentliche Bibliothek und keine Kunstsammlungen. Das alles wurde erst nach und nach geschaffen. 1871 begann das Theater seinen Spielbe-trieb; der von Gottfried Semper geschaffene Bau beeindruckt noch heute durch seine Größe und durch seine Schönheit. Das am Fuße des Schlossparks erbaute Landesmuseum (Lin-denaumuseum) wurde 1876 eröffnet. Es beherbergt eine be-deutende Gemäldesammlung.

Da der Altenburger Ostkreis industrialisiert war, entluden sich hier früher als anderswo soziale Spannungen. 1830 kam es in der Residenzstadt sogar zu Straßenkämpfen. Der äußerst konservative Herzog gab daraufhin seinem Land eine mit einer Verwaltungsreform verbundene Verfassung, setzte aber angekündigte weitere Reformen nicht um. Deshalb kam es 1848 zu einer erneuten militärischen Konfrontation, an de-ren Ende der Herzog Joseph schließlich sein Regentenamt niederlegen musste. Ein einmaliger Vorgang in den thüringi-schen Fürstenstaaten!

Herzog Ernst I. hat sein Land in der zweiten Hälfte des 19. Jahrhunderts wenig spektakulär regiert. Auch politisch trat er kaum in Erscheinung. Sozialen Fragen gegenüber war er aber aufgeschlossen. Im Unterschied zu seinen Vorgängern trat er früh an die Seite Preußens und ersparte seinem Land damit komplizierte Verwicklungen. 1862 schloss er mit Berlin eine Militärkonvention ab, 1873 verheiratete er seine Tochter Ma-rie mit dem Prinzen Albrecht von Preußen.

Altenburg entwickelte sich in der zweiten Hälfte des 19. Jahrhunderts zu einer bedeutenden Industriestadt. Prägend wurde der Nähmaschinenbau und die Spielkartenherstellung.

Herzog Ernst I. von Sachsen-Altenburg, *Fotografie um 1900.*

Die Herzöge von Sachsen-Altenburg

Friedrich   1826-1834
Joseph   1834-1848
Georg   1848-1853
Ernst I.   1953-1908
Ernst II.   1908-1918

Nach seiner Abdankung hielt sich Herzog Joseph jeden Sommer in Wolfersdorf auf. Am 30. Juni 1866, unmittelbar nach der Schlacht bei Langensalza,
empfing er König Georg von Hannover. 14 Tage später begab sich der durch
Bismarck abgesetzte Regent von Wolfersdorf aus ins österreichische Exil. Wie
eng er sich mit dem abgelegenen Waldort verbunden fühlte, zeigt die Bestattung seines Herzens an seinem Lieblingsplatz. Noch heute markiert an der
Straße nach Neustadt ein Kreuz die Stelle.

Herzog Ernst I. hielt sich gern, wie vorher schon Herzog Friedrich, im benachbarten Hummelshain auf. Zwischen 1880 und 1885 ließ er dort durch den
Architekten Ernst von Ihne, der später in Berlin das Kaiser-Friedrich-Museum
und die Staatsbibliothek Unter den Linden baute, ein Schloss im Stil der Neo-
renaissance errichten. Der imposante und mit einem 30 Meter hohen Turm
versehene Bau wurde nun die Sommerresidenz der Altenburger Herzöge. 1891
und 1894 hielt sich dort auch Kaiser Wilhelm II. auf.

Kaiserjagd in Hummelshain,
in der Bildmitte Herzog Ernst I, rechts vorn Kaiser Wilhelm II.

Das Hummelshainer Schloss.

Das Herzogtum Sachsen-Meiningen

Als der Preußenfeind Bernhard II. Erich Freund von Sachsen-Meiningen 1866 wegen seiner Sympathien für das Haus Österreich dem Thron entsagte und damit seinem Herzogtum das Schicksal Hannovers und Hessen-Kassels ersparte, kam früher als erwartet sein Sohn Georg zur Regierung. Dass mit Georg II. den Künsten in Meiningen neue Chancen erwachsen würden, war aufgrund der Neigungen des Erbprinzen vorauszusehen; dass aber mit seiner Inthronisation ein neues Kapitel im Buch der reichen thüringischen Theatergeschichte, gar der europäischen aufgeschlagen werden würde, war wohl nicht zu ahnen. Ohnedies lagen die literarischen Zentren in der 2. Hälfte des 19. Jahrhunderts in den großen Städten, vor allem in München, immer mehr aber auch schon im aufstrebenden Berlin. Was sollte schon aus einer abseits der Verkehrswege liegenden Kleinstadt und aus einem politisch abgewirtschafteten Herzogtum hervorgehen können? Das erst 1831 gegründete Meininger Hoftheater erlangte unter Georgs Leitung internationale Bedeutung und beeinflusste die europäische Theaterentwicklung in einem bisher nicht gekannten Ausmaß. Seine begrenzten finanziellen Möglichkeiten vor Augen, konzentrierte sich der Herzog nur auf das Schauspiel, die Oper löste er auf, nicht aber das Orchester. Unter der Leitung von Hans von Bülow feierte es Triumphe in ganz Europa.

Georg II. war selbst Künstler, und als solcher bestimmte er den Spielplan, entwarf die Dekorationen und die Kostüme – und führte Regie. Am Text des Stückes sollte nichts geändert werden, der Schauspieler hatte nicht mehr zu deklamieren, sondern sich der Dichtung unterzuordnen. Dazu gehörte für den Herzog auch die bis dahin überhaupt nicht übliche historisch getreue Ausgestaltung jeder Inszenierung. Das Meininger Theater konnte deshalb nur als Ensembletheater wirksam werden, in das sich der engagierte Schauspieler einordnete, sich einer langen Probenzeit unterwarf und nach den Weisungen des Regisseurs spielte. Dies galt auch für die kleinen Rollen und für die Komparserie. So gingen dann auch von Massenszenen, eine Spezialität des fürstlichen Regisseurs, große Wirkungen aus, an die sich die Zuschauer noch lange erinnerten.

Herzog Georg II. von Sachsen-Meiningen, *Ölbild von Ernst von Sachsen-Meiningen, 1910.*

Seit 1874 stellten die „Meininger", wie sie nun nur noch genannt wurden, ihre Aufführungen in Gastspielen vor, die sie bis 1890 durch ganz Europa führten. Insgesamt gaben sie 2600 Vorstellungen, viele davon in Berlin und Wien, sie spielten aber auch in Prag, Budapest, St. Petersburg, Moskau, Odessa, Amsterdam, Kopenhagen, Stockholm und London, sogar an eine Gastspielreise durch Amerika war gedacht. Ohne die Meininger Theaterreform ist das moderne europäische Regietheater, wie es Otto Brahm und Max Reinhardt in Berlin oder Stanislawski in Moskau zu Beginn des 20. Jahrhunderts entwickelt hatten, nur schwer vorstellbar. Georg II.

war eine Künstlerpersönlichkeit von Weltgeltung. Ernst Haeckel, der berühmte Jenaer Professor und Verfasser der „Welträtsel", sprach rückblickend über Georg II. als „den erhabenen deutschen Fürsten, der alle übrigen an Geist und Charakter überragte und der als Protektor von Kunst und Wissenschaft sich eine bleibende Ruhmesstätte im deutschen Geistesleben geschaffen hat".

Georg II. und die italienische Renaissance

Das Künstlertum des Meininger Theater-Herzogs, wie Georg II. schon von den Zeitgenossen genannt wurde, ist ohne seine Begeisterung für die italienische Renaissance kaum vorstellbar. Seit 1847 ist er während seiner zahlreichen und langen Italien-Reisen in deren Geist eingedrungen. In Venedig und Florenz hat er die verschiedenen Malerschulen bewundert und zahlreiche Gemälde für die Meininger Galerie erworben. Ein leuchtendes Beispiel war für ihn der estische Hof in Ferrara, den er als Schauplatz von Goethes „Torquato Tasso" genau zu kennen glaubte. So wie der italienische Renaissance-Dichter die Schwester des Fürsten d'Este zur Frau begehrt, so geht der thüringische Herzog die Ehe mit der Schauspielerin Ellen Franz (als seine Gemahlin Helene Freifrau von Heldburg) ein. Das Hofleben in Meiningen, im Schloss Altenstein und auf der Veste Heldburg war bis in die Einzelheiten dem von Ferrara nachgestellt. Künstlerisches Refugium wurde ihm aber auch die Villa Carlotta am Comer See, deren Name auf Georgs erste Gemahlin, die preußische Prinzessin Charlotte, zurückgeht Sie hatte diesen marmorgeschmückten Palast als Hochzeitsgeschenk ihrer Mutter mit in die Ehe gebracht.

Schloss Elisabethenburg *in Meiningen.*

Das Großherzogtum Sachsen-Weimar-Eisenach

Der ab 1828 in Weimar regierende Großherzog Carl Friedrich stand völlig im Schatten seines berühmten Vaters. Im Unterschied zu diesem war er zwar sparsam, doch fehlte es ihm am Verständnis für die Tendenzen der neuen Zeit. Die Initiative ging fast immer von der hochbegabten Großherzogin Maria Pawlowna aus. Sie erkannte früh, dass das Großherzogtum nach Carl Augusts Tod auch eines kulturellen Neuanfangs bedurfte, wenn es nicht in Provinzialität versinken sollte. Mit der Berufung Franz Liszts zum Hofkapellmeister gelang ihr zwar der Durchbruch, bis aber Weimar wieder einen vorderen Platz im europäischen Kulturbetrieb einnehmen konnte, sollte noch ein halbes Menschenalter vergehen. Zunächst galt es, die Tradition zu wahren und sie ins öffentliche Bewusstsein zu rücken.

Ab 1830 ließ Carl Friedrich den unvollendeten Westflügel des Schlosses ausbauen. Großherzogin Maria Pawlowna verlieh ihm mit der Einrichtung der berühmten „Dichterzimmer" von vornherein einen musealen Charakter. Als Krönung das Ganzen entstand unter der Aufsicht Schinkels die reich geschmückte Goethe-Galerie. Durch dieses Konzept geriet das Schloss immer mehr zu einem Denkmal der Weimarer Klassik – wie sie nun allenthalben schon genannt wurde.

Maria Pawlownas Schwiegertochter Sophie, eine geborene Prinzessin der Niederlande, knüpfte daran an, wenn sie im Schloss Entscheidungen traf, die die schriftliche Hinterlassenschaft Goethes und Schillers zusammenhielten und in einem eigens zu diesem Zwecke errichteten repräsentativen – in vielem einem Schloss ähnlichen – Archivgebäude unterbrachten. Sie initiierte auch die erste kritische Ausgabe der Werke Goethes (die sog. „Sophien-Ausgabe").

Die Großherzöge von Sachsen-Weimar-Eisenach

Carl August	(1775-)	1815-1828
Carl Friedrich		1828-1853
Carl Alexander		1853-1901
Wilhelm Ernst		1901-1918

Großherzog Carl Alexander, dessen Erziehung noch unter der Aufsicht Goethes gestanden hatte, ist es ganz im Sinne seiner Mutter gelungen, Weimar als einen lebendigen Kunstort zu erhalten, so dass seine lange Regentschaft zu Recht als Weimars „Silbernes Zeitalter" bezeichnet wird.

Carl Alexander gehört zu den bedeutendsten deutschen Fürstenpersönlichkeiten in der zweiten Hälfte des 19. Jahrhunderts. Er setzte die liberale und kunstsinnige Politik seines Großvaters fort. Mit Gründung der Kunstschule, aus der im zweiten Jahrzehnt des 20. Jahrhunderts das Bauhaus hervorgehen sollte, zeigte sich Carl Alexander auch als ein bedeutender Förderer des zeitgenössischen Kunstschaffens. Wenn auch in der noch immer kleinen Stadt das Philistertum und die Selbstzufriedenheit vieler Adeliger manche Blüte trieb, ist das Weimar der zweiten Hälfte des 19. Jahrhunderts – wie es Fürst Pückler formulierte – auch eine „Weltstadt" gewesen.

Großherzog Carl Alexander von Sachsen-Weimar-Eisenach, *Fotografie von Carl Schenk, 1858.*

Was Goethe und Schiller im 18. Jahrhundert für die Literatur waren, sollten im 19. Jahrhundert nach dem Willen Carl Alexanders Franz Liszt und Richard Wagner für die Musik werden. Beide dauernd an Weimar zu binden, ist ihm nicht gelungen. Auch Friedrich Hebbel, der bedeutendste Dramatiker seiner Zeit, tauschte Weimar mit Wien. Dennoch gingen vom Hoftheater im „Silbernen Zeitalter" beachtliche Impulse aus. 1849 erschien Wagners „Tannhäuser" auf der Bühne und im Jahr darauf wurde der „Lohengrin" uraufgeführt. „Damals waren Wagners Opern", schreibt Adelheid von Schorn, von der der Begriff „Silbernes Zeitalter" stammt, „als verrückt und abscheulich verschrien, und die Sänger fanden ihre Rollen so schwer und anstengend, dass Liszts ganzes Übergewicht nötig war, dieses unbekannte Werk hier durchzusetzen." Obwohl sich halb Weimar gegen eine Protektion des im benachbarten Sachsen steckbrieflich gesuchten Komponisten ausgesprochen hatte, unterstützte der Großherzog ausdrücklich das Vorhaben. Als 1857 Franz von Dingelstedt zum Intendanten berufen wurde, rückten die Stücke der Klassiker ins Zentrum der Theaterarbeit. Aufsehen erregten die Shakespeare-Aufführungen und 1875/76 die erste Inszenierung beider Teile von Goethes „Faust".

Carl Alexander und der Wiederaufbau der Wartburg

Mit welchem Anspruch der Weimarer Großherzog sein Regierungsamt angetreten hatte, zeigte sein Plan des Wiederaufbaus der Wartburg. Ab 1838 wurde er mit großem materiellen Aufwand und überzeugendem ideellen Engagement umgesetzt. Damit schuf er nicht nur das protestantische Gegenstück zu der in der gleichen Zeit entstandenen Walhalla des Bayernkönigs Ludwig I., sondern auch ein Denkmal deutscher und thüringischer Größe, das gleichermaßen an den sagenhaften Sängerkrieg, an Luthers Bibelübertragung und an den nationalen Aufbruch durch die Burschenschaften erinnert. Die Aura dieser bekanntesten deutschen Burg bestimmt somit den hohen Rang der thüringischen Fürsten in der deutschen und europäischen Kulturgeschichte.

Carl Alexander gab seinem Hof, der sich eines hohen Ansehens erfreute, den sprichwörtlich gewordenen Weimarer Glanz. Dazu trugen nicht zuletzt auch die Künstler bei, denen der Weimarer Hof Weltläufigkeit verdankt und eine geistige Weite, wie sie im 19. Jahrhundert in Thüringen nur noch in Coburg und (mit einigen Abstrichen) in Meiningen zu finden war. Unter seiner Regentschaft strebte die Universität Jena einer neuen geistigen Blüte entgegen. Vor allem wurden dort die Naturwissenschaften gefördert. Der Zoologe Ernst Haeckel und der Physiker Ernst Abbe wurden ihre Protagonisten. In der selben Zeit stieg die Saalestadt durch die Optischen Werkstätten von Carl Zeiß auch zu einem Industrieort von Weltgeltung auf.

Die Schwarzburger und die Reußen im 19. Jahrhundert

Das Haus Schwarzburg-Rudolstadt spielte im 19. Jahrhundert keine herausragende Rolle mehr. Seine Fürsten glichen eher Privatleuten denn regierenden Herren. Wenn es in Thüringen biedermeierliche Enge gab, dann in Rudolstadt in dieser Zeit. Fürst Friedrich Günther, der lange regierte, setzte kaum eigene Akzente. Völlig ohne Ehrgeiz ließ er seine Mutter Karoline Louise bis zu deren Tod 1854 faktisch mitregieren. Auch das Bild der Residenzstadt hat in dieser Zeit nur wenige prägende Veränderungen erfahren. Allein durch Friedrich Fröbels Erziehungsanstalt in Keilhau und dem von ihm 1840 in Blankenburg gegründeten Kindergarten machte das Fürstentum außerhalb seiner Grenzen Schlagzeilen. Innenpolitisch sorgte Friedrich Günther für Unruhe, als er sich zweimal morganatisch (also nicht standesgemäß) verheiratete. Aus der großen Politik hielt er sich sowieso heraus und votierte früh für Preußen.

Die Fürsten von Schwarzburg-Rudolstadt II

Ludwig Günther II.	1767-1790
Friedrich Karl	1790-1793
Ludwig Friedrich II.	1793-1807
Karoline (vormundschaftl.)	1807-1814
Friedrich Günther	1814-1867
Albert	1867-1869
Georg	1869-1890
Günther Viktor	1890-1918

Das Kyffhäuser-Denkmal

Das Kaiser-Denkmal auf dem Kyffhäuser wurde am 18. Juni 1896 eingeweiht. 6000 offizielle Festgäste, darunter alle deutschen Monarchen, waren damals in das Fürstentum Schwarzburg-Rudolstadt gekommen, zu dessen Oberherrschaft das kleine Gebirge am Rande der Goldenen Aue gehörte. Ansprachen hielten Kaiser Wilhelm II. und Fürst Günther. Für beide Herrscher war es ein großer Tag. Der sonst völlig abseits stehende Rudolstädter Fürst sah sich plötzlich in den Mittelpunkt gerückt. Für wenige Tage schaute das ganze Land auf Schwarzburg-Rudolstadt. Wilhelm II. ging es jedoch nicht um die Schwarzburger, sondern um den Ruhm der eigenen Dynastie. Mit Bezug auf Barbarossa sah Wilhelm II. in seinem Großvater, dem zum deutschen Kaiser erhobenen weißbärtigen Preußenkönig Wilhelm I., Barbablanca. Im Unterschied zu dem Beinamen des Staufers wurde der des Hohenzollern niemals volkstümlich. Wilhelm war eben nicht Barbarossa, sondern nur sein Phantom, und das Kyffhäuser-Denkmal das steinerne Symbol einer zur Staatsdoktrin erhobenen Geschichtskonstruktion, nach der die Hohenzollern das Werk der Staufer vollenden. Deshalb zeigt das Denkmal beide Kaiser. Mit den thüringischen Fürstenstaaten hat es jedoch kaum etwas gemein.

Der bedeutendste Sondershäuser Fürst des 19. Jahrhunderts war Günther Friedrich Carl II., der seinen wegen Günstlingswirtschaft unbeliebt gewordenen Vater 1835 in einer Hofrevolte zur Abdankung zwang. Zu den Ergebnissen dieser sog. „Revolution von Ebeleben" gehörte auch die Verabschiedung einer zeitgemäßen Verfassung. Dass sich Sondershausen bald zu einem bedeutenden Kulturzentrum entwickeln konnte, ist auch ein Verdienst der Fürstin Mathilde, einer geborenen Fürstin von Hohenlohe-Oehringen, die auch das Talent der Marlitt, der aus Arnstadt kommenden späteren Erfolgsautorin, entdeckt und gefördert hat. Das Musikleben erreichte eine Blüte, die in ganz Deutschland Aufsehen erregte. Max Bruch wirkte hier als Kapellmeister des heute noch bestehenden (und nach seinem sommerlichen Spielort im Schlosspark genannten) Loh-Orchesters. Günther Friedrich Carl ließ auch Teile des Schlosses umbauen. Dadurch entstand das „monumentalste Ensemble des Klassizismus in Thüringen" (H. Bärnighausen). 1889 verzichtete der Sondershäuser Fürst zugunsten seines Sohnes Karl Günther auf die Regierung. Sein Lieblingsaufenthalt wurde nun das Jagdschloss „Zum Possen". Dass er ohne Enkel bleiben würde und somit das Erlöschen der Linie absehbar war, betrübte ihn zutiefst. Nach dem Tod von Karl Günther wurde das Fürstentum von Schwarzburg-Rudolstadt in Personalunion mitregiert.

Die Fürsten von Schwarzburg-Sondershausen II

Günther Friedrich Carl I.   1794-1835
Günther Friedrich Carl II. 1835-1880
Karl Günther   1880-1909

Der Marktplatz zu Sondershausen um 1840, im linken Bildteil die den Platz kontrollierende Schlosswache und die neuerrichtete Schlosstreppe.

Die Reußen standen traditionell den Habsburgern nahe, einige von ihnen hatten dem Haus miltärisch gedient. Das wirkte auch im 19. Jahrhundert noch nach. Die Reußen waren preußenfeindlich. Diese Haltung hätte sie im deutschen Bruderkrieg 1866 beinahe die Existenz gekostet. Greiz wurde sogar von preußischen Truppen besetzt. Großherzog Carl Alexander von Sachsen-Weimar-Eisenach, der sich bei seinem Schwager Wilhelm I. in Berlin für die Reußen einsetzte, rettete den Fortbestand ihrer Länder. Fürstin Karoline, die seit dem Tod ihres Gemahls Heinrich XX. 1859 in Greiz die Regentschaft führte, verzichtete auf ihr Regierungsamt und erklärte ihren Sohn vorzeitig für mündig. Die dem kleinen Land auferlegte Kontribution zahlte sie zur Hälfte aus ihrem Privatvermögen. Fürst Heinrich XXII., der letzte regierende

231

Reuße der älteren Linie, fühlte sich gedemütigt und blieb lebenslang antipreußisch gesinnt. Gegenüber allem was aus Berlin kam hatte er eine Abneigung, auch wenn es dem Lande dienlich gewesen wäre. Dennoch heiratete seine Tochter Hermine 1922 den nun schon im holländischen Exil lebenden und verwitweten Wilhelm II.

Das untere Schloss *in Greiz, Residenz der älteren Linie Reuß.*

Mit dem Tod Heinrichs XXX. 1802 erlosch das Haus Reuß-Gera. Zu diesem Zeitpunkt regierten die Reußen der jüngeren Linie noch in Schleiz und in Ebersdorf. Als 1848 Fürst Heinrich LXXII. von Reuß-Ebersdorf wegen der Affäre mit der Hochstaplerin Lola Montez abdanken musste, wurden alle Landesteile in einer Hand vereinigt. Heinrich LXVII. von Reuß-Schleiz verlegte seine Residenz nach Gera und ließ das seit Jahrzehnten kaum noch genutzte Residenzschloss Osterstein umbauen. Anders als die Reußen der älteren Linie setzten er und sein Sohn Heinrich XIV. auf Preußen, obwohl auch sie Vorbehalte hegten. 1849 gewährte Heinrich LXVII. seinen Untertanen eine zeitgemäße Verfassung. Die beiden reußischen Residenzstädte Greiz und Gera entwickelten sich im 19. Jahrhundert zu bedeutenden Standorten der Textilindustrie und der Maschinenfabrikation.

Das Schloss Osterstein *in Gera, das Residenzschloss der Fürsten Reuß jüngere Linie, vor der Zerstörung 1945.*

Das Ende der Dynastien

Das Wirken von Ernst II., Georg II. und Carl Alexander hat deutlich gemacht, dass einige thüringische Höfe auch noch im 19. Jahrhundert, als sich die kulturellen Zentren in Deutschland immer mehr in die aufstrebenden Großstädte verlagert hatten, kaum an Innovationskraft eingebüßt hatten. Erst mit dem Tod dieser Fürsten war auch in Thüringen eine Ära zu Ende gegangen. Ihre Nachfolger scheinen ganz Kinder des neuen Zeitalters gewesen zu sein, denn die Fürstentümer verloren sichtlich an Kraft, die Regenten selbst an Profil, wenngleich keiner von ihnen den kulturellen Traditionen seines Hauses entgegenwirkte.

Wilhelm Ernst, der blasse letzte Großherzog von Sachsen-Weimar-Eisenach und Enkel Großherzog Carl Alexanders, wollte zwar bei seinem Regierungsantritt das Vermächtnis seiner Vorfahren bewahren, brachte anfänglich auch der modernen Kunst seine Sympathie entgegen, förderte aber immer mehr die konservativ-preußischen Kräfte, so dass Weimar sehr bald auch zu einem Zentrum völkisch-nationalistischer Kunstauffassungen wurde. Ein Drama von Gerhart Hauptmann oder August Strindberg traute sich das Hoftheater nur in Jena aufzuführen, während die Historiendramen Ernst von Wildenbruchs in der Residenzstadt gefeiert wurden. In Weimar ansässige Künstler wie Henry van de Velde oder Wassili Kandinsky wurden immer mehr in das Abseits getrieben.

Von der Novemberrevolution wurde Thüringen nur partiell erfasst, dennoch sorgte sie auch hier für die Abschaffung der Monarchien. Innerhalb von nur 16 Tagen wurden die sechs verbliebenen Regenten zum Thronverzicht gezwungen und damit eine mehr als tausendjährige Entwicklung abgebrochen. Allerdings verlief dieser Umschwung in Thüringen wenig spektakulär. Nur in Gotha wurde Herzog Carl Eduard schon am 9. November regelrecht abgesetzt und die Regierung in die Hände der „Volksbeauftragten" gelegt. In Weimar zwang

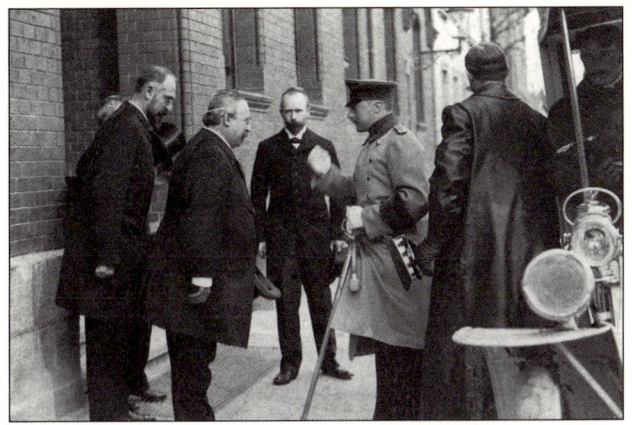

__Großherzog Wilhelm Ernst von Sachsen-Weimar-Eisen-__
__ach__ besucht die Firma Carl Zeiss. Begrüßung vor dem alten
Verwaltungsgebäude in der Jenaer Goethestraße, Fotografie
von Paul Riedel, um 1910.

der Soldatenrat unter Führung des Sozialdemokraten August
Baudert den wenig beliebten Wilhelm Ernst zur Abdankung,
ermöglichte ihm aber – anders als in Gotha –, die Regierungs-
verantwortung in ihm geeignete Hände zu geben. Der
Meininger Herzog Bernhard III. legte am 10. November sein
Fürstenamt nieder. Ernst II. von Sachsen-Altenburg tat dies
am 12. November, nachdem er die Staatsgeschäfte einer Koali-
tionsregierung übergeben hatte. Diese war die letzte herzogliche und zugleich die erste freistaatliche. Der letzte regierende
Reuße Heinrich XXVII. hatte schon am Vortage für beide Lini-
en auf den Thron verzichtet. In den beiden schwarzburgischen
Staaten, die seit 1909 von Rudolstadt aus in Personalunion regiert wurden, blieb die Stellung des Fürsten Günther Viktor bis
zum 15. November unangetastet, erst acht Tage später, am 23.
November, legte er für Rudolstadt und am 25. November für
Sondershausen sein Regentenamt nieder und führte selbst die
republikanische Staatsform ein. Die ihm angetragene Präsident-
schaft lehnte er großzügig ab. Günther Viktor war damit der
letzte deutsche Fürst, der auf seinen Thron verzichtete.

Die Mehrheit der abgesetzten thüringischen Fürsten hielt ihren Ländern auch nach 1918 die Treue. So lebten Carl Eduard von Sachsen-Coburg und Gotha auf Schloss Callenberg bei Coburg, Bernhard III. von Sachsen-Meiningen in Haubinda bei Hildburghausen und Ernst II. von Sachsen-Altenburg in Wolfersdorf bei Stadtroda. Nur Wilhelm Ernst von Sachsen-Weimar-Eisenach wich auf sein Gut im schlesischen Heinrichau aus, das seit 1810 im Privatbesitz seiner Familie war. Er verstarb dort bereits 1923. Fürst Günther Victor lebte mit seiner Familie sommers in Schwarzburg und winters in Sondershausen. Nach dem Tod des Fürsten 1925 engagierte sich seine Witwe Anna Luise weiterhin für die Kultur. Besonders am Herzen lag ihr das Sondershäuser Loh-Orchester. Auch Erbprinz Heinrich XIV. Reuß wandte sich den Künsten zu. Er verhalf der Geraer Bühne, an der er selbst Regie führte, in den 20-er Jahren zu großem Ansehen.

Die abgesetzten Fürsten lebten meist zurückgezogen und außerhalb jedes politischen Engagements, wenngleich einige noch lange auf die Wiederherstellung der Monarchien hofften und in dem einen oder anderen Fall im Hintergrund Fäden in diese Richtung spannen. Für den Nationalsozialismus begeisterten sich die wenigsten, wenngleich es NSDAP-Mitglieder in allen Häusern mit Ausnahme von Sachsen-Weimar-Eisenach gab. Vor allzu starker Nähe zu den Nationalsozialisten bewahrte sie zumeist ihre national-konservative Grundhaltung und ihr kulturelles Selbstverständnis. Eine verhängnisvolle Rolle spielte allein der Coburg-Gothaer Herzog Carl Eduard, der sich durch seine englische Herkunft schon früh genötigt sah, sein Deutschtum besonders herauszustellen. Diese Haltung führte schon im Ersten Weltkrieg zum Bruch mit Großbritannien und Anfang der 30-er Jahre zu einer engen Bindung an Hitler.

Obwohl Carl Eduard ein führendes Mitglied des nationalkonservativen „Stahlhelm" war, unterhielt er schon Anfang der 30-er Jahre Beziehungen zur NSDAP und zu ihren Gliederungen. Als hoher SA-Führer wurde er nach dem Röhm-Putsch zwar kurzzeitig inhaftiert, behielt aber das Vertrauen Hitlers, der ihn schon 1934 zum Präsidenten des Deutschen Roten Kreuzes und zum Reichskommissar für freiwillige Krankenpflege machte. Zeitweilig soll der ehemalige Herzog sogar mit der Statthalterschaft in Thüringen spekuliert haben. Doch Hitler blieb dem hohen Adel gegenüber eher reserviert und betraute Carl Eduard vor allem mit repräsentativen Aufgaben. Als Hitler aber 1943 viele Adelige ihrer Ämter enthob, behielt Carl Eduard seine Posten. Deshalb ließen ihn die Amerikaner 1945 internieren und nach seiner Freilassung unter Hausarrest stellen. Als er 1954 in Coburg starb, war er ein gebrochener Mann.

1945 flohen die meisten Adeligen vor der am 2. Juli in Thüringen einrückenden Roten Armee. Doch hatten sie von den neuen deutschen Machthabern mehr zu befürchten als von den Russen. Da es nicht gelang, sie unter die Kriegsverbrecher einzuordnen, wurden die Enteignungen oft unter sehr fadenscheinigen Vorwürfen durchgesetzt. Als einziger blieb Ernst II. von Sachsen-Altenburg im Osten. Als Freiherr von Rieseneck lebte er seit 1919 auf dem ihm im Auseinandersetzungsvertrag von 1921 zugesprochenen Schloss „Fröhliche Wiederkunft" in Wolfersdorf. Dort trieb er astronomische Studien, beschäftigte sich mit Geschichte und spielte mit den Bauern Skat. Der Besatzungsmacht hatte er es zu danken, dass ihn die deutschen Behörden 1945 nicht vertrieben. Als er 1955 starb, folgten seinem Sarg einige hundert Menschen. Die von ihm schon früh geschiedene Herzogin Adelheid wohnte bis zu ihrem Tod 1971 in Ballenstedt am Harz, dem alten Stammsitz der Askanier. Auch die Rudolstädter Fürstin Anna Luise hat ihre Heimat nicht verlassen und ist bis zu ihrem Tod 1951 in Sondershausen geblieben.

Herzog Ernst II. von Sachsen-Altenburg, *Fotografie um 1910.*

Seit dem Hinscheiden von Georg Moritz im Jahre 1991 ist die Hauptlinie des Hauses Sachsen-Altenburg ausgestorben. Die jetzigen Prinzen entstammen der Linie des im 19. Jahrhundert regierenden Herzogs Georg. Dagegen bestehen die Häuser Sachsen-Weimar-Eisenach, Sachsen-Coburg und Gotha und Sachsen-Meiningen durch ihre zahlreichen Nachkommen fort. Die beiden Linien des Hauses Reuß erloschen, als Fürst Heinrich XXIV. Reuß ältere Linie 1927 starb und der Erbprinz Heinrich XIV. jüngere Linie 1945 in sowjetischer Kriegsgefangenschaft umkam. Dennoch besteht das Fürstenhaus fort. Die heutigen Reußen, von denen einige in Österreich leben und einer in Bad Köstritz Landwirtschaft betreibt, leiten ihre Herkunft aus dem apanagierten Haus Reuß-Köstritz her. Wirklich erloschen ist nur das Haus Schwarzburg. Sein letzter Vertreter Prinz Friedrich Günther starb 1971 in München.

Mit dem Ende der Dynastien 1918 und der Bildung des Landes Thüringen 1920 (wobei sich Coburg per Staatsvertrag nach einer anfechtbaren Volksabstimmung 1919 dem Freistaat Bayern anschloss) endete auch die mit den fürstlichen Kleinstaaten verbundene politische Dezentralisierung Thüringens. Dennoch gelang es 1920 nicht, Thüringen in seinen historischen Grenzen wiedererstehen zu lassen. So verblieb Erfurt z.B. bis zur Neugliederung des Gaues Thüringen im Juli 1944 bei Preußen. Auch 1945/46 fehlte es am politischen Willen, die ehemals albertinischen Teile Thüringens in das wiedergegründete Land aufzunehmen. 1952 verschwand Thüringen dann völlig von der politischen Landkarte. Die drei thüringischen DDR-Bezirke Erfurt, Suhl und Gera waren keine Objekte des Völkerrechts mehr und wurden von Berlin aus regiert. Dass bei ihrer Bildung Teile Nordthüringens dem Bezirk Halle und das Altenburger Land dem sächsischen Bezirk Leipzig zugeschlagen wurde, war ein Ausdruck für die Nichtachtung jahrhundertealter historischer Kontinuitäten. Während des politischen Umbruchs der Jahre 1989/90 war es von Anfang an der Wille eines großen Teils der Bevölkerung, das Land Thüringen wiedererstehen zu lassen, wenngleich es anders als in Sachsen dafür nur wenige spontane Aktionen gab. Dass sich die Verantwortlichen dabei an die Ländergliederung der Nachkriegszeit und an die Bezirksgrenzen der DDR klammerten, muss aus heutiger Sicht bedauert werden. Nur der Kreis Artern mit dem historisch so wichtigen Kyffhäuser und das Altenburger Land kehrten nach Thüringen zurück. Sangerhausen und Naumburg mit dem burgenreichen oberen Unstruttal, der Wiege thüringischer Geschichte, wurde Bestandteil des wiedergegründeten umstrittenen Landes Sachsen-Anhalt.

Um die Vertreter der Fürstenhäuser kümmerte sich in Thüringen in der Zeit der Wende kaum jemand. Während sie sich anderswo auf spektakuläre Weise zurückmeldeten, blieb hier der Lärm aus. Erst als einige Hoheiten Anspruch auf enteignetes bewegliches Gut anmeldeten, gerieten sie in die Schlagzeilen.

Für Sachsen-Weimar wurden die möglichen Ansprüche in dem 1921 geschlossenen Interessenausgleich geregelt. Danach müssen die zum Privatbesitz gehörenden beweglichen Güter „der öffentlichen Besichtigung weiter zugänglich bleiben". Doch ist diese Vereinbarung in Thüringen 1948 durch ein Fürstenenteignungsgesetz aufgehoben worden. Ohne zwingende Gründe und nicht auf Anordnung der Besatzungsmacht hatte der frei gewählte Landtag dieses Gesetz verabschiedet. Da es bis heute nicht aufgehoben wurde, ist es fortwährendes Recht. Die Klärung der angesprochenen Fragen steht in Thüringen also noch aus. Dass diese mit einer Wiedergutmachung verbunden werden muss, sollte außer Frage stehen. Im übrigen würde es dem Ansehen Thüringens im Ausland nicht schaden, wenn die Nachkommen der ehemaligen Regenten wieder hier Wohnung nähmen und – vergleichbar dem Haus Wittelsbach im Freistaat Bayern – als Botschafter der reichen kulturellen Traditionen aufträten. Schlösser, Theater, Kunstsammlungen, Bibliotheken und Orchester sind ein für jedermann sichtbarer Teil davon. Sollten die Familien, die das meiste gefördert, vieles gestiftet und manches überhaupt erst möglich gemacht haben, nicht dazu gehören?

Übersicht über die wichtigsten Regenten-Titel

Bischof

Damit ist der oberste geistliche Würdenträger eines bestimmten kirchlichen Gebietes gemeint, also eines Bistums oder einer Diözese. Das Wort taucht im 8. Jh. als *biscof* auf und leitet sich vom griechischen *episkopos* ab, was soviel wie Aufseher heißt. Ins Germanische ist es über das römisch-rheinische Christentum gekommen. Der *Erzbischof* ist der erste Bischof einer Kirchenprovinz. Das Bestimmungswort *Erz-* zur Bezeichnung eines hohen Ranges leitet sich vom griechischen *arch(i)-*, also *Ober-* oder *Haupt-* ab. Abgewandelt kann es auch Führer oder Anführer heißen. Mit der Kirchenspache sind solche Komposita schon im frühen Mittelalter ins Deutsche gekommen. Die Bezeichnung Erzbischof ist seit dem 12. Jh. bekannt, zur gleichen Zeit wurde auch das Wort *Erzvater* erstmals benutzt. In den weltlichen Bereich kam es im 14. Jh. als *Erzkämmerer* und *Erzkanzler*, im 15. Jh. als *Erzherzog*. Als steigerndes Kompositionsglied gebraucht es Luther in Zusammensetzungen wie *Erzschelm* und *Erzfeind*.

Fürst

Zur Zeit Karls des Großen (8./9. Jh.) bedeutet dieser Titel in der Form von *furisto* weiter nichts als der erste, der vorzüglichste unter den Adeligen. Im 10. Jh. steigert sich der Begriffsinhalt zu Herrscher *furisttuom* oder zu Herrschaftsgewalt. Im Unterschied zu anderen germanischen Sprachen entwickelt sich im Angelsächsischen aus dem gleichen Wortstamm der Begriff für die Ordnungszahl *first*.

Den *Kurfürsten* – *küren* heißt im Mittelhochdeutschen soviel wie *wählen* - stand seit der Mitte des 13. Jh.s das Recht zur Wahl des deutschen Königs zu, vorher hatten es alle Reichsfürsten ausgeübt. Vermutlich leitete sich das Wahlrecht vom Besitz eines Erzamtes ab. Die Erzbischöfe von Mainz (Erzkanzler für Deutschland), Trier (Erzkanzler für Italien) und Köln (Erzkanzler für Burgund), der König von Böhmen (Erzschenk), der Pfalzgraf bei Rhein (Erztruchsess), der Herzog von Sachsen (Erzmarschall) und der Markgraf von Brandenburg (Erzkämmerer) traten als die Mächtigsten des Reiches immer mehr in den Vordergrund. Kaiser Karl IV. bestätigte dann 1356 in der Goldenen Bulle diese Siebenzahl in der genannten Rangfolge. Bis zum Ende des Reiches gab es nur wenige Veränderungen: So wurde 1623 die Kur von der Pfalz auf Bayern übertragen, im Westfälischen Frieden erhielt die Pfalz die achte Kur (Erzschatzmeister), später ging sie an das Haus Hannover über, und 1692 kam eine neunte Kurwürde für Braunschweig-Lüneburg (Erzpanneramt) hinzu.

Graf

Gravo heißt im 8. Jh. der Vorsteher eines königlichen Gerichtes oder der Verwalter eines Königsgutes. Obwohl die Etymologie ungewiss ist, hat man versucht, das Wort in Verbindung mit dem Lateinischen *grafere – schreiben* – zu bringen. Auf jeden Fall bezeichnet der Begriff im frühen Mittelalter viel eher ein Beamten- als ein Herrscheramt. Im Norddeutschen wird er als Deich- oder Salzgraf bis ins 19. Jh. in diesem Sinne gebraucht. Erst in spätkarolingischer Zeit wird das Grafenamt mit der Verleihung von Landbesitz in ein erbliches Lehen umgewandelt. Seitdem gibt es die Titel *burg-, lant-, marc-* und *phalanz-gravo*. Daraus entstand seit dem 13. Jh. der zweithöchste erbliche Adelstitel.

Herr

Dieser Begriff bezeichnet bis weit in das 18. Jh. hinein einen niedrigen Adeligen. Er hat seine Entsprechungen im mittelalterlichen *Ritter* oder im frühneuzeitlichen (aus dem Germanischen stammenden, doch erst über das Französische ins Neuhochdeutsche gekommenen) *Baron*. Der im 18. Jh. aufgekommene *Freiherr* bzw. *Freifrau* ist dafür nur eine andere Bezeichnung. Entstanden ist das Wort aus dem Komparativ des althochdeutschen Wortes *her*, was soviel wie *der Ältere* oder *der Würdigere* bedeutet. Daraus ging schon früh die Bezeichnung für eine mit Land begüterte und mit Verwaltungsaufgaben betraute Person hervor, die in Beziehung steht zu einem Höheren. Im Mittelalter werden auch alle anderen Adeligen mit *Herr* – später allerdings nicht mehr – angeredet

(*Herr* Graf, *Herr* König), daraus entsteht die Sitte, überhaupt Höhergestellte so anzusprechen, seit dem 16. Jh. auch einflussreiche Bürgerliche. Zum Ende des 18. Jh.s hin setzt sich der Begriff allmählich als allgemeine, höfliche Anrede für männliche Personen durch. Das weibliche Gegenstück ist demzufolge Frau. In der Wendung *Herr über etwas werden* oder dem Adjektiv *herrisch* steckt noch der alte Kern.

Herzog

Im Germanischen war der *herizohe* oder *herizogo* derjenige, der neben dem Heer her zog, später der für die Dauer eines Krieges gewählte Heerführer. Schon in merowingischer Zeit verstand man unter *Herzog* einen Stammesführer, also einen hohen, dem Königtum sehr nahestehenden Adeligen. Bei den Franken und bei den Langobarden gab es für die Sicherung der Grenzen verantwortliche *Markherzöge*. Nach dem Ende der Karolinger-Dynastie kamen die Stammesherzöge zu neuer Macht. Obwohl sich die Könige bemühten, die Befugnisse der Herzöge ständig zu beschneiden, benötigten sie sie als wichtige regionale Gewalten. Unter den Staufern gab es folgende deutsche Herzogtümer: Kärnten (748), Sachsen (843), Böhmen (895), Lothringen (895) Bayern (907), Schwaben (917), Schleswig (1115), Pommern (1152), Österreich (1156), Steiermark (1180), Braunschweig (1235), dazu kamen die Titularherzöge von Zähringen (Baden) und Meranien (Tirol); erst später wurden mit dem Herzogsrang belehnt: Mecklenburg (1348), Jülich (1356), Berg (1380), Kleve (1417), Holstein (1474), Württemberg (1495), Preußen (1525), Sachsen ernestinische Linie (1552) und Oldenburg (1777); mit dem Ende des Reiches entstanden die Herzogtümer Nassau-Usingen, Anhalt-Bernburg, Anhalt-Dessau und Anhalt-Köthen, und 1816 noch Nassau-Weilburg. – Die Titel *Erzherzog* (für die Prinzen der Habsburger) und *Großherzog* tauchen erstmals im 16. Jh. auf.

Kaiser

Diese höchste Würde eines Monarchen hatte immer singuläre Bedeutung und bezog sich stets auf das römische Kaisertum. Der Begriff selbst geht auf den Namen des römischen

Feldherrn und Staatsmannes Gaius Iulius Caesar zurück, den alle römischen Kaiser seit Augustus als Beinamen trugen. Vermutlich ist die Verallgemeinerung aus dem Namen schon zu Lebzeiten Caesars, also noch im letzten vorchristlichen Jahrhundert, ins Germanische gekommen. Man sieht in *Kaiser*, im Sinne von Herrscher, das älteste lateinische Lehnwort im Germanischen (gotisch - *kaisar*). Karl der Große hat den Titel im bewussten Bezug zum römischen Kaisertum angenommen. Eine ähnliche Entlehnung aus einem Namen ist auch die slawische Bezeichnung für König. Sie geht auf den germanischen Vornamen Karl (bezogen auf Karl dem Großen) zurück, polnisch heißt der König *król*, russisch *korol*.

Dagegen geht die übernahme des Kaisertitels bei den Slawen auf die Goten zurück. Daraus entstand im 16. Jahrhundert das Wort *Zar*. Diesen Titel nahm Iwan IV., Großfürst von Moskau, 1547 offiziell an. Damit wollte er sich als der Erbe der untergegangenen byzantinischen Kaiser zeigen und Moskau als das „dritte Rom" verstanden wissen. Als Napoleon den Kaisertitel annahm, musste das römisch-deutsche Kaisertum verschwinden. Damit bezog sich auch der Kaiser der Franzosen auf Westrom und Karl dem Großen.

König

Mit diesem Titel wird der Inhaber der höchsten monarchischen weltlichen Würde in einem Land bezeichnet. Nur der Kaiser, dessen Macht unversal begründet ist, steht über ihn. Das althochdeutsche Wort *kuning* (8. Jh.) hat schon diese Bedeutung. Daraus entstand im Mittelhochdeutschen (12. Jh.) das Wort *künec*. Im Germanischen war *kunjam* der Vertreter eines vornehmen Geschlechts. So steckt das Stammesmäßige auch weiterhin im Wort und in seinem Verständnis. Die Franken und die Thüringer hatten von allen germanischen Stämmen die ersten Könige.

Personenregister

Keine Aufnahme fanden die in den Übersichten verzeichneten Regenten.

a.d.H.	aus dem Hause
Fst./Fstn.	Fürst/Fürstin
Gem.	Gemahl/Gemahlin
Gf./Gfn.	Graf/Gräfin
Ghz./Ghzn.	Großherzog/Großherzogin
Hz./Hzn.	Herzog/Herzogin
Kf./Kfn.	Kurfürst/Kurfürstin
Ks./Ksn.	Kaiser/Kaiserin
Lgf./Lgfn.	Landgraf/Landgräfin
Mgf./Mgfn.	Markgraf/Markgräfin
Pfgf./Pfgfn.	Pfalzgraf/Pflazgräfin
Pz./Pzn.	Prinz/Prinzessin
Sa.	Sachsen
Sch.	Schwarzburg

Abbe, Ernst (1840-1905), Physiker S. 228

Aischylos (525-456 v.Chr.), griech. Dichter S. 192

Adelheid (gest. 1315), Gem. von von Gf. Berthold IV. von Henneberg-Schleusingen a.d.H. Hessen S. 71

Alba, Fernando Alvarez de Toledo, Hz. (1507-1582), span. Politiker S. 114, 127, 128, 129

Albert II. (geb. 1934), Kg. der Belgier seit 1994 S. 214

Albert (1819-1861), Pzgem. von Victoria I., Kgn. von Großbritannien und Irland, a.d.H. Sa.-Coburg und Gotha S. 214, 215, 216

Albert Anton (1641-1710), Gf. von Sch.-Rudolstadt 1667/10 S. 163, 164

Albrecht (16648-1699), Hz. von Sa.-Coburg 1680/99 S. 153

Albrecht VII. (1537-1605), Gf. von Sch.-Rudolstadt 1571/05 S. 130, 131, 146

Albrecht der Bär (um 1100-1170), Mgf. von Brandenburg 1157/70 S. 35

Alexander I. (1777-1825), Zar von Russland 1801/25 S. 194, 201

Alfred (1844-1900), Hz. von Edinburgh, Hz. von Sa.-Coburg und Gotha 1893/00 S. 216

Amalaberga (gest. 537), Gem. von Kg. Hermenefred von Thüringen S. 13-14

Ämilie Juliane (1637-1706), Gemn. von Gf. Albert Anton von Sch.-Rudolstadt S. 163

Andreas II., Kg. von Ungarn 1205/35 S. 52, 54

Anna (1567-1613), Gem. von Hz. Johann Casimir von Sa.-Coburg a.d.H. Sachsen albertin. Linie S. 143

Anna Amalia (1739-1807), Gem. von Hz. Ernst August II. Constantin von Sa.-Weimar-Eisenach und Regentin (1758/75) a.d.H. Braunschweig-Wolfenbüttel S. 185-189

Anna Luise (1871-1951), Gem. von Fürst Schwarzburg-Rudolstadt a.d.H. Schönburg-Waldenburg S. 236, 237

Anna Sophia (1584-1652), Gem. von Gf. Carl Günther von Sch.-Rudolstadt a.d.H. Anhalt-Köthen S. 162

244

Ortsregister

Abbildungsnachweise

Detlef Ignasiak, Bucha bei Jena, Fotografien S. 18, 39, 49, 60, 63, 68. 79, 83, 87, 115, 127, 211, 222

Frank Herzer, Jena, Fotografien S. 7, 22, 29, 45, 53, 66, 76, 77, 99, 113, 116, 123, 131, 132, 142, 144, 152, 154, 155, 158, 166, 176, 191, 212, 214, 217, 225, 232

Verlagsarchiv: alle übrigen Abbildungen

Über den Autor

Detlef Ignasiak, Dr. phil., geb. 1950 in Berlin, lebt in Bucha bei Jena. Germanist und Kulturhistoriker, Vorsitzender der Thüringischen Literarhistorischen Gesellschaft Palmbaum e.V; Herausgeber und Redakteur des „Palmbaum. Literarisches Journal aus Thüringen"; Autor und Herausgeber zahlreicher Bücher vornehmlich zur thür. Kulturgeschichte, darunter „Herrscher und Mäzene. Thüringer Fürsten von Hermenefred bis Georg II." (1994); „Luther in Thüringen" (1996); „An der Saale und im Holzland. Ein kulturhistorischer Führer" (1997); (zus. mit F. Lindner) „Das philosophische Thüringen" (1998).

Im gleichen Verlag ist erschienen:

Roswitha Jacobsen
Hendrik Bärnighausen (Herausgeber)

Residenz-Schlösser in Thüringen

1998
368 Seiten mit 170 Abbildungen, 13,5/21 cm. Festeinband.
ISBN 3-931505-39-1
DM/sFr 39,80/öS 291,-/€ 20,35

Die Residenz-Schlösser der Ernestiner (Weimar, Eisenach, Marksuhl, Coburg, Altenburg, Jena, Gotha, Meiningen, Römhild, Eisenberg, Hildburghausen, Saalfeld); die Residenz-Schlösser der Schwarzburger (Rudolstadt, Sondershausen, Arnstadt, Ebeleben, Frankenhausen, Keula, Schwarzburg, Leutenberg); Die Residenz-Schlösser der Reußen (Gera, Schleiz, Lobenstein, Hirschberg, Ebersdorf, Greiz, Burgk); die Residenz-Schlösser der Henneberger, der Landgrafen von Hessen-Kassel und der Kurerzbischöfe von Mainz (Schleusingen, Schmalkalden, Erfurt); die Residenz-Schlösser der albertinischen Sekundogenituren (Weißenfels, Zeitz, Merseburg).